职业院校汽车类"十三五"规划教材

汽车底盘
机械系统检修

第2版

散晓燕 / 主编

包卫平 李建兴 黄鲁燕 / 副主编

人民邮电出版社
北京

图书在版编目（CIP）数据

汽车底盘机械系统检修 / 散晓燕主编. -- 2版. --
北京：人民邮电出版社，2016.8
职业院校汽车类"十三五"规划教材
ISBN 978-7-115-41507-3

Ⅰ. ①汽… Ⅱ. ①散… Ⅲ. ①汽车－底盘－机械系统
－车辆检修－高等职业教育－教材 Ⅳ. ①U472.41

中国版本图书馆CIP数据核字(2016)第038957号

内 容 提 要

　　本书以培养汽车类专业学生职业能力为出发点，以项目为核心，以汽车维修企业的底盘机械系统检修工作任务为主线，采用"案例导入→相关知识→项目实施→拓展知识→小结→学习任务单"的体系，系统介绍现代汽车底盘机械系统的组成、工作原理、故障诊断及排除方法。本书主要内容包括汽车底盘总体结构认识、离合器检修、手动变速器检修、万向传动装置故障诊断与排除、驱动桥拆装与调整、汽车行驶系统检修、转向系统检修及制动系统检修等。

　　本书可作为高职高专院校汽车类专业相关课程的教材，也可作为汽车维修中高级技工及相关企业员工的专业培训用书。

◆ 主　　编　散晓燕
　　副 主 编　包卫平　李建兴　黄鲁燕
　　责任编辑　刘盛平
　　执行编辑　王丽美
　　责任印制　焦志炜

◆ 人民邮电出版社出版发行　　北京市丰台区成寿寺路 11 号
　　邮编　100164　电子邮件　315@ptpress.com.cn
　　网址　http://www.ptpress.com.cn
　　北京天宇星印刷厂印刷

◆ 开本：787×1092　1/16
　　印张：18.5　　　　　　　　　2016 年 8 月第 2 版
　　字数：467 千字　　　　　　　2025 年 1 月北京第 7 次印刷

定价：44.00 元

读者服务热线：(010)81055256　印装质量热线：(010)81055316
反盗版热线：(010)81055315

第2版前言

汽车底盘机械系统检修是汽车维修工的典型工作任务，是汽车检测与维修高素质人才必须掌握的技能，也是高职汽车类专业的一门重要的专业核心课程。

作者于2009年所编写的《汽车底盘机械系统检修》一书自出版以来，受到了众多高职高专院校的欢迎。为了更好地满足广大高职高专院校的学生对汽车底盘机械系统检修学习的需要，作者结合近几年的教学改革实践和广大读者的反馈意见，在保留原书特色的基础上，对教材进行了全面的修订。这次修订的主要内容如下所述。

- 对本书第1版中部分项目所存在的一些问题进行了校正和修改。
- 增加了案例导入。
- 增加了总成实物图片。
- 进一步贴近汽车维修工考证需求，补充了大量有针对性的学习任务单。
- 增加了大量的汽车底盘机械系统的结构组成、工作原理、检修注意事项和拆检方法的动画和视频资料，以二维码的形式插入书中，读者可通过手机等移动终端设备扫描观看。

在本书的修订过程中，作者始终贯彻以一般与典型相结合的方式，本着理论与实用并重的原则，按照项目式教学的要求编排，对现代汽车底盘机械系统的结构、工作原理、检修、调试、故障诊断及排除等进行了系统的介绍。

修订后的教材，内容比以前更具针对性和实用性，内容的叙述更加准确、通俗易懂和简明扼要，这样更有利于教师的教学和读者的自学。为了让读者能够在较短的时间内掌握教材的内容，及时地检查自己的学习效果，巩固和加深对所学知识的理解，每个项目后还附有学习任务单。

全书参考总教学时数为72学时，建议采用理论实践一体化教学模式。各项目的学时分配见下表。

项　　目	课 程 内 容	学 时 分 配	
		讲　授	实　训
绪论	汽车底盘总体结构认识	2	2
项目一	离合器检修	4	4
项目二	手动变速器检修	6	6
项目三	万向传动装置故障诊断与排除	4	4
项目四	驱动桥拆装与调整	4	4
项目五	汽车行驶系统检修	6	6
项目六	转向系统检修	4	4

续表

项　　目	课　程　内　容	学 时 分 配	
		讲　　授	实　　训
项目七	制动系统检修	6	6
课时总计		36	36

　　本书由杭州科技职业技术学院散晓燕任主编，杭州科技职业技术学院包卫平、宁波城市职业技术学院李建兴和宁波大红鹰学院黄鲁燕任副主编。其中，项目一由黄鲁燕编写，项目三由李建兴编写，项目四由包卫平编写，项目五由包卫平和冯雪丽编写，绪论、项目二、项目六和项目七由散晓燕编写。全书由散晓燕统稿和定稿。

　　在此，向所有关心和支持本书出版的人表示衷心的感谢！

　　限于作者的学术水平，书中不妥之处在所难免，敬请专家、读者批评指正，来信请发送至328205965@qq.com。

散晓燕
2016 年 4 月于杭州科技职业技术学院

目 录

绪 论
汽车底盘总体结构认识

汽车由发动机、底盘、车身和电气设备组成，汽车底盘由传动系统、行驶系统、转向系统和制动系统四大部分组成，如图 0-1 所示。

图 0-1 汽车底盘组成

【知识要求】

1. 熟悉汽车底盘的组成和作用。
2. 熟悉汽车底盘的主要布置形式。
3. 能识别汽车底盘各总成的安装位置。

重点内容：识别汽车底盘各总成的安装位置。

【能力要求】

1. 熟练识别传动系统、行驶系统、转向系统、制动系统的安装位置。
2. 以小组为单位，选定某款车，制作并演示该车底盘技术介绍 PPT。

相关知识

汽车传动系统的功用是将汽车发动机的动力按需要传给驱动车轮，使路面对驱动车轮产生一个牵引力，驱动汽车行驶。底盘传动系统组成如图0-2所示。

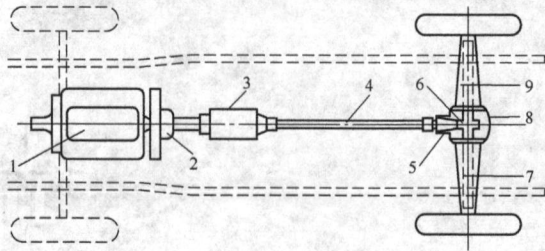

图 0-2 传动系统示意图

1—发动机 2—离合器 3—变速器 4—万向传动装置 5—主减速器 6—差速器

7、9—半轴 8—驱动桥

图 0-3 所示为一发动机前置、后轮驱动的机械式传动系统示意图，常用于普通双轴货车上。它主要由离合器、变速器、万向传动装置、主减速器、差速器和半轴等组成。发动机的动力经过各总成传给驱动轮。驱动轮得到的转矩便给地面一个向后的作用力，并因此而使地面对驱动轮产生一个向前的反作用力，这个反作用力称为驱动力或牵引力。当驱动力足以克服汽车行驶阻力时，汽车才会起步和正常行驶。

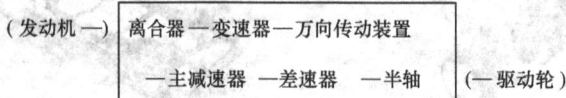

（发动机 —）离合器 — 变速器 — 万向传动装置

— 主减速器 — 差速器 — 半轴 （— 驱动轮）

图 0-3 机械式传动系统组成

一、机械式传动系统认识

（一）机械式传动系统各总成的基本功能

（1）离合器。按照需要适时地切断或接合发动机与传动系统之间的动力传递。

（2）变速器。改变发动机输出转速的高低、转矩的大小及旋转方向，也可以切断发动机向驱动轮的动力传递。

（3）万向传动装置。由万向节和传动轴组成，将变速器输出的动力传递给主减速器，并适应两者之间距离和轴线夹角的变化。

（4）主减速器。降低转速，增大转矩，改变动力的传递方向90°。

（5）差速器。将主减速器传来的动力分配给左右两半轴，并允许左右两半轴以不同角速度旋转，以满足左右两驱动轮在行驶过程中差速的需要。

（6）半轴。将差速器传来的动力传给驱动轮，使驱动轮获得旋转的动力。

对于四轮驱动的汽车，在变速器与万向传动装置之间还装有分动器，其作用是将发动机的动力分配给前后桥。

（二）传动系统的布置形式

汽车传动系统的布置形式取决于汽车的使用性质、发动机的安装位置和汽车的驱动形式。汽车的驱动形式通常用汽车车轮总数×驱动车轮数来表示（其中车轮数按轮毂数计）。普通汽车装有四个车轮，其中只有两个驱动轮，其驱动形式为4×2；越野汽车所有车轮都可作为驱动轮，其常见驱动形式有 4×4、6×6 等。

1. 发动机前置、后轮驱动

如图 0-4 所示，发动机、离合器和变速器连成一个整体安装在汽车的前部，主减速器、差速器和半轴安装在汽车后部的后桥壳中，两者之间通过万向传动装置相连。这种发动机前置、后轮驱动（FR 型）的布置形式附着力大，易获得足够的驱动力。并且，发动机散热条件好，驾驶员可直接操纵发动机、离合器和变速器，因而操纵机构简单，维修方便。货车上广泛采用这种传动系统布置形式，如解放 CA1092、东风 EQ1090E 汽车；雷克萨斯 LS400、奔驰和宝马系列轿车，也采用这种布置形式。

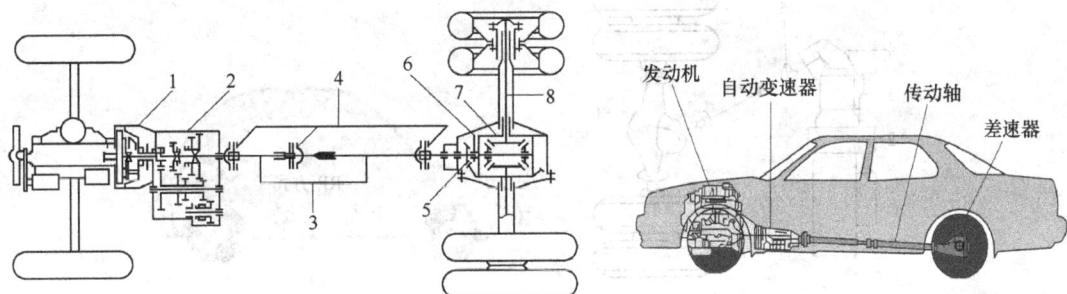

图 0-4　发动机前置、后轮驱动的传动系统布置示意图

1—离合器　2—变速器　3—转动轴　4—万向节　5—主减速器　6—驱动桥　7—差速器　8—半轴

2. 发动机前置、前轮驱动

如图 0-5 所示，变速器、主减速器和差速器装配成一个整体，同发动机、离合器一起集中安装在汽车前部，发动机散热条件好；整个传动系统集中在汽车的前部，操纵机构简单，操纵方便；省去传动轴。另外，传动系统结构紧凑，整车质心降低，汽车高速行驶稳定性好。但前轮驱动的汽车，上坡时附着力减小，易打滑；下坡制动时，前轮载荷过重，易发生翻车现象。

发动机前置、前轮驱动（FF 型）的布置形式在重心较低的微型、普通型乘用车上广泛采用，如帕萨特领驭、奥迪 A4、夏利、富康雪铁龙、广州本田雅阁和丰田凯美瑞等轿车，前两款轿车为发动机纵置，后两款车为发动机横置。

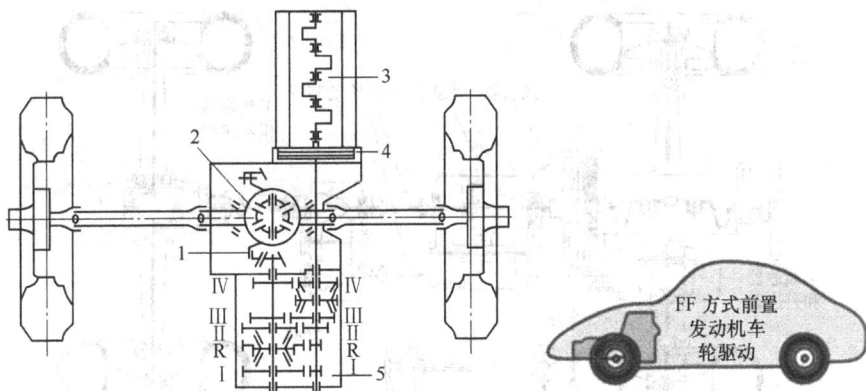

图 0-5　发动机前置、前轮驱动的传动系统布置示意图

1—主减速器　2—差速器　3—发动机　4—离合器　5—变速器

3. 发动机后置、后轮驱动

如图 0-6 所示，发动机、离合器和变速器制成一体布置在驱动桥之后，这种发动机后置、后轮驱动（RR 型）布置形式大大缩短了传动轴的长度，汽车总质量能较合理分配在前、后轴上，前轴不易过载，后轮附着力大；传动系统结构紧凑，质心有所降低；并能更充分地利用车厢面积。大型客车常采用的这传动系统布置形式，如厦门金龙、VOLVO 客车等。发动机后置散热条件差，行车中的某些故障不易被驾驶员察觉，发动机、离合器、变速器的远距离操纵使操纵机构变得复杂，维修调整不便。

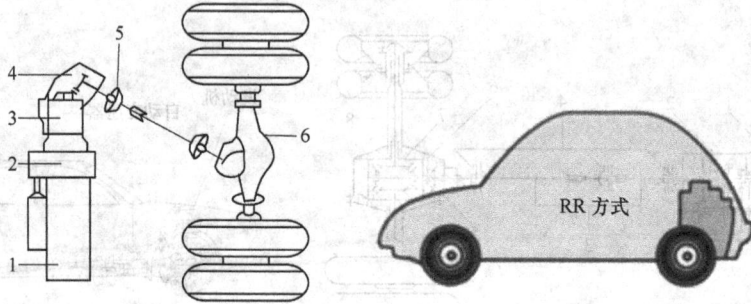

图 0-6　发动机后置、后轮驱动的传动系统布置示意图

1—发动机　2—离合器　3—变速器　4—角传动装置

5—万向传动装置　6—驱动桥

4. 四轮全驱

图 0-7 所示为 4×4 越野汽车的传动系统布置形式示意图，四轮驱动前后桥，发动机和变速器布置在前面。转矩通过分动器传到前桥和后桥。充分利用所有车轮与地面之间的附着条件，以获得尽可能大的牵引力，如北京切诺基、长城赛弗、东风本田 CRV 汽车等；某些大型三轴自卸车和牵引车、部分现代轿车也采用四轮驱动系统，如奔驰 C200L 4MATIC、奥迪 A8 等。

四轮驱动分为分时驱动和全时驱动。

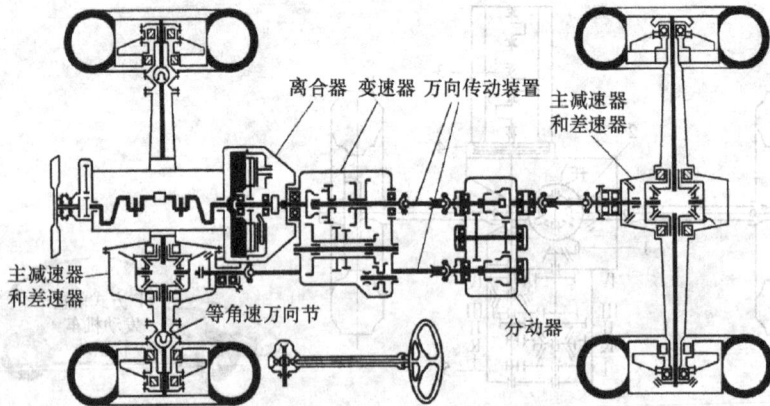

图 0-7　越野汽车的传动系统布置示意图

二、汽车底盘行驶系统认识

（一）行驶系统的基本组成

如图 0-8 所示，轮式行驶系统主要由从动桥 1、驱动桥 5、车架 3、前悬架 2、后悬架 4、后轮 6、前轮 7 等组成。车架是全车的装配基础，承载主要负载；悬架把车桥与车架连接在一起，减小行驶的冲击和震动；车轮安装在车桥上，起承载和传递动力的作用。

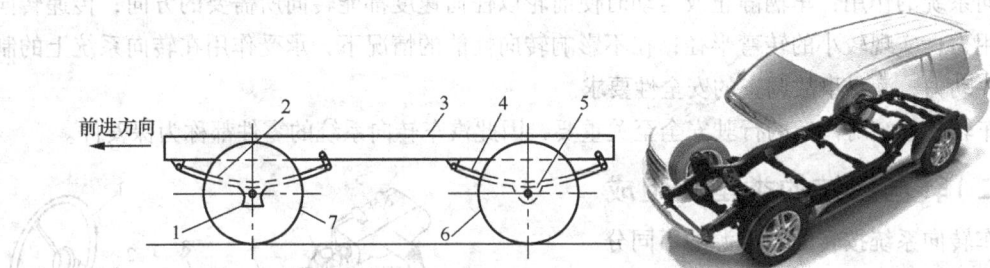

图 0-8 轮式汽车行驶系统结构

1—从动桥 2—前悬架 3—车架 4—后悬架 5—驱动桥 6—后轮（驱动车轮） 7—前轮（从动车轮）

（二）行驶系统的功用

（1）接受发动机经传动系统传来的动力，通过驱动轮和路面间的相互作用，变为推动汽车行驶的驱动力，使汽车正常行驶。

（2）将汽车构成一个整体，支撑汽车的总质量，传递并承受路面作用于车轮上的各个方向的反力及其形成的力矩。

（3）缓和不平路面对车身造成的冲击，衰减汽车行驶中的震动，保证汽车行驶的平顺性。

（4）与转向系统协调配合工作，控制汽车的正确行驶方向，从而保证汽车操纵稳定性。

（三）汽车行驶系统的类型

汽车行驶系统的类型与使用条件有很大的关系，按直接与地面接触的部件不同分类，常见的有轮式、半履带式、全履带式、车轮-履带式及水陆两用式等多种类型（见图 0-9）。

汽车行驶在比较坚实的道路上，其行驶系统中直接与路面接触的部分是车轮，这种行驶系统称为轮式行驶系统，这样的汽车便是轮式汽车。

行驶系统中直接与路面接触的部分是履带的汽车称为履带式汽车。

行驶系统中直接与路面接触的部分既有车轮又有履带的汽车称为半履带式汽车或车轮-履带式汽车。

水陆两用汽车除具有一般轮式汽车的行驶系统外，还备有一套在水中航行的行驶机构。但应用最广泛的是轮式行驶系统，本书将以轮式行驶系统为例，介绍其构造及维护措施。

轮式　　　半履带式　　　全履带式　　　车轮-履带式　　　水陆两用式

图 0-9 行驶系统的类型

三、汽车底盘转向系统认识

（一）转向系统的基本功用

汽车在行驶过程中，需要按驾驶员的意志改变行驶方向，同时，转向轮由于受到地面侧向干扰力的作用，产生自动偏转，改变行驶方向。汽车改变或恢复行驶方向，必须使汽车转向车轮绕主销轴线偏转一定角度，使行驶方向符合驾驶员的要求。

转向系统的作用：车辆静止或运动时使前轮以任何速度都能转向所需要的方向；传递转向时的作用力；实现较小的转弯半径；在不影响转向性能的情况下，承受作用在转向系统上的制动力和驱动力；满足事故调查的安全性要求。

汽车转向系统对汽车的行驶安全至关重要，因此汽车转向系统的零件都称为保安件。

（二）转向系统的类型和组成

汽车转向系统按转向动力源的不同分为机械转向系统和动力转向系统两大类。

1. 机械转向系统

机械转向系统以驾驶员的体力作为转向动力源。机械转向系统由转向操纵机构、转向器和转向传动机构三大部分组成，转向系统机件名称和布置如图 0-10 所示。

2. 动力转向系统

动力转向系统是在机械转向系统的基础上加设一套转向加力装置形成的。液压式动力转向系统由一套机械转向系统和液压助力装置组成。图 0-11 所示为液压动力转向系统的结构示意图。

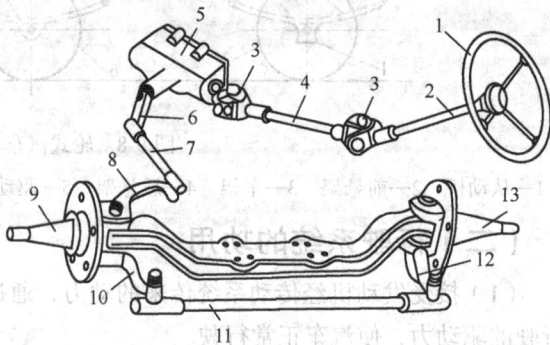

图 0-10 机械转向系统的组成和布置示意图

1—转向盘 2—转向轴 3—转向万向节 4—转向传动轴
5—转向器 6—转向摇臂 7—转向直拉杆 8—转向节臂
9—左转向节 10、12—梯形臂 11—转向横拉杆
13—右转向节

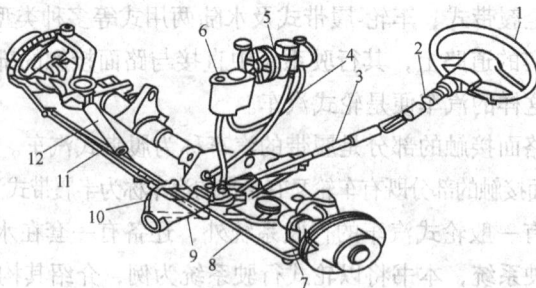

图 0-11 液压动力转向系统示意图

1—转向盘 2—转向轴 3—转向中间轴 4—转向油管 5—转向油泵 6—转向油罐 7—转向节臂
8—转向横拉杆 9—转向摇臂 10—整体式转向器 11—转向直拉杆 12—转向减震器

四、汽车底盘制动系统认识

机动车必须安装两个彼此独立的制动系统，即行车制动系统和驻车制动系统；为了保证行

车安全，行车制动系统必须带有两个彼此独立操纵装置的制动系统，当一个操纵装置有故障时，另一个装置必须正常工作，驻车制动系统以机械方式工作，必须能够将停在坡道上的车辆完全固定，防止车辆自行移动。操纵行车制动器时，通过两个制动信号灯向后方车辆发出警告，警示其注意避让。

图 0-12 所示为液压制动装置示意图。液压制动装置主要由制动踏板机构、制动主缸、制动轮缸、液压管路、车轮制动器、储液罐等组成。制动踏板机构和制动主缸装在车架上，主缸与轮缸通过液压管路连接，车轮通过弹性悬架与车架联系，各液压元件与液压管路之间由管接头连接，整个液压系统中充满制动液。

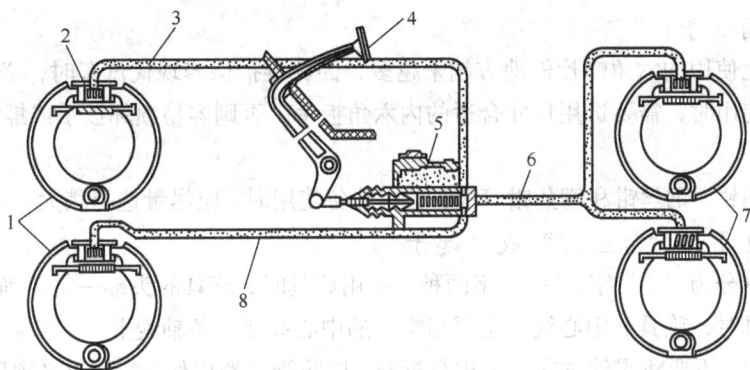

图 0-12　液压传动装置示意图

1—前轮制动器　2—制动轮缸　3、6、8—油管　4—制动踏板机构　5—制动主缸　7—后轮制动器

五、汽车常用拆装工具认识

（一）常用拆装工具

1. 呆扳手

呆扳手是汽车维护保养中最常用的工具之一。在保养中，只要有螺栓、螺母的拆装就都要用到呆扳手。在使用呆扳手时应选择合适的尺寸型号，如果使用不当，容易使螺栓或螺母的棱角损坏而无法拆装。常用的呆扳手有 8×10、9×11、10×12、12×14、13×15、14×17、17×19、19×22、22×24、30×32 等尺寸型号（扳手上的尺寸数字为开口的毫米数）。

2. 梅花扳手

梅花扳手也是汽车维护保养中最常用的工具之一。梅花扳手的工作部分是封闭的环状，用起来对螺栓或螺母的棱角损害程度很小，使用起来比较安全。常用的梅花扳手有 8×10、10×12、12×14、14×17、16×18、17×19、19×22、22×24、24×27、27×30、30×32（扳手上的尺寸数字为开口的毫米数）等尺寸型号。

使用呆扳手和梅花扳手时，扳手的平面一定要和螺母平行且用力适度。在使用扳手遇到有过紧的螺栓或螺母时，不可用力过猛，需要注意的是运动方向上有没有尖锐的物体，以防螺栓突然松脱，手撞到尖锐物体上而受伤。

3. 套筒扳手

套筒扳手是使用最方便灵活且安全的工具。在使用中，螺母的棱角不易被损坏，可以任意组合使用，特别是在使用空间较小的地方，只有使用套筒扳手才能解决问题。套筒扳手常用的尺寸为 6～24mm。

4. 活扳手

活扳手的开口尺寸在一定的范围内可任意调整。在工具不称手时，没有活扳手是不行的，但在使用中应尽量使用呆扳手、梅花扳手或套筒扳手。迫不得已必须使用活扳手时，一定要调整好开口的尺寸，使之与螺母棱角配合紧密，小心使用，以防损坏螺母棱角。常用的尺寸型号有 200mm×24mm、300mm×36mm 等规格（200、300 为扳手全长，24、36 为最大开口尺寸）。使用活扳手时，扳手开口的固定端要在用力的一侧，活动端要在支撑的一侧，否则容易损坏活扳手。

5. 内六角扳手

现代汽车上使用内六角螺栓的地方越来越多，因此维护保养现代汽车时，必须准备合适的内六角扳手。使用时，需要选用尺寸合适的内六角扳手，否则容易损坏扳手或螺栓。

6. 手钳

手钳有尖嘴钳、钢丝钳和鲤鱼钳等多种，在准备使用时，应尽量选择稍大一点的比较好用。

7. 旋具（俗称"螺丝刀"或"起子"）

常见的旋具分为"十"字、"一"字两种。使用旋具时，旋具的头部一定要确实嵌入螺母的槽中，扭动旋具时，旋具的中心线一定要与螺栓的中心线在一条轴线上。

使用旋具时，不要将零件拿在手上进行拆装，以防旋具滑出伤手；如果必须用手拿着零件，也要谨慎操作。

8. 钢丝刷

钢丝刷可以用来清除零件表面的污迹，清除蓄电池柱头的氧化物及车身底盘的积垢，是必不可少的工具之一。使用钢丝刷时，注意不要用它碰比较精密的配合面及汽车的装饰表面。

9. 千斤顶

车上使用的千斤顶形式较多，目前小型车上随车使用的千斤顶多为机械式的。使用千斤顶时，一定要注意顶车的位置和支车的高度，以保证安全。千斤顶应放在坚硬平坦的路面上，必要时可在千斤顶下面垫一厚木板或类似物品（千万不能使用砖头等易碎品来垫千斤顶）。

使用千斤顶前，不要忘记将车轮用三角块塞住，以防溜车。

（二）常用量具

量具的种类很多，根据其用途和特点分为万能量具（游标卡尺、百分尺、百分表和万能量角器等）、专用量具（卡规、塞规等）和规准量具（块规等）。汽车修理常用量具如下。

1. 钢直尺

钢直尺用于测量零件长度尺寸，规格有 150mm、300mm、500mm、1 000mm。常用的为 150mm。

用钢直尺测量零件时，必须让钢直尺的零线与零件边缘重合。如零线磨损，可用 10mm 刻度作起点，读数时减去 10mm。看尺寸时，视线与钢直尺的尺面垂直，以保证尺寸的准确性。

2. 内外卡钳

内卡钳用于测量内孔和槽的宽度；外卡钳用于测量零件外径和厚度等精度较低的零件。

卡钳的规格有 100mm、125mm、200mm、250mm、300mm、400mm、450mm、500mm、600mm 几种。

利用卡钳测量尺寸，是靠手指的感觉测得准确的尺寸。握卡钳的姿势很重要，否则，测量的尺寸不准确。

测量时，先将卡钳掰开与零件尺寸近似，然后敲卡钳的内、外侧，调整卡脚宽度。调整时，不许在零件上敲击或敲击卡钳钳口。测量准确后，再配合钢直尺等量具读出数值。

3. 游标卡尺

游标卡尺可以直接测量出零件的外径、孔径、长度、宽度、深度和孔距等尺寸。

游标卡尺的结构，由主尺和副尺组成。

游标卡尺的两爪下端的内侧面可测量外圆和长度等；两爪外侧面可测量内孔和沟槽。爪上端可测量孔距和齿轮公法线长度、深度。

常用游标卡尺按测量范围有 0～125mm、0～200mm、0～300mm、0～500mm 四种，按测量精度有 0.1mm、0.05mm、0.02mm 三种。

使用游标卡尺前，应检查主尺与副尺的零线是否对齐，用漏光法检查内外卡脚的测量面是否贴合，并应将卡脚的接触面与被测零件表面擦干净。

测量时，对副尺的压力不能过大或过小，否则会影响测量的准确性。

测量零件读尺寸的方法：先读出副尺上零线左面主尺的整数（mm），再读出副尺上的某一刻度线正对主尺的刻度线。然后，把主尺整数和副尺上的小数值加起来就是所测量的尺寸。用游标卡尺测量时，禁止游标卡尺在零件上硬卡、硬拉及在运动零件上测量。不准用游标卡尺测量毛坯零件及粗糙表面。

4. 深度游标卡尺

深度游标卡尺用于测量孔用槽的深度。其刻度原理和数值的读法与游标卡尺相同。

深度游标卡尺由主尺、尺架、紧固螺钉及辅助游标组成。

测量时，将尺架贴在零件孔或槽的端面，再把主尺插到底部，用紧固螺钉紧固后就可读出所测量的尺寸。

5. 外径百分尺

外径百分尺（又叫分厘）是精密量具，测量尺寸精度可达 0.01mm，用于测量精密零件的直径、长度、宽度、厚度等尺寸。

外径百分尺的结构由尺架、砧座、测微杆、刻度套筒、束轮、活动套管、锁紧手柄等组成。

按被测尺寸的范围，百分尺分为 0～25mm、25～50mm、50～75mm、75～100mm、100～125mm、125～150mm 几种。

百分尺按制造精度分为 0 级和 1 级两种，0 级精度较高。

使用百分尺前，应检查刻度套筒中心线与活动套管的零线、刻度套管的起线与活动套管的边缘线是否重合，如果不重合（大于 25mm 的百分尺，将检验杆放在固定砧座和测微杆之间），转动锁紧手柄，使测微杆固定不动，松开活动套管上的罩壳，使测微杆与活动套管分离，调整好后，拧紧罩壳，松去锁紧手柄即可使用。

测量时，将零件被测面和外径百分尺两测量接触面擦干净。当测量杆接触零件表面后，转动棘轮盘，发出"咔、咔、咔"响声时，即是所测量的尺寸。

读尺寸分以下三步：

第一步，读出活动套管边缘正对刻度筒主尺的整数值及 0.5mm 数；

第二步，将活动套管上某格与刻度套筒上的中心线对齐，读出活动套管上的小数值；

第三步，把刻度套筒的整数加上活动套管上的小数，即是测得的尺寸。

6. 百分表

百分表是精密量具，用于检查零件的圆度、圆柱度、直线度、平面度和尺寸误差。

百分表的表盘圆周上刻有 100 格，长针转一格为 0.01mm，短针转一格为 1mm。使用时，将百分表的触头抵住被测零件表面，移动表架或转动被测零件，表盘上长指针摆动的两极限数值就是零件的误差值。

测量平面时，百分表的触头应与平面垂直。测量圆柱形零件时，触头与零件中心线应垂直。百分表压在零件表面时，测杆升程不要太大。

7. 内径百分表

内径百分表又叫量缸表，用于测量圆柱形内孔的几何形状误差，如气缸的圆度、圆柱度等。

内径百分表的表杆座下端有活动量杆和可换触头的固定量杆，根据不同的测量直径，选用不同的触头。

内径百分表测量范围有 6～10mm、10～18mm、18～35mm、35～50mm、50～100mm、100～160mm、160～250mm 等。

内径百分表在使用时，应将百分表放正。测量前，根据被测量尺寸选用相应的可换触头装在表架上，然后利用标准卡环或外径百分尺调整百分表的指针使之到零位。其方法是，先按动活动触头，再将表架稍微摆动。然后旋转百分表刻度表，使零线与指针对齐，将百分表架从标准环内取出。

测量时，不要让量杆突然接触零件表面，以免损伤表内零件。被测表面应擦干净，保证测量的准确性。

8. 厚薄规

厚薄规（又叫塞尺、千分片）用于测量或校准两平行面间的间隙。如发动机活塞与缸壁的间隙、气门间隙等。

厚薄规的长度有 50mm、100mm 和 200mm；厚度为 0.02～0.1mm 和 0.1～1mm。使用时，根据间隙的大小，可选用 1 片或 3 片（一般不超过 3 片）塞入间隙，让厚薄规能活动又稍微有点摩擦为宜，并应注意：清除被测表面和厚薄规的灰尘和油污；测量时，厚薄片不能强行插入或抽出，以免弯曲和折断；不能测量发热零件。

9. 角尺

角尺（又叫直角尺）用于检验连杆、变速叉、车架等的垂直度。

测量时，将角尺的一个测量面靠在零件的基准面上，另一个测量面慢慢靠向零件的被测量表面，根据透光间隙的大小，判断零件两相邻面的垂直情况。测量前，应清除零件的毛刺、油污。

10. 万能角尺

万能角尺用于测量转向节的倾角等。其构造由主尺、扇形板、游标、支架、角尺、直尺等组成。

由于角尺和直尺可以移动和拆换，使万能角尺中以测量 0°～320° 任何角度。把角尺和直尺全装上时，可测量 0°～50° 的角度；只装上直尺时，可测量 50°～140° 的角度；只装上角尺时，可测量 140°～230° 角度；把角尺和直尺全拆下时，可测量 230°～320° 角度。

11. 水平仪

水平仪用于检验车架、前轴等零件的水平位置。

水平仪由 V 形架和水准器组成。当被测量面稍有倾斜，水冷气泡就向高的方向移动。水准刻度值为 0.02mm/m，即气泡移动一格，被测量长度为 1m 的两端上，高低相差 0.02mm。

12. 量具的保养

量具的使用和保养，直接影响量具的使用寿命和汽车的修理质量。使用时应注意下列各点：量具使用前，必须擦干净；不允许在运动零件上测量；测量时不能用力过大或推拉过猛；不许用精密量具测量毛坯及锈蚀零件；不许用精密量具测量温度高的零件；量具用完后应擦干净，涂油，放在盒内或规定的地方；量具应防受潮生锈。

项目实施：汽车底盘各总成认识

一、项目实施环境

理论实践教学一体化教室，分为多媒体教学区域、讨论区域、实训教学区域。实训教学区域配备汽车底盘教具、资料查询电脑、升降机等设备。

二、项目实施步骤

1. 资讯
（1）学生聆听教师对底盘各系统的讲解。
（2）观看录像、视频、课程网站，掌握汽车底盘各系统特性、功能、组成、安装位置。

2. 决策与计划
（1）小组成员共同讨论工单中的内容，明确工作任务。
（2）小组共同制订完成底盘认知的工作计划。
（3）小组共同选定介绍底盘技术的某款车型。
（4）将制订的工作计划提交给教师，共同讨论后定稿。

3. 实施
（1）在教学用车上能够熟练找到底盘各系统部件的位置。
（2）完成工单中的任务。
（3）小组成员分工协作完成已选定某款车底盘技术介绍 PPT 的制作并演示。

4. 检查与评估
（1）回顾本项目中学习的知识和技能。
（2）自我评价在学习本项目时的态度。
（3）客观评价小组其他成员的态度和行为。
（4）以小组讨论方式进行自我工作评估。

（5）将组长和组员的评价和建议记录下来，形成文字报告并归档。

项目拓展

安全操作规范与工具使用

安全是第一位的，学生必须按照操作安全规范，养成良好的安全工作习惯。按照汽车维修与技术服务企业"5S"管理的要求，学生必须严格执行"清理、清扫、整顿、整理、安全"的管理要求。

一、安全操作

在理实一体化教室中，学生必须遵守安全操作守则，注意以下事项。

（1）穿着工作服，厚底防护鞋，不要戴手表、首饰等物品。

（2）女生必须戴帽子进行操作。

（3）按规范正确使用检测设备。

（4）小组协同安全完成各项任务。

（5）保持车间整洁，工具、零件以及易燃易爆品必须按规定放好。

（6）注意用电安全，掌握火灾、电解液腐蚀等紧急事故的处理措施。

二、工具和设备使用注意事项

（1）能正确选择和使用维修过程中所需的工具。

（2）保持维修工具的清洁，并妥善保存。

（3）清扫场地，保持实训场地清洁。

（4）掌握各种维修设备（如举升机等）的操作规范和使用要求，并要定期检查维护。

离合器检修

本项目通过对离合器打滑故障的诊断、检修过程的学习，掌握离合器结构、工作原理等方面的理论知识，具备对上述故障进行分析与排除的职业能力。

图 1-1　离合器安装位置

1—发动机　2—离合器　3—变速器　4—主传动与差速器

5—等速万向节　6—传动轴　7—驱动轮（前轮）　8—盘式制动器（前轮）

【案例导入】

根据某威驰 1.5GL-iMT 型汽车车主反映，车辆在紧急加速时，感觉发动机转速迅速提高，但车辆提速响应慢，在上长坡的时候，车内能闻到东西烧焦的气味，最近车辆油耗比较高。根据案例现象，故障原因很可能是离合器打滑。

问题：（1）离合器功能、结构、原理？

（2）离合器常见故障现象与故障产生原因？

（3）离合器打滑故障排除方法？

【知识要求】

1. 熟悉离合器的功用、要求以及类型。

2. 熟悉离合器的结构与工作原理。

3. 熟悉离合器踏板自由行程的概念，掌握离合器踏板自由行程过大、过小的危害。

4. 掌握离合器打滑的故障现象、原因。

重点内容： 离合器的功用、组成和原理；离合器的结构特点；离合器打滑故障原因。

【能力要求】

1. 会检查、调整离合器踏板自由行程。

2. 会拆卸、安装离合器。

3. 会描述离合器常见故障现象，分析故障原因。

4. 会诊断与排除离合器打滑故障。

5. 会查阅维修手册文献资料，获取信息，完成离合器的检修及更换作业。

6. 会制订工作计划，能与人协作沟通。

【安全提示】

1. 在分解离合器时，应用专用压具将离合器盖压紧后，才能逐个拧松调整螺母，以免压紧弹簧弹出。

2. 装配时，压紧弹簧正确摆放，将专用压具均匀压紧离合器盖，调整螺母对称旋紧。

【操作技巧】

1. 拆装过程中特别注意离合器盖与压盘间、平衡片与压盘间、离合器盖与飞轮间的装配记号。

2. 安装离合器从动盘时有减震弹簧保持架的一面，装配时应朝向压盘。

3. 安装离合器压盘总成时，需用导向定位器或变速器输入轴以确定中心位置。

相关知识

一、离合器简介

离合器是传动系统中直接与发动机相连接的部件，安装在发动机飞轮之后，变速器之前，用来分离或接合前后两者之间的动力联系。

（一）离合器的功能

1. 辅助起步

汽车起步时，发动机速度由零逐渐增大，如果传动系统与发动机之间刚性连接，突然接上动力将会猛烈前冲，产生很大的惯性力。发动机在这一惯性力的作用下，转速急剧下降到最小稳定转速，然后熄火，汽车将不能起步。装有离合器后，踩下踏板，使发动机与传动系统分离，挂上挡位，缓慢抬起踏板，逐渐踩下加速踏板，发动机转矩由小到大逐渐传给传动系统，保证汽车平稳起步。

2. 换挡

汽车在行驶过程中，踩下离合器踏板，使发动机与传动系统彻底分离，暂时切断发动机与传动系统的联系。变速器摘挡、挂挡不产生冲击。放松离合器踏板，使发动机与传动系统平顺接合，汽车逐步加速，保证发动机不会熄火。

3．过载保护

当汽车起步过猛或行驶速度急剧变化、传动装置过载时，借助离合器打滑，限制所传递转矩，实现发动机过载保护。同时，对传动系统、动力输出装置也起到安全保护作用。

4．减震

离合器的扭转弹簧抑制扭转震动，使离合器工作平顺。

（二）离合器的基本要求

（1）能传递发动机发出的最大转矩，并且还有一定的转矩储备能力。

（2）能做到分离时彻底分离，接合时柔和，并具有良好的散热能力。

（3）从动部分的转动惯量尽量小，分离离合器换挡时，与变速器输入轴相连接部分的转速比较容易改变，从而减轻齿轮间冲击。

（4）具有缓和转动方向冲击、衰减震动的能力，且噪声小。

（5）压盘压力和摩擦片的摩擦系数变化小，工作稳定。

（6）操纵省力，维修保养方便。

二、干式摩擦离合器认知

汽车离合器有摩擦式离合器、液力偶合器、电磁离合器等几种。摩擦式离合器又分为湿式和干式两种。

目前，与手动变速器相配合的绝大多数离合器为干式摩擦式离合器，按从动盘数目分，有单片式、双片式和多片式 3 种形式，轿车和轻、中型货车一般采用单片式离合器；按压紧弹簧的形式与布置可分为周布弹簧式、中央弹簧式、膜片弹簧式等。湿式摩擦式离合器一般为多盘式的，浸在油中以便于散热。本项目主要介绍干式摩擦式离合器的结构以及它们的工作原理。

（一）摩擦式周布弹簧离合器

采用若干个沿从动盘圆周分布螺旋弹簧作为压紧弹簧的离合器，称为周布弹簧离合器。目前，周布弹簧离合器主要应用于商用载重汽车上。

1．摩擦式周布弹簧离合器结构

摩擦式周布螺旋弹簧离合器由主动部分、从动部分、压紧机构及分离机构四大部分组成。如图 1-2 所示。

（1）主动部分。离合器主动部分包括飞轮 2、离合器盖 19、压盘 16、4 组传动片 33 等。离合器盖用低碳钢冲压制成，质轻、维修拆装方便。为了保证离合器与飞轮同心，离合器盖通过定位销定位，用螺栓固装在飞轮上。

（2）从动部分。离合器从动部分主要部件是从动盘。从动盘分为不带扭转减震器和带扭转减震器两种类型。目前，轿车上广泛采用带扭转减震器的从动盘，避免传动系统的共振，缓和冲击，延长传动系统的寿命，使汽车平稳起步。从动盘实物如图 1-3（a）所示。

（3）压紧机构。周布弹簧离合器的压紧机构是由若干根沿压盘周向对称布置的压紧弹簧组成，装在压盘与离合器盖之间，如图 1-3（b）所示。

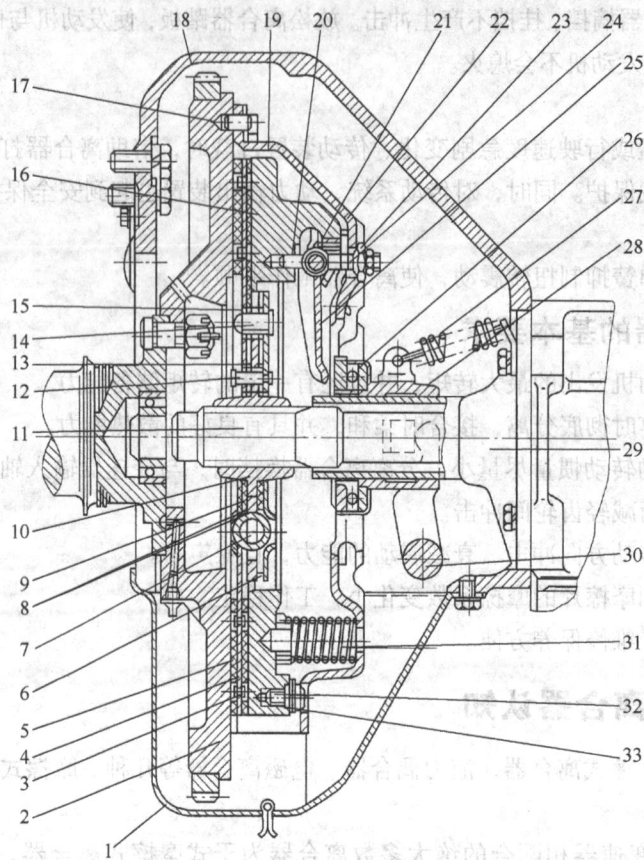

图 1-2 东风 EQ1090E 型汽车离合器

1—离合器壳底盖 2—飞轮 3—铆钉 4—从动盘本体 5—摩擦片 6—减震器盘 7—减震器弹簧

8—减震器阻尼片 9—阻尼片铆钉 10—从动盘毂 11—变速器第一轴（离合器从动轴）

12—阻尼弹簧铆钉 13—减震器阻尼弹簧 14—从动盘铆钉 15—铆钉隔套 16—压盘

17—定位销 18—离合器壳 19—离合器盖 20—分离杠杆支承柱 21—摆动支片

22—浮动销 23—分离杠杆调整螺母 24—分离杠杆弹簧 25—分离杠杆 26—分离轴承

27—分离套筒回位弹簧 28—分离套筒 29—变速器第一轴轴承盖 30—分离叉

31—压紧弹簧 32—传动片铆钉 33—传动片

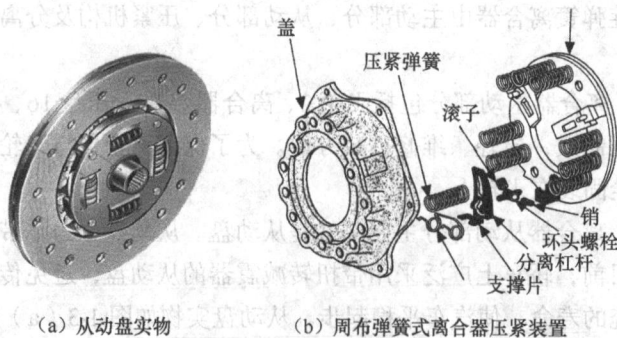

（a）从动盘实物   （b）周布弹簧式离合器压紧装置

图 1-3 周布弹簧离合器

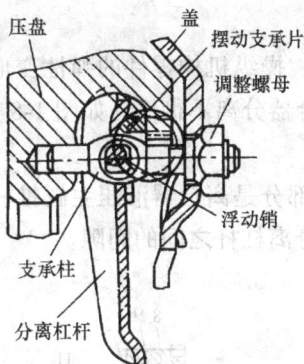

图 1-4　分离杠杆结构

为了减小压盘向弹簧传热，引起退火及弹力降低，在压盘的弹簧座处做成凸起的十字形筋条，以减小接触面积，或加隔热垫。

（4）分离机构。如图 1-2 所示。分离机构包括分离杠杆 25、分离轴承 26、分离套筒回位弹簧 27、分离套筒 28 和分离叉 30 等。分离叉 30 与其转轴制成一体，轴的两端靠衬套支撑在离合器壳上。分离杠杆结构示意图如图 1-4 所示。分离杠杆通过浮动销、支承柱和调整螺母支撑在离合器盖上，分离杠杆的外端利用浮动销与压盘的凸块相连。

2. 摩擦式周布弹簧离合器工作原理

（1）单片摩擦式离合器。单片摩擦式离合器结构示意图如图 1-5 所示，其工作情况如下。

① 接合状态。离合器踏板处于自由状态时，离合器压紧弹簧将压盘、从动盘、飞轮互相压紧。发动机的转矩经飞轮及压盘通过从动盘摩擦面的摩擦力矩传到从动盘，经从动轴向传动系统输出。

② 分离过程。踩下离合器踏板时，拉杆拉动分离叉外端向右(后)移动，分离叉内端通过分离轴承推动分离杠杆内端向前移动，分离杠杆外端拉动压盘向右(后)移动，在进一步压缩压紧弹簧的同时，解除对从动盘的压紧力。离合器主、从动部分处于分离状态，中断动力传递。

③ 接合过程。当需要恢复动力传递时，缓慢抬起离合器踏板，分离轴承减小对分离杠杆内端的作用力，压盘在压紧弹簧作用下逐渐压紧从动盘，使传递的转矩逐渐增大。当传递的转矩小于汽车起步阻力时，汽车不动，从动盘不转，主、从动摩擦面间完全打滑；当传递的转矩足以克服汽车开始起步的阻力时，从动盘开始旋转，汽车开始移动，但仍低于飞轮的转速，即摩擦面间仍存在着部分打滑现象。随着压紧力的不断增加和汽车的不断加速，主、从动部分的转速差逐渐减小，直到转速相等、滑磨现象消失，离合器完全接合为止，接合过程完成。

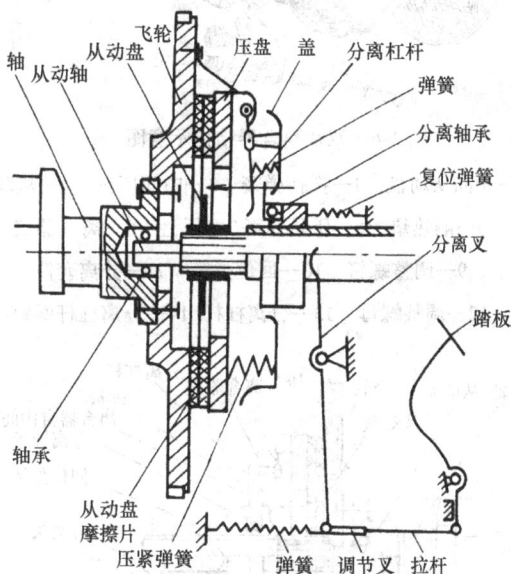

图 1-5　单片离合器结构示意图

（2）双片摩擦式离合器。双片摩擦式离合器的结构与单片摩擦式离合器相同，不同的是多了一个中间压盘和一个中间从动盘。其结构如图 1-6 所示，工作情况如图 1-7 所示。

（3）离合器自由间隙。当离合器处于接合状态时，分离轴承与分离杠杆内端之间预留的间隙称为离合器的自由间隙。其作用是防止从动盘摩擦片变薄后压盘不能向左前移动，使主、从动部分结合不紧。如果离合器自由间隙过大，会导致离合器分离不彻底；反之，间隙过小，造成离合器打滑。

离合器踏板的自由行程：消除离合器自由间隙和分离机构、操纵机构零件的弹性变形所需要的离合器踏板行程。离合器踏板自由行程过大，会导致离合器分离不彻底，如图1-8（a）所示。

对液压操作系统，离合器踏板自由行程由两部分组成，一部分是离合器液压主缸推杆与活塞之间的间隔，如图1-8（b）所示；另一部分为分离轴承与分离杠杆之间的间隙。

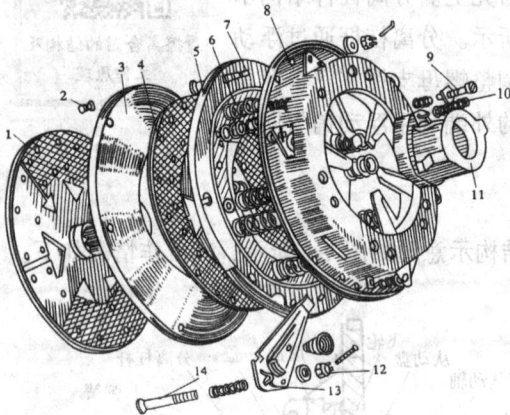

图 1-6 双片离合器结构示意图

1—中间从动盘　1—撑持弹簧　3—中间压盘　4—从动盘
5—隔热垫　6—压紧弹簧 7—压盘　8—离合器盖
9—调整螺钉　10—回位弹簧　11—分离套筒
12—调整螺母　13—分离杠杆　14—分离杠杆螺钉

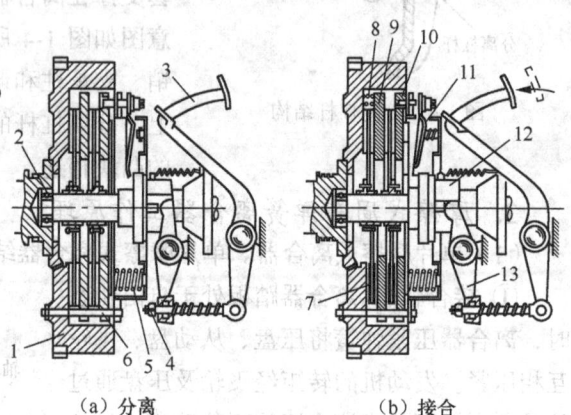

（a）分离　　　　　　　（b）接合

图 1-7 双片离合器工作情况示意图

1—飞轮　2—曲轴　3—离合器踏板　4—调整螺母
5—压紧弹簧　6—传动销　7—中间从动盘
8—撑持弹簧　9—中间压盘　10—隔热垫
11—分离杠杆　12—分离轴承　13—分离叉

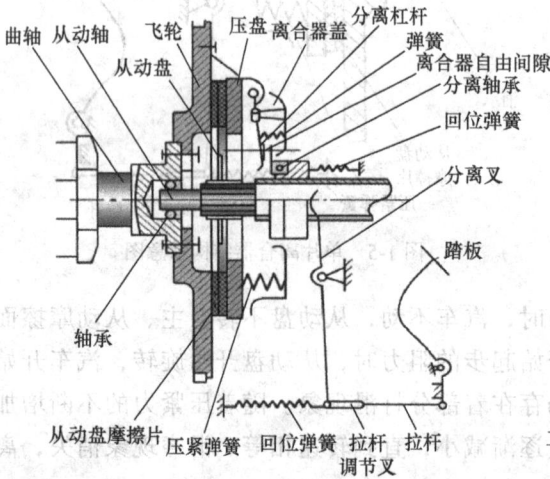

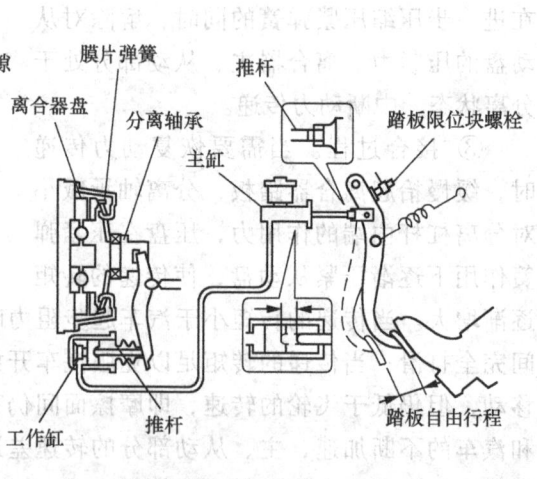

（a）离合器自由间隙　　　　　　　　　　（b）离合器踏板自由间隙

图 1-8 离合器以及离合器踏板自由间隙

（二）膜片弹簧离合器

采用膜片弹簧作为压紧弹簧的离合器，称为膜片弹簧离合器。目前，膜片弹簧离合器广泛应用于现代汽车，不仅在轿车上广泛使用，而且在轻型、中型货车，甚至在重型货车上也得到应用。

1. 膜片弹簧离合器的结构

膜片弹簧实质上是一种用薄弹簧钢板制成的带有锥度的盘形弹簧，如图 1-9 所示。其小端在锥面上均匀开有许多径向切槽，形成分离指 B，起分离杠杆的作用，其余未切槽的大端 A 部分起压紧弹簧的作用。

膜片弹簧离合器主要包括主动部分、从动部分、压紧装置和操纵机构 4 大部分，如图 1-10 所示，其实物如图 1-11 所示。

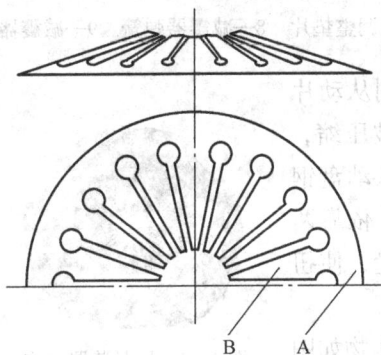

图 1-9　膜片弹簧

A—压紧弹簧　B—分离指

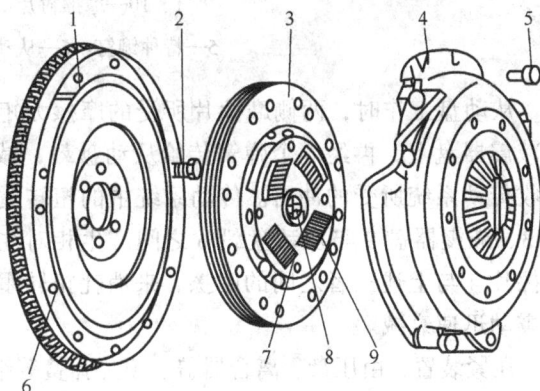

图 1-10　膜片弹簧离合器

1—飞轮　2、5—螺栓　3—从动盘　4—离合器盖总成
6—定位销　7—扭转减震器　8—从动盘毂　9—减震弹簧

主动部分： 由飞轮 1 和离合器盖总成 4 组成，离合器盖固定在飞轮上，与发动机同步旋转。

从动部分： 从动盘和扭转减震器。从动盘主要由从动盘钢片、摩擦片、从动盘毂等组成。由于发动机传动系统的转速和转矩是周期性变化的，为了消除扭转震动和避免共振，多数汽车在从动盘中装有扭转减震器，如图 1-12 所示。

从动盘钢片 3 用薄弹簧钢片制成，与从动盘毂 6 铆在一起，上边有辐射状槽，防止热变形。摩擦衬片 1、10 具有较大的摩擦系数，从动盘钢片 3 具有轴向弹性，从动盘钢片 3 与前摩擦衬片 1 铆在一起，波浪形弹簧钢片 2 与后摩擦衬片 10 铆在一起，从动盘钢片 3 与波浪形弹簧钢片 2 铆在一起。从动盘处于自由状态时，后摩擦衬片与波浪形弹簧钢片有一定间隙，结合时，弹性变形使压紧力逐渐增加，从动盘钢片 3 产生轴向弹性，使离合器接合柔和，起动平稳。

从动盘钢片 3、从动盘毂 6 和减震器盘 9 都开有 6 个矩形窗孔，在每个窗孔中装有一个减震器弹簧 8。减震器盘与从动盘钢片用铆钉 5 铆接在一起，将从动盘毂及其两侧的减震器摩擦片 4 夹在中间，从动片及减震器盘上的窗孔有翻边，防止 6 个减震器弹簧脱出。

认识离合器的主动部分

认识离合器的从动部分

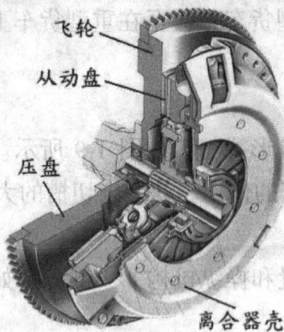

图 1-11　实物

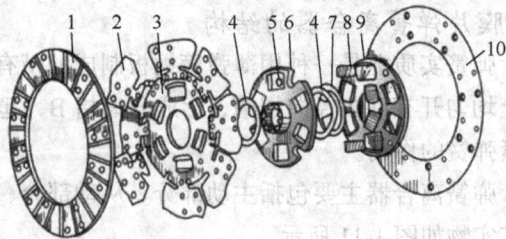

图 1-12　有扭转减震器从动盘的组成及工作示意图

1、10—摩擦衬片　2—波浪形弹簧钢片　3—从动盘钢片　4—摩擦片
5—特种铆钉　6—从动盘毂　7—调整垫片　8—减震器弹簧　9—减震器盘

从动盘工作时，两侧摩擦片所受的摩擦力矩首先传到从动片和减震器盘上，再经 6 个弹簧传给从动盘毂，减震弹簧被压缩，吸收传动系统所受的冲击。传动系统中的扭转震动导致从动盘钢片 3、减震器盘 9 与从动盘毂 6 之间产生相对往复摆动，依靠两摩擦片 4 与上述三者之间的摩擦，来消耗扭转震动的能量，使扭转震动迅速衰减。

压紧装置：由压盘、离合器盖、膜片弹簧等组成，其实物如图 1-13 所示。

图 1-13　压紧装置实物

2. 膜片弹簧离合器的工作原理

认识离合器的压紧机构

膜片弹簧离合器的工作原理

图 1-14 所示为膜片弹簧离合器的工作原理示意图，膜片弹簧两侧有钢丝支承圈 5，借 6 个膜片弹簧固定铆钉 7 将其安装在离合器盖 2 上。在离合器盖没有固定到飞轮 1 上时，膜片弹簧不受力，处于自由状态，如图 1-14（a）所示。此时离合器盖与飞轮安装面之间有一距离。当将离合器盖用连接螺钉固定到飞轮上时，如图 1-14（b）、（e）所示。由于离合器盖靠向飞轮，后钢丝支承圈 5 则压向膜片弹簧使之发生弹性变形，膜片弹簧的圆锥底角变小，几乎接近于压平状态。同时，在膜片弹簧的大端对压盘 3 产生压紧力，使离合器处于接合状态。当分离离合器时，分离轴承 8 左移，如图 1-14（c）、（d）所示。膜片弹簧被压在前钢丝支承圈 5 上，其径向截面以支承圈为支点移动，膜片弹簧变成反锥形，使膜片弹簧大端右移，并通过分离弹簧钩 6 拉动压盘使离合器分离。

3. 膜片弹簧离合器的特点

（1）弹簧与压盘整个圆周接触，压力分布均匀，磨损均匀。

（2）膜片弹簧既能起压紧弹簧的作用，又能起分离杠杆的作用，因此，不需要专门的分离杠杆，使离合器结构紧凑，零件数目减少，质量较轻，维修保养方便。

（3）膜片弹簧对称性好，受离心力影响小，不会因离心力作用而减少压紧力，因此工作可靠。

（4）膜片弹簧的轴向尺寸较小而径向尺寸很大，有利于在不提高离合器转矩传递能力的情况下减小离合器的轴向尺寸。

（a）　　　　　　（b）　　　　　　（c）

（d）分离状态　　　（e）结合状态

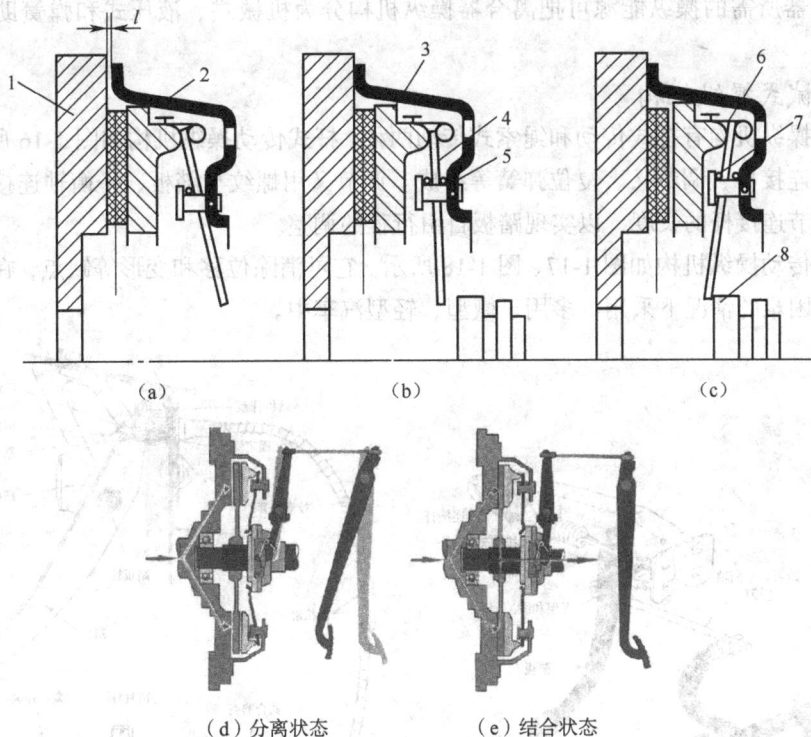

图 1-14　膜片弹簧离合器的工作原理示意图

1—飞轮　2—离合器盖　3—压盘　4—膜片弹簧　5—钢丝支承圈　6—分离弹簧钩

7—铆钉　8—分离轴承　l—飞轮与离合器盖安装前间隙

4. 膜片弹簧离合器的弹性特性

图 1-15 所示为膜片弹簧的弹性特性曲线。a 点表示两种弹簧离合器的接合状态，压紧力都是 F_a。当离合器分离时，两种弹簧虽然都附加同一变形量 ΔL_1，然而膜片弹簧所需的作用力 F_b 小于螺旋弹簧所需的作用力 F_b'，且 $F_b<F_a$，即较接合时的力小，故膜片弹簧离合器具有操纵轻便的特点。

如果由于摩擦片磨损变薄而使弹簧伸长 ΔL_2 时，膜片弹簧式离合器的压紧力几乎保持不变（由 F_a 变至 F_c），而螺旋弹簧离合器的压紧力则直线下降（由 F_a 降为 F_c'）。因此，膜片弹簧离合器具有自动调节压紧力的特点。

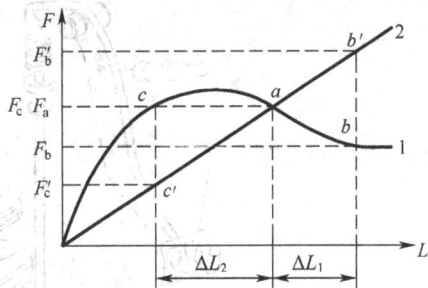

图 1-15　离合器压紧弹簧的弹性特性曲线

1—膜片弹簧　2—螺旋弹簧

ΔL_1—分离时弹性变形量　ΔL_2—磨损后弹簧伸长量

（三）离合器的操纵机构

离合器的操纵机构是驾驶员分离或柔和接合离合器的一套机构。其作用是将踏板上的人力变为推动分离轴承的推力。汽车离合器广泛采用机械式或液压式操纵机构，在一些重型汽车上，采用以这两种操纵机构为基础的油压和气压混合式操纵机构。

认识离合器的操纵机构

按离合器所需的操纵能源可把离合器操纵机构分为机械式、液压式和弹簧助力式等几种类型。

1. 机械式操纵机构

机械式操纵机构有杆式传动和绳索式传动两种，杆式传动操纵机构如图 1-16 所示。它由踏板、平衡轴连接杆、调节叉、复位弹簧等组成。调节叉用螺纹与踏板、平衡轴连接杆连接，通过调节叉调节连接杆的长度，以实现踏板自由行程的调整。

绳索式传动操纵机构如图 1-17、图 1-18 所示。它可消除位移和变形等缺点，在一些杆式传动布置比较困难的情况下采用，多用于微型、轻型汽车中。

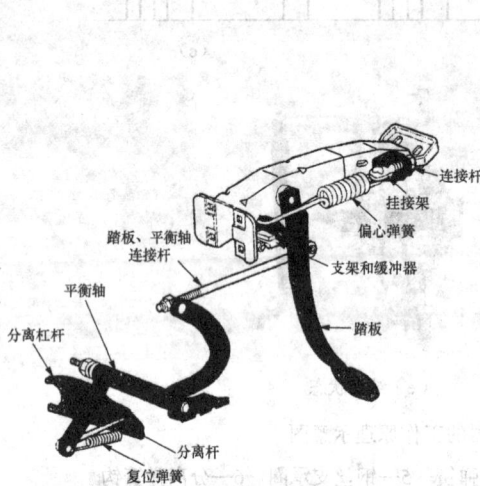

图 1-16 杆式传动操纵机构杆   图 1-17 绳索式操纵机构

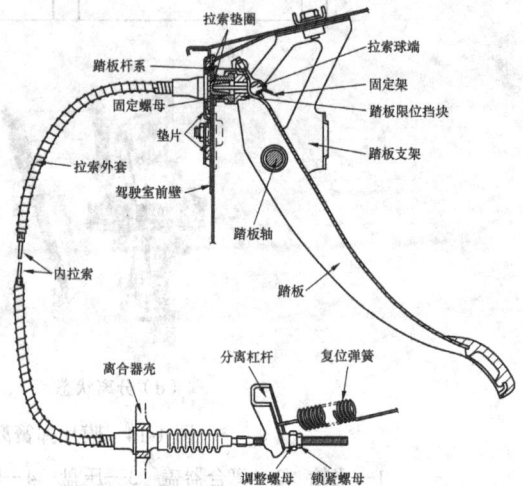

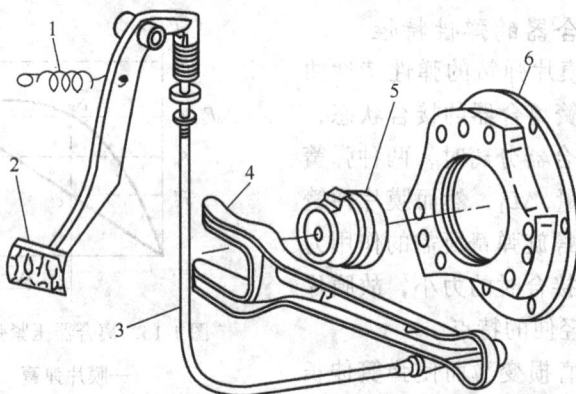

图 1-18 上海桑塔纳轿车离合器操纵机构（绳系传动）

1—回位弹簧 2—踏板 3—绳索 4—分离拨叉 5—分离轴承 6—离合器盖

2. 液压式操纵机构

液压式操纵机构传动效率高、质量小、接合柔和、布置方便、不受车身变形的影响，因此在各种汽车上的应用日益广泛。桑塔纳2000GSi、奥迪A4型、北京BJ2023型越野车、红旗CA7220等汽车均采用液压式操纵机构。液压式操纵机构以油液作为传力介质，它主要由踏板1、主缸2、工作缸7、管路系统和回位弹簧等组成，如图 1-19 所示。主缸的作用是将机械能转化为液压能，而工作油缸的作用则是将液压能转化为机械能。

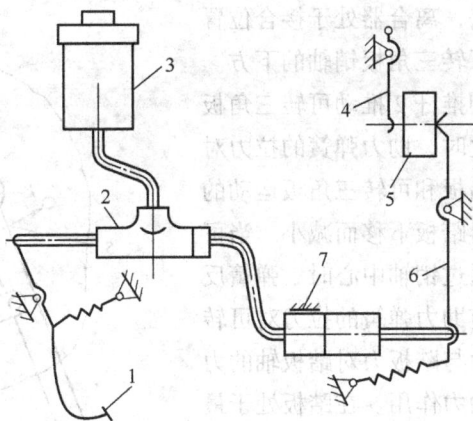

图 1-19　离合器液压式操纵机构示意图

1—踏板　2—主缸　3—储液室　4—分离杠杆　5—分离轴承　6—分离叉　7—工作缸

主缸和工作缸结构示意图如图 1-20 所示。主缸上部储油罐 1 的油孔与主缸相通，阀杆 6 后端穿在活塞 9 的中心孔中，无配合关系。后弹簧座 7 紧套在活塞的前端并被轴向定位，可以单向拉动阀杆，在阀杆的前端装有橡胶密封圈阀门 2，阀门 2 后端装有锥形复位弹簧 4，前弹簧座 3 具有轴向中心孔和轴向、径向槽，复位弹簧 5 安装在前、后弹簧座之间。

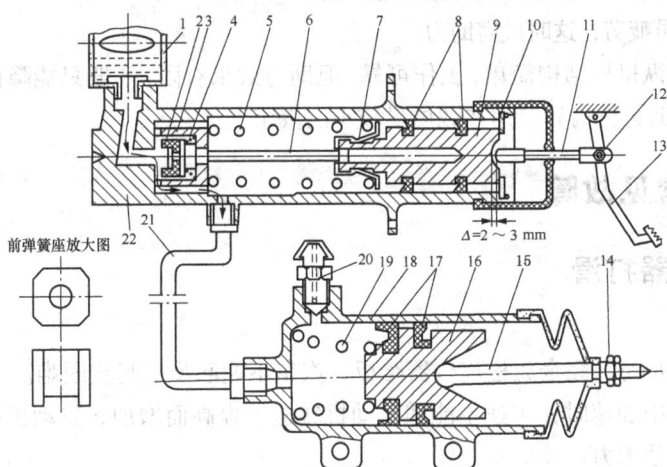

图 1-20　主缸和工作缸结构示意图

1—储油罐　2—阀门　3—前弹簧座　4、19—弹簧　5—主缸活塞复位弹簧　6—阀杆　7—后弹簧座
8—皮圈　9—主缸活塞　10—挡圈　11—推杆　12—偏心调整螺钉　13—踏板　14—调整螺母
15—推杆　16—活塞　17—皮圈　18—工作缸壳体　20—放气阀　21—管路　22—主缸壳体

由系统的结构可知，液压传动的操纵机构摩擦阻力小、布置方便，工作时，不受车身、车架变形及发动机位移的影响，适合远距离操纵和吊挂式踏板的结构。

3. 弹簧助力装置

为了尽可能减小作用在踏板上的力，减轻驾驶员的劳动强度，在离合器操纵机构中运用了弹簧助力。

图 1-21 所示为弹簧助力式操纵机构，助力弹簧 5 的两端分别固定在支架板 7 和可转三角板 3 的两支承销上，三角板可以绕其销轴转动。

当离合器踏板完全放松，离合器处于接合位置
时，助力弹簧的轴线位于可转三角板销轴的下方。
踩下踏板时，通过长度可调推杆 2 推动可转三角板
3 绕其销轴逆时针转动。此时，助力弹簧的拉力对
销轴的力矩实际上是阻碍踏板和可转三角板运动的
反力矩，该力矩随着离合器踏板下移而减小。当可
转三角板转到使弹簧轴线通过销轴中心时，弹簧反
力矩为零。踏板继续下移使助力弹簧的拉力对可转
三角板销轴的力矩方向转为与踏板力对踏板轴的力
矩方向一致时，就能起到助力作用。在踏板处于最
低位置时，这一助力作用最大。

助力弹簧的助力作用由负变正过程是允许的，因
为在踏板前一段行程中，要消除自由间隙，离合器压
紧弹簧的压缩力不大，总的阻力在允许范围内。在踏
板后段行程中，压紧弹簧的压缩量和相应的作用力继
续增大到最大值。在离合器彻底分离后，为了变速器
换挡和制动，往往需要将踏板在最低位置保持一段时
间，由此导致驾驶员疲劳，这时最需助力。

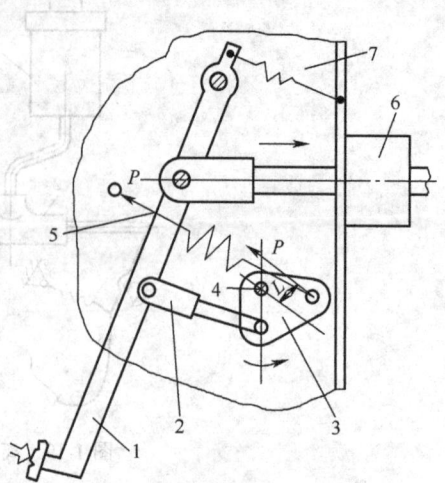

图 1-21　离合器操纵机构弹簧助力装置
1—离合器踏板　2—长度可调节推杆
3—可转三角板　4—销轴
5—助力弹簧　6—主缸
7—支架板

弹簧助力式操纵机构结构简单，工作可靠，但助力效果有限，一般只能降低踏板力的 25%～
30%。因此，这种助力机构只应用在载质量较小的汽车上。

三、离合器常见故障

（一）离合器打滑

1．故障现象

（1）当汽车起步时，完全放松离合器踏板，汽车不能起步或起步困难。

（2）汽车行驶中加速时，车速不能随发动机转速的提高而增加，发动机的动力不能完全传
给驱动轮，造成行驶无力。

（3）当满载上坡时，打滑较明显，严重时发出因摩擦片过热而产生的焦臭味。

2．故障原因

（1）离合器踏板及分离叉没有自由行程或自由行程太小，使离合器处于半接合状态。

（2）摩擦片磨损过大而铆钉头露出，摩擦片硬化、烧损或沾有油污。

（3）离合器膜片弹簧过软或折断变形，离合器压板或飞轮的摩擦表面出油槽（铆钉刮磨）、
翘曲或磨出台阶。

（4）离合器从动盘毂卡在离合器轴上或发滞。

（5）变速器第一轴前轴承加注润滑过多，当高温润滑脂稀释后甩入摩擦面而引起打滑。

（6）螺旋弹簧离合器分离杠杆高度调整不一，踏板回位弹簧过软，折断或在踏板轴上发滞
而踏板不能回位。

压盘工作不正常及离合器盖与飞轮之间的紧固螺栓松动，分离轴承套筒轴向移动发滞、不自如。

（二）离合器分离不彻底

1. 故障现象

（1）汽车起步时，将离合器踏板踩到底仍感到挂挡困难或虽然强行挂挡，但不抬踏板汽车就前移或造成发动机熄火。

（2）变速时挂挡困难，并伴有变速器齿轮撞击声。

2. 故障原因

（1）离合器踏板及分离叉自由行程过大，液压系统中有空气或漏油。

（2）主缸或工作缸工作不正常，从动盘翘曲、铆钉松动。

（3）新更换的从动盘摩擦片过厚、离合器膜片弹簧断裂。

（4）从动盘毂花键槽与变速器第一轴键齿锈滞，使从动盘移动困难。离合器压盘不平。

（5）螺旋弹簧离合器分离杠杆弯曲或高低不一。

（三）离合器异响

故障现象与原因如下所述。

（1）发动机在怠速运转时，离合器踏板尽管完全抬起（放松），但还听到有间断的碰击响声，这是由于分离轴承刮碰分离杠杆引起的。

（2）踩下离合器踏板少许，使离合器分离轴承和分离杠杆接触时，若听到"沙、沙"的响声，则为离合器分离轴承缺少润滑油或烧损。

（3）当踩下离合器踏板后，听到一种"哗、哗"的金属干摩擦声，再把飞轮底壳拆下，观察分离杠杆已经磨成沟痕，甚至在转动时出现火花，则说明分离轴承损坏而不转动。

（4）当汽车在起步中刚抬起离合器踏板，使离合器将要接合（有的踏板踩到底）时，发出一种尖叫声，为从动盘钢片翘曲或破碎，从动盘毂歪斜运转时摆动、摩擦片硬化凹凸不平、摩擦片铆钉头露出刮碰压板或飞轮引起。

（5）当离合器踏板踩到底时，发出一种"嘎啦"的碰击声，则为从动盘花键槽与变速器第一轴花键齿磨损过甚。

（6）当刚踩下或抬起离合器踏板，使摩擦片和压板处于要分离或要接触状态时，听到有"咔哒"碰击声，则为从动盘毂或摩擦片铆钉松动。

（7）当刚踩下或抬起离合器踏板时，听到有与从动盘键槽磨损相同的"喀哒"响声，则为分离杠杆的支架销与孔磨损松旷（螺旋弹簧离合器）。

（8）离合器分离轴承的回位弹簧过软、伸长、折断或脱落，使分离轴承不回位，长期跟着转而发响。

（四）离合器发抖

1. 故障现象

汽车起步时，缓抬离合器踏板，并缓踏下油门踏板，离合器接合不平稳而使车身明显震动，不能平稳起步。

2. 故障原因

（1）从动盘摩擦片沾有油污、铆钉头露出（刮压板）、摩擦片不平或从动盘翘曲。

（2）从动盘毂花键槽与变速器第一轴花键齿磨损过甚而松旷。

（3）离合器分离轴承套筒轴向移动发滞，离合器盖与飞轮之间固定螺栓松动。

（4）离合器压板卡滞、弹簧弹力不均（螺旋弹簧离合器），个别弹簧折断或高度不一。

（5）膜片弹簧离合器膜片弹簧裂纹，从动盘减震弹簧变弱或折断，踏板回位弹簧折断或脱落。

（6）变速器第一轴和发动机曲轴中心线不同心，飞轮固定螺栓松动。

项目实施

一、项目实施环境

拆装用离合器若干，常用汽车维修工具若干套，专用离合器夹具、工作台若干套。

二、项目实施步骤

（一）演示离合器工作过程

接合状态：弹簧将压盘、飞轮及从动盘互相压紧，发动机的转矩经飞轮及压盘通过摩擦面的摩擦力矩传至从动盘。

分离过程：踩下踏板，套在从动盘毂滑槽中的拨叉便推动从动盘克服压紧弹簧的压力右移而与飞轮分离，摩擦力消失，从而中断了动力传动。

接合过程：缓慢地抬起离合器踏板，使从动盘在压紧弹簧压力作用下左移与飞轮恢复接触，两者接触面间的压力逐渐增加，相应的摩擦力矩逐渐增加，离合器从完全打滑、部分打滑，直至完全接合。

离合器的工作过程

（二）离合器拆装

1. 离合器的分解

（1）膜片弹簧式离合器的分解。

① 分解前应先做好装配标记，以便装合时辨别，保持原有的平衡状态。

② 应用专用工具压紧离合器盖和离合器盘总成；逐个均匀地拧松离合器盖和离合器盘连接螺栓，直到弹簧所受的压力完全消失为止，以避免外壳变形；拆卸最后一个螺栓时，用手扶着离合器，慢慢旋出螺栓，取下离合器盖及从动盘等。

离合器的拆卸

③ 最后从变速器上拆下分离轴承、轴承套和分离叉。

（2）周布弹簧式离合器的分解。

① 分解前应在离合器盖和压盘上做好记号。

② 用压床或压具将压紧弹簧压缩，拆下分离杆支架螺栓，放松压力，取下离合器盖、压紧弹簧及隔热垫圈。

③ 拆下开口销，冲下分离合杆滚针轴承销，取出分离杆及滚针轴承。

④ 冲出分离杆支架销，取出支架及滚柱。

离合器拉索的拆卸与复装

2. 离合器的装配

（1）将从动盘装在发动机飞轮上，用定心棒定位。从动盘上减震弹簧突出的一面朝外。

（2）装上压板组件，用扭力扳手间隔拧紧螺栓，力矩为 25N·m。

（3）用专用工具将分离叉轴套压入变速器上。

（4）将分离叉轴的左端装上回位弹簧，先穿入变速器壳左边的孔中，再将分离叉轴的右端装入右边的衬套中，然后再装入左边的分离叉轴衬套和分离叉轴衬套座，将衬垫及导向套涂上密封胶，装到变速器壳前面，旋紧螺栓，力矩为 15N·m。

（5）在变速器的后面旋紧螺栓，力矩 15N·m，将分离叉轴锁住。检查分离叉轴应能灵活转动，但不能左右移动。

（6）用专用工具将分离轴承压入分离轴承座内。

离合器的分解与复装

（三）离合器检测与调整

1. 离合器总成零件的检修

（1）从动盘的检查与修理。

① 从动盘翘曲变形的检查：在半径为 120～150mm（距外边缘约2.5mm）处测量，如果翘曲量大于 0.50～0.80mm，则需要进行校正。

② 磨损情况检查：检查从动盘摩擦片磨损情况，如果铆钉头埋入深度不符合规定，应予以更换。

离合器的检修

③ 其他情况的检查：各铆钉不得松动。从动盘花键毂与变速器第一轴的配合间隙不大于0.60mm。摩擦片如有轻微的油污可用汽油清洗后，用喷灯火焰烘干。有轻微硬化、烧损，可用砂布打磨。有裂纹、脱落、严重烧损时，应予以更换。

（2）压盘的检查与修理。

① 压盘工做平面的检查：压盘工作平面如烧蚀、龟裂、划伤不严重，可用油石打磨光滑。如果表面有沟槽，且沟槽深度超过 0.50mm，则应磨削修复。

② 压盘工做平面变形的检查：压盘平面变形主要是翘曲变形，如果测量结果为 0.12～0.20mm，则应磨削修复，但磨削总量不超过限度，一般为 1～1.5mm。

（3）离合器盖的检查与修理。

① 离合器盖的端面平面度的检查：如果检查结果误差超过 0.50mm，应予以校正。

② 裂纹的修理：如果离合器盖出现裂纹，应焊修；传力窗磨损出现台阶，应堆焊。

（4）压紧弹簧的检查与修理。

① 压紧弹簧弹力大小应符合要求。周布弹簧式离合器各簧压缩量一般不大于 2mm，弹簧外圆柱面与端面的垂直度误差不超过 2mm，在全长上的偏斜不超过 1mm，否则应予以更换。

② 膜片弹簧内端磨损的检查：可用游标卡尺测量膜片弹簧内端磨损的深度和宽度，不应超过所规定的极限值，否则应更换膜片弹簧。

③ 膜片弹簧的变形检查：用一把塞尺和专用工具测量膜片弹簧的弯曲变形。

④ 膜片弹簧的调整：膜片弹簧内端应在一个平面，弹簧内端和专用工具之间的间隙不能超过 0.50mm，过大则必须调整。调整时用专用工具把弹簧弯曲到正确位置。调整后再测量一次，直到符合要求为止。

（5）分离件的检查与修理。

① 分离轴承的检查：检查分离轴承内孔磨损情况，如果磨损量超过 0.03mm 或轴向间隙超过 0.60mm 时，应更换。

② 离合器踏板轴与衬套磨损、松旷超过 0.50mm 时，应更换衬套。分离杠杆内端磨损超过规定应焊修。

（6）飞轮的检修。飞轮端面跳动的检查：用百分表检查飞轮端面跳动情况。最大端面跳动不能超过 0.1mm，如果端面跳动超过此值则应更换飞轮，也可将飞轮进行磨削，使它的端面圆跳动符合要求。

2. 离合器的调整

（1）分离杠杆高度的调整。分离杠杆高度的调整即分离杠杆内端至飞轮表面或压盘表面或其他规定平面的距离。分离杠杆高度及高度差应符合原厂规定。

（2）离合器踏板自由行程的检查与调整。

① 检查：离合器踏板的自由行程指的是分离杠杆内端（或膜片弹簧内端）与分离轴承的间隙在踏板上的反映，其值应符合厂家规定。

② 调整。

机械式操纵机构的调整方法：一般是通过分离叉拉杆调整螺母拉杆或钢索长度，使离合器踏板自由行程符合规定。

液压式操纵机构的调整方法：一处调整主缸活塞与推杆的间隙；另一处通过调整分离叉推杆长度，调整分离轴承与分离杠杆间的间隙，使踏板自由行程总量符合要求。

拓展知识

（一）正确踩离合器的方法

在汽车驾驶中离合器的使用较频繁，离合器的正确使用与否直接影响到汽车零部件的寿命，离合器使用不正确有时还会威胁到人的生命安全。踩离合器不光需要正确的方法，还需要正确的时机。

正确的离合器踏板踩法应该是以左脚跟为支点，使用脚前掌来踩离合器踏板。

（二）步骤

1. 汽车起步时

汽车起步时要先将离合器踏板迅速踩下，然后快速松开至半联动状态，与此同时稍加油门，提高汽车转速，再慢慢轻抬离合器踏板，在进入全联动时要稍微停顿一下。

2. 汽车换挡时——减挡

首先降低汽车速度，直到速度减到需要减挡为止，迅速踩下离合器踏板，然后采用"一快、二慢、三联动"的原则来控制离合器。

3. 汽车换挡时——增挡

加大油门以提高汽车的转速，然后快速踩下离合器，轻慢抬离合器，可在轻抬离合器过程中稍加油门。

4. 汽车停车时

汽车转速需要在 15km/h 以下时踩下离合器，然后使用刹车将汽车停下，完全停车后，挂空挡慢慢松开离合器。

其他注意事项：①脚不可长时间放在离合器踏板上；②不要一踩刹车踏板就马上踩离合器踏板，使离合器长时间处于半联动状态；③下坡时先踩离合器踏板再踩刹车踏停车。

小 结

一、离合器的功用

离合器是传动系统中直接与发动机联系的总成。其主动部分与发动机飞轮相连，从动部分与变速器相连，其主要功用如下。

1. 使汽车平稳起步

汽车由静止到行使的过程中，其速度由零逐渐增大。在传动系统中设置了离合器后，驾驶员就可以柔和地接合离合器，逐渐加大对传动系统的作用力矩，这就避免了对曲轴造成很大的反向冲击力矩。与此同时，逐渐踩下加速踏板，相应增加对发动机的燃油供给量，使发动机始终能维持不熄火，到驱动轮产生的牵引力足以克服起步阻力时，汽车开始运动并逐步加速。

2. 便于换挡

汽车在行驶过程中，为了适应不断变化的行驶条件，传动系统经常要换用不同挡位工作。在升挡时，先踩下离合器踏板，切断发动机与变速器之间的动力联系，变速器内相啮合的齿轮间或其他啮合副（如齿形花键与接合套）间不再传递动力，使得原挡位啮合副容易退出传动；待变速器挂入新挡位后，再抬起离合器踏板，使变速器与发动机之间建立新的动力联系；或抬起离合器踏板，空挡加油，再踩下离合器踏板降挡的方法，使新挡位啮合副的啮合部位的速度趋于一致，防止打齿现象或减少同步器的磨损。

3. 防止传动系统过载

当车速急剧改变时，与传动系统两端相连的发动机曲轴与车轮从协调转动到相互扭转，传动系统内各转动件也将产生很大的惯性力矩，这一力矩作用于传动系统，将导致其变形甚至损坏。由于离合器所能传递的转矩有限，当出现最大转矩时，其主动部分与从动部分之间将相互打滑，从而避免了传动系统内出现过大的负荷，保护了系统内的机件。

二、对离合器的要求

根据离合器的功用，它应满足下列主要要求。

（1）具有合适的转矩储备能力，在保证能传递发动机输出的最大转矩而不打滑的同时，又能防止传动系统过载。

（2）分离迅速彻底，以便于发动机起动和变速器换挡。

（3）接合平顺柔和，以保证汽车平稳起步。

（4）具有良好的散热能力，将离合器滑转产生的热量及时散出，保证离合器工作可靠。

（5）离合器从动部分的转动惯量要尽可能小，以减轻换挡时齿轮的冲击。

（6）操纵轻便，以减轻驾驶员的疲劳。

学习任务单

离合器检修学习任务单

姓名：	班级：	日期：

一、填空题

1. 图 1-22 是简单摩擦离合器的结构示意图，请说出各序号相对应的零部件的名称。

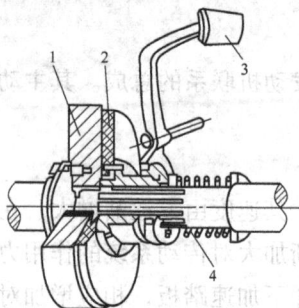

图 1-22 摩擦离合器

1.＿＿＿＿；2.＿＿＿＿；3.＿＿＿＿；4.＿＿＿＿

2. 图 1-23 所示为膜片弹簧离合器的工作原理示意图，请写出各序号相对应的零部件的名称。

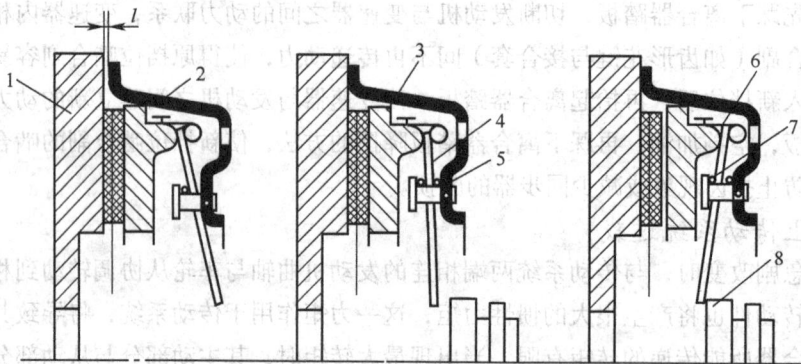

（a）压紧状态　　（b）分离状态　　（c）自由状态

图 1-23 膜片弹簧离合器工作原理

1.＿＿＿＿；2.＿＿＿＿；3.＿＿＿＿；4.＿＿＿＿；5.＿＿＿＿；6.＿＿＿＿；7.＿＿＿＿；8.＿＿＿＿

3. 观察图 1-24 所示的踩住离合器踏板的动作，完成下面的填空。

离合器常态下 ＿＿＿＿＿＿（填分离或结合）

踩下踏板后离合器 ＿＿＿＿＿＿＿（填分离或结合）

飞轮旋转，踩下踏板后离合器盖是否有动 ＿＿＿＿＿＿（填有或无）；压盘是否有

动 ＿＿＿＿＿＿（填有或无）；离合器片是否有动 ＿＿＿＿＿＿（填有或无）；输出轴是否有

动 _____（填有或无）。

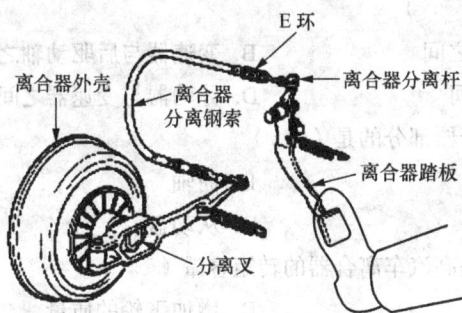

图 1-24 离合器

4. 膜片弹簧离合器盖和压盘示意图如图 1-25 所示，写出部件名称。

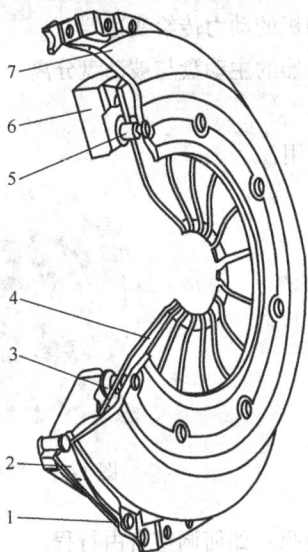

1. _____
2. _____
3. _____
4. _____
5. _____
6. _____
7. _____

图 1-25 膜片弹簧离合器盖和压盘

5. 写出图 1-26 离合器液压操纵机构中各数字代表部件的名称。

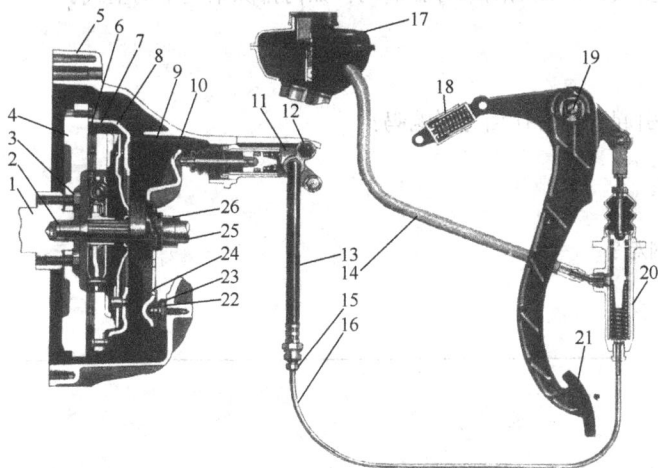

1. _____	2. _____
3. _____	4. _____
5. _____	6. _____
7. _____	8. _____
9. _____	10. _____
11. _____	12. _____
13. _____	14. _____
15. _____	16. _____
17. _____	18. _____
19. _____	20. _____
21. _____	22. _____
23. _____	24. _____
25. _____	26. _____

图 1-26 离合器液压操纵机构

二、选择题

1. 汽车离合器安装于（　　）。
   A. 发动机与变速器之间　　　　B. 变速器与后驱动轴之间
   C. 带轮与变速器之间　　　　　D. 分动器与变速器之间

2. 下列不属于汽车离合器部分的是（　　）。
   A. 分离轴承　　　　　　　　　B. 曲轴
   C. 飞轮　　　　　　　　　　　D. 从动盘

3. 下列哪些方法能够提高汽车离合器的转矩容量（　　）。
   A. 减小摩擦因数　　　　　　　B. 增加飞轮的质量
   C. 减小离合器摩擦面单位压力　D. 增加摩擦面数

4. 正常情况下，发动机工作，汽车离合器踏板处于自由状态时（　　）。
   A. 发动机的动力不传给变速器　B. 发动机的动力传给变速器
   C. 离合器分离杠杆受力　　　　D. 离合器的主动盘与被动盘分离

三、简答题

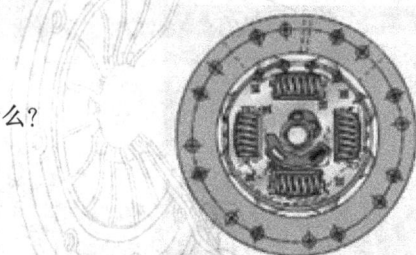

1. 图1-27中摩擦片弹簧的名称是什么？有什么作用？

2. 膜片弹簧和周布弹簧主要用于什么车型？为什么？

3. 离合器如何维护与保养？

图1-27　摩擦片弹簧

4. 离合器自由行程过大或过小对挂挡困难有影响吗？如何调整自由行程。

5. 液压式离合器操纵系统中有空气，对挂挡困难有影响吗？如何排除系统中的空气？

6. 离合器打滑是因为什么原因引起的？对挂挡有影响吗？

7. 离合器哪些故障会造成挂挡困难？

项目二

手动变速器检修

本项目涉及的变速器是汽车上应用广泛的手动操纵、有级式齿轮变速器。桑塔纳轿车两轴式手动变速器实物如图 2-1 所示。

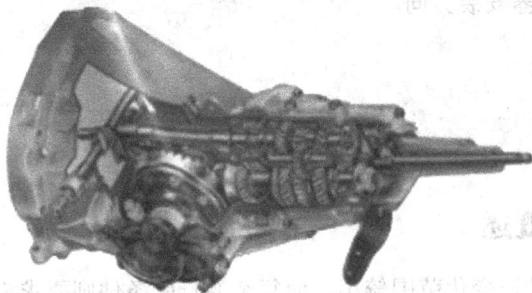

图 2-1　桑塔纳轿车两轴式手动变速器实物

【案例导入】

某客户一辆装有 5 挡变速器的雷诺梅甘娜 LS2.0 轿车，在行驶过程中，当车速超过 90km/h 时，在未使用变速器换挡杆换挡的情况下，变速器自动跳回空挡位置。

汽车在高速行驶、发动机负荷突然变化时，遇路面不平而剧烈震动，变速器换挡杆会自动跳回空挡，中断动力传递。

问题：（1）手动变速器有哪些功能？

（2）手动变速器为什么有不同的挡位？

（3）手动变速器跳挡故障排除方法？

【知识要求】

1. 掌握变速器的功用、类型及齿轮机构的变速传动原理。
2. 掌握同步器的功用、类型、构造与工作原理。
3. 掌握变速器操纵机构的功用、要求及构造。
4. 掌握分动器的功用、类型及工作原理。

重点内容：变速器、同步器、变速器操纵机构的功用，齿轮机构的变速传动原理。

【能力要求】

1. 能够独立拆装手动变速器。
2. 能够独立查找典型变速器各挡的传动情况。
3. 能够完成手动变速器常见故障诊断与维修。

【安全提示】

1. 在拉出变速轨时，应防止自锁钢球弹出。
2. 拆装变速器时，不能用手锤直接敲击零件，必须用铜棒或硬木垫进行冲击。
3. 注意安全文明生产。

【操作技巧】

1. 要严格遵守拆装工艺。
2. 注意齿轮、同步器安装方向。

相关知识

一、手动变速器概述

汽车发动机转矩和转速变化范围较小，而复杂的行驶条件则要求汽车的牵引力和车速能在相当大的范围内变化。为解决这一矛盾，在传动系统中设置了变速器。变速器用来改变发动机传到驱动轮上的转矩和转速，目的是在原地起步、爬坡、转弯、加速等各种行驶工况下，使汽车获得不同的牵引力和速度，同时使发动机在最有利的工况范围内工作。变速器设有空挡、前进挡和倒挡。

变速器的功用如下所述。

（1）改变传动比，扩大驱动轮转矩和转速的变化范围，以适应经常变化的行驶条件，同时使发动机在功率较高、耗油率较低的工况下工作。

（2）在发动机旋转方向不变的前提下，实现汽车倒车行驶。

（3）在发动机不熄火的情况下利用空挡切断动力传递，实现变速器换挡或动力输出。

目前广泛使用的手动变速器为齿轮有级式变速器，它由箱体与箱盖、齿轮传动机构、操纵机构和操纵锁定装置组成。齿轮传动机构包括若干轴和轴上的齿轮副及轴端的轴承等；操纵机构有直接操纵和远距离操纵方式；操纵锁定装置包括自锁机构、互锁机构、倒挡及同步器等。

汽车变速器概述

（一）变速器的类型

车用变速器都采用齿轮作为传力元件。根据所设计的传动比数量、前进挡位个数、换挡操作方式、内部结构特点等情况有多种分类方式。

1. 按操纵方式不同分类

按操纵方式不同可分为手动变速器、自动变速器和半自动变速器 3 类。

（1）手动变速器。变速杆每一个位置对应一个挡位，并由驾驶员通过操纵变速杆来变换汽车行驶时所需挡位。

（2）自动变速器。汽车前进时各挡位的变换是自动进行的，驾驶员只需操纵加速踏板（油门踏板）和制动踏板，变速器就会根据发动机的载荷信号和车速信号来控制执行元件，实现各前进挡位的自动变换。根据自动控制方式的不同又可分为全液压控制自动变速器和电子控制自动变速器2类。

2. 按传动比变化方式不同分类

按变速器输入与输出转速的变化方式不同，变速器可分为有级式、无级式和综合式3类。

（1）有级式变速器。具有几个可供选择的固定传动比。根据所采用的齿轮机构不同又可分为：普通齿轮变速器（也称为固定轴式齿轮变速器或定轴轮系变速器）和行星齿轮变速器（也称为旋转轴式齿轮变速器或周转轮系变速器）2类。通常行星齿轮变速器都是自动变速器。

（2）无级式变速器。传动比可以在一定范围内连续变化。常见的液力式、机械式和电力式3类。液力式的传动部件是液力变矩器；电力式常采用直流串励电动机作为传动部件；机械式存有摩擦传动和钢带传动2种。

（3）综合式变速器。由有级式变速器和液力变矩器2部分构成。其传动比可以在最大值与最小值之间几个分段的范围内做无级变化，是目前车用自动变速器的主要结构类型。现代汽车上已经开发出能适应汽车各种运行工况的真正的无级变速器。

3. 按变速器前进挡齿轮机构所用轴的数目不同分类

按变速器前进挡齿轮机所用轴的数目不同可分为两轴式和三轴式2类。

两轴式变速器通常与前置发动机前轮驱动的布置类型相配，三轴式变速器一般与前置发动机后轮驱动的布置类型相配。

4. 按前进挡位数不同分类

按前进时变速器的挡位数不同可分为三挡手动变速器、四挡手动变速器、五挡手动变速器、六挡手动变速器等。

本项目主要介绍汽车上应用广泛的手动操纵、有级式齿轮变速器。

（二）普通齿轮传动的基本原理

普通齿轮变速器是利用不同齿数的齿轮啮合传动来实现转矩和转速的改变。

认识变速器

齿轮传动的基本原理如图 2-2 所示，一对齿数不同的齿轮啮合传动时可以实现变速，而且两齿轮的转速比与其齿数成反比。设主动齿轮转速为 n_1，齿数为 z_1，从动齿轮转速为 n_2，齿数为 z_2。主动齿轮（即输入轴）转速与从动齿轮（即输出轴）转速之比值称为传动比，用字母 i_{12} 表示。即由 1 传到 2 的传动比为

$$i_{12}=n_1/n_2=z_2/z_1$$

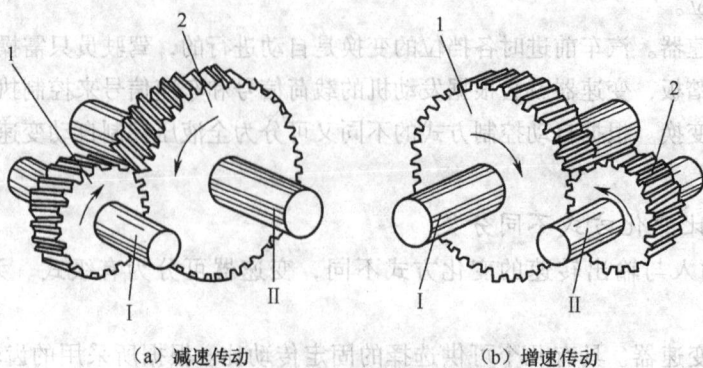

（a）减速传动　　　　　　　　　（b）增速传动

（c）变速器齿轮传动实物

图 2-2　齿轮传动的基本原理

Ⅰ—输入轴　Ⅱ—输出轴

1—主动齿轮　2—从动齿轮

1. 改变传动比

图 2-3 所示为两级齿轮传动示意图，齿轮 1 为主动齿轮，驱动齿轮 2 转动，齿轮 3 与齿轮 2 固连在一起，再驱动齿轮 4 转动并输出动力，此时由 1 传到 4 的传动比为

$$i_{14}=n_1/n_4=(z_2z_4)/(z_1z_3)=i_{12}i_{34}$$

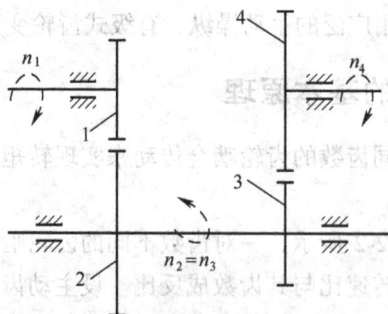

图 2-3　两级齿轮传动示意图

1、3—主动齿轮　2、4—从动齿轮

多级齿轮传动的传动比为

i=所有从动齿轮齿数的乘积/所有主动齿轮齿数的乘积=各级齿轮传动比的乘积

对于变速器，各挡的传动比 i 就是变速器输入轴转速与输出轴转速之比。即

$$i=n_{输入}/n_{输出}=T_{输出}/T_{输入}$$

当 $i>1$ 时，$n_{输出}<n_{输入}$，$T_{输出}>T_{输入}$，此时实现降速增矩，为变速器的低挡位，且 i 越大，挡位越低；当 $i=1$ 时，$n_{输出}=n_{输入}$，$T_{输出}=T_{输入}$，为变速器的直接挡；当 $i<1$ 时，$n_{输出}>n_{输入}$，$T_{输出}<T_{输入}$，此时实现升速降矩，为变速器的超速挡。

例如，桑塔纳 2000 五挡手动变速器各挡的传动比见表 2-1。其一挡～三挡为降速挡，四挡为直接挡，五挡为超速挡。

表 2-1　　　　　　　　桑塔纳 2000 五挡手动变速器各挡的传动比

挡　位	传　动　比	速度变化趋势	转矩变化趋势
一	3.455		
二	1.944		
三	1.286	由低 ⟶ 高	由高 ⟶ 低
四	0.969		
五	0.800		

2. 改变转矩

每个齿轮都是一个承受作用力的旋转杠杆，如图 2-4 所示。

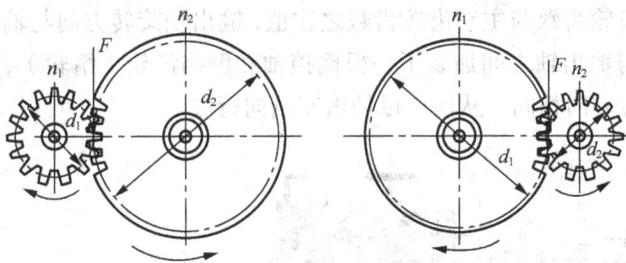

图 2-4　改变转矩

齿轮 1：$M_1=F_1 d_1/2$，$F_1=2M_1/d_1$；齿轮 2：$M_2=F_2 d_2/2$，$F_2=2M_2/d_2$。

$$F_1=F_2$$

$$2M_1/d_1=2M_2/d_2$$

$$M_1/M_2=d_1/d_2=1/i$$

传动比计算公式 $i=M_2/M_1$

啮合齿轮齿数不同，改变转速，实现传动比的变化，改变输出转矩。

3. 改变转动方向

如图 2-5 所示，前进挡驱动齿轮与从动齿轮的转动方向相反，倒车挡驱动齿轮与从动齿轮的旋转方向相同，中间齿轮只改变转动方向，不改变传动比。

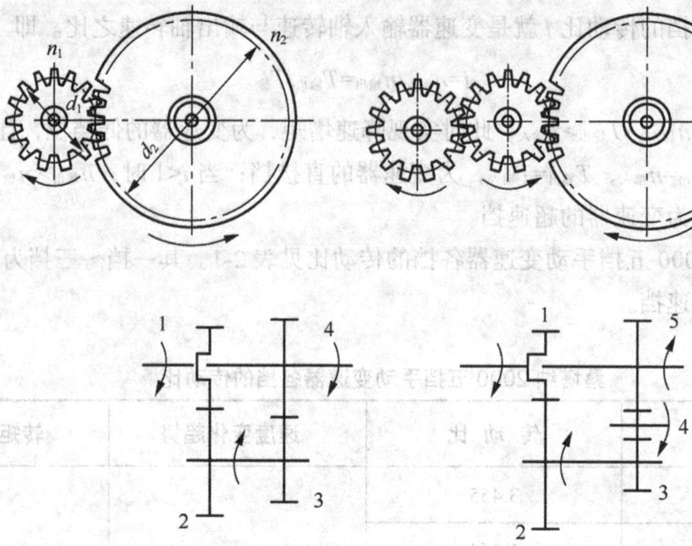

（a）前进挡　　　　　　　　　（b）倒挡

图 2-5　齿轮传动的转向关系

二、手动变速器的变速传动机构

（一）两轴式变速器的变速传动机构

如图 2-6 所示，两轴式变速器由输入轴Ⅰ和输出轴Ⅱ以及轴上各齿轮副组成。各前进挡都由一对齿轮副啮合传动，其主动齿轮都安装在输入轴上，从动齿轮安装在输出轴上，各挡传动比等于该挡从动齿轮齿数与主动齿轮齿数之比值，输出轴旋转方向与输入轴旋转方向相反；倒挡则是在输入轴与输出轴之间加装了一根倒挡轴和倒挡齿轮（惰轮），使其输出轴旋转方向与前进挡时的旋转方向相同，从而可以使汽车倒向行驶。

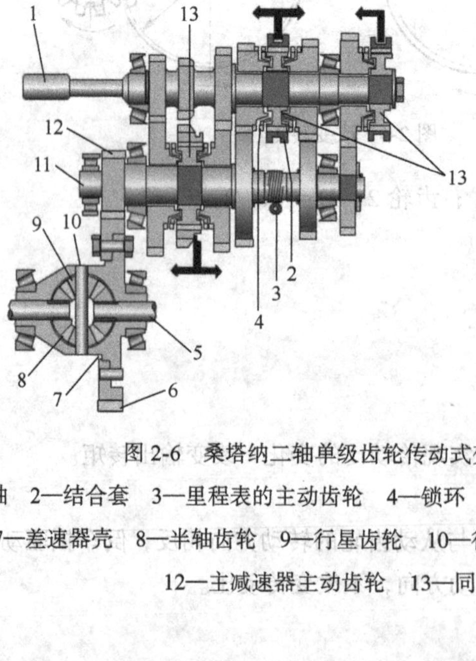

认识两轴变速器

图 2-6　桑塔纳二轴单级齿轮传动式变速器结构

1—输入轴　2—结合套　3—里程表的主动齿轮　4—锁环　5—半轴　6—主减速器从动齿轮

7—差速器壳　8—半轴齿轮　9—行星齿轮　10—行星齿轮轴　11—输出轴

12—主减速器主动齿轮　13—同步器毂

发动机前置前驱（FF 型）或发动机后置后驱（RR 型）传动系统，常采用两轴式齿轮传动机构的变速器，如桑塔纳、捷达、奥迪、富康等轿车。图 2-7 所示为与前置发动机横向布置相配合使用的两轴式变速器。在变速器输入轴 1 上固定装有一、二、三、四挡主动齿轮 16、14、13、12，与之常啮合的 4 个挡位从动齿轮 5、7、8、10 通过轴承空套在输出轴 11 上，4 个前进挡都有同步器。前驱动桥主减速器的主动圆柱齿轮 2 直接装在输出轴的伸出端。

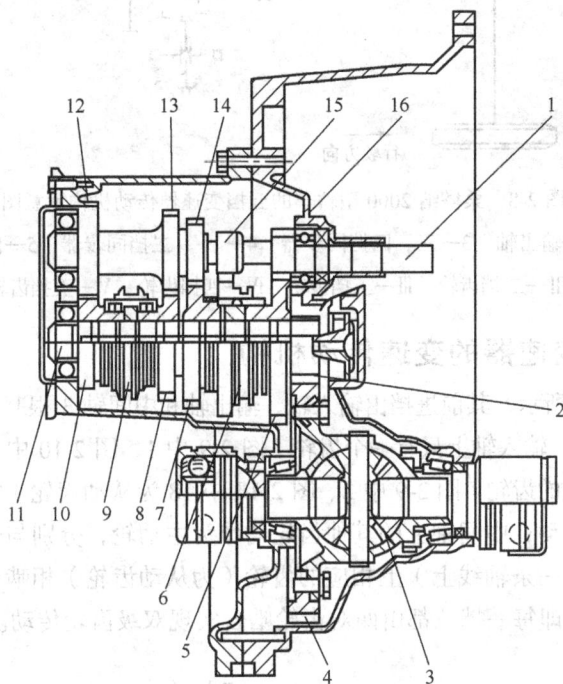

图 2-7　与前置横向布置发动机配合的两轴式变速器

1—输入轴　2—主减速器主动齿轮　3—差速器　4—主减速器从动齿轮　5— 一挡从动齿轮

6— 一、二挡同步器接合套和倒挡从动齿轮　7—二挡从动齿轮　8—三挡从动齿轮

9—三、四挡同步器接合套　10—四挡从动齿轮　11—输出轴　12—四挡主动齿轮

13—三挡主动齿轮　14—二挡主动齿轮　15—倒挡主动齿轮　16— 一挡主动齿轮

当接合套 6 向左或和右移动到与相应的接合齿圈接合时，便得到一挡或二挡；当接合套 9 向右或左移动到与相应的接合齿圈接合时，便得到三挡或四挡。

各挡传动比是：$i_1 = \dfrac{z_5}{z_6}$，$i_2 = \dfrac{z_7}{z_{14}}$，$i_3 = \dfrac{z_8}{z_{13}}$，$i_4 = \dfrac{z_{10}}{z_{12}}$。

图 2-8 所示为桑塔纳 2000 型轿车的两轴式五挡变速器传动机构示意图。变速器 5 个前进挡全部采用同步器操纵换挡，3 个锁环式惯性同步器，其中 1 个锁环式惯性同步器安装在变速器的输出轴上，其他 2 个锁环式惯性同步器装在变速器输入轴上；输入轴的一、二挡齿轮和倒挡齿轮与轴制成一体，其他均为衬套式齿轮。

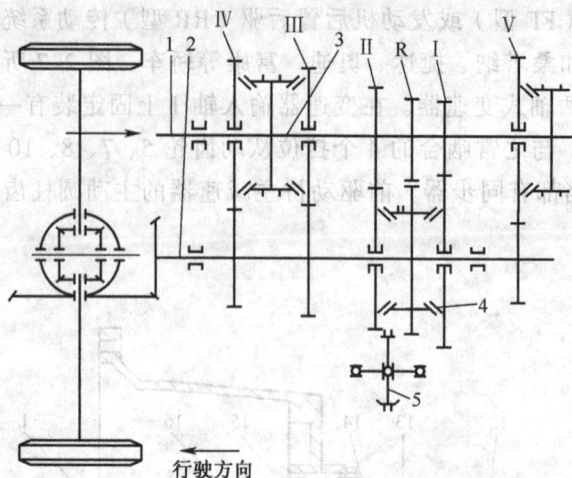

图 2-8　桑塔纳 2000 型轿车的五挡变速器传动机构示意图

1—输入轴　2—输出轴　3—三、四挡同步器　4——、二挡同步器　5—倒挡轴倒挡齿轮

Ⅰ——挡齿轮　Ⅱ—二挡齿轮　Ⅲ—三挡齿轮　Ⅳ—四挡齿轮　Ⅴ—五挡齿轮　R—倒挡齿轮

（二）三轴式变速器的变速传动机构

如图 2-9、图 2-10 所示，其前进挡由输入轴、输出轴和中间轴 3 根基本轴及其轴上的齿轮副组成。输入轴上只有一个齿轮（图 2-9 中 1、图 2-10 中 2 为主动齿轮），与中间轴上的齿轮（图 2-9 中 2、图 2-10 中 18 为从动齿轮）常啮合，构成第一级齿轮传动；中间轴上的其他齿轮均作为主动轮，分别与输出轴（通常与输入轴同在一条轴线上）上相应的齿轮（为从动齿轮）相啮合，构成第二级齿轮传动，即每一挡位都由两对齿轮啮合实现双级齿轮传动。

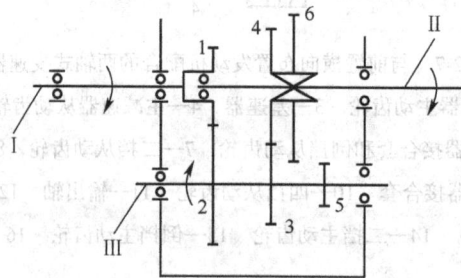

认识三轴变速器

图 2-9　双级齿轮传动式变速器

Ⅰ—输入轴　Ⅱ—输出轴　Ⅲ—中间轴

1—第一轴主动齿轮　2—中间轴从动齿轮　3、5—中间轴主动齿轮　4、6—第二轴从动齿轮

三轴式变速器前进挡的输入轴与输出轴转向相同，其倒挡则是在中间轴与输出轴之间加装一根倒挡轴和倒挡齿轮（图 2-10 中 14、11），使输出轴与输入轴转向相反，从而可使汽车倒向行驶。

图 2-10 中（a）、（b）、（c）、（d）、（e）、（f）分别表示变速器在一挡、二挡、三挡、四挡、五挡和倒挡时齿轮的传动路线。

三轴式变速器齿轮传动机构实例（解放 CA1092 型汽车）介绍如下。

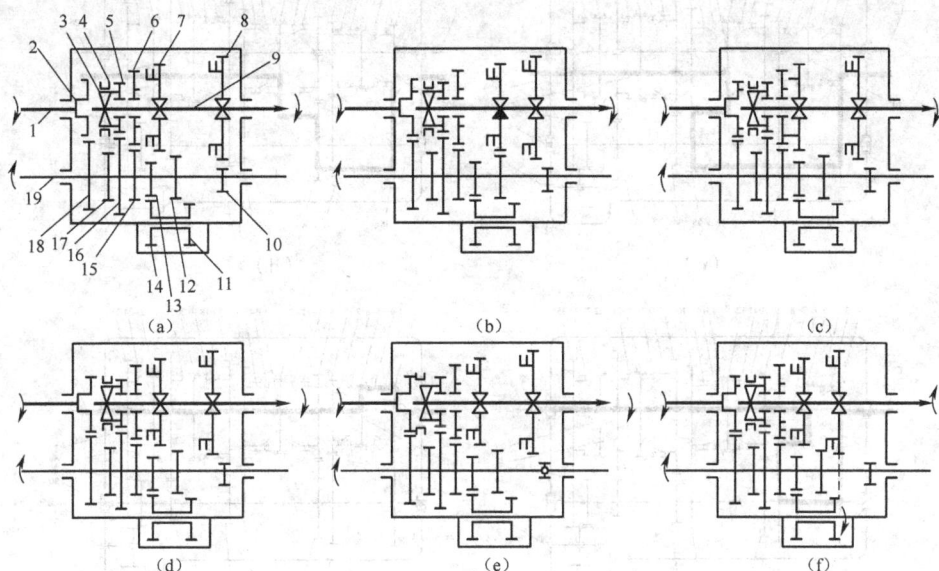

图 2-10　三轴五挡变速器传动原理

1—第一轴　2—常啮合主动齿轮

3—花键毂　4—结合套　5、16—四挡齿轮

6、15—三挡齿轮　7—二、三挡齿轮　8——、倒挡齿轮

9—第二轴　10——挡齿轮　11、14—倒挡齿轮　12—二挡齿轮

13—中间轴倒挡齿轮　17—功率输出齿轮　18—常啮合齿轮　19—中间轴

1．基本结构

图 2-11 所示为它的六挡变速器传动机构示意图，图 2-12 所示为它的六挡变速器总成结构图。整个变速器有 3 根基本轴：第一轴 1、中间轴 30 和第二轴 26，此外还有一根倒挡轴 31。

变速器总成由壳体前的 4 个螺栓固定到飞轮壳上，并以第一轴轴承盖的外圆面与飞轮壳相应的承孔配合定心，以保证变速器第一轴与曲轴轴线的同轴度。

图 2-11（a）、（b）、（c）、（d）、（e）、（f）、（h）分别表示变速器在一挡、二挡、三挡、四挡、五挡、六挡和倒挡时齿轮的传动路线。

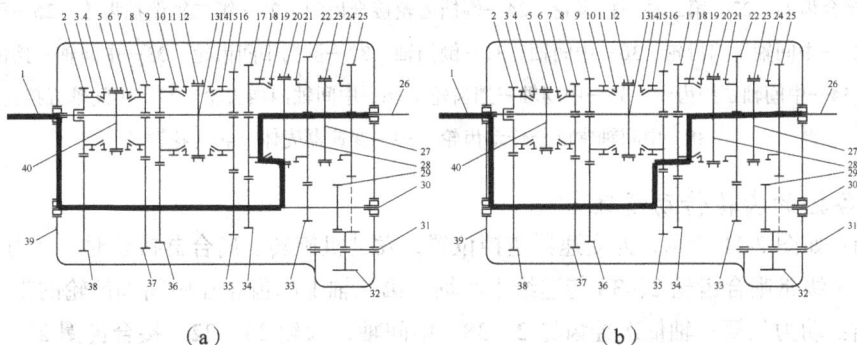

（a）　　　　　　　　　（b）

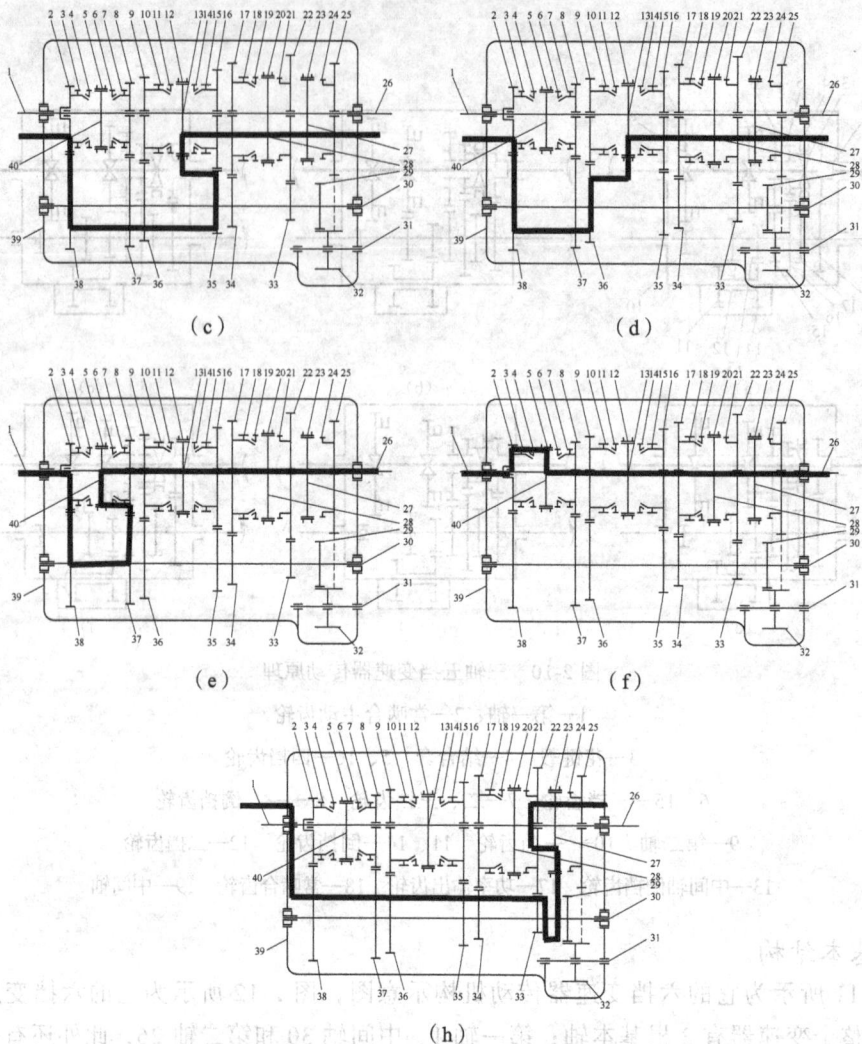

（c）　　　　　　　　　　　　　　（d）

（e）　　　　　　　　　　　　　　（f）

（h）

图 2-11　解放 CA1092 型汽车变速器传动机构简图

1—第一轴　2—第一轴常啮合传动齿轮　3—第一轴接合齿圈　4—六挡同步器锁环　5、12、20、23—接合套
6—五挡同步器锁环　7—五挡齿轮接合齿圈　8—第二轴五挡齿轮　9—第二轴四挡齿轮　10—四挡齿轮接合齿圈
11—四挡同步器锁环　13、27、28、40—花键毂　14—三挡同步器锁环　15—三挡齿轮接合齿圈　16—第二轴
三挡齿轮　17—第二轴二挡齿轮　18—二挡齿轮接合齿圈　19———、二挡同步器摩擦盘及摩擦环　21——挡齿
轮接合齿圈　22—第二轴一挡齿轮　24—倒挡齿轮接合齿圈　25—第二轴倒挡齿轮　26—第二轴
29—中间轴倒挡齿轮　30—中间轴　31—倒挡轴　32—倒挡中间齿轮　33—中间轴一挡齿轮
34—中间轴二挡齿轮　35—中间轴三挡齿轮　36—中间轴四挡齿轮　37—中间轴五挡齿轮
38—中间轴常啮合传动齿轮　39—变速器壳体　40—花键毂

2. 各挡的齿轮传动情况

空挡：如图 2-11 所示，为变速器空挡位置，发动机旋转、离合器接合时，动力通过第一轴旋转，经一级常啮合齿轮 2、38 传递给中间轴。第二轴上的齿轮在中间轴齿轮的带动下空转。

一挡：动力从第一轴依次经齿轮 2、38，中间轴，齿轮 33、22，接合齿圈 21，接合套 20，花键毂 28，再通过花键齿传给第二轴，一挡传动比为 7.640，如图 2-11（a）所示。

　　二挡：动力从第一轴依次经过齿轮2、38，中间轴，齿轮34、17，接合齿圈18，接合套20，花键毂28，再通过花键齿传给第二轴，传动比为4.835，如图2-11（b）所示。

　　三挡：将接合套12右移与接合齿圈15接合，其传动比为2.857，如图2-11（c）所示。

　　四挡：使接合套12左移与接合齿圈10接合，其传动比为1.895，如图2-11（d）所示。

　　五挡：使接合套5右移与接合齿圈7接合，其传动比为1.337，如图2-11（e）所示。

　　六挡：使接合套5左移与接合齿圈3接合，此时动力从第一轴经齿轮2、接合齿圈3、接合套5和花键毂40直接传给第二轴（中间轴及轴上齿轮空转），故称为直接挡，传动比 $i_6=1$，如图2-11（f）所示。

　　由上可知各挡传动比：$i_1 > i_2 > i_3 > i_4 > i_5 > i_6=1$。有些轿车和轻、中型货车的变速器在直接挡之后，还加设一个超速挡（$i<1$），超速挡主要用于在良好路面上轻载或空车行驶的场合，以提高汽车的燃油经济性。

　　如果要挂倒挡，使接合套23右移与接合齿圈24接合。此时动力从第一轴依次经过齿轮2、38，中间轴，齿轮29、32、25，接合齿圈24，接合套23，花键毂27传到第二轴。由于增加了一个中间齿轮32，故第二轴的旋转方向与第一轴相反，汽车便倒向行驶。倒挡的传动比约为7.107，如图2-11（b）所示。其数值一般较大，这是从安全的角度考虑，为了使倒车速度尽可能低些。

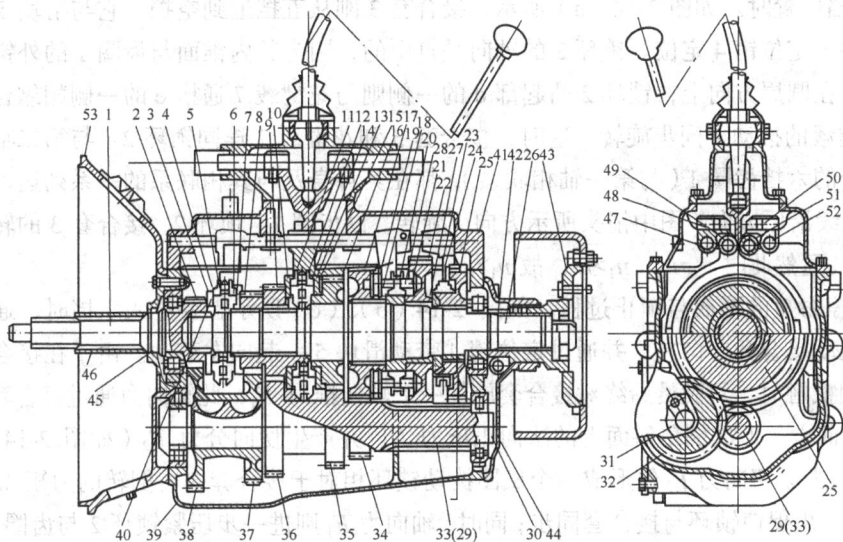

图2-12　解放 CA1092 型汽车变速器传动机构结构

1—第一轴　2—第一轴常啮合传动齿轮　3—第一轴接合齿圈　4—六挡同步器锁环　5、12、20、23—接合套　6—五挡同步器锁环　7—五挡齿轮接合齿圈　8—第二轴五挡齿轮　9—第二轴四挡齿轮　10—四挡齿轮接合齿圈　11—四挡同步器锁环　13、27、28、40—花键毂　14—三挡同步器锁环　15—三挡齿轮接合齿圈　16—第二轴三挡齿轮　17—第二轴二挡齿轮　18—二挡齿轮接合齿圈　19——一、二挡同步器摩擦盘和摩擦环　21——一挡齿轮接合齿圈　22—第二轴一挡齿轮　24—倒挡齿轮接合齿圈　25—第二轴倒挡齿轮　26—第二轴　29—中间轴倒挡齿轮　30—中间轴　31—倒挡轴　32—倒挡中间齿轮　33—中间轴一挡齿轮　34—中间轴二挡齿轮　35—中间轴三挡齿轮　36—中间轴四挡齿轮　37—中间轴五挡齿轮　38—中间轴常啮合传动齿轮　39—变速器壳体　41—变速器盖　42—车速表驱动蜗杆　43—第二轴凸缘　44—变速器后盖　45—第一轴油封　46—第一轴轴承盖　47—倒挡拨叉　48—倒挡锁销　49——一、二挡拨叉轴　50—五、六挡锁销　51—三、四挡拨叉轴　52—五、六挡拨叉轴　53—离合器壳

（三）同步器

同步器的作用是在换挡时使接合套与待啮合的齿圈先迅速达到同步之后，再进入啮合，实现无冲击、无噪声换挡。目前所采用摩擦式惯性同步器，主要由同步装置（包括推动件、摩擦件）、锁止装置和接合装置3部分组成。由于锁止装置的不同，同步器有锁环式和锁销式两种。现举例叙述如下。

1. 锁环式惯性同步器

各种汽车变速器所采用的锁环式惯性同步器的具体结构形式略有差异，但基本结构和工作原理相同。现以解放 CA1092 型汽车六挡变速器中的五、六挡同步器为例说明其构造和工作原理。

（1）主要构造。如图 2-13 所示，它由花键毂 15、接合套 7、锁环（也称同步环）4 和 8、3 个滑块 5 及其定位销 6 和弹簧 16 等组成。同步器在第二轴上的装配关系如图 2-13（a）所示。

（2）工作过程。

① 空挡位置时。如图 2-14（a）所示，接合套 3 刚从五挡退到空挡，它与滑块 5 都处于中间位置，并由定位销 4 定位。锁环 2 的轴向是自由的，因为其内锥面与齿圈 1 的外锥面之间不相接触；但在圆周方向上，锁环 2 凸起部 d 的一侧则与花键毂 7 通槽 e 的一侧相靠合，因此锁环 2 在花键毂的推动下同步旋转。这时，接合套 3 和花键毂 7 连同锁环 2（与第二轴相联系）以及待啮合的六挡齿圈 1（与第一轴相联系），都在其自身及与其相联系的一系列运动件的惯性作用下，继续沿原方向（图中箭头所示方向）旋转。设齿圈 1、锁环 2、接合套 3 的转速分别为 n_1、n_2、n_3，显然此时 $n_2=n_3$，$n_1>n_3$，故 $n_1>n_2$。

② 摩擦力矩的形成与锁止过程。如图 2-14（b）、（c）所示，要挂入六挡时，通过变速器操纵机构推动接合套 3 向左，并通过定位销 4 带动滑块 5 一起向左移动。由于在接合套与锁环齿端倒角相抵触时，驾驶员始终对接合套施加一个轴向推力 F_1，此轴向力通过接合套作用于锁环齿端倒角面上，形成倒角斜面上的法向正压力 N，并产生切向分力 F_2（如图 2-14（b）所示的受力分析图）。切向力 F_2 便形成一个试图拨动锁环相对于接合套向后倒转的力矩 M_2，称为拨环力矩。该力矩促使锁环与接合套同步；同时，轴向力 F_1 则进一步压紧锁环 2 与齿圈 1 的锥面，产生摩擦力矩 M_1，迫使待啮合的齿圈 1 相对于锁环 2 迅速减速以尽早与锁环同步。由于齿圈 1 及与其相联系的第一轴等零件的减速旋转，根据惯性原理，便产生一个与其旋转方向相同的惯性力矩，此惯性力矩通过摩擦锥面以摩擦力矩的形式作用到锁环上，阻止锁环相对于接合套向后倒转。在待接合齿圈 1 与锁环 2 未达到同步之前，摩擦锥面的摩擦力矩在数值上就等于此惯性力矩。

由于锁环的锁止作用是依靠待啮合的齿圈 1 及与其相联系的零件的惯性力矩而形成的，因此称为惯性式同步器。

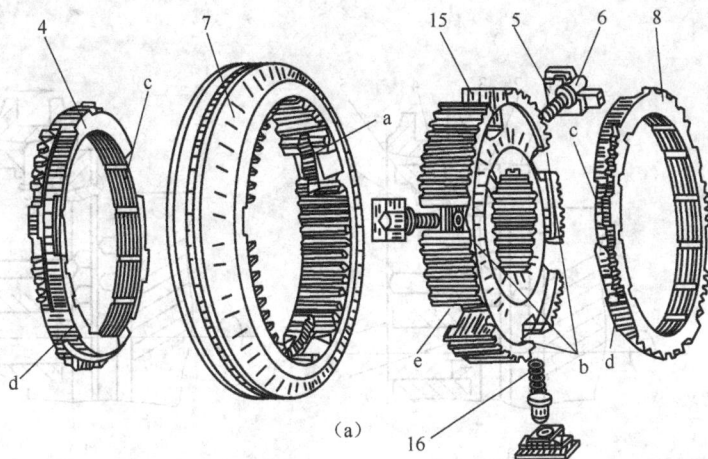

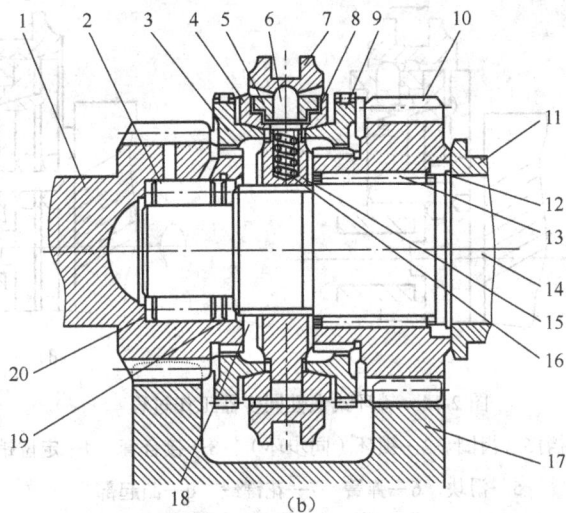

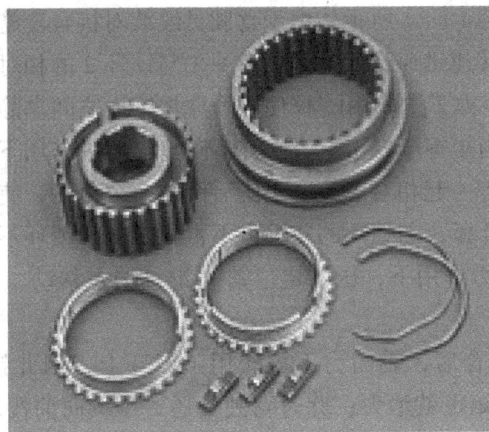

图 2-13　锁环式惯性同步器

1—第一轴　2、13—滚针轴承　3—六挡接合齿圈　4、8—锁环（M～55）　5—滑块　6—定位销　7—接合套
9—五挡接合齿圈　10—第二轴五挡齿轮　11—衬套　12、18、19—卡环　14—第二轴　15—花键毂　16—弹簧
17—中间轴五挡齿轮　20—挡圈　a—凹槽　b—轴向槽　c—缺口　d—凸起部　e—通槽

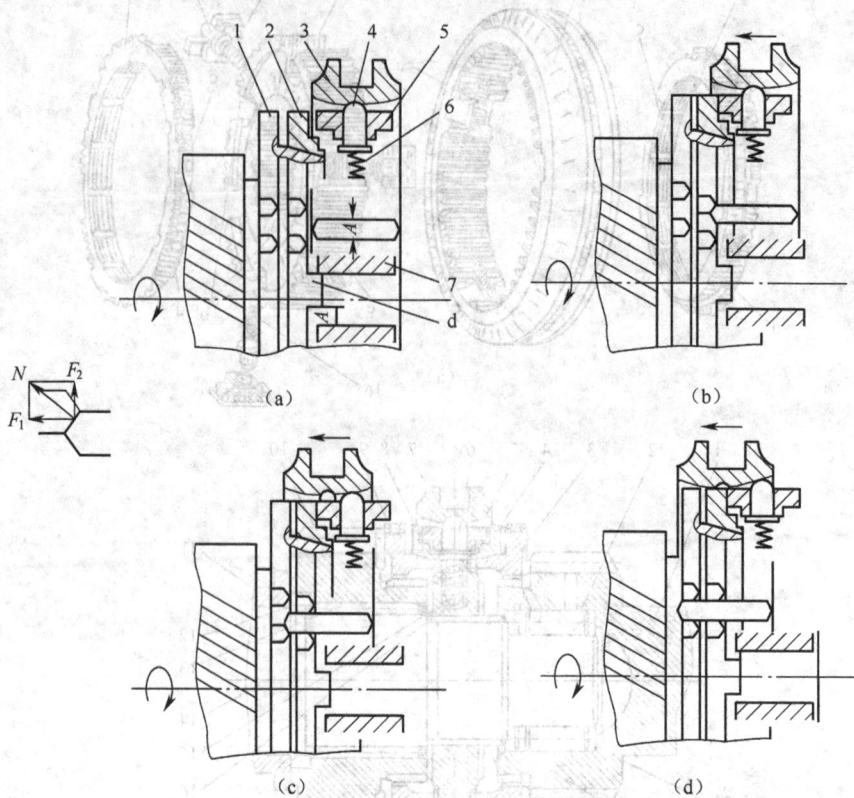

图 2-14　锁环式惯性同步器工作过程

1—六挡接合齿圈　2—锁环（同步环）　3—接合套　4—定位销

5—滑块　6—弹簧　7—花键毂　d—凸起部

③ 同步啮合。如图 2-14（c）所示，由于驾驶员继续对接合套施加推力，摩擦锥面之间的摩擦力矩就会使齿圈 1 的转速迅速降低，直至齿圈 1 与锁环 2 的相对角速度为零，因而其惯性力矩也就消失。此时轴向推力 F_1 的作用，仅使两个摩擦锥面之间靠静摩擦作用紧密地结合在一起（两者之间的相对摩擦力矩等于零），于是在拨环力矩 M_2 的作用下，锁环 2 连同齿圈 1 及与其相联系的第一轴等零件都一起相对于接合套向后倒转一个角度，使锁环的凸部 d 转到花键毂 7 通槽 e 的中央位置，接合套 3 与锁环的花键齿不再相抵触，锁环不再起锁止作用，接合套便在驾驶员所施加的轴向推力作用下，压下定位销 4 继续向左移动，而与锁环的花键齿圈进入啮合。

接合套与锁环进入啮合后，轴向力不再作用于锁环上，因此锁环与齿圈锥面不再被压紧，它们之间的静摩擦力矩也就消失；此时驾驶员还要继续向前拨动接合套，使接合套最终与待啮合的六挡接合齿圈 3 进入啮合。但是，如果此时接合套的花键齿恰好与齿圈 1 的花键齿发生抵触，如图 2-14（c）所示，则作用于接合套上的轴向力在齿圈 1 的倒角面上也将会产生一个切向分力，靠此切向分力便可拨动齿圈 1 及其相联系的零件相对于接合套转过一个角度，从而使接合套 3 与齿圈 1 进入啮合，如图 2-14（d）所示，即最终完成换入六挡的过程。

由于六挡换入五挡（即由高挡换入低挡）时，接合套、滑块、锁环向右移动，工作过程与前述基本相同。锁环式惯性同步器多用于轿车和轻型货车，近年来也用于中型货车变速器的中、高挡中。

2. 锁销式惯性同步器

（1）基本构造。图 2-15 所示为东风 EQ1090E 型汽车变速器的四、五挡同步器。

花键毂 9：通过内花键与第二轴 7 安装在一起，它的两侧分别为四挡接合齿圈 6 和五挡接合齿圈 1。

接合套 5：圆周上相间均布着 3 个锁销 8 和 3 个定位销 4，锁销及定位销的两端安装着两个带外锥面的摩擦锥环 3（锥环 3 作为摩擦元件，在其锥面上也制有细螺纹槽，以破坏油膜来增加摩擦力矩）。与摩擦锥环 3 相配合的两个带内锥面的摩擦锥盘 2，则以其内花键齿分别固装在接合齿圈 1 和 6 上，可随齿圈一起转动。3 个锁销 8 的两端插入到两锥环 3 相应的孔中，并与它铆接成一体，锁销的中部制有一段环槽，环槽的两侧和接合套 5 上相应的销孔的两端都切有相同的倒角，即锁止角，3 个锁销即通过此锁止角对接合套产生锁止作用。锁销两端工作表面的直径与接合套上的销孔直径相同，接合套可以沿其轴向滑动。

定位销：3 个定位销 4 的作用是对接合套进行空挡定位，并可将作用于接合套的轴向推力传给摩擦锥环（所以也称为传力销），它的中间制有定位环槽，在接合套上的相应部位钻有斜孔，孔内装有定位钢球 10 及弹簧 11。

当变速器处于空挡位置时（如图示位置），接合套 5 正好处于定位销的中间位置，接合套可以沿定位销轴向移动，销与锥环不相连，两锥环及锁销可以在一定范围内相对于接合套做周向转动。这样，两个锥环 3（摩擦元件）、3 个锁销 8（锁止元件）、3 个定位销 4 和接合套 5（接合元件）构成一个部件，然后通过接合套的内花键齿套在花键毂的外花键齿圈上。目前大中型载货汽车较普遍地采用锁销式惯性同步器。

（2）工作过程。如图 2-15 所示，接合套 5 由四挡退入空挡时，便被定位销 4 和定位钢球 10 限定在中间位置。当要挂入五挡时，驾驶员通过变速操纵机构向左拨动接合套，对它施加一轴向推力 F_2，接合套 5 便通过定位钢球 10 和定位销 4 推动左侧摩擦锥环 3 向左移动，使之与左侧摩擦锥盘 2 相接触。由于此时锥环 3 与锥盘 2 转速不相等，两者一接触，便在其摩擦锥面之间的摩擦力矩作用下使锥环 3 连同锁销 8 一起相对于接合套 5 转过一个角度，使锁销与接合套相应销孔的中心线相对偏移，于是锁销中部环槽偏向接合套上销孔的一侧，锁销中部环槽倒角便与接合套销孔端倒角的锥面互相抵触，从而使锁销产生锁止作用，阻止接合套向左移动（见锁销放大图）。与锁环式同步器一样，在锁止倒角上的切向分力 F_1 也形成一个拨环力矩图使锁销及锥环倒转，但在锥盘与锥环未达到同步前，由锥盘 2 及相联系的旋转零件惯性力矩所形成的摩擦力矩总是大于拨环力矩，因而可以阻止接合套 5 与齿圈 1 在同步之前进入啮合。而只有当达到同步后，惯性力矩消失，拨环力矩便可拨动锁销及摩擦锥环、锥盘和齿圈 1 等一起相对于接合套转过一个角度，使锁销重新与接合套的销孔对中，接合套便在轴向推力的作用下，压下定位钢球 10 而沿定位销和锁销向左移动，与五挡接合齿圈 1 进入啮合，即完成挂入五挡的换挡过程。

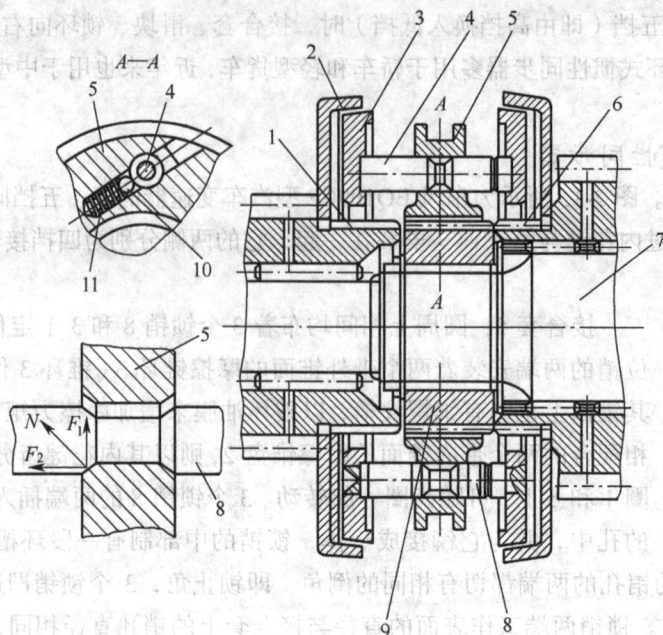

图 2-15 锁销式惯性同步器

1—五挡接合齿圈 2—摩擦锥盘 3—摩擦锥环 4—定位销 5—接合套 6—四挡接合齿圈
7—第二轴 8—锁销 9—花键毂 10—钢球 11—弹簧

三、变速器的操纵机构

对于机械式变速器，换挡操作均是由驾驶员拨动变速杆再通过一套操纵机构来完成的。变速器操纵机构应保证驾驶员能准确可靠地使变速器挂入所需要的任一挡位工作，并可随时使之顺利退到空挡。

（一）操纵机构

变速器操纵机构根据变速操纵杆（简称变速杆）与变速器的相互位置不同，可分为直接操纵式和远距离操纵式两种类型。

认识变速器的操纵机构

1. 直接操纵式

大多数汽车的变速器布置在驾驶员座位附近，驾驶员可直接操纵变速杆来拨动变速器盖内的换挡操纵装置，称为直接操纵式变速器操纵机构。它一般由变速杆、拨块、拨叉、拨叉轴以及安全装置等组成，多集中装于上盖或侧盖内，结构简单，操纵方便。图 2-16 所示为汽车六挡变速器操纵机构结构与挡位布置示意图。

换挡时：变速器杆绕其中部球形支点横向摆动，其下端推动叉形拨杆 17 绕换挡轴 2 轴线摆动，使叉形拨杆下端球头对准所选挡位对应的拨块凹槽，然后使变速杆纵向摆动，带动拨叉轴及拨叉向前或向后移动，即可实现挂挡。例如，横向摆动变速杆使叉形拨杆下端球头嵌入拨块 10 顶部凹槽中，拨块 10 连同拨叉轴 4 和拨叉 8 即沿纵向向前移动一定距离，便可挂入二挡；若向后移动一段距离，则挂入一挡。当叉形拨杆下端球头深入拨块 16 的凹槽中，使其向前移动一段距离时，便挂入倒挡。

48

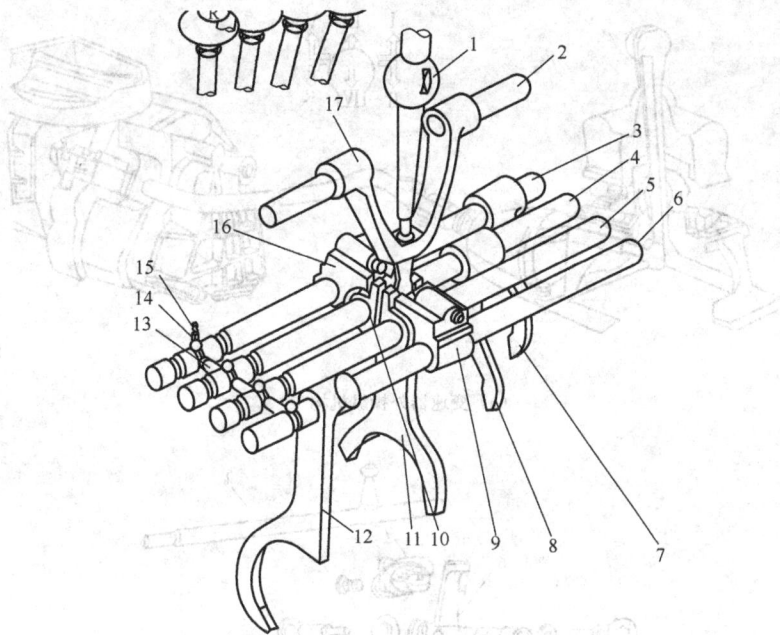

图 2-16　解放 CA1092 型汽车六挡变速器操纵机构

1—变速杆　2—换挡轴　3—倒挡拨叉轴　4——、二挡拨叉轴　5—三、四挡拨叉轴　6—五、六挡拨叉轴
7—倒挡拨叉　8——、二挡拨叉　9—五、六挡拨块　10——、二挡拨块　11—三、四挡拨叉　12—五、六
挡拨叉　13—互锁柱销　14—自锁钢球　15—自锁弹簧　16—倒挡拨块　17—叉形拨杆

不同变速器其挡数和操纵机构的结构与布置都可能不同，从而相应于各挡位的变速杆上端手柄位置排列，即挡位排列也不相同。因此，通常在变速器操纵手柄上标有该车变速器挡位排列图。

2. 远距离操纵式

在有些汽车上，由于变速器离驾驶员座位较远，则需要在变速杆与拨叉之间加装一些辅助杆件或一套传动机构，构成远距离操纵。这种操纵机构应有足够的刚性，且各连接件间隙不能过大，否则换挡时手感不明显。由于布置上的原因，它多用在轿车和轻型汽车上，如奥迪 100 型、桑塔纳轿车等。

如图 2-17（a）所示，外操纵机构由驾驶员座位附近的变速操纵杆、铰链、限位及防护装置、中间连接杆件（直通到变速器壳体外）构成。变速杆以球形铰链为支点，可以直接前后、左右摆动，且通过一系列中间连接杆件操纵变速器的内操纵机构，进行选挡、换挡。各连接杆具有足够的刚度，且连接点处间隙小，否则将影响换挡时的手感。

如图 2-17（b）所示，内操纵机构由内换挡轴 1，选换挡横轴 6，换挡拨叉轴及拨叉 2、3、4，挡位锁止机构（自锁装置）5，倒挡锁止机构 7 组成。内换挡轴 1 与选换挡横轴 6 用球铰链连接，在外操纵机构作用下，使内换挡轴 1 做轴向移动或转动。

当内换挡轴轴向移动时，给选换挡横轴 6 以回转力矩，推动所选挡位拨叉轴做轴向移动，拨叉轴上的拨叉推动同步器接合套进行换挡。

当内换挡轴 1 转动时，使选换挡横轴 6 做轴向移动，选择不同挡位的拨叉轴，实现选挡动作。选换挡横轴 6 上有换挡拨爪，用于推动换挡拨叉轴做轴向移动，进行选挡。

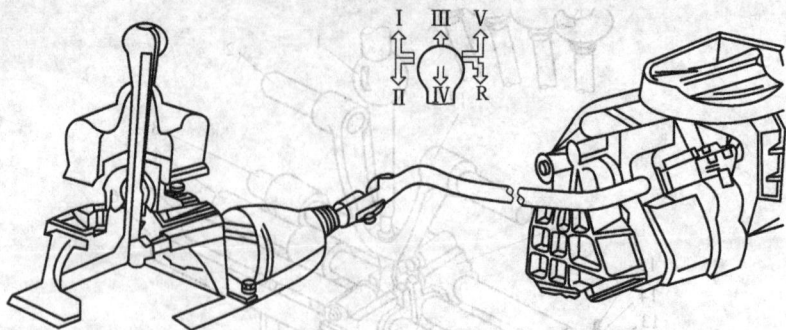

（a）变速器外操纵机构

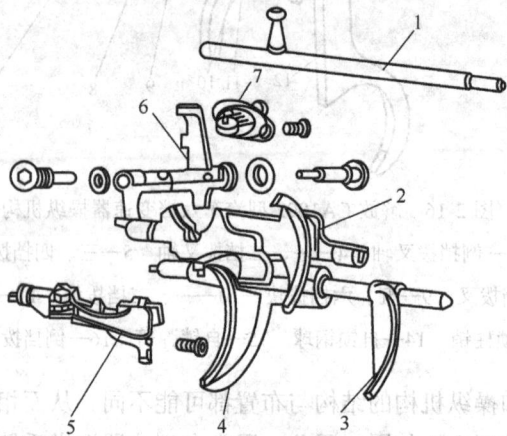

（b）变速器内操纵机构

图 2-17 奥迪 100 型轿车变速器操纵机构

1—内换挡轴 2、3、4—换挡拨叉轴及拨叉 5—挡位锁止机构 6—选换挡横轴 7—倒挡锁止机构

（二）操纵安全装置

为保证变速器在任何情况下都能准确地挂入所选定的挡位并能安全、可靠地工作；为防止变速器自动挂挡或自行脱挡，并保证各挡传动齿轮以全齿啮合；为保证变速器不同时挂入两个挡，以免使同时啮合的两挡齿轮因其传动比不同而互相卡住，造成运动干涉或零件损坏；为防止在汽车起步时误挂倒挡而造成安全事故。因此，在变速器操纵机构中设置有自锁、互锁和倒挡锁。

1. 自锁装置

用来防止自动脱挡或自动挂挡，保证工作齿轮以全齿宽啮合的装置。

图 2-18 所示为东风 EQ1090E 型汽车变速器自锁和互锁装置。在变速器盖前端 3 有 3 个钻有深孔的凸起，孔的中心线通过拨叉轴心，每个孔内都装有自锁钢球 1 和自锁弹簧 2，钢球 1 在弹簧 2 的作用下压靠在拨叉轴上的 V 形槽中。由于一根拨叉轴可以完成两个挡位的挂挡，即拨叉轴前移挂上一个挡、轴后移又挂上另一挡，拨叉轴在中间位置为空挡，因此在拨叉轴上制有 3 个 V 形槽，移动拨叉轴挂入某一挡位（或回到空挡）后，钢球 1 在弹簧 2 的推力作用下，正好落入拨叉轴的 V 形槽内，拨叉轴的轴向位置即被固定，不能自行脱出，变速齿轮或接合套

也被固定在某一工作挡位置或至空挡位置，形成自锁。拨叉轴上相邻 V 形槽之间的距离是保证全齿啮合或完全退出啮合，拨叉及其轴所必需移动的距离。

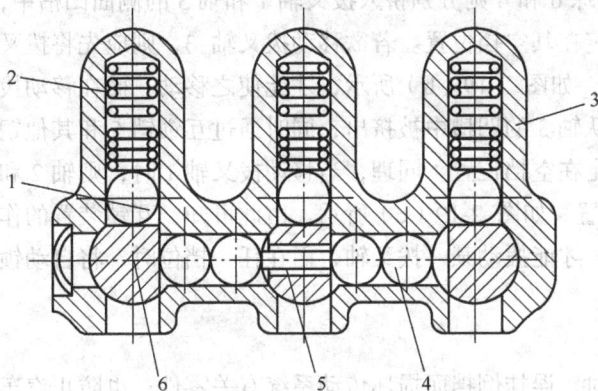

图 2-18　汽车变速器的自锁和互锁装置
1—自锁钢球　2—自锁弹簧　3—变速器盖（前端）　4—互锁钢球　5—互锁销　6—拨叉轴

当需要换挡时，驾驶员通过变速器操纵杆对拨叉轴施加一定的轴向力，克服由于弹簧 2 加于钢球 1 的压力，将钢球经 V 形槽边缘挤回孔内，使之轴向移动，直至钢球落入相邻的另一 V 形槽内，挂上另一挡位或退回空挡。

防止变速杆同时拨动两根拨叉轴而挂上两个挡，使变速器产生机械干涉而损坏变速器零件，保证在换挡时只能移动一根拨叉轴并同时自动地锁住其余拨叉轴，才能挂上所需挡位。

2. 互锁装置

互锁装置用来防止变速杆同时拨动两根拨叉轴而挂上两个挡，使变速器产生机械干涉而损坏变速器零件，保证在换挡时只能移动一根拨叉轴并同时自动地锁住其余拨叉轴，才能挂上所需挡位。

互锁装置的结构形式较多，但在汽车上用得最广泛的是钢球（或柱销）式互锁装置，如图 2-18 所示，它由互锁钢球 4 和互锁销 5 组成，与自锁机构装在一起，结构紧凑，工作可靠。

如图 2-19 所示，每根拨叉轴朝向互锁钢球的侧表面上均制出一个深度相等的半球形凹槽，任一拨叉轴处于空挡位置时，其侧面凹槽都正好对准钢球 4。两个互锁钢球的直径之和正好等于相邻两轴表面之间的距离加上一个凹槽的深度。中间拨叉轴上两个侧面凹槽之间有孔相通，孔中有一根可以滑移的互锁销 5，销的长度等于拨叉轴的直径减去一个凹槽的深度。

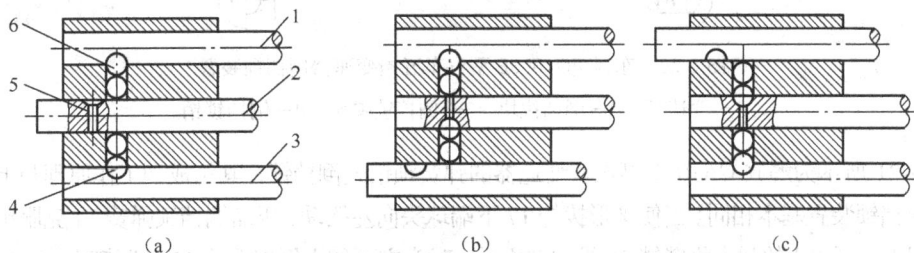

（a）　　　　　　　　　　（b）　　　　　　　　　　（c）

图 2-19　互锁装置工作示意图
1、2、3—拨叉轴　4、6—互锁钢球　5—互锁销

当变速器处于空挡时，所有拨叉轴的侧面凹槽同钢球、互锁销都在一条直线上。如图 2-19（a）所示，当移动中间拨叉轴 2 时，轴 2 两侧内的钢球从凹槽中被挤出，把钢球 6 和 4 则分别挤入拨叉轴 1 和轴 3 的侧面凹槽中，因而将它们刚性地锁定在其空挡位置。若欲移动拨叉轴 3，则应先将拨叉轴 2 退回到空挡位置，如图 2-19（b）所示，才能使之移动，而在移动拨叉轴 3 时，钢球 4 便从轴 3 的凹槽中被挤出，同时通过互锁销 5 和其他钢球将轴 2 和轴 1 均锁定在空挡位置。同理，当移动拨叉轴 1 时，则轴 2 和轴 3 被锁止在空挡位置，如图 2-19（c）所示。由此可知，互锁装置的作用是，只有在空挡时，才能拨动某一拨叉轴，而在任一挡位时，将自动锁住其余拨叉轴。

互锁装置

合二为一自锁与互锁装置

3. 倒挡锁装置

它防止汽车前进时，误挂倒挡而损坏传动系统有关零件；也防止汽车起步时，误挂倒挡而造成安全事故。倒挡锁的结构形式有多种，如弹簧锁销式、锁片式、扭簧式、锁簧式等，但应用最多的是弹簧锁销式。

图 2-20 所示为东风 EQ1090E 型汽车五挡变速器的弹簧锁销式倒挡锁，是由倒挡拨块 2 中的倒挡锁销 4 及弹簧 3 组成。当驾驶员要挂一挡或倒挡时，必须用较大的力使变速杆 1 下端压缩弹簧 3，将锁销 4 推入锁销孔内，才能使变速杆下端进入拨块 2 的凹槽内，拨动一、倒挡拨叉轴而挂入一挡或倒挡。

倒挡锁

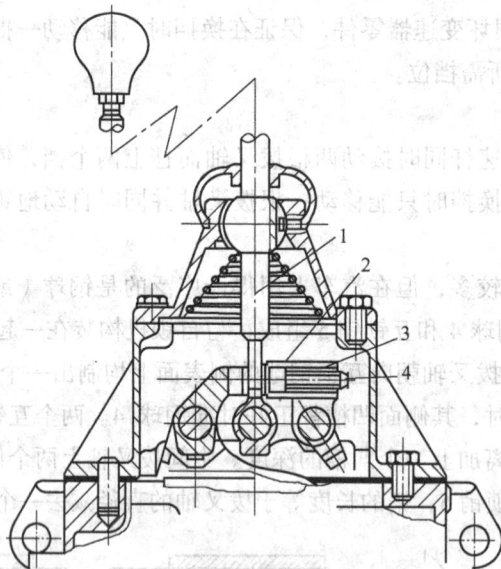

图 2-20　东风 EQ1090E 型汽车五挡变速器倒挡锁装置
1—变速杆　2—倒挡拨块　3—倒挡锁弹簧　4—倒挡锁销

图 2-21 所示为解放 CA1091 型汽车变速器的弹簧锁销式倒挡锁，其组成和工作原理与上述五挡变速器倒挡锁装置基本相同。当使叉形拨杆 17 下端球头向左摆动，压缩倒挡锁弹簧 14 克服锁销定位钢球（图中未画出）的弹力将锁销 15 推向左方后，球头方可伸入倒挡拨块 13 的凹槽中，再拨动倒挡拨块和倒挡拨叉轴 12 向后移动，才能挂入倒挡。另外，解放 CA1091 型汽车变速器五、六挡拨块上

还设置了一个选挡锁装置，它的作用是便于选择三、四挡和五、六挡，其结构与倒挡锁装置完全相同。

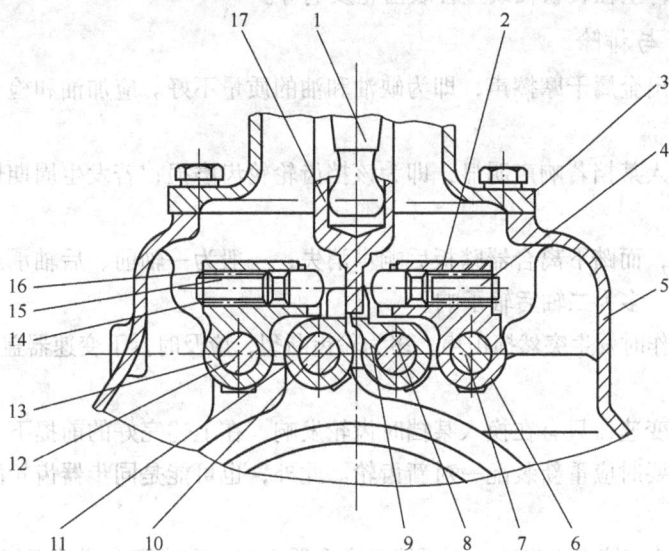

图 2-21　解放 CA1091 型汽车变速器倒挡锁及选挡锁装置

1—变速杆　2—选挡锁弹簧　3—变速器顶盖　4—选挡锁销　5—变速器上盖　6—五、六挡拨块

7—五、六挡拨叉轴　8—三、四挡拨叉轴　9—三、四挡拨块　10—一、二挡拨叉轴　11—一、二挡拨块

12—倒挡拨叉轴　13—倒挡拨块　14—倒挡锁销弹簧　15—倒挡锁销　16—锁片　17—叉形拨杆

四、变速器常见故障现象

汽车变速器在工作负荷的作用下，随着汽车行驶里程的增加、内部零件的磨损，变形也随之加大，引起各零件的配合关系变坏，即出现故障。

手动变速器常见故障有以下 4 种：①变速器异响；②变速器自动跳挡；③变速器乱挡；④变速器漏油。

（一）变速器异响

1. 现象

变速器异响是指变速器内发生不正常的响声，主要是轴承磨损松旷和齿轮间不正常啮合而引起的噪声。

变速器的异响，大致发生在下述两种情况下：空挡时发响；挂挡后发响。

2. 原因

（1）齿轮异响。齿轮磨损过其变薄，间隙过大，运转中有冲击；齿面啮合不良，如修理时没有成对更换齿轮。新、旧齿轮搭配，齿轮不能正确啮合；齿面有金属疲劳剥落或个别齿损坏折断；齿轮与轴上的花键配合松旷，或齿轮的轴向间隙过大；轴弯曲或轴承松旷引起齿轮啮合间隙改变。

（2）轴承响。轴承磨损严重；轴承内（外）座圈与轴颈（孔）配合松动；轴承滚珠碎裂或有烧蚀麻点。

（3）其他原因发响。如变速器内缺油，润滑油过稀、过稠或质量变坏；变速器内掉入异物；某些紧固螺栓松动；里程表软轴或里程表齿轮发响等。

3. 故障诊断与排除

（1）变速器发出金属干摩擦声，即为缺油和油的质量不好。应加油和检查油的质量，必要时更换。

（2）行驶时换入某挡若响声明显，即为该挡齿轮轮齿磨损；若发生周期性的响声，则为个别齿损坏。

（3）空挡时响，而踏下离合器踏板后响声消失，一般为一轴前、后轴承或常啮合齿轮响；如换入任何挡都响，多为二轴后轴承响。

（4）变速器工作时发生突然撞击声，多为轮齿断裂，应及时拆下变速器盖检查，以防机件损坏。

（5）行驶时，变速器只有在换入某挡时齿轮发响，在上述完好的前提下，应检查啮合齿轮是否搭配不当，必要时应重新装配一对新齿轮。此外，也可能是同步器齿轮磨损或损坏，应视情况修复或更换。

（6）换挡时齿轮相撞击而发响，则可能是离合器不能分离或离合器踏板行程不正确、同步器损坏、怠速过大、变速杆调整不当或导向衬套紧等。遇到这种情况，先检查离合器能否分离，再分别调整怠速或变速杆位置，检查导向衬套与分离轴承配合的松紧度。

如经上述检查排除后，变速器仍发响，应检查各轴轴承与轴孔配合情况、轴承本身的技术状态等；如完好，再查看里程表软轴及齿轮是否发响，必要时予以修理或更换。

（二）变速器自动跳挡

1. 现象

汽车在加速、减速、爬坡或汽车剧烈震动时，变速杆自动跳回空挡位置。

2. 原因

（1）自锁装置的钢球未进入凹槽内或挂挡后齿轮未达到全齿长啮合。

（2）自锁装置的钢球或凹槽磨损严重，自锁弹簧疲劳过软或折断。

（3）齿轮沿齿长方向磨损成锥形。

（4）一、二轴轴承过于松旷，使一、二轴和曲轴三者轴线不同心或变速器壳与离合器壳接合平面相对曲轴轴线的垂直变动。

（5）二轴上的常啮合齿轮轴向或径向间隙过大。

（6）各轴轴向或径向间隙过大。

3. 故障诊断与排除方法

先确知跳挡挡位：走热全车后，采用连续加、减速的方法逐挡进行路试便可确定。

将变速杆挂入跳挡挡位，发动机熄火，小心拆下变速器盖，观察跳挡齿轮的啮合情况。

（1）未达到全长啮合，则故障由此引起。

（2）达到全长啮合，应继续检查。

（3）检查啮合部位磨损情况：磨损成锥形，则故障可能由此引起。

（4）检查二轴上该挡齿轮和各轴的轴向和径向间隙，间隙过大，则故障可能由此引起。

（5）检查自锁装置，若自锁装置的止动阻力很小，甚至手感钢球未插入凹槽（把变速器盖夹在虎钳上，用手摇动换挡杆），则故障为自锁效能不良；否则，故障为离合器壳与变速器接合平面与曲轴轴线垂直变动等引起。

（三）变速器乱挡

1. 现象

在离合器技术状况正常的情况下，变速器同时挂上两个挡或挂需要挡位时，结果挂入别的挡位。

2. 原因

（1）互锁装置失效：如拨叉轴、互锁销或互锁钢球磨损过甚等。

（2）变速杆下端弧形工作面磨损过大或拨叉轴上拨块的凹槽磨损过大。

（3）变速杆球头定位销折断或球孔、球头磨损过于松旷。

总之，乱挡的主要原因是变速器操纵机构失效。

3. 故障诊断与排除方法

（1）挂需要挡位时，结果挂入了别的挡位：摇动变速杆，检查其摆转角度，若超出正常范围，则故障由变速杆下端球头定位销与定位槽配合松旷或球头、球孔磨损过大引起。变速杆摆转360°，则为定位销折断。

（2）如摆转角度正常，仍挂不上或摘不下挡，则故障由变速杆下端从凹槽中脱出引起（脱出的原因是下端弧形工作面磨损或导槽磨损）。

（3）同时挂入两个挡：则故障由互锁装置失效引起。

（四）变速器漏油

1. 现象

变速器周围出现齿轮润滑油，变速器齿轮箱的油量减少，则可判断为润滑油泄漏。

2. 原因及排除方法

（1）润滑油选用不当，产生过多泡沫，或润滑油量太多，此时需更换润滑油或调节润滑油量。

（2）侧盖太松，密封垫损坏，油封损坏，密封和油封损坏应更换新件。

（3）放油塞和变速器箱体及盖的固定螺栓松动，应按规定力矩拧紧。

（4）变速器壳体破裂或延伸壳油封磨损而引起的漏油，必须更换。

（5）里程表齿轮限位器松脱破损，必须锁紧或更换；变速杆油封漏油应更换油封。

项目实施

一、项目实施环境

常用工具一套、铜棒一根、变速器拆装车一辆、二轴式变速器和三轴式变速器各一台、配套的挂图一套等资料。

二、项目实施步骤

（一）手动变速器工作过程演示

教师通过教具、图片、动画、视频、课件等多种手段为学生演示手动变速器的工作过程。

（二）手动变速器拆装

进行拆装调整前必须熟悉所选车型变速器的构造、特点、技术要求及相关数据，不得盲目操作。为了保证拆装调整的顺利进行，需要使用专用工具时，不得随意改用其他工具。

1. 二轴式变速器的拆装与调整

（1）由车上拆下变速器（以奥迪 100 型轿车为例，如图 2-22 所示）。

① 断开蓄电池负极线，拆下倒车灯导线及里程表软轴，压下分离杠杆，拆下离合器钢索接头。

② 如图 2-23 和图 2-24 所示，拆下变速器与发动机的连接螺栓（用专用吊架吊起发动机）。各螺栓数量及拧紧力矩见表 2-2 和表 2-3。

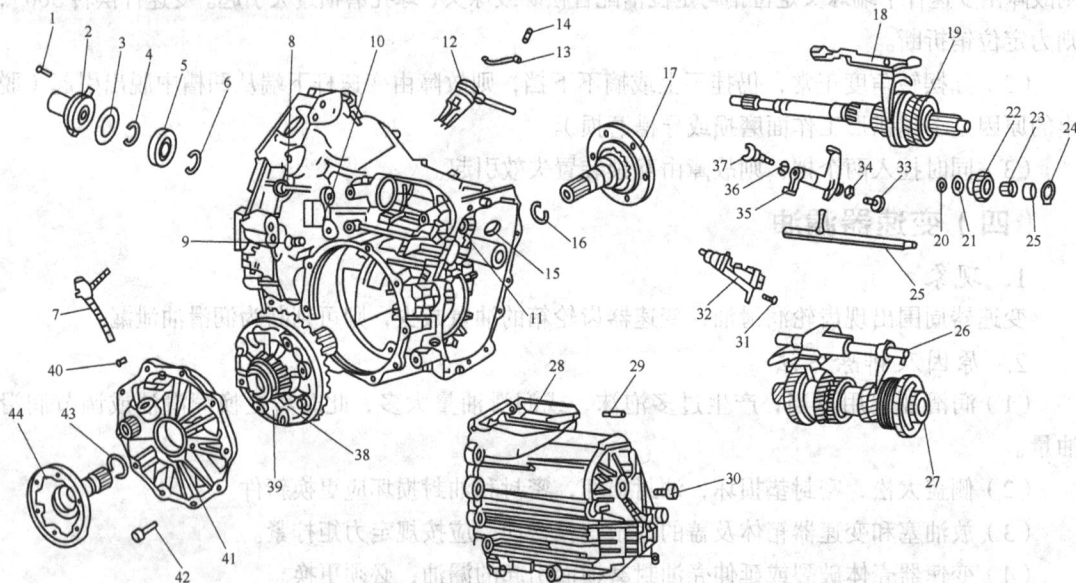

图 2-22　两轴式变速器分解图

1、9、14、29、31、42—螺栓　2—导向套　3、21—垫圈　4、6、16、20、43—锁紧环　5—球轴承

7—里程表传感器　8—变速器前壳体　10—多功能传感器插头　11—变速叉轴盖　12—多功能传感器

13—锁片　15—五挡和倒挡保险装置　17—右驱动法兰（右半轴）　18—三、四挡换挡拉杆和变速叉

19—输入轴　22—倒挡齿轮　23—倒挡齿轮滚针轴承　24—止推垫片　25—选挡换挡轴（内换挡拉杆）

26—带一、二、三、倒挡换挡拨叉的倒挡拉杆　27—小齿轮　28—变速器后壳体（变速器盖）

30—倒挡轴螺栓　32—换挡锁止装置　33、35、37—中继轴（选挡换挡横轴）固定螺栓

34、36—调整垫片　38—速度表驱动轮　39—差速器　40—油封

41—主减速器盖（变速器侧盖）　44—左驱动法兰（左半轴）

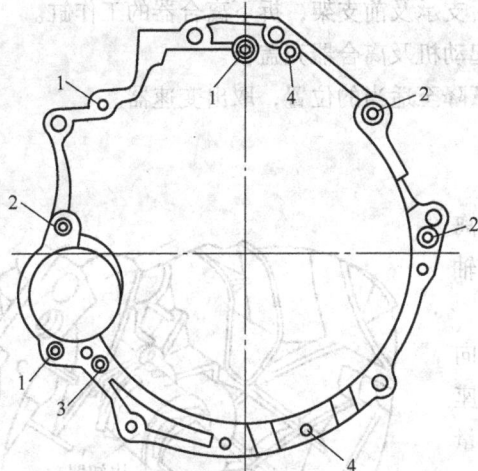

图 2-23　四缸发动机与变速器的各连接螺栓位置
1、2、3、4—螺栓位置

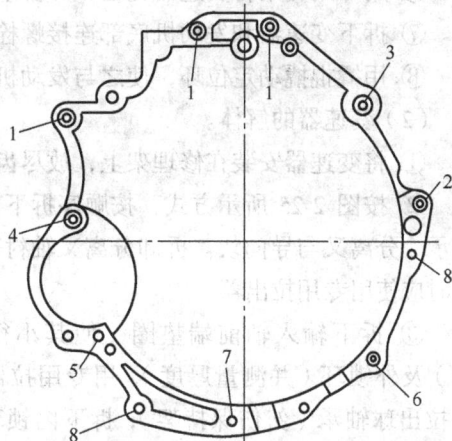

图 2-24　五缸发动机与变速器的各连接螺栓位置
1～8—螺栓位置

表 2-2　　　　　　　　各螺栓数量及拧紧力矩

螺 栓 位 置	螺 栓 型 号	螺 栓 数 量	拧紧力矩（N·m）	拧紧力矩（lbf·ft）
1	M12×70	3	65	48
2	M12×85	3	65	48
3	M12×100	1	65	48
4	M8×15	2	25	18

注：lbf·ft（磅力·英尺），是英制单位，1N·m=0.738lbf·ft。

表 2-3　　　　　　　　各螺栓数量及拧紧力矩

螺 栓 位 置	螺 栓 型 号	螺 栓 数 量	拧紧力矩（N·m）	拧紧力矩（lbf·ft）
1	M12×70	3	65	48
2	M12×80	1	65	48
3	M12×90	1	65	48
4	M12×100	1	65	48
5	M10×120	1	45	33
6	M10×50	1	45	33
7	M10×40	1	45	33
8	M8×40	2	25	18

③ 拆下排气歧管螺栓及连接件。

④ 拆下变速器上的换挡拉杆固定螺栓，使其与操纵机构分离。

⑤ 拆下右内侧等速万向节的隔热板，从左右驱动法兰上拆下固定螺栓及驱动轴，拆下右边的橡胶垫上的隔热板。

⑥ 用专用支架将变速器托住，并拆下变速器后支承及前支架，拆下离合器的工作缸。

⑦ 拆下变速器和发动机底部连接螺栓，拆下起动机及离合器壳盖板。

⑧ 用撬棍撬动定位环，使之与发动机分离，下降至适当的位置，取出变速器。

（2）变速器的解体。

① 将变速器安装在修理架上，放尽齿轮油。

② 按图2-25所示方式，按顺序拆下离合器分离轴承、分离叉与导向块。拆卸分离叉轴衬套及分离轴承时应使用专用拉出器。

③ 拆下输入轴前端垫圈（使其小径朝向导向套）及外锁环（并测量厚度），用专用拉器从轴承座中拉出球轴承（勿伤保持架），拆下内锁环（并测量厚度）。

④ 拆下变速器前后壳体的连接螺栓，取下变速器后壳体，拆下传感器。

⑤ 用如图2-26~图2-29所示方式，拆下中间轴固定螺栓、挡位锁止机构固定螺栓，再拆下输入轴、小齿轮轴、中间轴、换挡轴及换挡拨叉轴。

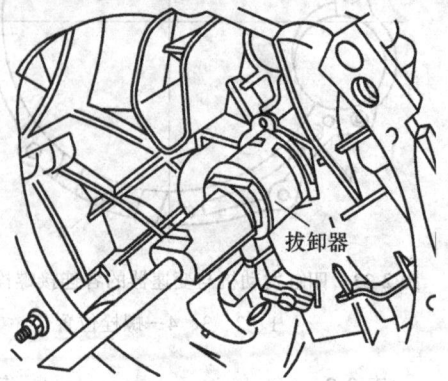

图2-25 从轴承座中拉出球轴承

（3）变速器的装合、调整及要点。

按照变速器解体的逆顺序进行总成的装合。装合变速器时，应将输入轴、小齿轮轴、中继轴、换挡轴、换挡拨叉轴及拨叉组装好之后，再一起装入变速器壳体内，并保证换挡拨叉轴安装位置正确。

图2-26 拆卸中间轴左、右固定螺栓

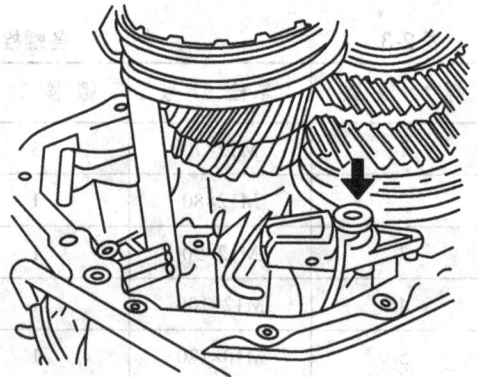

图2-27 拆下挡位锁止机构固定螺栓

① 变速器输入轴拆装要点及其调整。图2-30所示为变速器输入轴分解图。

a. 更换轴、轴承或同步器花键毂时，必须先测出轴上全部锁环的厚度（逐个做出标记），装配时必须是同等厚度的锁环，如图2-31所示。拆卸输入轴滚针轴承时，应使用专用工具（安装时压入深度外壳面39.5mm，如图2-32所示）。安装三、四挡齿轮前，应先将弹簧有钩的一端插入齿轮孔内。拆装三、四挡同步器花键毂和五挡齿轮时（应使用专用工具）花键毂内台肩较高的一面应朝向三挡齿轮。

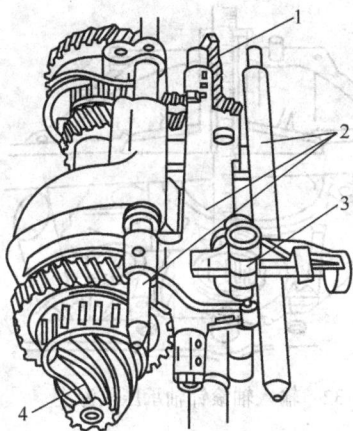

图 2-28　齿轮轴的拆卸

1—输入轴　2—选挡换挡轴及换挡拨叉轴、拨叉

3—中间轴　4—小齿轮轴

图 2-29　中间轴及选挡、换挡轴的安装

A—轴　B—中间一选挡换挡轴

b. 同步器齿键磨损的检测方法。将同步器装入接合套内，用塞尺按 120° 方位测量，3 次测值的平均值不得大于 0.50mm。

c. 装配输入轴时，应装好锁环，用专用工具将滚珠轴承压装在变速器壳中，并压到带有螺纹的轴上。

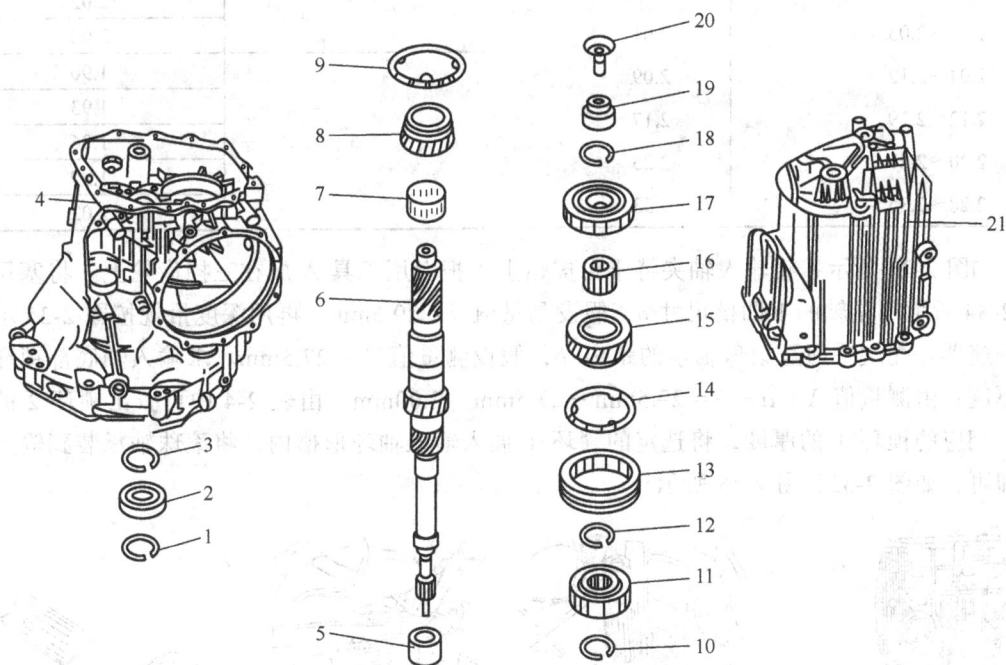

图 2-30　变速器输入轴

1、3、10、12、18—锁紧环　2—滚珠轴承　4—外壳　5、19—输入轴滚针轴承　6—输入轴　7—三挡齿轮滚针轴承

8—三挡齿轮　9—三挡同步器锁环　11—三、四挡同步器花键毂　13—三、四挡同步器接合套

14—四挡同步器锁环　15—四挡齿轮　16—四挡滚针轴承　17—五挡齿轮　20—塑料套　21—变速器盖

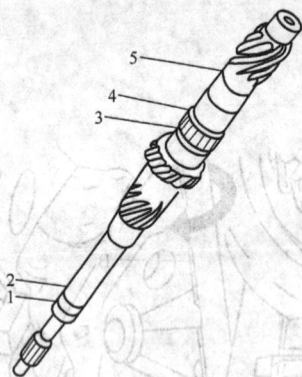

图 2-31　锁紧环的位置

1、2、3、4、5—锁紧环

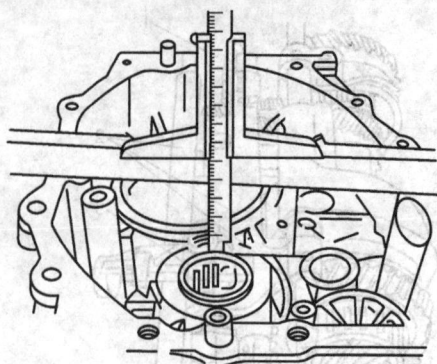

图 2-32　输入轴滚针轴承压入深度

d. 输入轴的调整（见表 2-4 和表 2-5）。

表 2-4　　　　锁环 1、2 的厚度

测量值/mm	厚度/mm
1.64～1.71	1.69
1.72～1.79	1.77
1.80～1.87	1.85
1.88～1.95	1.93
1.96～2.03	2.01
2.04～2.12	2.09
2.12～2.19	2.17
2.20～2.27	2.25
2.28～2.35	2.33

表 2-5　　　　锁环 4、5 的厚度

锁　环	厚度/mm
4	1.90
	1.93
	1.96
	1.99
	2.02
	2.05
5	1.90
	1.93
	1.96
	1.99
	2.02

　　如图 2-33 所示，将输入轴夹持于台虎钳上，把专用工具 A 放在三挡齿轮上。将塞尺按图 2-34 所示测量轴的下凹槽尺寸 a，假设测量值 $a = 29.5\text{mm}$，再用深度量规按图 2-35 示测量变速器外壳端平面至滚珠轴承的距离 b，假设测量值 $b = 27.5\text{mm}$。求输入轴底部锁环 2 的厚度：由测量值 $X = a - b = 29.5\text{mm} - 27.5\text{mm} = 2.00\text{mm}$。由表 2-4 中可查出锁环 2 的厚度、相应的锁环 1 的厚度，将选定的锁环 1 插入输入轴环形槽内，将滚珠轴承装到输入轴上即可，如图 2-35、图 2-36 所示。

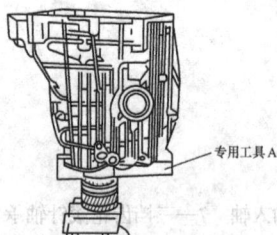

图 2-33　将输入轴夹在虎钳上

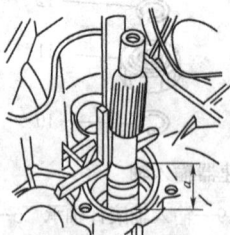

图 2-34　测量轴的上凹槽尺寸

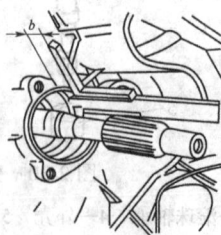

图 2-35　测量滚珠轴承座的尺寸

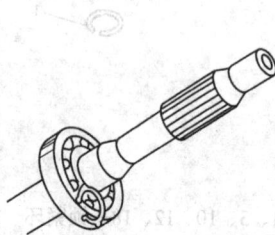

图 2-36　将锁紧环及滚珠轴承装到输入轴上

输入轴各锁环厚度：锁环1、2按上述方法确定，锁环3为褐色，厚度为2mm。锁环4、5按表前选用（其厚度应是刚好插入环槽为宜）。

② 变速器输出轴拆装要点。变速器输出轴分解图如图2-37所示。

a. 需要更换圆锥滚柱轴承时，拆前应测定输出轴与输入轴的安装位置（装合时进行校对）。拆下输出轴前，应测出全部锁环的厚度（逐个做出标记），装配时必须是同等厚度的锁环。若更换轴上的零件时，应重新测定每个锁环的厚度，轴上各锁紧环的位置，如图2-38所示。输出轴上各锁环厚度见表2-6。

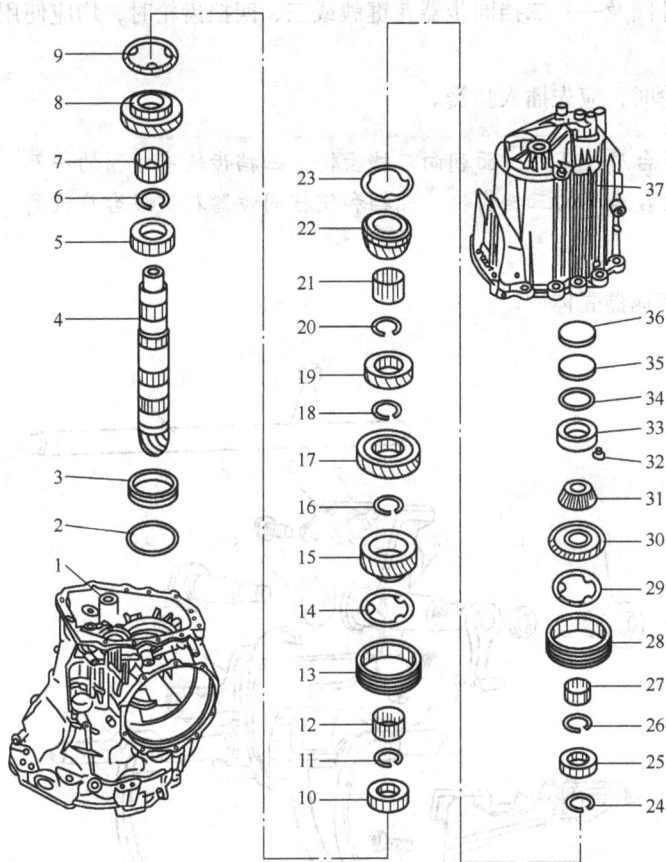

图2-37 变速器输出轴

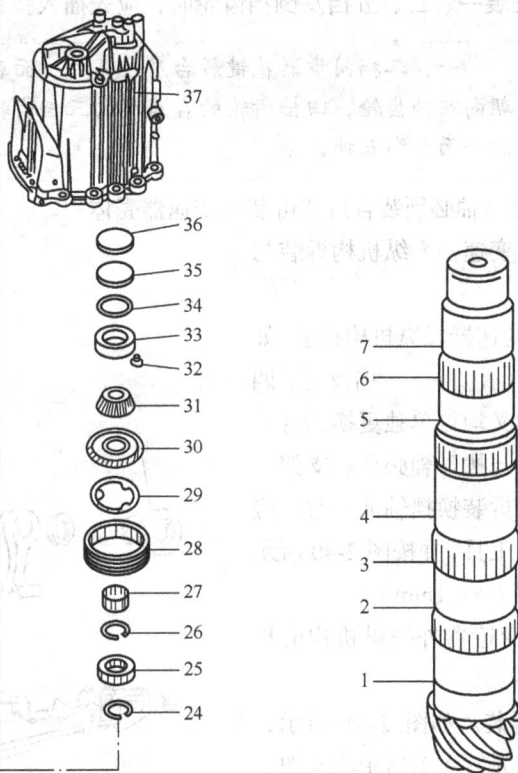

图2-38 轴上各锁紧环的位置

1—变速器外壳　2—调整垫片　3、33—圆锥滚柱轴承外圈　4—变速器输出轴

5—圆锥滚柱轴承内圈　6、11、16、18、20、24、26—锁紧环　7——挡齿轮滚针轴承

8——挡齿轮　9——挡同步器锁环　10—一、二挡同步器花键毂 12—二挡齿轮滚针轴承

13—一、二挡同步器接合套　14—二挡同步器锁环　15—二挡齿轮　17—三挡齿轮

19—四挡齿轮　21—五挡齿轮滚针轴承　22—五挡齿轮　23—五挡同步器锁环

25—五挡、倒挡同步器花键毂　27—倒挡滚针轴承　28—五挡、倒挡同步器接合套

29—倒挡同步器锁环　30—倒挡齿轮　31—圆锥滚柱轴承内圈 32—圆锥滚柱轴承外圈锁环套

34—调整垫片S4　35—止推盘　36—垫圈　37—变速器盖

1、2、3、4、5、6、7—锁紧环

表 2-6　　　　　　　　　　　　　　输出轴上各锁环厚度和确定

锁环号	厚度（mm）						说　明
1	2.00	2.02	2.04	2.06	2.08	2.10	
2	1.90	1.93	1.96	1.99	2.02		1. 锁环 3、6 在安装时应保持总厚度不变
3	2.50						
4	1.90	1.93	1.96	1.99	2.02		2. 锁环 1、2、4、7 的厚度可选择，安装时应保证其恰好插入环槽内
5	1.87	1.90	1.93	1.96			
6	2.00						3. 各锁环位置如图 2-39 所示
7	1.90	1.93	1.96	1.99	2.02	2.05	

b. 拆装轴上圆锥滚柱轴承内、外圈及一、二挡同步器花键毂或三、四挡齿轮时，均应使用专用工具。

c. 安装一、二、五挡及倒挡齿轮时，应先插入弹簧。

> **注意**　一、二挡同步器花键毂台肩较高的一面朝向二挡齿轮，三挡齿轮有凹槽的一面朝向四挡齿轮，四挡齿轮的台肩朝向三挡齿轮，五挡和倒挡同步器花键毂台肩较高的一面朝向五挡齿轮。

d. 输出轴必须装合后才可装入变速器壳体中。

（4）变速器操纵机构拆装与调整要点。

① 变速器操纵机构拆装，如图 2-39 所示。一、二挡及三、四挡换挡拨叉均可单独更换，五挡、倒挡拨叉与拨叉轴必须和支架一同更换。拆装换挡轴油封时，应使用专用工具，并按图 2-40 所示安装到位（$a=1mm$）。

② 变速器外操纵机构的拆装与调整。

a. 拆装。如图 2-41 所示，拆卸前应先拆下前后中心支架、前后横梁、隔热板及空调机后中心管。装配时，应将水平弹簧 7、弹簧压套 8 装入挡块内，并装在变速器操纵杆 9 上，而操纵杆 9 仅能在特定位置时才能插入球形铰架 14 内。

b. 调整。如图 2-42 所示，使变速器处于空挡位置，拧松六角螺栓 A。将变速器杆垂直放

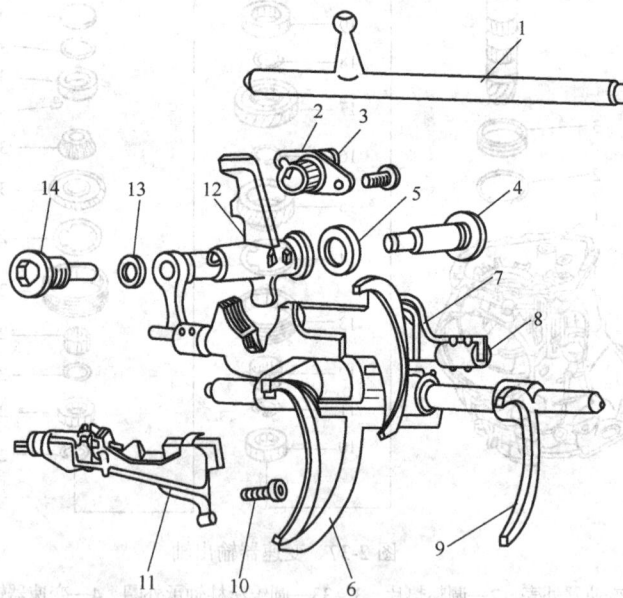

图 2-39　变速器内操纵机构零件分解图

1—选挡换挡轴　2—倒挡锁止机构总成　3—固定倒挡锁止机构螺栓
4—中继轴右固定螺栓　5—中继轴右垫片　6—一、二挡换挡拨叉总成
7—三、四挡换挡拨叉轴及拨叉总成　8—三、四挡换挡拨叉轴轴承
9—五挡、倒挡换挡拨叉轴及拨叉总成　10—挡位锁止机构固定螺栓
11—挡位锁止机构总成　12—中继轴（选换挡横轴）
13—中继轴左垫片　14—中继轴左固定螺栓

置，按图 2-43 所示，使球形挡上的一对悬臂与球形铰架与变速杆对中装入变速杆后拧紧螺母 A（确保变速杆位置不变），再试挂各个挡应顺利准确。否则，应拧松螺栓 A，轻轻转动球形铰架予以调整。

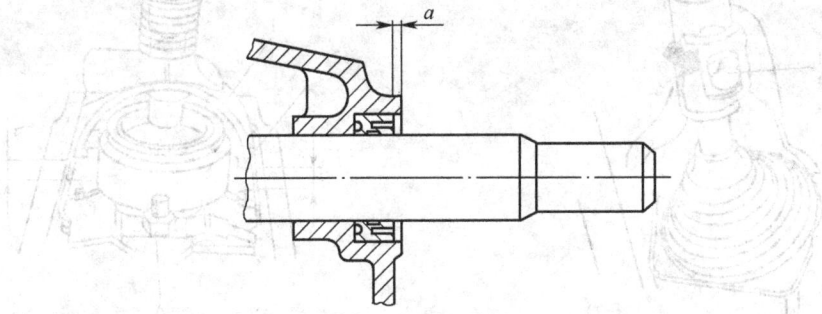

图 2-40　选挡换挡轴油封的安装位置

③ 挡位锁止机构。

a. 前进挡锁止机构的拆装如图 2-44 所示，需要换件时应更换总成。

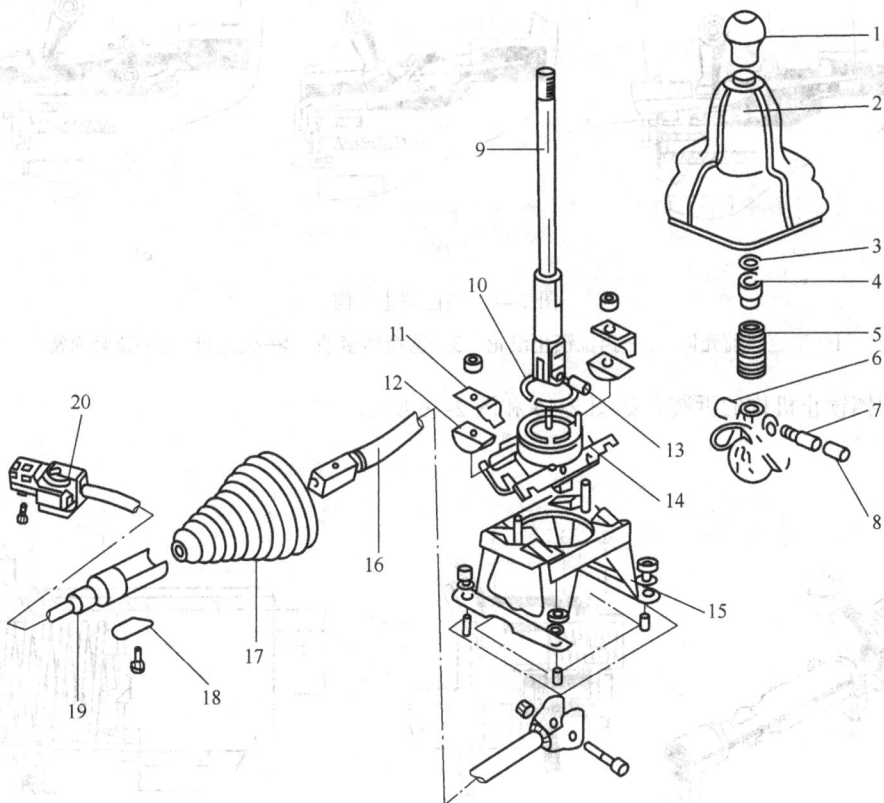

图 2-41　变速器外操纵机构零件分解图

1—换挡手柄　2—防护套　3、10—锁紧环　4—密封套　5—压紧弹簧　6—挡块　7—水平弹簧　8—弹簧压套
9—变速器操纵杆　11—弹簧压片　12—键　13—衬套　14—球形铰架　15—支座总成　16—换挡后拉杆总成
17—防尘罩　18—夹紧片　19—换挡前拉杆总成　20—换挡铰链总成

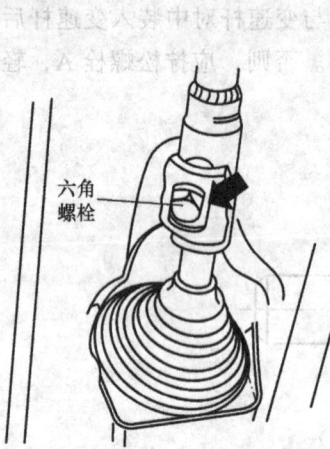

图 2-42　外操纵机构的调整

六角螺栓

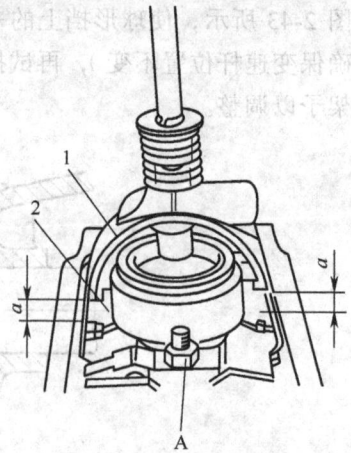

图 2-43　球形挡的位置

1—球形挡　2—球形铰架　A—螺栓

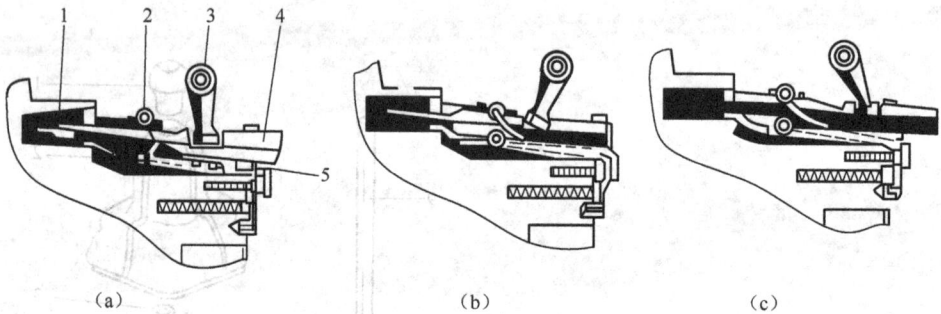

(a)　　　　　　　　　　(b)　　　　　　　　　　(c)

图 2-44　挡位锁止机构

1—变速器前壳体　2—挡位锁止滚轮　3—选换挡横轴　4—锁止盘　5—拉紧弹簧

b. 倒挡锁止机构的拆装，如图 2-45 和图 2-46 所示。

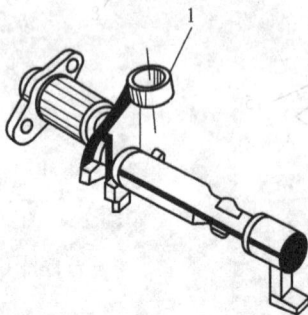

图 2-45　倒挡锁止机构

1—选换挡轴　2—弹簧　3—变速器前壳体

4—锁销　5—止点

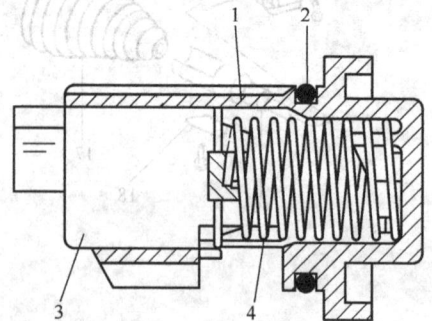

图 2-46　倒挡锁止机构的安装

1—衬套　2—O 型密封圈

3—五挡、倒挡锁止滑块　4—弹簧

（三）手动变速器检修

1. 齿轮与花键的检修

齿轮损伤表现为：齿面、齿顶、齿轮中心孔、花键齿磨损，齿面疲劳脱落、斑点，严重时会出现轮齿断裂、破碎等现象。

（1）齿轮的齿面上出现明显的疲劳斑点、划痕或阶梯形磨损时，应更换；斑点小时可用油石修磨后继续使用。

（2）齿轮端面的磨损长度不允许超过齿长的 15%，否则更换。

（3）齿轮的啮合面应在齿高的中部，接触面积不得小于齿轮工作面的 60%。

（4）齿轮与齿轮、齿轮与轴及花键的啮合间隙要符合原厂的规定。

2. 轴的检修

轴的损伤通常表现为：轴颈、花键齿的磨损，轴的变形，轴的破裂。

（1）轴的弯曲变形用百分表来测量，超过标准时应校正或更换。

将输出轴放在 V 形铁上，一面转动输出轴，一面用百分表测量输出轴的径向圆跳动量，当最大径向圆跳动量达到 0.05mm 时，应校正或更换。

（2）轴齿、花键齿损伤达到前述损伤的程度时应更换。

（3）用千分尺检查轴颈的磨损程度，其磨损达到规定值时，可堆焊后修磨、镀铬修复或更换。

（4）检查轴上定位凹槽的磨损。例如，解放 CA1091、东风 EQ1090 最大磨损量为 0.5mm，超过应更换。

（5）轴出现任何形式的裂纹和破碎时，应更换。

3. 同步器的检修

（1）锁环式同步器的检修。锁环式同步器的损伤表现在锁环、滑块、接合套、花键毂和花键齿的损伤。锁环内锥面和滑块凸台的磨损都会破坏换挡过程的同步作用；锁环、接合套锁止角的磨损，会使同步器失去锁止作用，这都会出现换挡困难，发出机械撞击噪声。

锁环的检验方法是将同步器锁环压在换挡齿轮的端面上，检查摩擦效能，并用厚薄规测量锁环和换挡齿轮端面之间的间隙。解放 CA1091 变速器的标准间隙是 1.2～1.8mm，磨损极限是 0.30mm；奥迪、桑塔纳的标准间隙是 1.1～1.9mm，磨损极限是 0.5mm。超过此极限值时，应更换。

同步器滑块顶部凸台磨损出现沟槽，必须更换。否则，也会使同步作用减弱。

锁环上滑块槽的磨损、滑块支承弹簧断裂，弹力不足以及接合套和花键毂的磨损都会使换挡困难。

（2）锁销式同步器。锁销式同步器零件的主要损伤有锥盘的变形、锥环锥面、锁销、传动销磨损等。

锥盘的变形是由于换挡操作不当、冲击过猛，使锥盘外张，摩擦角变大造成同步效能降低。锥环锥面上的螺纹槽的磨损严重，使摩擦系数过低，甚至两者端面接触，使同步作用失效。东风 EQ1090 型汽车变速器同步器锥环锥面上的螺纹槽的深度是 0.4mm。如锥环因磨损使锥环锥盘的端面接触时，可用车削锥环端面修复，但车削总量不能大于 1mm；如有锥环锥面上的纹槽的深度小于 0.1mm，应更换同步器总成。换用新总成时，可保留原来的锥盘，但两者的端面间隙不得小于 3mm。

同步器的锁销、传动销松动或有散架，锁止角异常磨损，都会使同步器失效，应换用新同步器。

4. 变速器壳体的检修

变速器壳体的主要损伤表现为：壳体的变形、裂纹，定位销孔、轴承孔、螺纹磨损等。

（1）变速器壳体不得有裂纹。对受力不大的裂纹，可用环氧树脂粘接或焊接修复。如轴承座孔、定位销孔、螺纹孔等重要部位出现裂纹时必须更换壳体。

（2）变速器壳体的变形将破坏齿轮的正常啮合，引起变速器的故障。检查时，对于三轴式变速器要用专用量具检查以下项目。

① 上下两孔轴线间的距离。

② 上下两孔轴线的平行度。

③ 上孔轴线与上平面间的距离。

④ 前后两端面的平面度。

两轴式变速器壳体由前、后两部分组成，其变形要是检查输入轴与输出轴的平行度以及前后壳体接合面的平面度。超过规定时要进行修复。

当变速器轴承孔磨损超限、变形时，可采用镶套、刷镀的方法修复或更换；当壳体平面度误差超限时，可采用铲、刨、锉、铣等方法修复或更换。

（3）壳体上所有连接螺孔的螺纹损伤不得多于2牙。螺纹孔的损伤可用换加粗螺栓或焊补后重新钻孔的方法修复。

5. 变速器盖的检修

变速器盖应无裂纹，其与变速器壳体结合面的平面度公差超限时，可采用铲、刨、锉、铣等方法修复；拨叉轴与承孔的间隙超限时，应更换。

6. 轴承的检修

轴承应转动灵活，滚动体与内外圈不得有麻点、麻面、斑疤、烧灼等，保持架完好，否则，更换。

7. 操纵机构的检修

变速器操纵机构工作频繁，其损伤常表现为：磨损、变形、连接松动、弹簧失效等。

（1）检查变速器操纵机构各零件的连接情况，如有松动应及时紧固。

（2）检查变速杆、拨叉轴、拨叉等变形情况，如有变形应校正。

（3）检查拨叉与接合套、拨叉与拨叉轴、选挡轴等处的磨损，如磨损，应更换。

（4）检查复位弹簧、锁止弹簧的弹性，如失效应更换。

拓展知识

手动变速器的正确使用

轿车手动变速器大多为四挡或五挡有级式齿轮传动变速器，并且通常带同步器，换挡方便，噪声小。一般行驶 200 000～300 000km 后，变速器才可能发生一些故障，但如果使用维护不当的话，则会造成早期损坏，因此手动变速器使用维护时应注意以下几点。

（1）换挡前应将离合器踩到底，操纵变速杆时动作要轻快、准确、柔和，不可用力过猛，也不要硬拉硬推，使齿轮发响；以免变速器操纵机构受损。行驶中，不要长时间将手放在变速杆上，否则会造成变速器换挡拨叉过早磨损。

（2）挂倒挡时要在汽车停止状态下进行，有些车还需要压缩倒挡弹簧或提起倒挡提钮；同样在倒车后，要使车辆前进，也应将车停稳。

（3）运行中换挡必须选好换挡时机。增挡前，应首先进行汽车加速（所谓"冲车"），当车速升高到一定值时，及时挂入高速挡；降挡时，当车速降到一定值时，方可挂入低速挡。在确保安全情况下，应尽量使用高速挡，以减轻机件的磨损和降低油耗，并且根据路面及交通情况及时调整车速。

（4）严禁在空挡熄火状态下强行挂挡起动发动机，或在车速太低时挂入高速挡以及车速过高时换到低速挡，以免损坏变速器内运动组件和发动机。

（5）因轿车出厂时变速器中已加入了优质的齿轮油，正常情况下无需更换变速器油，当正常行驶 80 000～100 000km 后则必须更换一次变速器油，选用变速器用油参见随车手册。

小 结

变速器的功用：变速变矩、变向、中断动力传递等。

变速器包括变速传动机构和操纵机构两部分：变速传动机构的主要作用是改变转矩的大小和方向；操纵机构的作用是实现传动比的变换即换挡。

齿轮传动机构安装在变速器壳体内，有二轴式和三轴式，由输入轴、输出轴、倒挡轴（三轴式还有中间轴）及各轴上的齿轮、轴承及同步器等组成。通过移动同步器中接合套或滑动齿套，实现挡位变换。

同步器是在接合套与接合齿圈之间加装了一套同步装置。同步器有常压式、惯性式、自行增力式等类型。目前，应用最广泛的是惯性式同步器。

操纵机构一般安装在变速器盖上，由变速器杆、换挡杆、拨叉轴、拨叉等组成。移动变速杆、拨叉便可带动接合套或滑动齿套前后移动，实现换挡。为了保证变速器正常工作，操纵机构中设置了自锁、互锁及倒挡锁等锁止装置。

学习任务单

手动变速器检修学习任务单

姓名：	班级：	日期：

一、填空题

1. 桑塔纳 2000 手动 ＿＿ 自动 ＿＿ 挡位数 ＿＿

宝马：手动 ＿＿ 自动 ＿＿ 挡位数 ＿＿

EQ1090：手动 ＿＿＿ 自动 ＿＿＿ 挡位数 ＿＿＿

2. 变速器的作用有哪些？＿＿＿＿＿＿＿＿＿＿

3. MT（Manual Transmission）中文名称是（ ）

AT（Automatic Transmission）中文名称是（ ）

CVT（Continuously Variable Transmission）中文名称是（ ）

4. 按传动比的变化方式不同，变速器可分为＿＿＿＿＿＿、＿＿＿＿＿＿和综合式三种。

5. EQ1090E 型汽车变速器操纵机构为防止自动脱挡，变速器叉轴用＿＿＿＿＿＿和＿＿＿＿＿＿进行自锁；为防止自动跳挡，在二、三挡与四、五挡的齿座上，都采用中间带凸台的特殊齿形；轴间用＿＿＿＿＿＿与＿＿＿＿＿＿互锁；为防止汽车行驶时误挂入倒挡，在倒挡拨块上装有＿＿＿＿＿＿。

6. 东风 EQ2080E 三轴越野汽车的分动器具有＿＿＿＿＿＿挡位，挂前桥和挂低速挡之间的关系为：＿＿＿＿＿＿；摘前桥与摘低速挡之间的关系为：＿＿＿＿＿＿。

7. 图 2-47 所示为锁环式同步器结构图，请将下列零部件名称填到相应的序号中去，并说明同步器的基本功用。

锁环（同步器）；滑块；接合套；第一轴；第一轴齿圈；接合齿圈；花键毂；弹簧圈；3 挡齿轮；第二轴。

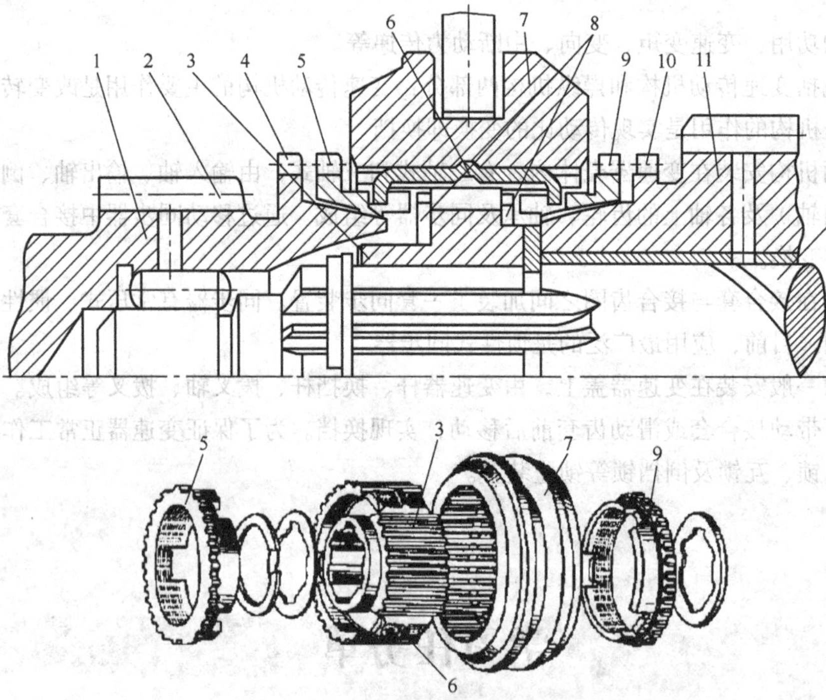

图 2-47　锁环式同步器结构图

1. ＿＿＿＿＿＿；2. ＿＿＿＿＿＿；3. ＿＿＿＿＿＿；4. ＿＿＿＿＿＿；

5. ＿＿＿＿＿＿；6. ＿＿＿＿＿＿；7. ＿＿＿＿＿＿；8. ＿＿＿＿＿＿；

9. ＿＿＿＿＿＿；10. ＿＿＿＿＿＿；11. ＿＿＿＿＿＿；12. ＿＿＿＿＿＿。

8. 参照图 2-48 所示的结构简图，根据不同挡位，分析结合套的移动情况，填写各挡动力传递路径。

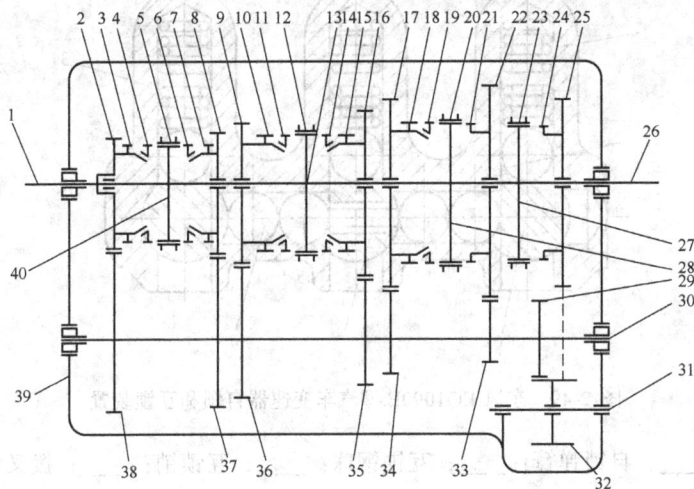

图 2-48　CA1092 型汽车六挡变速器结构简图

1—第一轴　2—第一轴常啮合传动齿轮　3—第一轴接合齿圈　4—六挡同步器锁环　5、12、20、23—接合套
6—五挡同步器锁环　7—五挡齿轮接合齿圈　8—第二轴五挡齿轮　9—第二轴四挡齿轮　10—四挡齿轮接合齿圈
11—四挡同步器锁环　13、27、28、40—花键毂　14—三挡同步器锁环　15—三挡齿轮接合齿圈　16—第二轴
三挡齿轮　17—第二轴二挡齿轮　18—二挡齿轮接合齿圈　19——、二挡同步器摩擦盘及摩擦环　21——挡齿
轮接合齿圈　22—第二轴一挡齿轮　24—倒挡齿轮接合齿圈　25—第二轴倒挡齿轮　26—第二轴
29—中间轴倒挡齿轮　30—中间轴　31—倒挡轴　32—倒挡中间齿轮　33—中间轴一挡齿轮
34—中间轴二挡齿轮　35—中间轴三挡齿轮　36—中间轴四挡齿轮　37—中间轴五挡齿轮
38—中间轴常啮合传动齿轮　39—变速器壳体

挡位	结合套的移动方向	各挡动力传递路径
空挡		
一挡		
二挡		
三挡		
四挡		
五挡		
六挡		

9. 图 2-49 所示是东风 EQ1090E 型汽车变速器自锁和互锁装置示意图，请指出自锁钢球、自锁弹簧、互锁钢球、互锁销和拨叉轴所对应的位置。

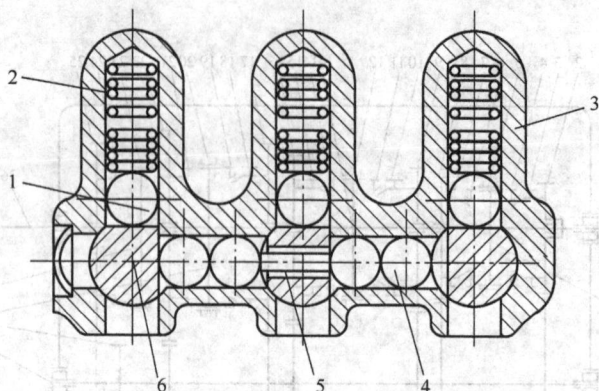

图 2-49　东风 EQ1090E 型汽车变速器自锁和互锁装置

自锁钢球：____；自锁弹簧：____；互锁钢球：____；互锁销：____；拨叉轴：____

二、选择题

1. 在手动变速器中有一对传动齿轮，其中主动齿轮的齿数是 A，从动齿轮的齿数是 B，且 A 大于 B，此传动的结果将会是（　　）。

　　A. 减速、减扭　　　　　　　B. 减速、增扭

　　C. 增速、减扭　　　　　　　D. 增速、增扭

2. 为了提高汽车的经济性，变速器宜采用（　　）。

　　A. 2 个挡位　　　　　　　　B. 3 个挡位

　　C. 挡位数越少越好　　　　　D. 适当增加挡位数

3. 现代汽车手动变速器均采用同步器换挡，同步器的功用就是使哪两个部件迅速同步，实现无冲击换挡，缩短换挡时间（　　）。

　　A. 结合套与接合齿圈　　　　B. 结合套与花键毂

　　C. 花键毂与接合齿圈　　　　D. 花键毂与倒挡中间齿轮

4. 在手动变速器中为防止同时挂入两个挡，变速器采用的装置是（　　）。

　　A. 自锁装置　　　　　　　　B. 互锁装置

　　C. 倒挡锁装置　　　　　　　D. 同步器

5. 倒挡轴的倒挡中间齿轮的主要作用是（　　）。

　　A. 增加倒挡变速比　　　　　B. 减小倒挡变速比

　　C. 改变输出轴的旋转方向　　D. 以上都不是

三、看图 2-50 所示的同步器图连线

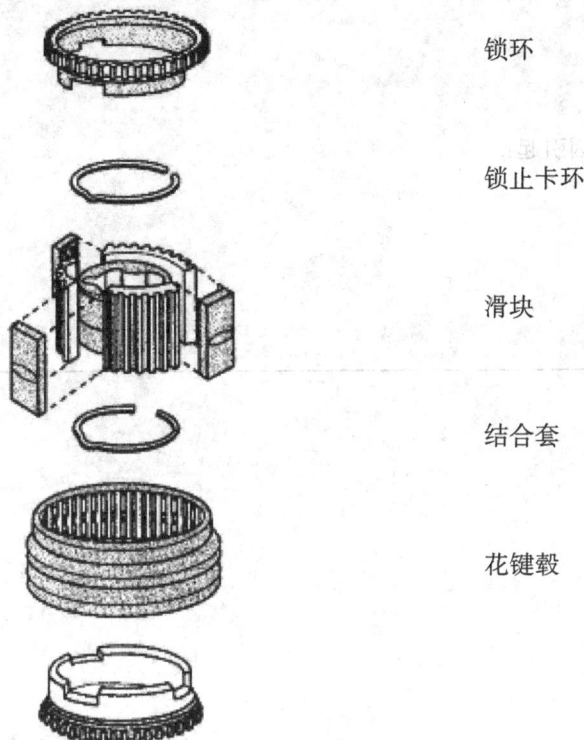

锁环

锁止卡环

滑块

结合套

花键毂

图 2-50 同步器分解图

四、判断题

汽车挂挡困难是由哪些原因引起的？

1. 离合器踏板自由行程过大。（   ）

2. 离合器踏板自由行程过小。（   ）

3. 离合器分离不彻底。（   ）

4. 分离杠杆高度不一致、高度过低。（   ）

5. 离合器打滑。（   ）

6. 从动盘装反、轴向移动困难、主从动盘翘曲、分离杠杆螺钉松动、浮动销脱落。（   ）

7. 对于新铆的摩擦片的离合器，从动盘和离合器过厚。（   ）

8. 对于液压传动的离合器，制动液缺少，管道渗漏，没有排除液压系统内的空气。（   ）

9. 拨叉弯曲或扭曲，使结合套与齿圈不同心。（   ）

10. 结合套的结合齿圈端面损坏或结合套运动受阻。（   ）

11. 拨叉弯曲或锈蚀发卡。（   ）

12. 由于金属屑或锈蚀，妨碍了结合套的滑动。（   ）

13. 油量不足或过量，齿轮油不符合规格。（   ）

五、问答题

1. 某一驾驶员驾驶的东风 EQ1090 汽车，该驾驶员为了节约燃料，在下坡时采用发动机熄火空挡滑行的方法，试分析采用该方法是否会导致挂挡困难？为什么？

2. 汽车挂挡困难由哪些原因引起？

项目三

万向传动装置故障诊断与排除

本项目通过对万向传动装置异响与抖动故障的诊断、检修过程的学习，掌握万向传动装置结构、工作原理等方面的理论知识，具备对上述故障进行分析与排除的职业能力。

【案例导入】

一辆 1997 年款道奇大捷龙 MPV 商用车，车主反映车速在 60km/h 时，能明显感觉到车身左右颤动，前部车身感觉特别明显，提速的过程中颤动更加厉害，急速踏加速踏板则颤动的非常剧烈，但若是缓踏加速踏板，颤动感会轻一些，不踏加速踏板则几乎感觉不到。车主还反映车辆在重载上坡时让人更是难以忍受，但车速超过 70km/h 后，车辆又能恢复正常。根据案例现象，判断故障原因很可能是传动轴万向节间隙过大引起的。

问题：（1）万向传动装置组成和结构是什么？

（2）万向传动装置各组成部分常见故障以及产生的原因？

（3）万向传动装置故障排除方法？

【知识要求】

1. 掌握万向传动装置的功用、组成和应用。

2. 掌握万向节的功用、类型、构造及速度特性。

3. 掌握万向传动装置的布置形式及装配特点。

4. 掌握传动轴与中间支承的构造。

【能力要求】

1. 万向传动装置的维护、检修与装配。

2. 能够对万向传动装置的常见故障进行诊断与维修。

【安全提示】

拆装万向传动装置时，传动轴在台虎钳上应紧固可靠。

【操作技巧】

1. 严格按拆装顺序操作。在传动轴和万向节上做好相应装配标记。拆下弹性卡环。拆下十字轴承。

2. 注意传动轴和伸缩套上的平衡记号。

3. 装复传动轴时掌握传动轴两端万向节叉应位于同一平面。

相关知识

一、万向传动装置功能

由于发动机、离合器和变速器都固定在车架上，而驱动桥和驱动轮一般是通过弹性悬架与车架相联系的。因此在汽车行驶过程中，变速器与驱动轮二者经常有相对运动。在此情况下，二者之间不能用简单的整体传动轴转动，而应采用由万向节和传动轴组成的万向传动装置。

万向传动装置由万向节和传动轴组成。其功用主要是，在轴线有一定角度变化、动力传递有一定距离的情况下，保证输入轴和输出轴可靠的传递动力，如图3-1、图3-2（a）所示。

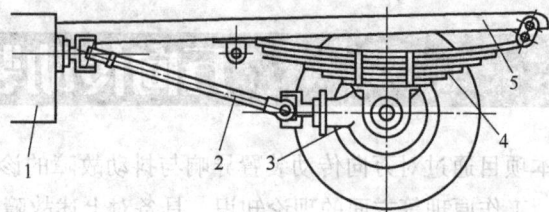

图3-1　变速器与驱动桥之间的万向传动装置
1—变速器　2—万向传动装置　3—驱动桥　4—后悬架　5—车架

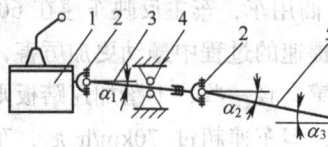

（a）

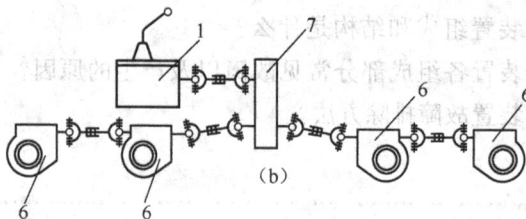

（b）

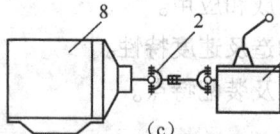

（c）

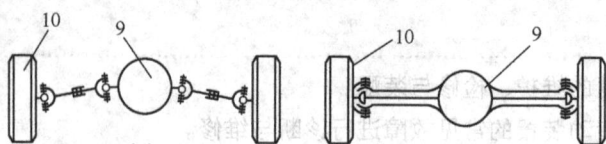

（d）　　　　　　　　　　　　　（e）

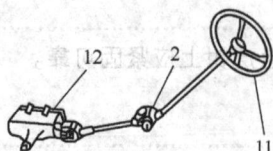

（f）

图3-2　万向传动装置在汽车上的应用

1—变速器　2—万向节　3—中间传动轴　4—中间支承　5—主传动轴　6—驱动桥　7—分动器
8—发动机　9—主减速器　10—驱动轮　11—转向盘　12—转向器　α_1、α_2、α_3—动力传递夹角

此外，在以下几个连接处也须用万向传动装置。

（1）越野汽车分动器与各驱动桥之间，如图 3-2（b）所示。

（2）变速器与分动器或离合器与变速器之间分开布置时，如图 3-2（b）、（c）所示。

（3）在断开式驱动桥中，采用独立悬架，在靠近主减速器与车轮之间，如图 3-2（d）所示。

（4）转向驱动桥，采用前轮驱动的非独立悬架，须在转向轮附近装一个万向节，如图 3-2（e）所示。

（5）有些汽车的转向操纵机构受整体布置的限制，转向盘轴线和转向器输入轴轴线不能重合，因此转向操纵机构中也常采用万向传动装置，如图 3-2（f）所示。

认识刚性万向节

二、万向节

万向节分为刚性万向节和挠性万向节，前者是靠刚性铰链式连接来传递动力；而后者是靠弹性零件来传递动力，因而具有一定的缓冲减震作用。汽车上普遍采用刚性万向节，它又分为不等速万向节（普通十字轴万向节）、准等速万向节和等速万向节。

十字轴刚性万向节

（一）十字轴刚性万向节

目前，普通十字轴刚性万向节允许相连两轴的最大夹角在 15°～20° 的范围内，是汽车传动系统上用得最多的一种。

1. 十字轴刚性万向节的结构

图 3-3 所示为解放 CA1092 型汽车十字轴刚性万向节。两万向节叉 9 和 5 上的孔分别套在十字轴的两对轴颈上，这样当主动叉转动时，从动叉即随之转动，同时又绕十字轴中心在任意方向摆动。

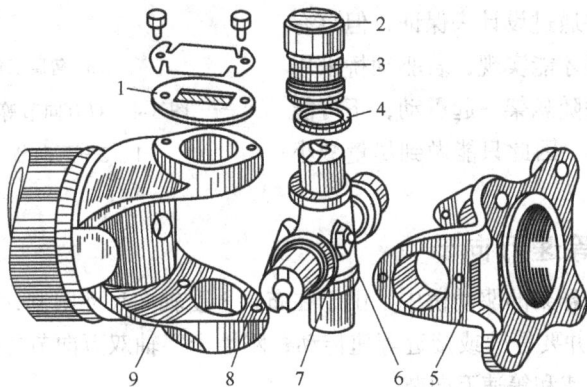

十字轴润滑油道及密封装置

图 3-3　解放 CA1092 型汽车十字轴式刚性万向节

1—轴承盖　2—套筒　3—滚针　4—油封　5、9—万向节叉　6—安全阀　7—十字轴　8—油嘴

为减少摩擦损失，提高传动效率，并防止轴承在离心力的作用下从万向节叉中脱出。在十字轴轴颈和万向节叉孔之间装有滚针 3 和套筒 2 组成的滚针轴承，然后用螺钉和盖 1 将套筒 2 固定在万向节叉上，并用锁片将螺钉锁紧。通常，十字轴做成中空的，并有油路通向轴颈，润滑油从油嘴 8 注入十字轴内腔。为了避免润滑油流出及灰尘进入轴承，在十字轴的轴颈上还装有油封 4。

润滑与密封直接影响着万向节的使用寿命。为了提高它的密封性能，现有的十字轴万向节多采用橡胶密封圈，当油腔内的润滑油压力大于允许值时，多余的润滑油就从橡胶油封内圈表面与十字轴颈处溢出。为防止滚针轴承在离心力作用下从万向节叉内脱出，轴承应进行轴向定位，常见的定位方式有盖板式、内外挡圈固定式。

2. 十字轴刚性万向节的特点

（1）单十字轴刚性万向节。其特点是结构简单，工作可靠。其缺点是在输入轴和输出轴有夹角的情况下，其两轴的角速度不相等，且角速度差值随轴间夹角的增大而增大。但两轴的平均速度相等，即主动轴转一圈，从动轴也转动一圈。所谓传动的不等速性，是指主动轴等速转动时，从动轴在一圈内，会出现其角速度有时大于主动轴的角速度，有时又小于主动轴的角速度的现象。即从动轴的转速呈正弦曲线规律波浪式变化，这样，将使从动轴及与其相连的传动部件产生扭转震动，从而产生附加交变载荷，加剧零件的损坏。

（2）双十字轴和三十字轴刚性万向节的等速传动条件。为了避免上述缺陷，在汽车上均采用双十字轴或多十字轴刚性万向节来实现输入轴与输出轴的等速传动。如图3-4所示，双十字轴万向节的等角速传动的条件如下。

① 第一个万向节的主动节叉与第二个万向节的从动节叉在同一平面内，即传动轴上的两个节叉在同一平面内。

② 第一个万向节两轴之间的夹角 α_1 与第二个万向节两轴之间的夹角 α_2 相等。

第一个条件可以通过正确装配传动轴与万向节予以保证，而后一个条件通过设计来保证，但只有在驱动桥引用独立悬架时才能实现，若驱动桥采用非独立悬架，由于驱动桥随悬架一起震动，不可能在任何时候都保证 $\alpha_1=\alpha_2$。因此只能做到尽量减小传动的不等速性。

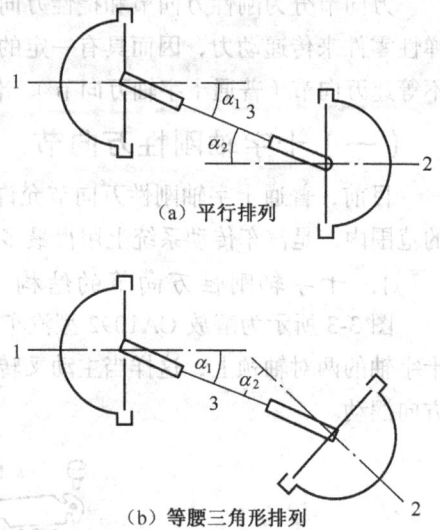

图3-4 双万向节等速传动排列方式
1、2—万向节 3—传动轴

（二）准等速和等速万向节

在转向驱动桥和独立悬架的驱动桥中，由于在布置上受轴向尺寸限制，而且转向轮要求偏转角度大（30°～40°），并要等速或接近等速传动，刚性十字轴双万向节传动已难以适应，故广泛采用各种形式的准等速和等速万向节。

1. 准等速万向节

准等速万向节是根据双万向节实现等速传动的原理进行设计，近似地实现等速传动，所以称为准等速万向节。常见的有三销式、双联式和凸块式等，现对东风EQ2080型越野汽车转向驱动桥采用的三销式准等速万向节叙述如下。

如图3-5所示，它主要由主动偏心轴叉1、从动偏心轴叉9、两个三销轴10和8及六个滚动轴承和密封件等组成。主、从动偏心轴叉分别与转向驱动桥的内、外半轴制成一体，叉孔中心线与叉轴中心线互相垂直但不相交，两叉由两个三销轴连接。三销轴的大端有一穿通的轴承孔，其中心线与小端轴颈中心线重合；靠近大端两侧有两个轴颈，其中心线与小端轴颈中心线垂直并且相交。装合时每一偏心轴叉的两叉孔与一个三销轴的大端两个轴颈配合，而后两个三销轴小端的轴颈互相插入对方的大端轴承孔内，这样便形成了 Q_1—Q_1'、R—R' 和 Q_2—Q_2' 三根轴线，如图 3-5（b）所示。传递转矩时，转矩由主动偏心轴叉 1，经轴线 Q_1—Q_1'、R-R' 和 Q_2—Q_2' 传到从动偏心轴叉 9。为了减小摩擦，轴颈与孔的配合面装有轴承座 6 和衬套 5，并用卡环 7 轴向限位。

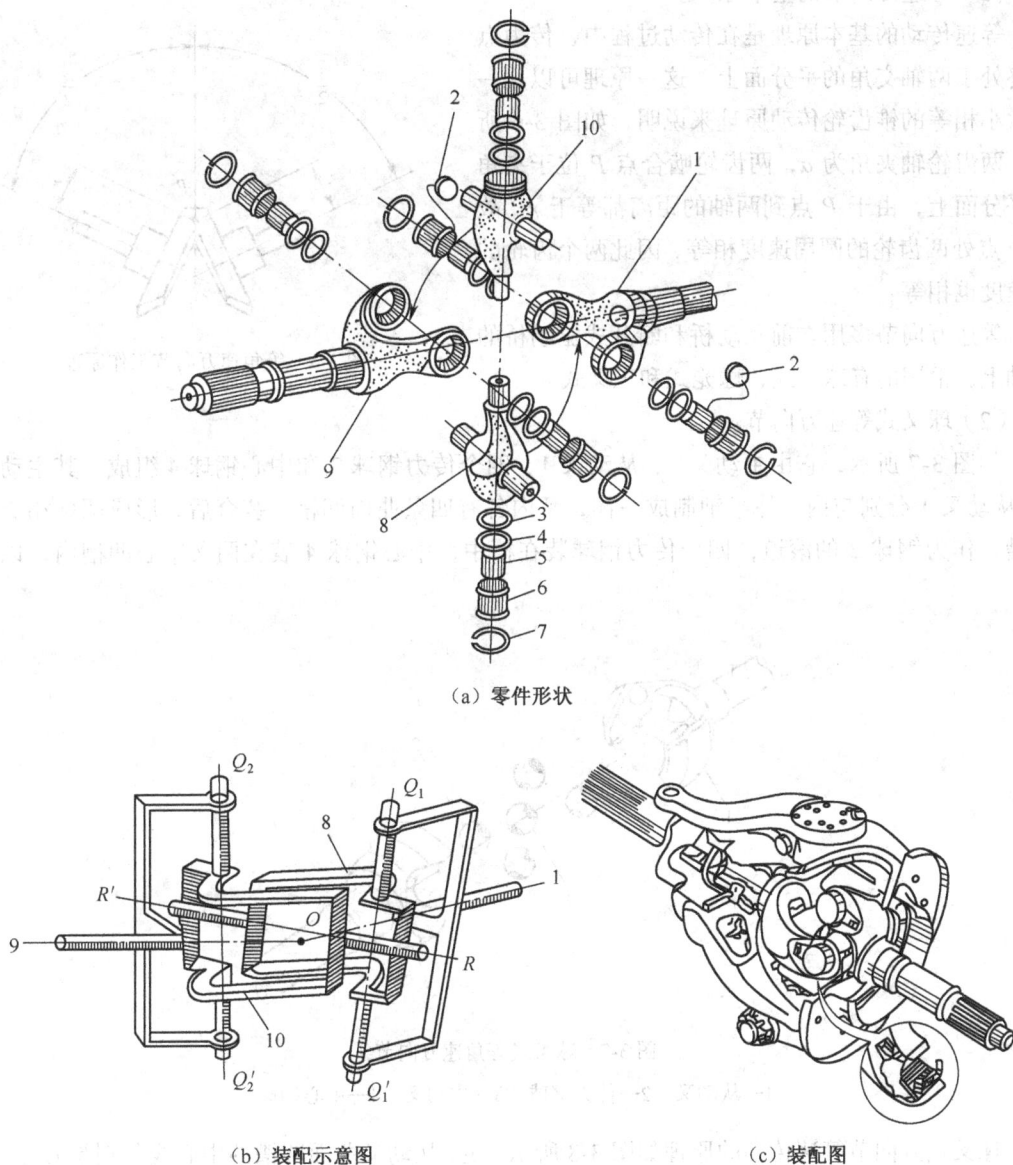

（a）零件形状

（b）装配示意图　　　（c）装配图

图 3-5　三销式准等速万向节

1—主动偏心轴叉　2—推力垫片　3—密封罩　4—毛毡圈　5—衬套　6—轴承座

7—卡环　8、10—三销轴　9—从动偏心轴叉

在与主动偏心轴叉 1 相连的三销轴 8 的两个轴颈端面和轴承座 6 之间装有推力垫片 2。其

余轴颈端面均无推力垫片，且轴颈端面与轴承座之间留有较大的空隙，以保证在转向时不发生运动干涉现象。

三销式万向节的优点是允许相邻两轴间有较大交角，最大可达 45°。在转向驱动桥中采用这种万向节可使汽车获得较小的转弯半径，提高汽车的机动性，其缺点是结构尺寸大。目前，三销式万向节在中、重型载货汽车（如红岩 CQ261 型、越野车等）上得到应用。

2. 等速万向节

（1）等速万向节的基本原理。

等速传动的基本原理是在传动过程中，传力点始终处于两轴交角的平分面上，这一原理可以用一对大小相等的锥齿轮传动原理来说明，如图 3-6 所示。两齿轮轴夹角为 α，两齿轮啮合点 P 位于夹角的平分面上，由于 P 点到两轴的距离都等于 r，故在 P 点处两齿轮的圆周速度相等，因此两个齿轮的角速度也相等。

等速万向节多用在前驱动桥和断开式驱动桥的半轴上，常用的有球叉式、球笼式和三叉式。

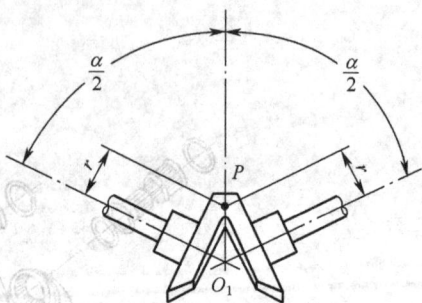

图 3-6　等角速万向节工作原理

（2）球叉式等速万向节。

如图 3-7 所示，它由主动叉 3、从动叉 1、四个传力钢球 2 和中心钢球 4 组成。其主动叉 3、从动叉 1 分别与内、外半轴制成一体，叉内各有四条曲面凹槽，装合后，形成两条相交的环槽，作为钢球 2 的滚道；四个传力钢球装在槽中，中心钢球 4 装在两叉中心凹槽内，以定中心。

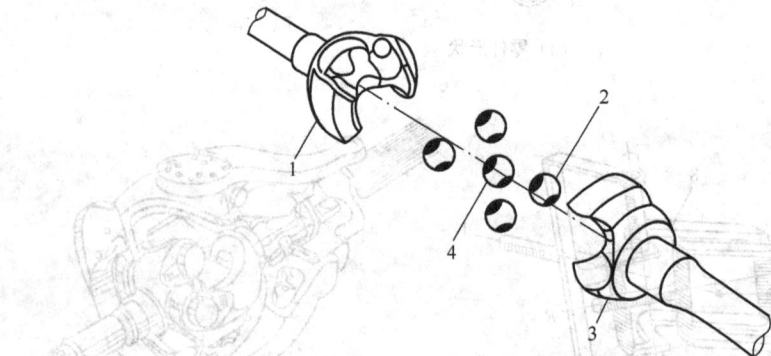

图 3-7　球叉式等角速万向节

1—从动叉　2—传力钢球　3—主动叉　4—中心钢球

球叉式万向节等速传动的原理如图 3-8 所示，主、从动叉曲面凹槽的中心线分别是 O_1、O_2 为圆心的两个半径相等的圆，且圆心 O_1、O_2 到万向节中心 O 的距离相等（即 $O_1O=OO_2$）。这样，无论主、从动叉以任何角度相交，四个钢球只能位于两交叉凹槽的交点处，从而保证所有传动钢球始终位于两轴交角 α 的角平分面上，因而保证了等速传动。

球叉式万向节结构简单，允许轴间夹角为 32°～38°。但由于工作时只有两个钢球传力，而另两个钢球在反转时传力，因此钢球与滚道之间的接触压力大，磨损快，影响其使用寿命。球叉式万向节通常使用在中、小型越野汽车转向驱动桥上。

3. 球笼式等速万向节

它按内、外滚道的结构不同又可分为球笼式碗形万向节、球笼式双补偿万向节和 VL 形万向节等。

（1）球笼式碗形万向节。

它又称球笼式万向节的固定式。其构造如图 3-9 所示，主要有内球座 6、球笼 3、碗形外球座 1 及钢球 4 等组成。内球座通过花键与中半轴 9 相连接，用卡环 2、隔套 7 和碟形垫圈 8（轴向有弹性）轴向限位；其外表面有六条曲面凹槽，形成内滚道。外球座 1 与带花键的外半轴制成一体，内表面制有与内球座相应的六条曲面凹槽，形成外滚道。球笼 3 上有六个窗孔。装合后六个钢球分别置于六条曲面凹槽内，并用球笼 3 使之保持在一个平面内，动力由中段半轴 9 传至内球座 6，经六个钢球 4、外球座 1 及半轴输出（传给转向驱动轮）。

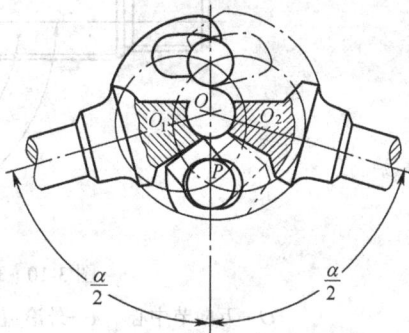

图 3-8　球叉式等角速万向节传动原理

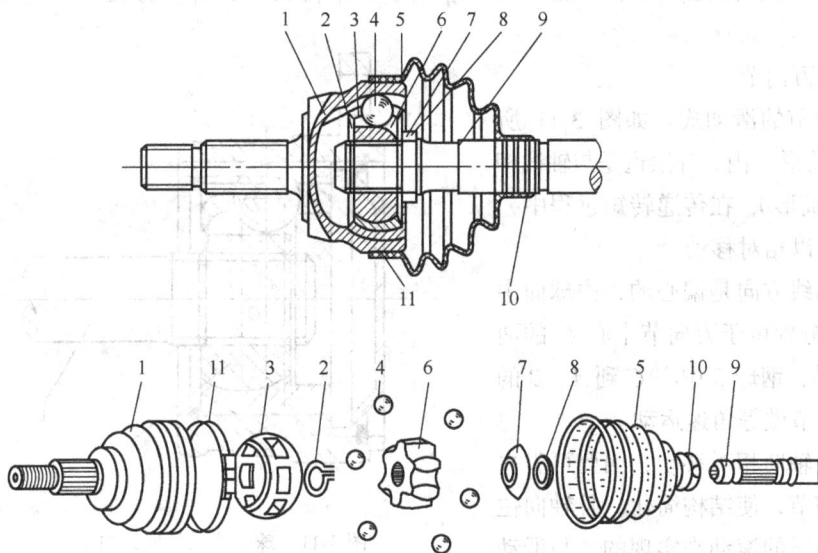

图 3-9　上海桑塔纳轿车前桥球笼式碗形万向节

1—外球座（外滚道）　2—卡环　3—球笼（钢球保持架）　4—钢球　5—防尘罩　6—内球座
7—隔套　8—碟形垫圈　9—中段半轴　10、11—箍带

如图 3-10 所示，内球座的外球面及外球座的内球面均以万向节中心 O 点为球心，球笼使六个钢球的中心所在的平面也通过万向节中心 O 点；外滚道中心 A 与内滚道中心 B 不重合，分别位于中心 O 的两侧且 $OA=OB$。当两轴交角 α 变化时，内外球面之间绕 O 点相互滑转，钢球则在内外滚道上滚动且始终与内外滚道相切，即钢球中心 C 到 A、B 两点的距离均相等。因而 $\triangle COA \cong \triangle COB$，$\angle COA = \angle COB$，即两轴相交任意夹角 α 时，所有传力钢球都处于交角的平分面上，从而保证了外半轴与内半轴以相等的角速度旋转。

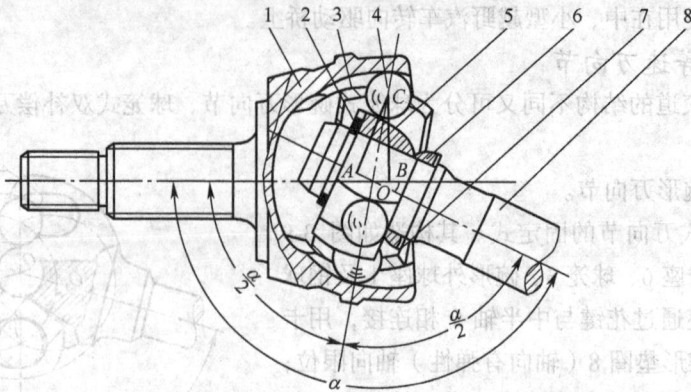

图 3-10　球笼式碗形万向节等角速传动原理

O—万向节中心　A—外滚道中心　B—内滚道中心　C—钢球中心　α—两轴交角

1—外球座（外滚道）　2—卡环　3—球笼（钢球保持架）　4—钢球　5—内球座

6—隔套　7—碟形垫圈　8—中段半轴

　　这种万向节能允许在轴间最大交角为 42° 的情况下传递转矩，且在工作时，所有钢球全部传力，与球叉式万向节相比，其承载能力大，磨损小，结构紧凑，拆装方便，因此运用非常广泛。

　　（2）球笼式双补偿万向节。

　　它又称球笼式万向节的滑动式。如图 3-11 所示，其外球座 4 为圆筒形，内、外滚道是与轴线相平行的直线凹槽（即圆筒形），在传递转矩过程中，内球座 2 与外球座 4 可以相对移动。

　　球笼 3 的内、外轴线方向是偏心的，内球面中心 B 与外球面中心 A 分别位于万向节中心 O 的两边，且 OA = OB。同样，钢球 5 中心 C 到 A、B 的距离相等，以保证万向节做等角速运动。

　　由于这种万向节能轴向相对移动，因此可省去万向传动装置中的伸缩节，使结构简化，且轴向位移是通过钢球沿内外滚道的滚动来实现的，与滑动花键相比，滚动阻力小，磨损轻，寿命长，故最适用于断开式车桥。

　　（3）VL 形万向节。

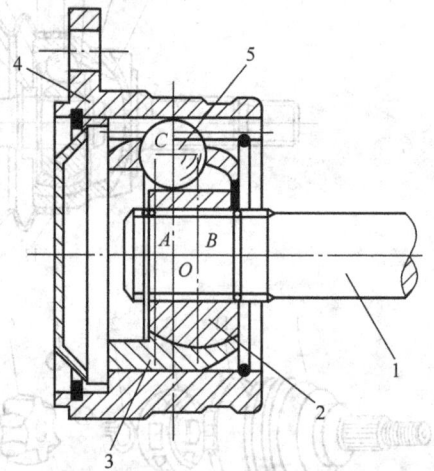

图 3-11　球笼式双补偿万向节

1—主动轴　2—内球座　3—球笼

4—外球座　5—钢球

　　它又称伸缩型球笼式万向节。图 3-12 所示为上海桑塔纳轿车转向驱动桥内侧（靠近主减速器处）所用的 VL 形万向节。其内、外滚道为圆筒形，圆筒中心线（滚道中心线）与轴线不平行，而是以相同的角度相对于轴线倾斜，而且同一零件上相邻的两条滚道的倾斜方向相反，即成"V"形。装合后，同一周向位置处内、外滚道的倾斜方向正好相反，即对称交叉，而钢球则处于内、外滚道的交叉部位。当内半轴 7 与中半轴 1 以任意角度相交时，由于内外滚道及球笼 6 的控制作用，使所有传动钢球（6 个）都位于轴间交角的平分面上，从而实现等角速传动。

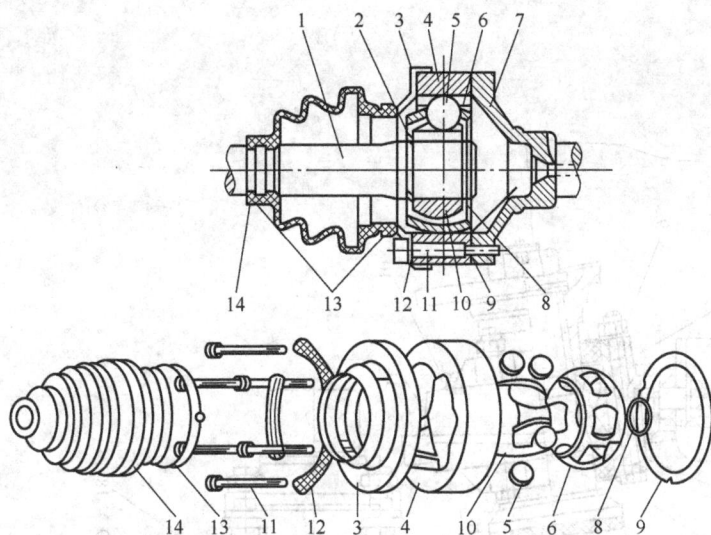

图 3-12　上海桑塔纳轿车转向驱动桥所用 VL 形万向节

1—中半轴　2—挡圈　3—外罩　4—外球座　5—钢球　6—球笼　7—内半轴　8—卡环　9—密封垫
10—内球座　11—圆头内六角螺栓　12—锁片　13—箍带　14—防尘罩

因为这种万向节的内、外滚道沿圆周方向呈"V"形布置，且在动力传递过程中，内外球座可以沿轴向相对移动，所以称为 VL 形万向节。其允许最大的轴间夹角为 22°，轴向伸缩量可达 45mm。

认识挠性万向节

三、传动轴与中间支承

1. 传动轴

万向传动装置中传动轴是主要的传力部件，通常用来连接变速器（分动器）和驱动桥；在断开式驱动桥和转向驱动桥中，则用来连接差速器和驱动轮。

汽车在行驶过程中，驱动桥与变速器的相对位置经常变化，为避免运动干涉，传动轴一般制成两段由滑动花键连接，具有内花键的一段叫滑动叉，具有外花键的一段叫花键轴，这样就可以实现传动轴长度的变化。为减小摩擦，还装有用以加注润滑油的油嘴、油封、堵盖和防尘套。

万向节传动轴

传动轴在工作过程中处于高速旋转状态，由于离心力作用将产生剧烈震动。因此，在传动轴和万向节装配后，必须满足动平衡要求。如图 3-13 所示，零件 3 即为平衡用的平衡片，平衡后，在滑动叉口与主传动轴 16 上刻有箭头记号 21，以便拆装时保持二者的相对位置。

传动轴多做成空心的，一般用厚度为 1.50～3.00mm 的薄钢板卷焊而成。超重型货车的传动轴则直接采用无缝钢管，以得到较高的强度和刚度。

解放 CA1091 型等汽车万向传动装置，因传动轴过长，传动距离远，自振频率降低，易产生共振，故常将其分成两段并加中间支承。前段称为中间传动轴（图 3-13 中的 4），后段称主传动轴（图 3-13 中的 16），都是用薄钢板卷焊而成。中间传动轴的两端用止口定位，分别焊有万向节叉和带花键的轴头，花键轴头与凸缘连接，并用螺母紧固。主传动轴前端花键轴头与万向节滑动叉套合形成滑动花键连接，使主传动轴可以轴向伸缩。

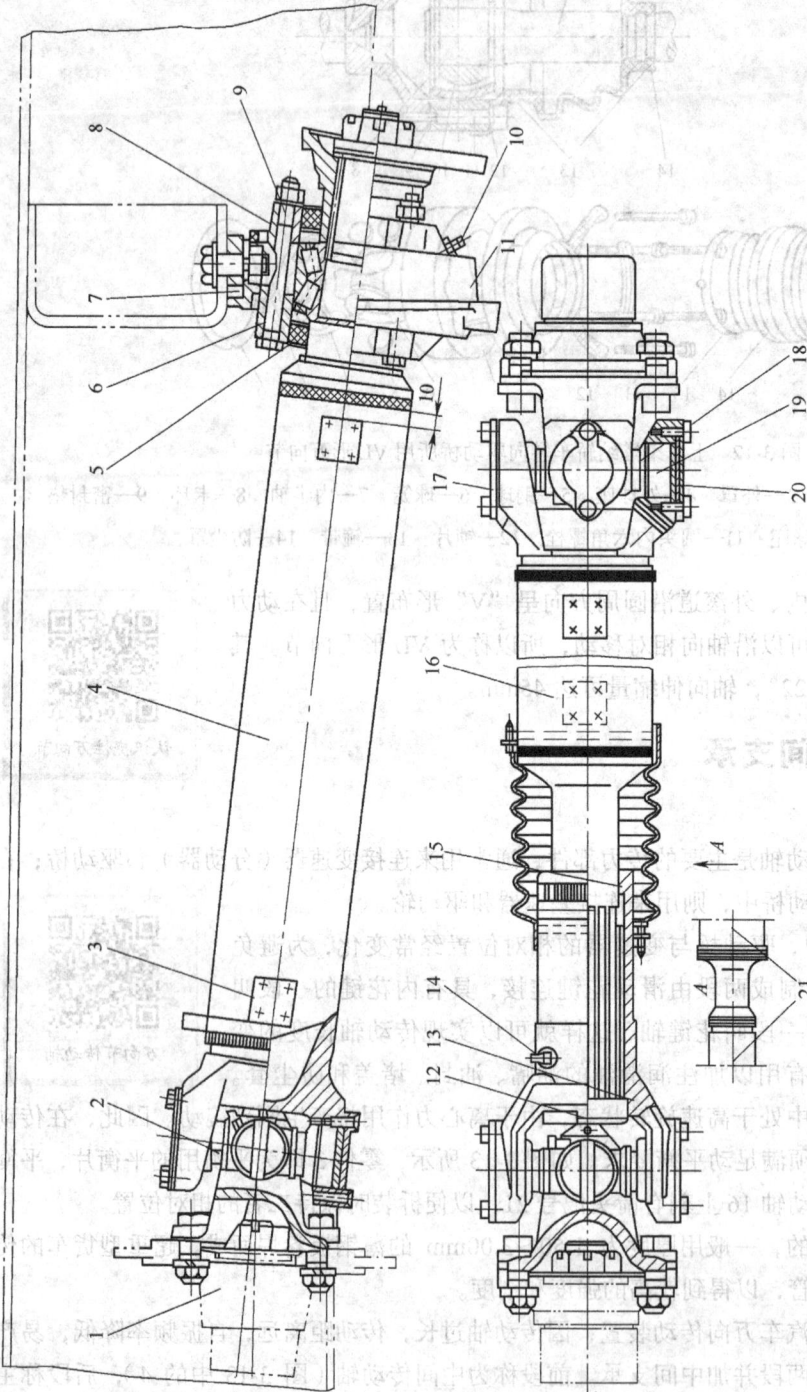

图 3-13　解放 CA1091 型汽车万向传动装置结构

1—凸缘叉　2—万向十字轴　3—平衡片　4—中间传动轴　5—中间支承油封　6—中间支承前盖　7—橡胶垫片　8—中间支承后盖　9—双列圆锥滚子轴承　10、14—润滑油脂嘴　11—支架　12—堵盖　13—主传动轴　15—滑动叉油封　16—主传动轴　17—锁片　18—滚针轴承油封　19—万向节滚针轴承　20—滚针轴承轴承盖　21—装配位置标记由于万向传动装置中润滑脂加注嘴较多，为了加注方便，万向传动装置装配要正确地保证所用润滑脂加注嘴在同一条母线上，且十字轴上的润滑脂加注嘴指向传动轴。

2. 中间支承

传动轴分段时需加中间支承。为了补偿传动轴轴向和角度方向的安装误差，以及车辆行驶过程中由于发动机窜动或车架等变形所引起的位移，通常中间支承安装在车架横梁上。

如图 3-13 所示，解放 CA1091 型汽车的中间支承采用双列圆锥滚子轴承式。轴承 9 装在中间传动轴后端轴颈上，轴承两内圈之间装有隔圈，中间支承油封 5 的前后盖 6 和 8 之间装有橡胶垫片 7，周向用三根螺栓将其紧固在一起，橡胶垫片轴向受压后将发生径向扩张，使其外圆挤紧在支架 11 的内孔中。支架通过两根螺栓与车架横梁连接。此种支承的特点是可承受较大的轴向力，且便于调整，使用寿命较长。

四、传动轴常见故障

万向传动装置由于经常受汽车在复杂道路上行驶的影响，使传动轴在其角度和长度不断变化情况下传递转矩，因此常出现传动轴动不平衡，万向节与中间支承松旷、发响等故障。

1. 传动轴动不平衡

（1）现象。

在万向节和伸缩叉技术状况良好时，汽车行驶中发出周期性的响声；速度越高响声越大，甚至伴随有车身震动，握转向盘的手感觉麻木。

（2）原因。

① 传动轴上的平衡块脱落。

② 传动轴弯曲或传动轴管凹陷。

③ 传动轴管与万向节叉焊接不正或传动轴未进行过动平衡试验和校准。

④ 伸缩叉安装错位，造成传动轴两端的万向节叉不在同一平面内，不满足等速传动条件。

（3）故障诊断与排除方法。

① 检查传动轴管是否凹陷：有凹陷，则故障由此引起；无凹陷，则继续检查。

② 检查传动轴管上的平衡片是否脱落，如脱落，则故障由此引起；否则继续检查。

③ 检查伸缩叉安装是否正确，不正确，则故障由此引起；否则继续检查。

④ 拆下传动轴进行动平衡试验，动不平衡，则应校准以消除故障；弯曲应校直。

2. 万向节松旷

（1）现象。

在汽车起步或突然改变车速时，传动轴发出"吭"的响声；在汽车缓行时，发出"咣当、咣当"的响声。

（2）原因。

① 凸缘盘连接螺栓松动。

② 万向节主、从动部分游动角度太大。

③ 万向节十字轴磨损严重。

（3）故障诊断与排除方法。

① 用榔头轻轻敲击各万向节凸缘盘连接处，检查其松紧度。太松旷则故障由连接螺栓松动

引起，否则继续检查。

② 用双手分别握住万向节主、从动部分转动，检查游动角度。游动角度太大，则故障由此引起。

3. 中间支承松旷

（1）现象。

汽车运行中出现一种连续的"呜呜"响声，车速越高响声越大。

（2）原因。

① 滚动轴承缺油烧蚀或磨损严重。

② 中间支承安装方法不当，造成附加载荷而产生异常磨损。

③ 橡胶圆环损坏。

④ 车架变形，造成前后连接部分的轴线在水平面内的投影不同线而产生异常磨损。

（3）故障诊断与排除方法。

① 给中间支承轴承加注润滑脂，响声消失，则故障由缺油引起；否则继续检查。

② 松开夹紧橡胶圆环的所有螺钉，待传动轴转动数圈后再拧紧，若响声消失，则故障由中间支承安装方法不当引起。否则故障可能是：橡胶圆环损坏；或滚动轴承技术状况不佳；或车架变形等引起。

4. 传动轴异响

（1）现象。

汽车行驶中传动装置发出周期性的响声；车速越高响声越大，严重时伴随有车身震抖。

（2）原因。

主要原因是传动轴动不平衡；由于传动轴变形或平衡块脱落等，其次是中间支承吊架固定螺栓松动或万向节凸缘盘连接螺栓松动，使传动轴偏斜。

（3）故障诊断与排除。

除"传动轴动不平衡"诊断方法外，再检查中间支承吊架固定螺栓和万向节凸缘盘连接螺栓是否松动，若有松动，则异响由此引起。

项目实施

一、项目实施环境

拆装检测用万向传动装置若干、万向传动装置维修常用工、量具若干套。万向传动装置维修专用工具（拉出器、卡簧钳等）及设备（传动轴动平衡试验台）一套（台）。桑塔纳系列轿车（也可用万向传动装置总成）数辆（套）。

二、项目实施步骤

1. 万向传动装置工作过程演示

教师通过教具、图片、动画、视频、课件等多种手段为学生演示手动变速器的工作过程。

2. 万向传动装置拆装

（1）前轮驱动传动轴的拆装。以桑塔纳轿车为例。

① 由车上拆下传动轴。

a. 将车顶起，拆下驱动轮。

b. 拧松传动轴轴头固定螺母。

c. 拆下传动轴与接合盘的紧固螺栓。

d. 将专用压器装在轮毂的凸缘上，压出传动轴总成。

> a. 拆卸传动轴时，应在球形接头与前悬架下摆臂的接合处做上标记。
>
> b. 在拆卸过程中不允许使用加热方法，以免损坏机件。
>
> c. 在压出传动轴时，要注意变速器与等角速万向节的空间，以免将传动轴压弯。

② 传动轴总成的分解，如图 3-14 所示。

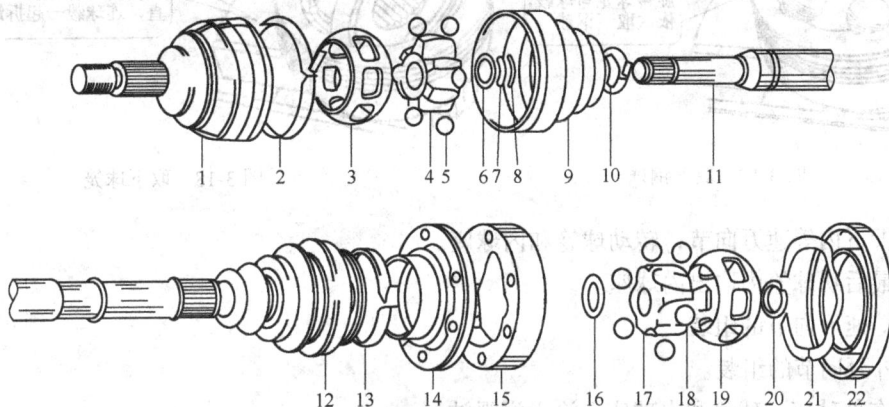

图 3-14　桑塔纳传动轴的分解

1—RF 外球座　2、10、13—夹箍　3—RF 球笼　4—RF 内球座　5、18—钢球　6、20—卡簧　7—中间推圈
8、16—碟形弹簧　9、12—橡胶护套　11—花键轴　14—VL 护盖　15—VL 外球座　17—VL 内球座
19—VL 球笼　21—密封垫片　22—塑料护罩

a. 用钢锯将万向节夹箍锯开，取下防尘罩。

b. 用铜棒从传动轴上敲下外等速万向节总成，如图 3-15 所示。

c. 取下卡簧，用专用压器压出等速万向节，如图 3-16 所示。

d. 在球笼和外球座上做出标记。

e. 从球笼和外球座中，取出钢球，如图 3-17 所示。

f. 转动球笼，将球笼上的方孔转至与外球座呈垂直位置，取下球笼和内球座，如图 3-18 所示。

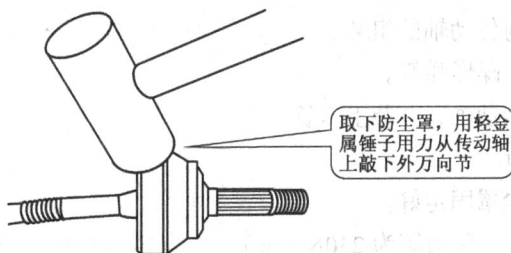

取下防尘罩，用轻金属锤子用力从传动轴上敲下外万向节

图 3-15　敲下外等速万向节总成

拆卸弹簧卡环，从传动轴上压出万向节；用电蚀笔或油石在外万向节钢球球笼和外壳上标出球毂的位置

图 3-16　专用压器压出等速万向节

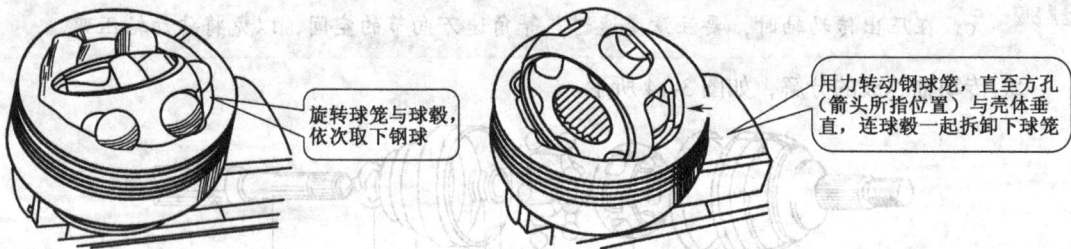

旋转球笼与球毂，依次取下钢球

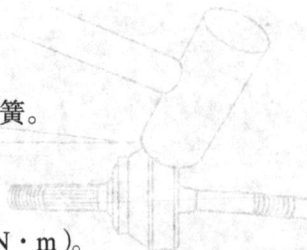

用力转动钢球笼，直至方孔（箭头所指位置）与壳体垂直，连球毂一起拆卸下球笼

图 3-17　取下钢球　　　　　　　　　　　　图 3-18　取下球笼

　　g. 拆下内等速万向节，转动球笼和内球座。

　　h. 最后从球笼内取出内球座。

　　③ 等速万向节的组装。

　　a. 外万向节的组装。

　　● 在外球座、球笼和内球座上涂上润滑油。

　　● 将球笼和内球座一起装入外球座内。

　　● 将钢球压入，装上卡簧。

> 组装万向节时，内球座花键上的倒角应朝向传动轴靠肩。

注意

　　b. 内万向节的组装。

　　● 在球笼和内球座上涂上润滑油。

　　● 将内球座装入球笼，并将钢球压入，如图 3-19 所示。

　　● 将组装好的球笼垂直放入外球座内，用力转动球笼，使组装好的球笼完全转入外球座内，如图 3-20、图 3-21 所示。

　　④ 内外等速万向节与传动轴的组装。

　　a. 套上防尘罩，装上碟形弹簧。

　　b. 将内万向节压入传动轴，并装上卡簧。

　　c. 安装外等速万向节。

　　d. 装上夹箍，将防尘罩固定好。

　　e. 拧紧固定螺母（其拧紧力矩为 230N·m）。

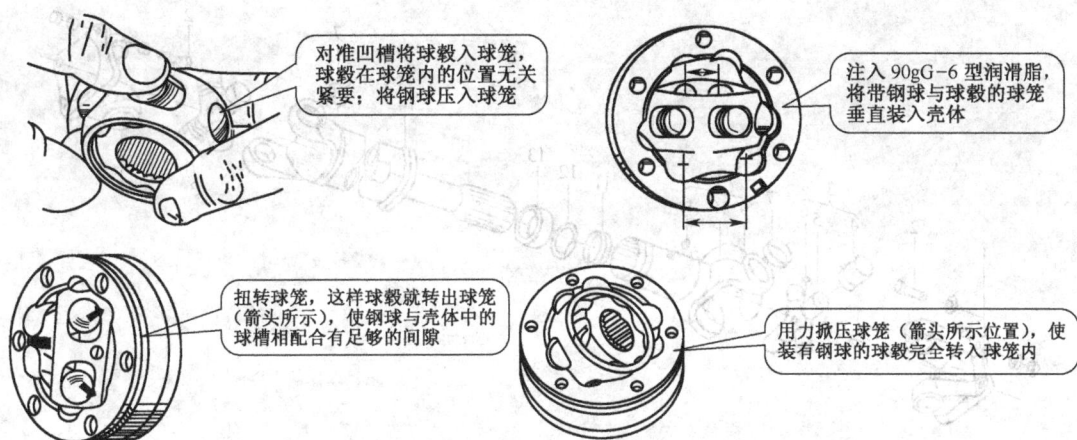

图 3-19　内万向节的组装

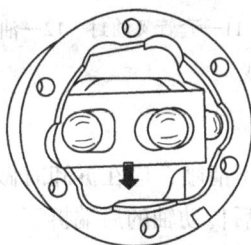

图 3-20　将装好钢球的球笼垂直装入壳体　　　图 3-21　将装好钢球的球毂转入球笼内

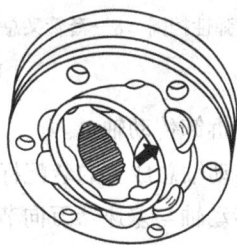

（2）后轮驱动传动轴的拆装。

以东风牌货车为例，如图 3-22、图 3-23 所示。

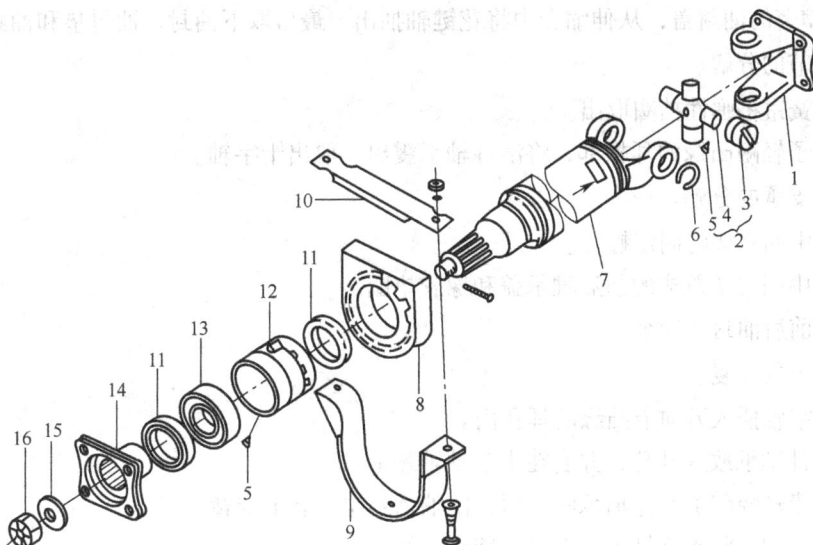

图 3-22　中间传动轴及支承总成（前节）

1—凸缘叉　2—十字轴及滚针轴承总成　3—滚针轴承　4—十字轴　5—润滑脂加注嘴　6—孔用弹性挡圈

7—中间传动轴（万向节叉轴管、中间花键轴焊接总成）　8—中间支承橡胶垫环　9—中间支承支架

10—上盖板　11—油封总成　12—轴承座　13—中间支承轴承　14—凸缘　15—垫圈　16—槽形螺母

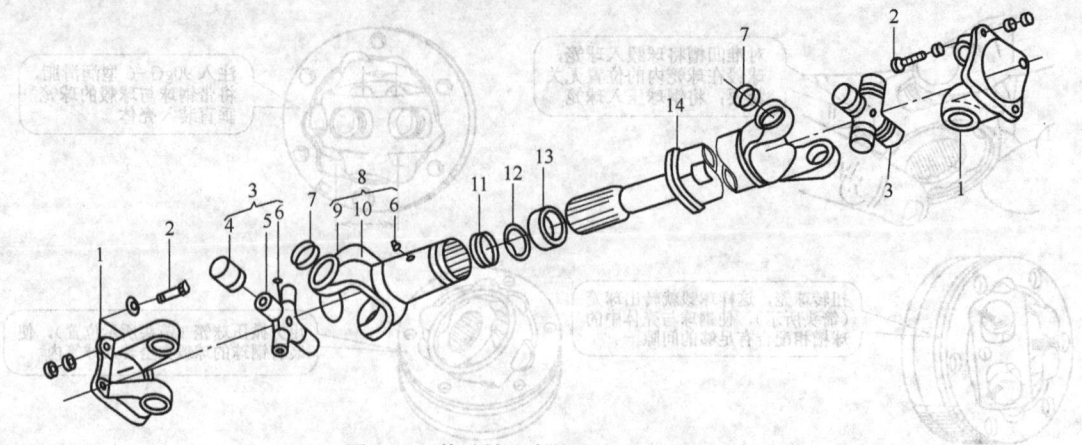

图 3-23 传动轴及套管叉总成（后节）

1—凸缘叉 2—螺栓 3—十字轴及滚针轴承总成 4—滚针轴承总成 5—十字轴 6—润滑脂加注嘴

7—孔用弹性挡圈 8—套管叉总成 9—垫片 10—套管叉 11—套管叉油封 12—油封垫片

13—油封盖 14—传动轴总成

① 由车上拆卸传动轴。

a. 检查传动轴总成上的装配标记是否齐全。若不齐或不清晰，应在拆卸时做上标记。

b. 拆下传动轴与差速器万向节凸缘上的连接螺栓，将后传动轴的后端拆下。

c. 拆下后传动轴与中间传动轴的连接螺栓，取下后传动轴总成。

d. 卸下中间支承架与车架横梁上的紧固螺栓。

e. 拆下中间轴凸缘叉与变速器二轴凸缘上的连接螺栓，取下中间传动轴。

② 滑动花键的分解。

拆下伸缩套的油封盖，从伸缩套中将花键轴抽出，最后取下油封、油封垫和油封盖。

③ 万向节的分解。

a. 用卡簧钳将弹性挡圈取出。

b. 用锤子轻敲凸缘的耳根部，将滚针轴承震出，取出十字轴。

④ 中间支承的分解。

a. 拆下中间支架的固定螺栓。

b. 推出中间支架总成的前后轴承盖和橡胶垫圈。

c. 取出前后油封及轴承。

⑤ 万向节的装复。

a. 将十字轴插入万向节凸缘的耳孔内。

b. 将滚针轴承放入耳孔，并套在十字轴轴颈上。

c. 用铜棒轻轻敲击滚针轴承的底面，使轴承到位，装上卡簧。

d. 对准标记，将十字轴另一对轴颈装到凸缘中。

e. 将滚针轴承套在十字轴轴颈上，敲击到位并装上卡簧。

⑥ 滑动花键与后传动轴的装复。

a. 将十字轴总成和凸缘叉与花键套组装一体。

b. 将油封盖、油封垫、油封套装在花键轴上。

c. 把花键套和花键轴上的标记对准，将花键轴穿入花键套中。

d. 将油封盖、油封垫及油封装合到位，拧紧油封盖。

⑦ 传动轴装车。

a. 将中间传动轴穿入中间支承的承孔中，并将凸缘套在中间轴的花键上。装上垫圈拧紧槽形螺母（力矩不小于 200N·m）。

b. 将中间传动轴前端的凸缘固定到驻车制动鼓上，装上弹簧垫和锁紧螺母（力矩为 90～110N·m）。

c. 将中间支承连同中间传动轴一起装到车架横梁上（其紧固螺母的力矩为 90～110N·m）。

d. 将后传动轴滑动花键一端与中间传动轴的后端相连接（力矩为 90～110N·m）。

e. 将后传动轴另一端与后桥上的凸缘相连（力矩为 90～110N·m）。

⑧ 传动轴的调整方法。

将前轮塞住，用千斤顶将车辆顶起使后轮悬空。将中间支承的固定螺栓松开。起动发动机，使中间支承自动找正位置。关闭发动机，拧紧中间支承的固定螺栓。

3. 万向传动装置检修

（1）传动轴的检修。

① 传动轴轴管全长的径向圆跳动公差应符合规定的标准。一般轴长小于或等于 600mm，径向圆跳动为 0.60mm；轴长为 600～1 000mm 时，径向圆跳动为 0.80mm；轴长大于 1 000mm 时，径向圆跳动为 1.00mm；长度小于 1m 和轿车的传动轴，要求公差更小一些。传动轴与中间轴承结合的圆柱面以及花键轴外表的径向圆跳动公差为 0.15mm。万向节叉两轴承轴承孔公共轴线对传动轴轴线的垂直度公差，一般为 0.10～0.30mm。如弯曲变形超限不多时，可进行冷压校正；如变形严重或有裂纹、凹陷时则应更换。

② 传动轴花键与滑动叉花键和凸缘键槽的侧隙，轿车不大于 0.15mm，其他车型不大于 0.30mm，装配后应能滑动自如，否则应更换。

（2）十字轴万向节的检修。

万向传动系统零件的检修

万向节叉和轴不得有裂纹，否则应更换；十字轴轴颈表面不得有金属剥落、刻痕、磨损凹痕，槽深不得大于 0.10mm，否则更换；滚针轴承的油封失效、滚针断裂、轴承内圈有疲劳剥落时，应予以更换。十字轴、万向节轴承及万向节叉装合后的轴向间隙，瓦盖式万向节为 0.10～0.50mm、轿车万向节为 0～0.05mm、其他车型万向节为 0.02～0.25mm，超限应更换。

传动轴管焊接组合件经修理后，已破坏了原有的动平衡，因此应重新进行动平衡试验。传动轴任何一端的动不平衡量，轿车应不大于 10g·cm（$9.8×10^{-4}$N·m）。在传动轴两端，允许焊平衡片校正，但每端不得多于三片。

拓展知识

一、万向传动装置常见损伤

万向传动装置在使用过程中，润滑条件及工作环境较差，要承受很大的转矩和冲击载荷，会出现各种损伤。

1. 传动轴管的弯曲

十字轴式万向节是非等速的，主传动轴传动叉每转动一周，其平面上的附加转矩将有两次达峰值，从而产生两次弯曲。平衡块脱落、轴管塑性变形或传动叉的位置误差过大等原因将造成不平衡，产生震动甚至发生共振，易剪断传动轴固定螺栓，甚至使传动轴断裂。上述耗损同时又会使传动轴的共振临界转速降低，共振的可能性加大。

2. 万向节叉的扭曲

传动轴管和万向节叉的扭转或焊接时位移过大，使万向节叉相位角误差超限；车架的变形，造成中间支承的位移和万向节夹角误差过大。上述的这些误差都将增加万向节传动的不等速性，同时也影响传动轴的平衡性，加大冲击载荷，加速零件的早期磨损等。

3. 零件的磨损

十字轴及中间支承的轴承、滑动叉、花键轴与花键轴套等的磨损，将引起配合松旷，传动轴游隙过大，使万向传动装置冲击载荷增大，破坏其平衡性和传递的等速性，降低传动系统的传动效率。

二、万向传动装置的维护

万向传动装置的日常维护主要是清洁、检查和紧固。清洁是为了改善零件工作环境，也是为了检查发现问题，这项工作对新车走合期尤其重要。因为传动装置的螺栓，在冲击载荷下很容易松动、脱落，这对高速行驶的汽车，后果是不堪设想的。

1. 一级维护

应进行润滑和紧固作业。对传动轴的十字轴、传动轴滑动叉、中间支承轴承等加注锂基或钙基润滑脂（不能用钠基润滑脂，它抗水性能差，容易被水冲掉），每次加油应确认油嘴畅通，对不通的油嘴应及时更换。检查传动轴各部螺栓和螺母的紧固情况，特别是万向节叉凸缘连接螺栓和中间支承支架的固定螺栓等，应按规定的力矩拧紧。

2. 二级维护

传动装置应全部分解，清洗检查。十字轴轴承的配合应用手不能感觉出轴向位移量；中间支承轴承不应有异响及松旷。中间轴承如有松旷、退火变色或明显损坏现象，轴承径向间隙大于0.06mm、轴向间隙大于0.50mm时，则应更换轴承。中间轴承油封及橡胶垫环老化发硬时应予以更换。

万向节十字轴轴颈有轻度压痕时允许修磨，压痕较深应予以更换，轴颈与轴承的径向间隙，新件不超过0.10mm、使用限度一般不超过0.20mm，十字轴滚针不得有缺少或损坏，否则应成套更换。十字轴安全阀良好，油封应不漏油。

小 结

万向传动装置在汽车上主要应用在变速器（或分动器）与驱动桥之间；越野汽车变速器与分动器之间；汽车转向驱动桥中、断开式驱动桥的半轴及汽车的转向操纵机构中。其主要由万向节、传动轴、中间支承组成。功用是能在轴间夹角及相对位置经常发生变化的转轴之间传递动力。

　　万向节按其速度特性分为普通万向节、准等角速万向节和等角速万向节。按其刚度大小，可分为刚性万向节和柔性万向节。传动轴是万向传动装置中的主要传力部件。通常用来连接变速器（或分动器）和驱动桥，在转向驱动桥和断开式驱动桥中，则用来连接差速器和驱动轮。

　　为实现等角速传动，两个普通万向节的排列方式为：第一个万向节的从动叉和第二个万向节的主动叉与传动轴相连，且传动轴两端的万向节叉在同一平面内；输入轴、输出轴与传动轴的夹角相等。

　　万向节、传动轴及中间支承的主要耗损形式是磨损、变形、老化等；传动轴两端的连接件装好后，应进行动平衡试验。在质量轻的一侧补焊平衡片，使其不平衡量不超过规定值。万向传动装置装配时，应注意装配位置对其传动速度特性的影响，应注意装配记号。

　　万向传动装置的主要故障是动不平衡、松旷、异响等。

学习任务单

万向传动装置拆装与检修学习任务单

姓名：	班级：	日期：

一、填空题

　　1. 万向传动装置一般由_____、_____和_____等组成。

　　2. 刚性万向节分为_____、_____、_____三种形式。准等速万向节分为_____和_____。

　　3. 目前汽车传动系统中应用最多的是十字轴式刚性万向节，它允许相邻两轴的最大交角为_____。

　　4. 半轴的支撑形式分为_____和_____两种，半轴的一端与_____相连，另一端与_____相连。

　　5. 球叉式万向节两轴间夹角_____，球笼式万向节两轴间夹角_____。

二、判断题

　　1. 汽车行驶中，传动轴的长度可以自动变化。（　　）

　　2. 十字轴上安全阀的作用是保护油封不致因油压过高而被破坏。（　　）

　　3. 单个十字轴万向节在输入轴与输出轴之间有夹角时，两转轴的角速度是相等的。（　　）

　　4. 汽车采用全浮式半轴支撑，这种半轴要承受全部反力。（　　）

　　5. 双万向节不能近似解决等速问题。（　　）

　　6. 汽车万向节轴承壳压得过紧是万向传动装置异响的原因之一。（　　）

　　7. 汽车传动轴中间支承轴承散架必然造成万向传动装置异响。（　　）

　　8. 汽车万向传动装置异响在汽车不同的运行状态下均可能发生。（　　）

　　9. 汽车传动轴万向节叉等速排列不当，必然使万向传动装置产生异响。（　　）

　　10. 字轴上安全阀的作用是保护油封不致因油压过高而被破坏。（　　）

11. 传动轴两端的万向节叉，安装时应在同一平面上。（ ）

12. 汽车采用半浮式半轴支撑，这种半轴不承受全部反力。（ ）

13. 十字轴万向节的损坏是以十字轴轴颈和滚针轴承的磨损为标准。（ ）

14. 汽车的动力输出装置和转向系统的操纵机构之间从不用万向传动装置。（ ）

三、选择题

1. 属于解放 CA1092 型汽车万向传动装置异响。（ ）

    A. 起步发抖   B. 车速变化发抖

    C. 挂高速挡时，油门发抖   D. 起步时，万向传动装置有金属撞击声

2. 传动轴严重凹陷，会导致汽车在高速行驶中（ ）。

    A. 异响   B. 震动   C. 异响和震动   D. 车速不稳

3. 汽车万向传动装置异响的明显现象之一是汽车（ ）时，车身发抖并能听到"嚓啦"的撞击声。

    A. 起步   B. 匀速行驶   C. 低速行驶   D. 变速

4. 汽车起步，车身发抖并能听到"嚓啦"的撞击声，是（ ）异响。

    A. 万向传动装置   B. 变速器   C. 离合器   D. 驱动桥

5. 汽车行驶时，变换车速，如出现"咔啦、咔啦"的撞击声，多半是万向传动装置的（ ）。

    A. 轴承磨损松旷   B. 传动轴排列破坏

    C. 螺栓松动   D. 万向节轴承壳压得过紧

6. 将汽车标准半轴安装在经修整过的轮载上，然后在桥壳中部检视两半轴轴心未对正，则说明桥壳（ ）。

    A. 扭曲变形   B. 弯曲变形   C. 磨损严重   D. 装配有误

7. 前驱动轿车的半轴上均安装（ ）万向节。

    A. 普通   B. 十字轴   C. 准等速   D. 等速

8. 汽车使用中，如果（ ）可导致半轴套管折断。

    A. 超载   B. 高速行驶   C. 紧急制动   D. 内、外轮毂轴承松动

9. 汽车半轴套管折断的原因有（ ）。

    A. 高速行驶   B. 驱动桥壳变形严重

    C. 严重超载   D. 轮载轴承润滑不良

10. 汽车起步或行驶中，万向传动装置始终有明显的异响并伴有振抖，说明（ ）松旷。

    A. 中间支架固定螺栓   B. 变速器输出轴

    C. 连接螺栓   D. 万向节十字轴轴承

11. 汽车万向传动装置的十字轴万向节主要由十字轴（ ）等组成。

    A. 套筒   B. 万向节叉   C. 滚针   D. 双联叉

四、简答题

1. 根据图 3-6 所示，说明等角速万向节的工作原理。

2. 普通十字轴刚性万向节（见图 3-24）为了达到等角速度传动，要满足什么要求？

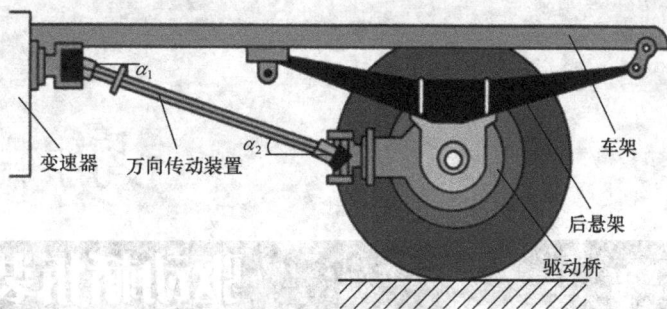

变速器　万向传动装置

α_1

α_2

车架

后悬架

驱动桥

图 3-24　变速器与驱动桥之间的万向传动装置

3. 汽车为什么要采用万向传动装置？

项目四

驱动桥拆装与调整

本项目通过对驱动桥异响、发热与漏油故障的诊断、检修过程的学习，掌握驱动桥结构、工作原理等方面的理论知识，具备对上述故障进行分析与排除的职业能力。

【案例导入】

一辆行驶 58000km 的东风 EQ1092 货车，客户感觉汽车行驶在高低不平的路面时，驱动桥常出现异响。服务顾问试车后，确定驱动桥异响。服务顾问开具派工单并经用户签字，要求查找实际故障原因，确定故障部位，提交维修报告。

问题：（1）驱动桥的组成、结构是什么？

（2）驱动桥各组成部分常见故障以及产生的原因是什么？

（3）驱动桥异响的故障诊断与排除方法是什么？

【知识要求】

1. 掌握驱动桥结构与工作过程。
2. 能够进行驱动桥常见故障诊断与维修。
3. 掌握驱动桥的功用、组成部分及动力的传递路线。
4. 掌握单级主减速器的构造及调整项目。
5. 掌握行星齿轮差速器的工作原理及构造。
6. 熟悉半轴的支撑形式及受力分析。
7. 了解桥壳的作用及特点。

重点内容：驱动桥的功用、组成和原理；驱动桥的结构特点；驱动桥异响、发热与漏油故障原因。

【能力要求】

1. 会分析驱动桥常见故障的产生原因及排除方法。
2. 掌握驱动桥的维护内容及主要零件的检修。
3. 掌握差速器、主减速器的装配与调整的方法。
4. 会查阅维修手册文献资料，获取信息，完成驱动桥的检修及更换作业。
5. 会制订工作计划，能与人协作沟通。

【安全提示】

1. 从车桥上拆下主减速器、差速器时，应最后拆下最上面的螺栓，并确认安全后，才能拆下最上面的螺栓，以防掉下造成人身伤害。

2. 在拆装时，手不能放在齿轮上，以防齿轮旋转夹住手指。

3. 将主减速器、差速器装上车桥时，先用一枚螺栓将其固定在最上面的螺纹孔中，以免掉下。

【操作技巧】

1. 严格按拆装顺序进行操作。拆卸主减速器。拆卸油封和甩油圈，用专用工具从主减速器壳前端拆下油封，然后拆下甩油圈。拆卸前轴承隔套。拆差速器和主减速器从动锥齿轮。拆卸差速器壳轴承。拆下从动锥齿轮差。分解差速器。

2. 对各调整部位的调整垫片要点清放好并做上记号，不能乱换搞错。

3. 对有预紧力规定的螺栓，螺母要按正确的操作方法进行紧固。

相关知识

一、驱动桥简介

主减速器及差速器总成是汽车传动系统的一个重要部件。在汽车传动系统中虽然有变速器，但仍不能完全解决发动机本身与汽车行驶要求间的矛盾。绝大多数的发动机在汽车上是纵向设置的，为使其转矩能传给左、右驱动轮，必须由驱动桥的主减速器来改变转矩的传递方向。驱动桥主减速器（或轮边减速器）的功能在于：当变速器处于最高挡位（通常为直接挡，有时为超速挡）时，使汽车有足够的牵引力、合适的最高车速和良好的燃料经济性。然而，主减速器、差速器是一个比较复杂的运动件，在动力传递过程中会受到各种力和力矩的作用，使零件之间不仅产生滑动摩擦，而且零件间会产生碰撞，导致机件磨损、损坏，影响其正常工作性能。

（一）功用

驱动桥是传动系统的组成部分之一，是变速器或传动轴之后、驱动轮之前所有传动机构及其壳体的总称。其功用是：将万向传动装置传来的动力经减速增扭、改变力矩的传递方向以后，分配给左、右车轮，并允许车辆在不平路面和转向行驶时，左、右轮以不同的转速运转。

驱动桥概述

（二）组成

一般汽车的驱动桥的总体结构如图 4-1 所示，主要由驱动桥壳 1、主减速器 2、差速器 3、半轴 4 和轮毂 5 组成。

整个驱动桥通过弹性悬架与车架连接，由于半轴套管与主减速器壳是刚性连接成为一个整体，因此，两侧的半轴和驱动轮不可能在横向平面内做相对运动，所以把这种驱动桥称为整体式驱动桥。

为了提高汽车行驶的平顺性和通过性，有些轿车和越野车采用断开式驱动桥，如图4-2所示。这种驱动桥桥壳的结构是主减速器壳固定在车架或车身上，驱动桥壳制成分段结构与主减速器用万向节铰链，而两侧车轮分别用弹性悬架（独立悬架）与车架或车身连接，使左、右两侧车轮可以彼此独立地相对于车架上下运动。

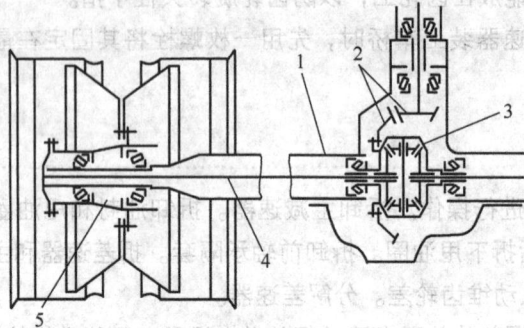

图4-1　一般汽车非断开式驱动桥示意图

1—驱动桥壳　2—主减速器　3—差速器　4—半轴　5—轮毂

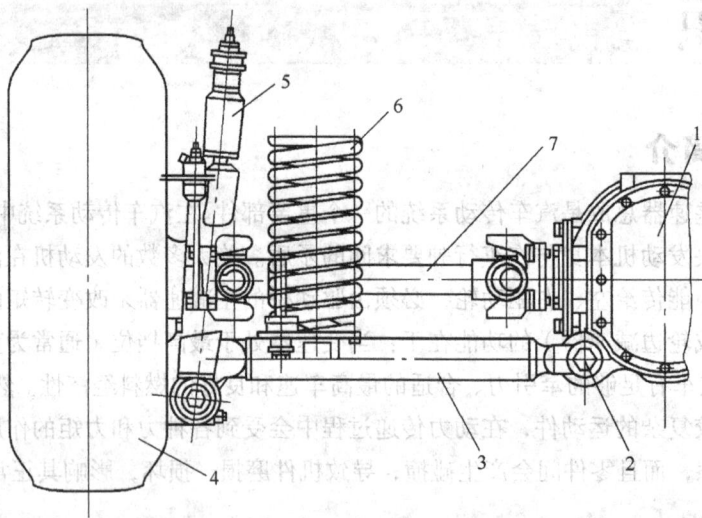

图4-2　断开式驱动桥

1—主减速器　2—摆臂轴　3—摆臂　4—车轮　5—减震器　6—弹性元件　7—半轴

二、主减速器与差速器

（一）主减速器

驱动桥主减速器

主减速器的作用是降低传动轴输入的转速、增大转矩，对于发动机纵置的汽车还将改变力矩的传递方向。为了满足不同的使用要求，主减速器的结构形式也有所不同。按参与减速传动的齿轮副数目分，有单级式主减速器和双级式主减速器。后者若将第二级的两对减速器齿轮副分别置于两侧车轮附近，则称为轮边减速器。按主减速器传动比挡数分，有单速式和双速式，前者传动比是固定的；后者有两个传动比供驾驶员选择，以适应不同行驶条件的需要。按齿轮副的结构形式分，有圆柱齿轮式（又可分为定轴轮系和行星轮系）主减速器和圆锥齿轮式（又可分为螺旋锥齿轮式和双曲面锥齿轮式）主减速器。

1. 单级主减速器

目前，轿车和一般轻、中型货车采用单级主减速器，即可满足汽车的动力传递要求，它具有结构简单、体积小、质量轻和传动效率高等优点。在发动机纵向布置的汽车上，由于需要改变动力的传递方向（一般为90°），单级主减速器都采用一对螺旋或双曲面圆锥齿轮传动。现举例说明其结构。

（1）图4-3（a）、（b）所示为东风EQ1090E型汽车单级主减速器及差速器总成。它由一对双曲面圆锥齿轮组成，主动锥齿轮18有6个齿，从动锥齿轮7有38个齿，其传动比 $i = 38/6 = 6.33$。

主动圆锥齿轮与轴制成一体，为了保证有足够的支撑刚度，前端支撑在小端对置的两个圆锥滚子轴承13和17上，后端支撑在圆柱滚子轴承19上，形成跨置式支撑。轴承19压装在主动轴的后端，靠座孔上的台阶限位；在轴承13和17之间有间隔套和调整垫片14，用来调整这两轴承的预紧度；叉形凸缘11用螺母与主动轴固定在一起，并支撑在轴承座15内。轴承座15依靠凸缘定位，用螺钉固装在主减速器壳体4的前端，两者之间有调整垫片9，用来改变主动锥齿轮的轴向位置，从而调整主、从锥齿轮的啮合印痕。

从动锥齿轮7的齿圈靠凸缘定位，用螺栓固定在差速器壳体5上，而差速器壳则用两个圆锥滚子轴承3支撑在主减速器壳4的座孔中。轴承3的外圈用调整螺母2定位，并用来调整轴承的预紧度，在轴承间隙调好后，可以通过松左紧右，或松右紧左来改变从动齿轮的轴向位置，调整主、从动锥齿轮的啮合间隙。在从动锥齿轮的背面，装有支承螺栓6，以限制从动齿轮在受力中过度变形而影响齿轮的正常啮合。装配时，支承螺栓与从动锥齿轮背面之间应留有0.30～0.50mm的间隙。

双曲面圆锥齿轮的主、从动齿轮轴线不相交，使主动锥齿轮轴线可低于（也可高于）从动锥齿轮轴线，在保证一定离地间隙的情况下，与之相联的传动轴的位置也相应降低，从而使汽车质心降低，提高了行驶稳定性。其次，双曲面齿轮发生根切的最少齿数较少（最少可为5个），因此，主动齿轮在满足传动比和强度要求的条件下尺寸可尽可能小一些，相应从动锥齿轮的尺寸也可以小一些，从而减小了主减速器壳体外形的轮廓尺寸，有利于车身布置和提高最小离地间隙。此外，双曲面齿轮的啮合系数大，同时参加啮合的齿数多，传动平稳，噪声小，承载能力大。所以，双曲面锥齿轮不仅在轿车上得以广泛应用，而且在中重型汽车上的应用也日益增多。

双曲面齿轮的缺点是啮合面间相对滑动速度大，接触压力大，摩擦面的油膜易被破坏，因而对润滑油的要求高。另外，双曲面齿轮的螺旋角较大，传动时轴向推力大，易造成轴的支撑定位件的损坏而引起轴向窜动，因此，对这些机件的强度、刚度要求较高，相应地调整精度要求也较高。

在主减速器壳体内储有一定量的齿轮油（油面高度与壳上的检查孔的位置相同），当从动齿轮旋转时，将齿轮油飞溅到各齿轮、轴及轴承上进行润滑。为了保证主动轴前端的两个圆锥滚子轴承13和17得到可靠润滑，在主减速器壳体4和轴承座15上制有孔，形成油道8和16，从动锥齿轮转动时飞溅起来的齿轮油从进油道8经轴承座15上的孔进入两轴承小端之间，在离心力作用下，自轴承小端流向大端，再经回油道16流回主减速器壳内。为防止主减速器内温度升高使气压增大而造成齿轮油外溢，在主减速器上有通气塞。此外，还装有加油螺塞和放油螺塞。

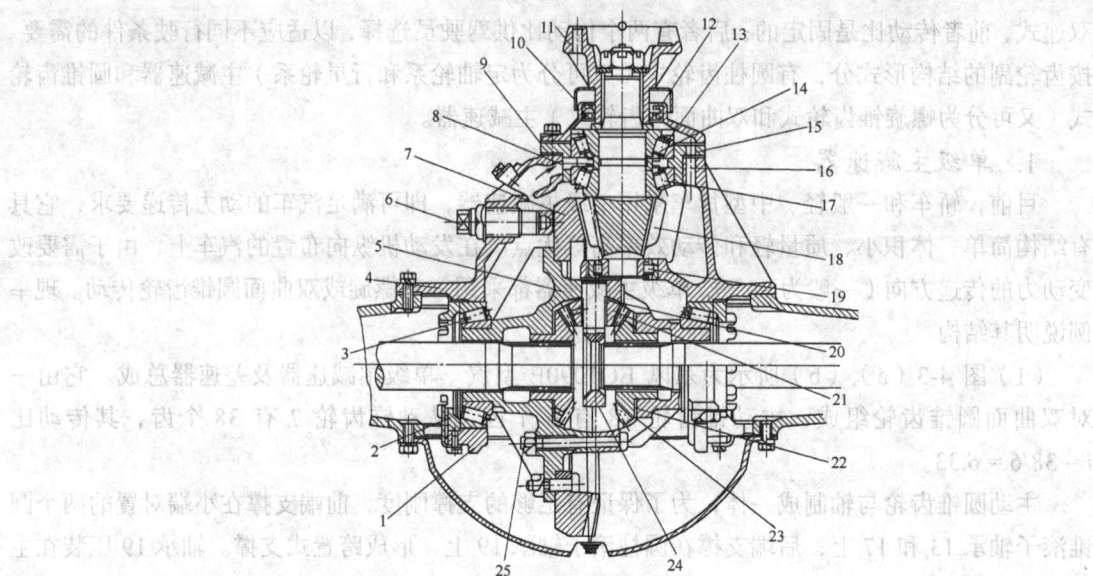

（a）总成纵剖面图

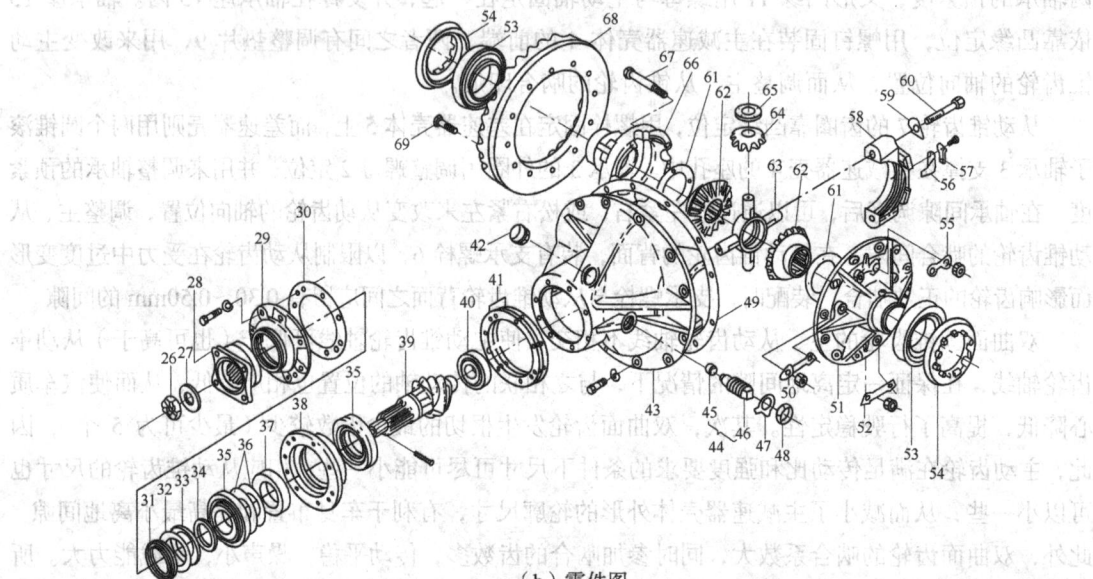

（b）零件图

图 4-3　东风 EQ1090E 型汽车单级主减速器及差速器

1—差速器轴承盖　2—轴承固定螺母　3、13、17—圆锥滚子轴承　4、43—主减速器壳　5—差速器壳　6—支承螺栓　7、68—从动锥齿轮　8—进油道　9、14—调整垫片　10—防尘罩　11—叉形凸缘　12—油封　15—轴承座　16—回油道　18、39—主动锥齿轮　19—圆柱滚子轴承　20、65—行星齿轮球面垫片　21—行星齿轮　22—半轴齿轮推力垫片　23、62—半轴齿轮　24—行星齿轮轴（十字轴）　25、60—螺栓　26—槽形扁螺母　27、59—垫圈　28—主动锥齿轮叉形凸缘　29—油封座　30—油封座衬垫　31—主动锥齿轮外油封　32—油封导向环　33—主动锥齿轮内油封　34—止推垫圈　35—主动锥齿轮前轴承　36—轴承调整垫片　37—隔套　38—前轴承座　40—主动锥齿轮后轴承　41—主动锥齿轮调整垫片　42、48—螺母　44—从动锥齿轮支承套总成　45—支承套　46—支承螺栓　47—锁片　49—主减速器调整垫片　50、52、55—锁止垫片　51—差速器左壳　53—差速器轴承　54—调整螺母　56—轴承盖锁片　57—垫片　58—主减速器轴承盖　61—半轴齿轮垫片　63—十字轴　64—行星齿轮　66—差速器右壳　67—差速器连接螺栓　69—从动锥齿轮连接螺栓

（2）奥迪 100 型轿车单级主减速器。它也是由一对准双曲面齿轮组成，如图 4-4 所示。主动锥齿轮 2 有九个齿与变速器输出轴制成一体，用两个圆锥滚子轴承 1 支撑在变速器的壳体上，悬置在两个轴承之外，为悬臂式支撑结构。从动锥齿轮 3 有 37 个齿与差速器壳体 4 用螺栓连接，差速器壳两端用圆锥滚子轴承 7、10 支撑在变速器壳体上，其传动比 i=4.111（奥迪轿车，根据主、从动齿轮的齿数不同有五种可供选择的传动比）。

为保证主、从齿轮啮合区正确处于最佳工作位置，实现无噪声运转，在生产中除用专用机床加工外，需配对安装；在装配或在使用维修时，都应进行齿轮啮合位置的调整。为此，在支撑主动锥齿轮的两个圆锥滚子轴承的外侧和支撑从动齿轮与差速器壳的圆锥滚子轴承外侧安装有调整垫片，通过增、减调整垫片，可以使主动齿轮和从动齿轮的位置接近或离开，以达到理想的齿轮啮合位置。

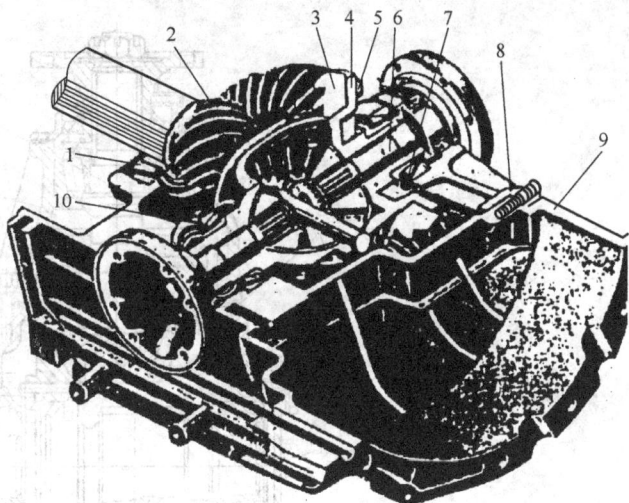

图 4-4　奥迪轿车主减速器及差速器

1—主动锥齿轮轴承　2—主动锥齿轮　3—从动锥齿轮
4—差速器壳体　5—从动锥齿轮螺钉　6—半轴
7、10—差速器轴承　8—差速器侧盖　9—差速器前壳体

红旗 CA7220 型轿车的单级主减速器的结构与此基本相同。

2．双级主减速器

载货汽车为了获得足够的动力，要求主减速器有较大的传动比。若采用单级主减速器，在主动锥齿轮齿数一定的情况下，从动锥齿轮的直径将随传动比的增大而增大，相应也使桥壳的轮廓尺寸增大，自然使后桥的离地间隙减小，导致汽车的通过性降低。所以，有些载重汽车采用双级主减速器，这样不但可以满足传动比的要求，而且又不使离地间隙过小。

图 4-5 所示为解放 CA1092 型汽车双级主减速器。第一级为一对螺旋圆锥齿轮传动，主动锥齿轮 11 有 13 个齿和齿轮轴制成一体，从动齿轮 16 有 25 个齿加热后套在中间轴 14 的凸缘上并用铆钉铆紧，传动比为 i_1=25/13=1.923；第二级为一对斜齿圆柱齿轮传动，主动齿轮 5 有 15 个齿与中间轴制成一体，从动齿轮 1 有 46 个齿夹在两半差速器壳之间，用螺栓与差速器壳紧固在一起，传动比 i_2=46/15=3.066。总减速比等于两级传动比的乘积，即 $i=i_1 \times i_2$=1.923×3.066=5.896。另外，还有 6.39 和 7.63 两种减速比的减速器可供选择。

工作时，第一级主动锥齿轮 11 带动中间轴上的从动锥齿轮 16，中间轴 14 上第二级主动圆柱斜齿轮 5 带动差速器上的第二级从动圆柱斜齿轮 1，最后由差速器传给半轴。

主动锥齿轮轴承的预紧度，可通过增减调整垫片 8 的厚度来调整；中间轴圆锥滚子轴承的预紧度是通过改变调整垫片 6 和 13 的总厚度来调整；支撑差速器壳的圆锥滚子轴承的预紧度靠拧动调整螺母 3 来调整。同样，为了便于齿轮啮合的调整，轴 9、14 的轴向位置都可略加移动，增加垫片 7 的厚度，主动锥齿轮 11 则沿轴向离开从动锥齿轮，反之则靠近；减少左轴承盖 4 处的调整垫片 6，同时将这些卸下来的垫片加到右端的 13 上，则从动锥齿轮 16 右移，反之左移（因为两组调整垫片 6 和 13 的总厚度不变，不致破坏已调好的中间轴轴承预紧度）。第二级斜齿圆柱齿轮啮合不可调，但可拧动调整螺母 3 使从动斜齿圆柱齿轮 1 略做轴向移动，以保证与主动斜齿圆柱齿轮 5 的全齿宽啮合，但一端调整螺母的拧入圈数应等于另一端调整螺母的退出圈数。

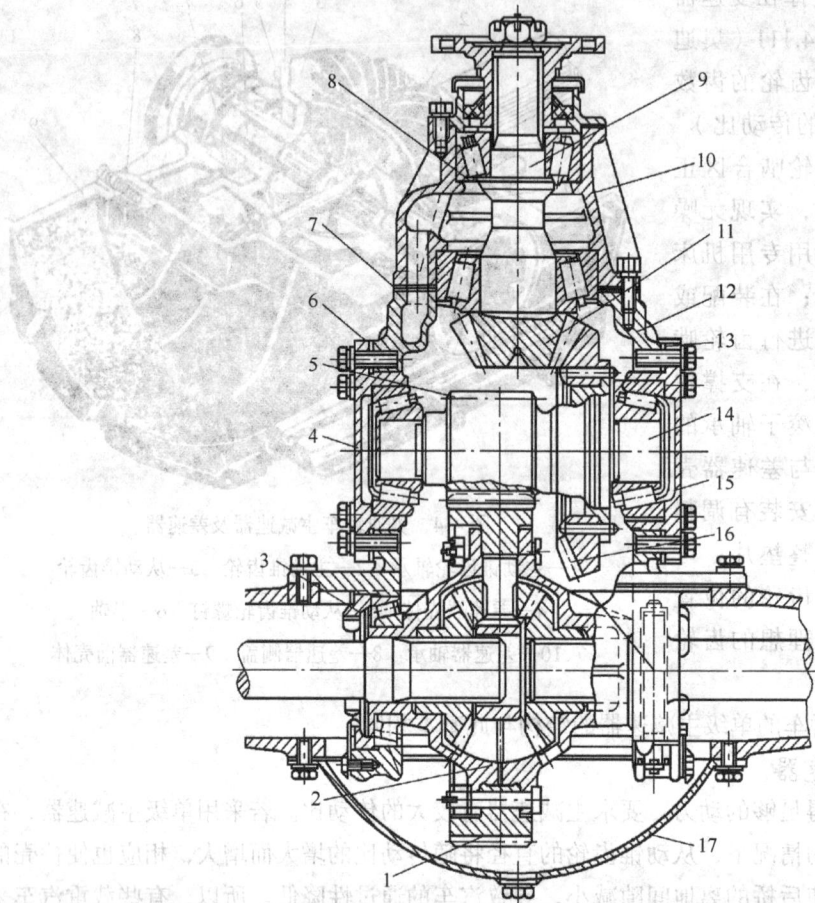

图 4-5　解放 CA1092 型汽车双级主减速器

1—第二级从动圆柱斜齿轮　2—差速器壳　3—调整螺母　4、15—轴承盖　5—第二级主动圆柱斜齿轮
6、7、8、13—调整垫片　9—第一级主动锥齿轮轴　10—轴承座　11—第一级主动锥齿轮
12—主减速器壳　14—中间轴　16—第一级从动锥齿轮　17—后盖

（二）差速器

1．功用和分类

如图 4-6 所示，汽车转向时，内外两侧车轮中心在同一时间内移动过的曲线距离显然不同，即外侧车轮移过的距离大于内侧车轮。

若汽车驱动桥的两侧驱动轮用一根整轴连接，由于两侧车轮的转速相等，则此时外轮必然是边滚动边滑移，内轮是边滚动边滑转，驱动轮与地面之间不能做纯滚动。同样，汽车在直线行驶时，由于路面不平或诸多因素造成的轮胎有效半径不相等，都会使两侧车轮实际移过的距离不相等，从而产生前述滑转和滑移现象。

车轮与地面间这种滑转、滑移现象不仅会加速轮胎的磨损，而且还会增加汽车功率消耗和燃料消耗，并导致转向困难、制动性能恶化和行驶稳定性变差。为了消除这种不良现象，保证驱动轮与地面做纯滚动，将汽车左右两侧驱动轮分装在两根半轴上，并在两半轴之间装以差速器，这种装在同一驱动桥两侧驱动轮之间的差速器称为轮间差速器。综上所述，差速器的功用是将主减速器传来的动力传给左右两半轴，并在必要时允许左右半轴以不同的转速运转，以满足两侧驱动轮差速的需要。

图 4-6　汽车转向时驱动轮的运动示意图

对于多轴驱动的汽车，各驱动桥之间也同样存在上述驱动轮相对于地面的滑转和滑移现象。为此，这种汽车在驱动桥之间也装有差速器，称为轴间差速器。

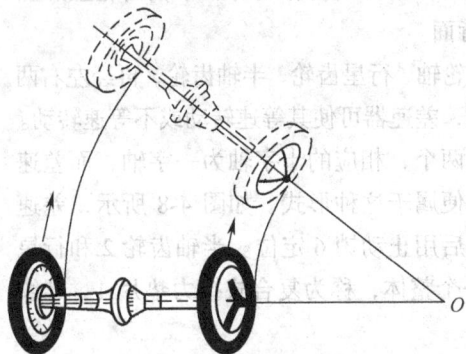

认识差速器

普通齿轮式差速器的结构及工作原理

无论是轮间差速器还是轴间差速器，按其工作特性均可分为普通齿轮式差速器和防滑差速器两大类。

2．普通齿轮式差速器

普通齿轮式差速器有锥齿轮式和圆柱齿轮式两种，由于前者结构简单、紧凑，工作平稳，因此目前应用最为广泛。

（1）主要构造

普通齿轮差速器的组成如图 4-7 所示，它主要由四个行星齿轮、行星齿轮轴（十字轴）、两个半轴齿轮和差速器壳等组成。差速器壳分成 1、5 两半，用螺栓固定在一起，主减速器从动齿轮用铆钉或螺栓固定在差速器壳 1 左半部的凸缘上。装合时行星齿轮轴 8 的四个轴颈装在两半差速器壳组成的十字形孔中，每个轴颈上松套着一个行星直齿锥齿轮 4，两个半轴齿轮 3 与四个行星齿轮啮合，用其轴颈支撑在差速器壳相应的孔中，其内花键与半轴相连。行星齿轮的背面大都做成球面与差速器壳的凹球面配合，保证良好的对中性，使之与半轴齿轮啮合正确。行星齿轮、半轴齿轮背面与差速器壳相应的摩擦面间装有软钢、青铜或尼龙制成的减摩垫片 7 和 2，磨损后可通过更换垫片来调整齿轮的啮合间隙。

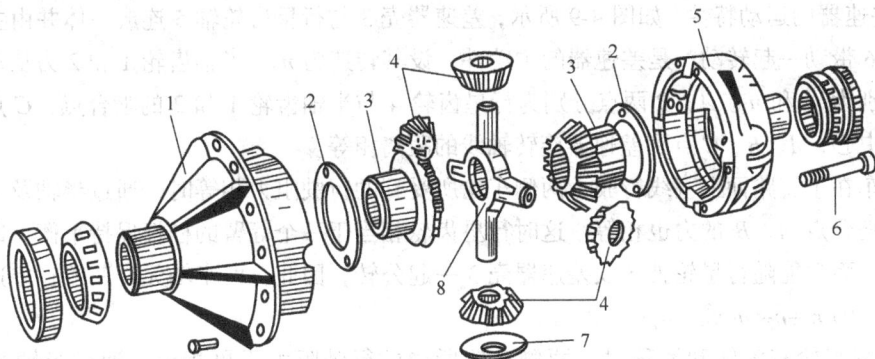

图 4-7　普通行星齿轮差速器零件分解图

1、5—差速器壳　2—半轴齿轮垫片　3—半轴齿轮　4—行星直齿锥齿轮　6—螺栓

7—行星齿轮垫片　8—行星齿轮轴（十字轴）

差速器壳的十字形孔是在左右半壳装合后加工的，为防止装配中错位，两半壳间有装配位置记号。差速器壳上开有供主减速器壳内润滑油进出的窗孔，在行星齿轮的齿间钻有小孔，行星齿轮轴上铣有平面做油道，保证其与行星齿轮间的润滑；在行星齿轮垫片和半轴齿轮垫片上制有许多小凹坑（或铣有螺旋槽），以储存润滑油润滑背面。

主减速传来的动力经从动齿轮传至差速器壳、行星齿轮轴、行星齿轮、半轴齿轮、再经左右两半轴传至驱动轮，根据左右两驱动轮遇到阻力的情况不同，差速器可使其等速转动或不等速转动。

由于中型以下的轿车传递转矩不大，行星齿轮多用两个，相应的十字轴为一字轴，而差速器壳做成两边开孔的整体式，如上海桑塔纳轿车差速器便属于这种形式。如图4-8所示，差速器壳9为一整体框架结构，行星齿轮轴5装入差速器壳后用止动销6定位。半轴齿轮2和行星齿轮4的背面制成球面，两者背面的推力垫片也制成一个整体，称为复合式推力垫片1。螺纹套3用来紧固半轴齿轮。

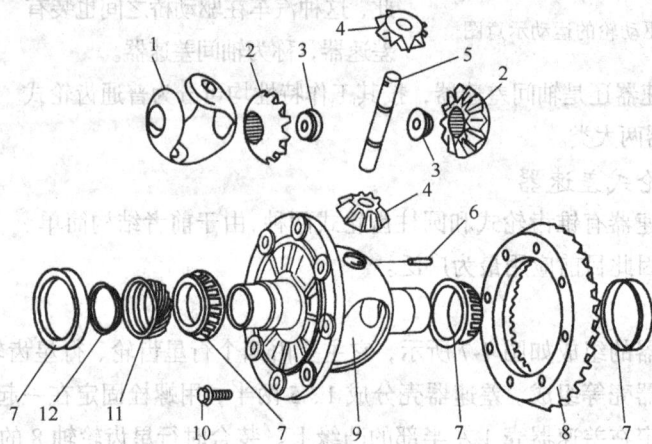

图4-8　上海桑塔纳轿车差速器

1—复合式推力垫片　2—半轴齿轮　3—螺纹套　4—行星齿轮　5—行星齿轮轴　6—止动销
7—圆锥滚子轴承　8—主减速器从动锥齿轮　9—差速器壳　10—螺栓
11—车速表齿轮　12—车速表齿轮锁紧套筒

（2）工作原理

① 差速器的运动特性。如图4-9所示，差速器壳3与行星齿轮轴5连成一体并由主减速器从动齿轮6带动一起转动，是差速器的主动件，设其转速为n_0。半轴齿轮1和2为从动件，设其转速分别为n_1和n_2。A、B两点分别为行星齿轮4与半轴齿轮1和2的啮合点，C点为行星齿轮4的中心，A、B、C点到差速器旋转轴线的距离相等。

当汽车在平直路面上直线行驶，两侧车轮所受到的行驶阻力相等时，通过半轴及半轴齿轮反作用于啮合点A、B的力也相等。这时行星齿轮相当于一个等臂的杠杆保持平衡，即行星齿轮不自转，而只能随行星轮轴5及差速器壳3一起公转，因此，两半轴无转速差，差速器不起差速作用。即$n_1=n_2=n_0$或，$n_1+n_2=2n_0$。

当两侧车轮有滑转和滑移时，两侧车轮所受的行驶阻力不再相等，通过半轴及半轴齿轮反作用于啮合点A、B的力也不相等。这样，将破坏行星齿轮的平衡，即行星齿轮除了随差速器壳一起公转外，还要绕行星轮轴自转。设其自转速度为n_4，方向如图4-9（c）所示。则半轴齿轮1的转速加快、而半轴齿轮2的转速减慢，因$AC=CB$，所以半轴齿轮1转速的增加值等于半轴齿轮 2 转速的减小值。设半轴齿轮转速的增减速值为 Δn，则两半轴的转速分别为：$n_1 = n_0 + \Delta n$，$n_2 = n_0 - \Delta n$。这就是差速器的差速作用，即汽车在转弯或其他情况下行驶，两侧车轮有滑转或滑移趋势时，行星齿轮即发生自转，使两侧车轮以不同的转速在地上滚动，显然此时仍有：$n_1 + n_2 = 2n_0$。

上式即为行星齿轮差速器的运动特性方程，它表明：差速器无论差速与否，两半轴齿轮转速之和始终等于差速器壳体转速的两倍，而与行星齿轮的自转无关。由此得知：当任何一侧半轴齿轮的转速为零时，另一侧半轴齿轮的转速为差速器壳体转速的两倍。当差速器壳体转速为零时，若一侧半轴齿轮受其外来力矩而转动，则另一侧半轴齿轮即以相同的转速反向转动。

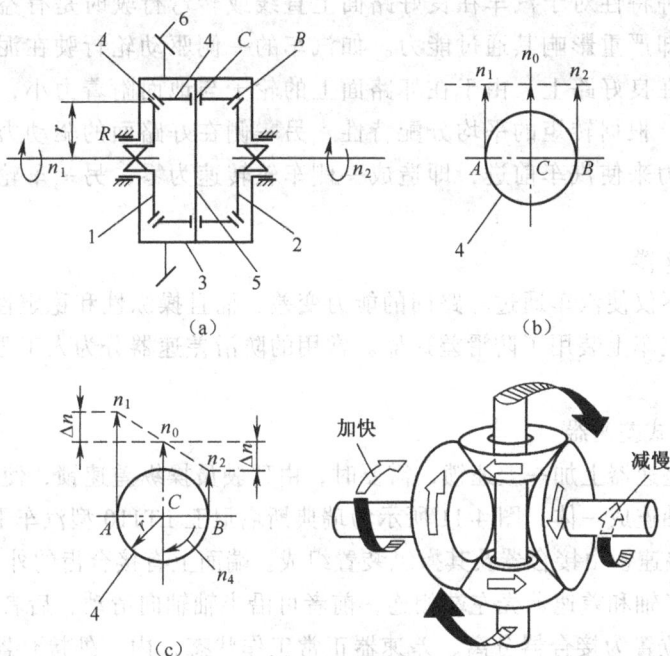

认识汽车差速器

图 4-9　差速器运动原理图

1、2—半轴齿轮　3—差速器壳　4—行星齿轮　5—行星齿轮轴　6—主减速器从动齿轮

A、B—齿轮的啮合点　C—行星齿轮中心　R—半轴齿轮半径　r—行星齿轮半径

n_1、n_2—左右半轴齿轮转速　n_0—差速器壳转速　Δn—半轴齿轮转速的增减速值

② 差速器的转矩特性。如图 4-10 所示，设主减速器传至差速器壳的转矩为 M_0，经行星齿轮轴、行星齿轮传给两半轴齿轮的转矩分别为 M_1 和 M_2。当行星齿轮不自转（即 $\Delta n = 0$）时，由于 $M_T = 0$（M_T 为行星齿轮自转时其内孔和背面所受的摩擦力矩），而行星齿轮相当于一个等臂杠杆，两半轴齿轮的半径又相等，因此，差速器将转矩 M_0 平均分配给左、右两半轴齿轮，即 $M_1 = M_2 = M_0/2$ 或，$M_1 + M_2 = M_0$。

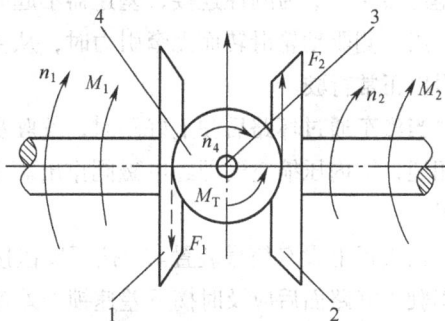

图 4-10　行星齿轮差速器的转矩分配示意图

1、2—半轴齿轮　3—行星齿轮轴　4—行星齿轮

当两半轴齿轮以不同转速朝相同方向转动时，假设左半轴齿轮转速 n_1 大于右半轴齿轮转速 n_2，则行星齿轮将按图4-10实线箭头 n_4 的方向绕行星齿轮轴3自转。行星齿轮所受的摩擦力矩 M_T 方向则与 n_4 方向相反，如图4-10实线箭头所示。此摩擦力矩使行星齿轮对左右半轴齿轮作用了两个大小相等方向相反的附加圆周力 F_1 和 F_2。F_1 使快转的左半轴的转矩 M_1 减小，而 F_2 使慢转的右半轴的转矩 M_2 增加。因此，当左右驱动轮存在转速差时，$M_1 = \frac{1}{2}M_0 - \frac{1}{2}M_T$；

$M_2 = \frac{1}{2}M_0 + \frac{1}{2}M_T$；通常 M_T 很小，可略去不计，故仍可得：$M_1 = M_2 = \frac{1}{2}M_0$。

可见，无论差速器差速与否，行星锥齿轮差速器都具有转矩等量分配的特性，而差速不差转矩。这种特性对于汽车在良好路面上直线或转弯行驶时是有益的，而当汽车在坏路面行驶时，却严重影响其通过能力。如汽车的一侧驱动轮行驶在泥泞或冰雪路面，而另一侧驱动轮在良好路上，由于在坏路面上的轮子与地面附着力小，所产生的驱动力矩也很小。这时，根据转矩的平均分配特性，另一侧在好路面的驱动力矩也很小，无法产生足够的驱动力来使汽车前进，即造成一侧车轮转速为零，另一车轮则以差速器壳转速的2倍空转。

3. 防滑差速器

普通差速器不仅使汽车通过坏路面的能力变差，而且操纵性和稳定性也受到影响，为此，在某些越野汽车上装用了防滑差速器。常用的防滑差速器分为人工强制锁止式和自锁式两大类。

（1）强制锁止式差速器

它是在普通差速器上加一差速锁，需要时，由驾驶员操纵差速锁，使差速器不起作用，相当于把两根半轴连成一体。图4-11所示为瑞典斯堪尼亚LT110型汽车上所用的强制锁止式差速器，它的差速锁由接合器及其操纵装置组成。端面上有接合齿的外、内接合器3和2分别用花键与左半轴和差速器壳左端相连，前者可沿半轴轴向滑动，后者以锁圈4固定其轴向位置。图示位置为接合器分离、差速器正常工作状态，内、外接合器分别与差速器壳和左半轴一同旋转。

该车采用电控气动方式操纵差速器锁。当汽车的一侧车轮处于附着力较小的路面上时，可按下仪表板上的按钮，使电磁阀接通压缩空气管路，压缩空气便从管接头9进入工作缸8，推动活塞11克服弹簧5的弹力带动外接合器3右移，使之与内接合器2接合。结果，左半轴6与差速器壳1成为刚性连接，差速器不起差速作用，即左右两半轴被联锁成一体一同旋转。这样，当一侧驱动轮滑转而无牵引力时，从主减器传来的转矩全部分配到另一侧驱动轮上，使汽车得以正常行驶。

当汽车通过坏路后驶上好路时，驾驶员通过按钮使电磁阀切断高压气路，并使工作缸与大气相通，缸内压缩空气即经电磁阀排出。于是弹簧5推动活塞复位，使外接合器左移回到分离位置。

仪表板上设有信号装置。当按下按钮接合差速锁时，亮起红色信号灯，以提醒驾驶员注意，汽车驶入好路面后应及时摘下差速锁。差速锁一分离，红灯即熄灭。

强制锁止式差速锁结构简单，易于制造。但操纵不便，一般要在停车时进行。而且如果过早接上或过晚摘下差速锁，亦即在好路段上左、右车轮仍刚性连接，则将产生前已述及的在无差速器情况下出现的一系列问题。因此，有些越野汽车采用在行驶过程中，能根据路面情况自动改变驱动轮间转矩分配的高摩擦自锁式差速器。

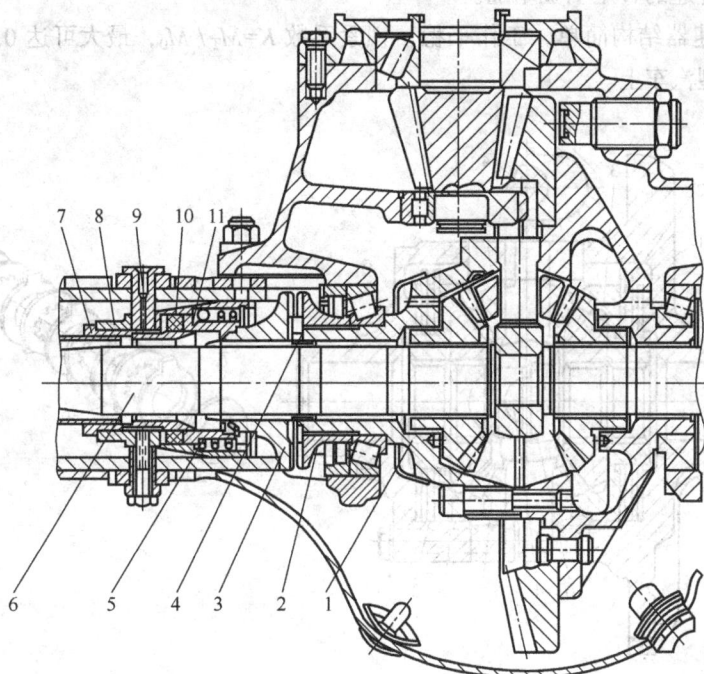

图 4-11　斯堪尼亚 LT110 型汽车强制锁止式差速器

1—差速器壳　2—内接合器　3—外接合器　4—锁圈　5—压力弹簧　6—半轴　7—套管　8—工作缸
9—气路管接头　10—活塞皮碗　11—活塞

（2）自锁式差速器

自锁式差速器主要有摩擦片式、滑块凸轮式和托森式等几种。它们的共同特点是在两驱动轮（轮间差速器）或两驱动桥（轴间差速器）转速不同时，不需人工操作，而是自动向慢转一方多分配一些转矩，以提高汽车的通过性和操纵稳定性。

① 摩擦片式自锁差速器。它是在对称式锥齿轮差速器的基础上发展起来的，如图 4-12 所示。它的十字轴由两根互相垂直的行星齿轮轴组成，其端部均切出凸 V 形斜面 6，相应的差速器壳 1 上也有凹 V 形斜面，两根行星齿轮轴的 V 形面是反向安装的，在左、右两个半轴齿轮的背面与差速器壳 1 之间装有推力压盘 3 和主从动摩擦片组 2。主从动摩擦片组 2 由弹簧钢片 7 和若干间隔排列的主动摩擦片 8 及从动摩擦片 9 组成。

当汽车直线行驶，两半轴无差速时，转矩平均分配给两半轴，由于差速器壳通过斜面对行星齿轮两端压紧，斜面上产生的轴向力迫使两行星齿轮轴分别向左、右方向（向外）略微移动，通过行星齿轮使推力盘压紧摩擦片。此时转矩经两条路线传给半轴：一路经行星齿轮轴，行星齿轮和半轴齿轮将大部分转矩传给半轴；另一路则由差速器壳经主、从动摩擦片、推力压盘传给半轴。

当汽车转弯或一侧车轮在路面上滑转时，行星齿轮自转，起差速作用，左右半轴齿轮的转速不等。由于转速差的存在和轴向力的作用，主从动摩擦片间在滑转的同时产生摩擦力矩。其数值大小与差速器传递的转矩和摩擦片数量成正比，而摩擦力矩的方向与快转半轴的旋转方向相反，与慢转半轴的旋向相同。由于转向时，慢转半轴存在着较大数值内摩擦力矩作用的结果，这样使慢转半轴传递的转矩明显增加。

摩擦片式差速器结构简单，工作平稳，锁紧系数 $K=M_T/M_0$，最大可达 0.6～0.7 或更高，常用于轿车或轻型汽车上。

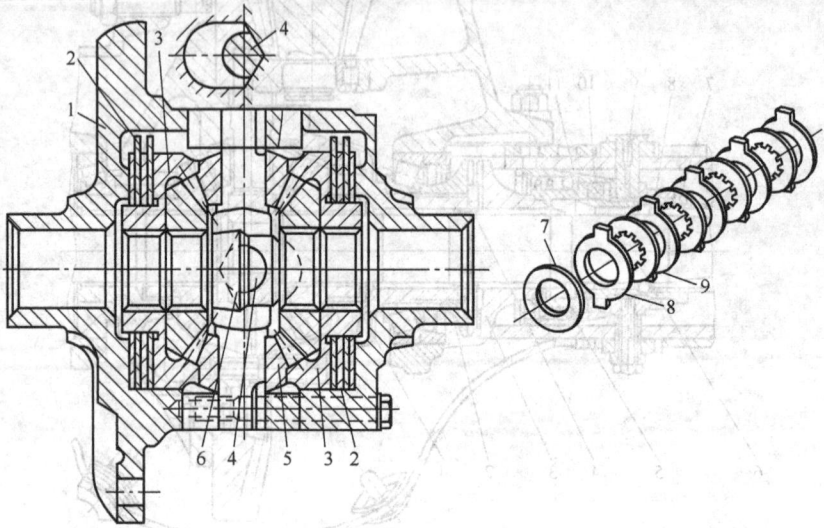

图 4-12　摩擦片式自锁差速器

1—差速器壳　2—主从动摩擦片组　3—推力压盘　4—十字轴　5—行星齿轮　6—V 形斜面

7—弹簧钢片　8—主动摩擦片　9—从动摩擦片

② 滑块凸轮式自锁差速器。它是利用滑块与凸轮之间产生较大数值的内摩擦力矩，以提高锁紧系数的一种高摩擦自锁差速器。图 4-13 所示为汽车中、后驱动桥之间采用的滑块凸轮式轴间差速器。转矩由传动轴经凸缘盘 1 和该轴间差速器分配给中桥主动双曲线锥齿轮 18 和后桥的传动轴 26。轴间差速器由主动套 6、8 个短滑块 7 及 8 个长滑块 8、接中桥的内凸轮花键套 9、接后桥的外凸轮花键套 25 及轴间差速器壳 27 和盖 24 组成。内凸轮花键套 9 用花键与中桥主动锥齿轮 18 相连，其前端内表面有 13 个圆弧凹面。外凸轮花键套 25 用花键与后桥传动轴 26 相连，其外表有 11 个圆弧凹面；主动套 6 前端与凸缘盘 1 用花键连接，后端空心套筒部分（即装在内外凸轮之间处），铣有 8 条穿通槽，每个槽内装长、短滑块各一个。所有滑块均可在槽内径向自由滑动，但为了使滑块及内、外凸轮磨损均匀，相邻两槽内滑块的装法不同，其中一个槽内长滑块在前，短滑块在后，而另一个槽内滑块的装法则相反。

当汽车在平直路面上直线行驶，中、后驱动桥车轮无转速差时，中桥主动双曲线锥齿轮 18 和后桥传动轴 26 的转速相间，即轴间差速器没有差速作用。此时转矩由凸缘盘 1 输入，经主动套 6、滑块 7 和 8、内外凸轮花键套 9 和 25，分别传给中桥和后桥。内、外凸轮花键套和主动套三者的转速相等。

当汽车转弯或在不平道路上行驶，或由于中、后桥驱动轮半径不等等原因，中、后两驱动桥需要有转速差时，主动套 6 槽内的滑块，一方面随主动套旋转并带动内、外凸轮花键套旋转，同时在内、外凸轮间沿槽孔径向滑动，保证中、后两驱动桥得以在不脱离传动的情况下实现差速。但由于滑块的滑动在内、外凸轮间产生的摩擦力矩作用下，使慢转的驱动轮上可以得到比快转驱动轮更大的转矩。假设中桥驱动轮因陷于泥泞路面而滑转，此时驱动桥的凸轮花键套 25 的转速 n_{25} 小于主动套 6 的转速 n_6，而驱动中桥的内凸轮花键套 9 的转速 n_9 则大于主动套转速 n_6，从图 4-13 中可以看出，滑块作用于内凸轮上的摩擦力 F_9 造成的力矩的方向与转动方向相反，而使内凸轮所受的转矩减速小；作用于外凸轮上的摩擦力 F_{25} 的方向与转动方向相同，故使外凸轮所受的转矩增加，因此中、后驱动桥上的转矩得到重新分配。

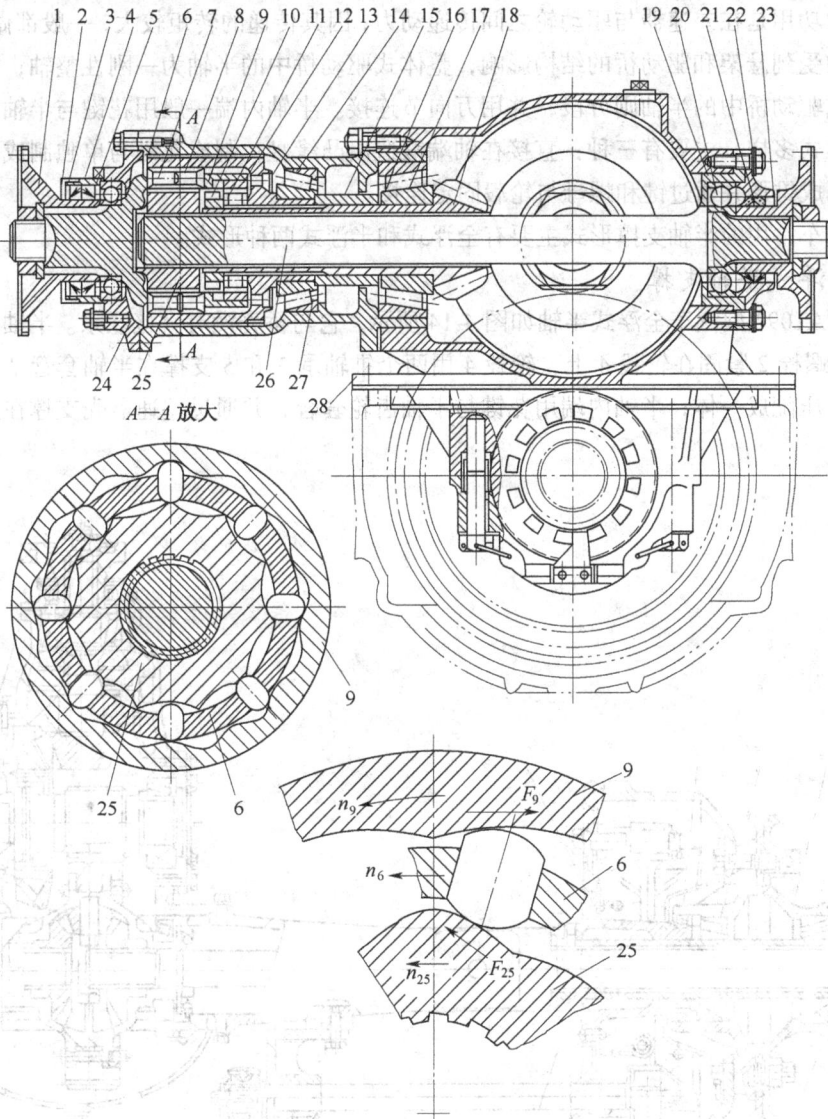

图 4-13　滑块凸轮式自锁差速器

1—凸缘盘　2—防尘罩　3—密封垫　4、22—油封　5—油封壳　6—主动套　7—短滑块　8—长滑块

9—接中桥的内凸轮花键套　10—螺母　11—垫圈　12—滚子轴承　13—中桥花键套护罩

14、17—圆锥滚子轴承　15—挡圈　16—调整垫圈　18—中桥主动双曲线锥齿轮　19—轴承座

20—球轴承　21—轴承盖　23—防尘毡　24—轴间差速器盖　25—接后桥的外凸轮花键套

26—后桥传动轴　27—轴间差速器壳　28—主减速器壳

滑块凸轮式差速器的锁紧系数 K 与凸轮表面的摩擦系数和倾角有关，一般最大可达 0.5～0.7。这种差速器可在很大程度上提高汽车的通过性，但结构复杂，加工要求高，摩擦件的磨损较大。它既可用作轴间差速器，也可用作轮间差速器。

三、半轴与桥壳

（一）半轴

半轴的功用是在差速器与驱动轮之间传递动力，因其传递的转矩较大，一般都做成实心轴。半轴的结构受到悬架和驱动桥的结构影响，整体式驱动桥中的半轴为一刚性整轴；而转向驱动桥和断开式驱动桥中的半轴则分段，并用万向节连接。半轴内端一般用花键与半轴齿轮连接。外端结构形式多样，主要有三种：直接在轴端锻造出凸缘盘；制成花键与单独制成的凸缘盘滑动配合；制成锥形并通过键和螺母与轮毂固定连接。

现代汽车常用的半轴支撑形式主要有全浮式和半浮式两种形式。

1. 全浮式半轴支撑

解放 CA1092 型汽车全浮式半轴如图 4-14 所示，它与桥壳没有直接联系。半轴外端有半轴凸缘 1，用螺栓 2 紧固在轮毂 4 上，轮毂 4 用两个锥轴承 3 和 5 支撑在半轴套管 7 上，半轴套管与桥壳 8 压配成一体；半轴内端用花键与半轴齿轮套合，并通过差速器壳支撑在主减速器壳的座孔中。

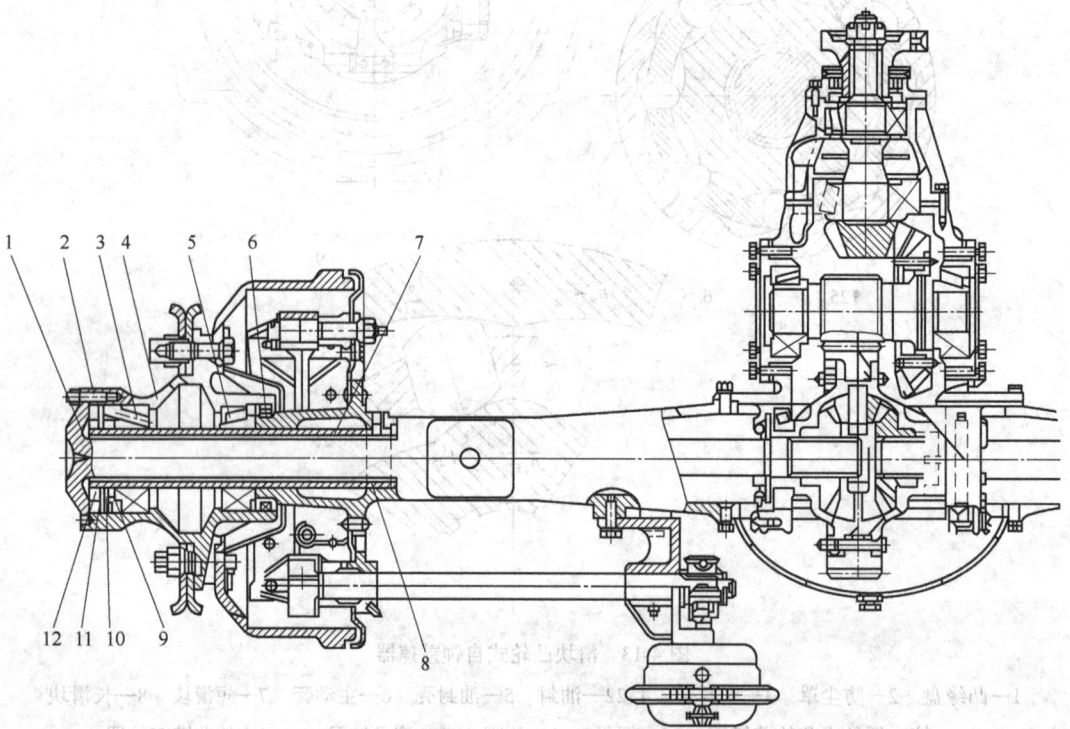

图 4-14　解放 CA1092 型汽车全浮式半轴支撑形式

1—半轴凸缘　2—轮毂螺栓　3、5—轮毂轴承　4—轮毂　6—油封　7—半轴套管　8—桥壳

9—调整垫片　10—油封　11—锁紧垫圈　12—锁紧螺母

全浮式半轴支撑形式及驱动桥的受力情况如图 4-15 所示。路面对驱动轮的各种作用力反映到车桥上，只有切向反力 X 作为该轮的驱动力传到半轴使半轴受到转矩作用，其余几个力（包括切向反力 X、垂直反力 Z、侧向反力 Y）所产生的转矩，都经轮毂 4、两个锥轴承 5 直接传到桥壳上，由桥壳承受。可见这种支撑形式的半轴除受转矩外，两端均不承受任何转矩，故称为全浮式。

全浮式支撑的半轴在汽车上应用最为广泛。其特点是易于拆装，只需拧下半轴凸缘上的轮毂螺栓，即可抽出半轴，而车轮与桥壳照常可以支撑住汽车。

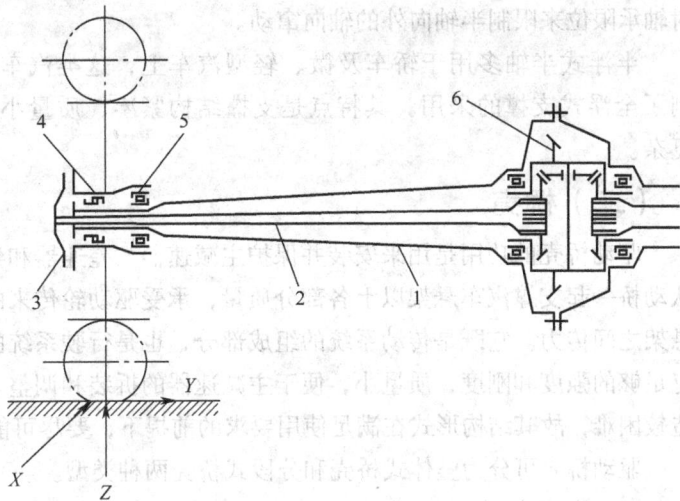

图 4-15 全浮式支撑半轴示意图

1—桥壳 2—半轴 3—半轴凸缘 4—轮毂 5—轴承

6—主减速器从动锥齿轮 X—切向反力 Y—侧向反力 Z—垂直反力

2. 半浮式半轴支撑

图 4-16 所示为红旗 CA7560 型高级轿车半浮式半轴，其半轴 2 内端的支撑方式与上述相同，即半轴内端不受力和转矩。半轴外端制成锥形，锥面上铣有键槽，最外端制有螺纹；轮毂 6 有相应的锥形孔与之配合，用键 5 连接，并用螺母 4 紧固，由一个圆锥滚柱轴承 3 直接支撑在桥壳凸缘 7 内。显然，此时作用在车轮上的各种反力都必须经过半轴传给驱动桥壳，因而，外端会承受全部转矩，而半轴内端不承受转矩，因此称为半浮式。

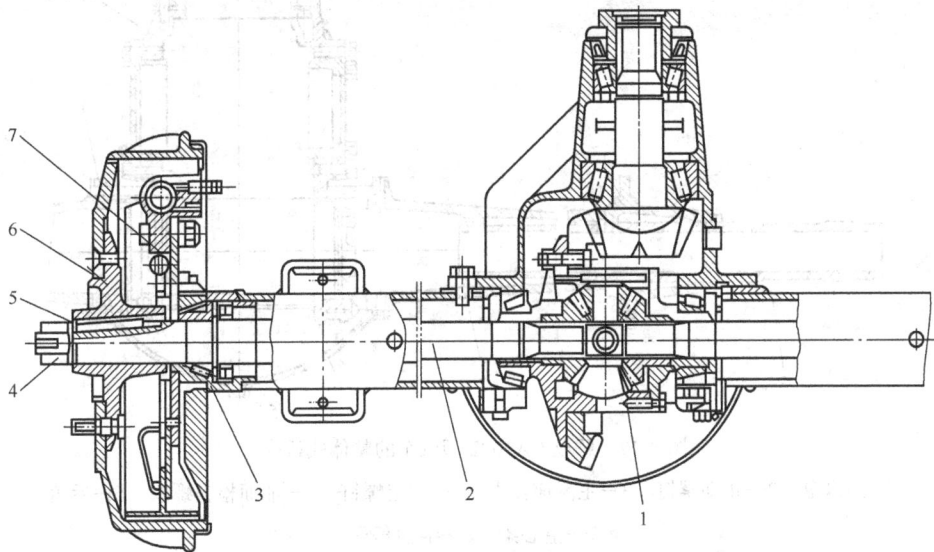

图 4-16 红旗 CA7560 型高级轿车半浮式半轴支撑形式

1—止推块 2—半轴 3—圆锥滚子轴承 4—锁紧螺母 5—键 6—轮毂 7—桥壳凸缘

为了限制半轴向内轴向窜动，差速器内装有止推块 1 对其进行轴向限位，而通过制动底板对轴承限位来限制半轴向外的轴向窜动。

半浮式半轴多用于轿车及微、轻型汽车上，这类汽车因其负载较小且轮胎直径小，限制了全浮式支撑的采用。其特点是支撑结构紧凑，质量小，拆装不方便，但半轴受力情况复杂。

（二）桥壳

驱动桥壳的功用是用来安装并保护主减速器、差速器和半轴以及用来安装悬架或轮毂，与从动桥一起支撑汽车悬架以上各部分质量，承受驱动轮传来的各种反力和力矩，并在驱动轮和悬架之间传力。它既是传动系统的组成部分，也是行驶系统的组成部分，因此，要求桥壳应具有足够的强度和刚度，质量小，便于主减速器的拆装和调整。由于桥壳的尺寸和质量较大，制造较困难，故其结构形式在满足使用要求的前提下，要尽可能便于制造。

驱动桥壳可分为整体式桥壳和分段式桥壳两种类型。

1. 整体式桥壳

图 4-17 所示为解放 CA1092 型汽车的整体式桥壳，它由中部的空心梁 7、半轴套管 8、主减速器壳 3 及后盖 6 等组成。空心梁用球墨铸铁铸成，中部有一环形大通孔，主减速器及差速器总成安装在前端。后端的大孔用来检查驱动桥内主减速器和差速器的工作情况，后盖装于它的后端面，用螺钉固定；上面装有螺塞，用于检查油面；此外，在壳上还另有加油孔和放油孔。空心梁上凸缘盘用以固定制动底板，两端压入钢制半轴套管，并用止动螺钉限定位置。轮毂轴承安装在半轴套管外端轴颈上。为了对轴承进行限位及调整轴承预紧度，最外端还制有螺纹。

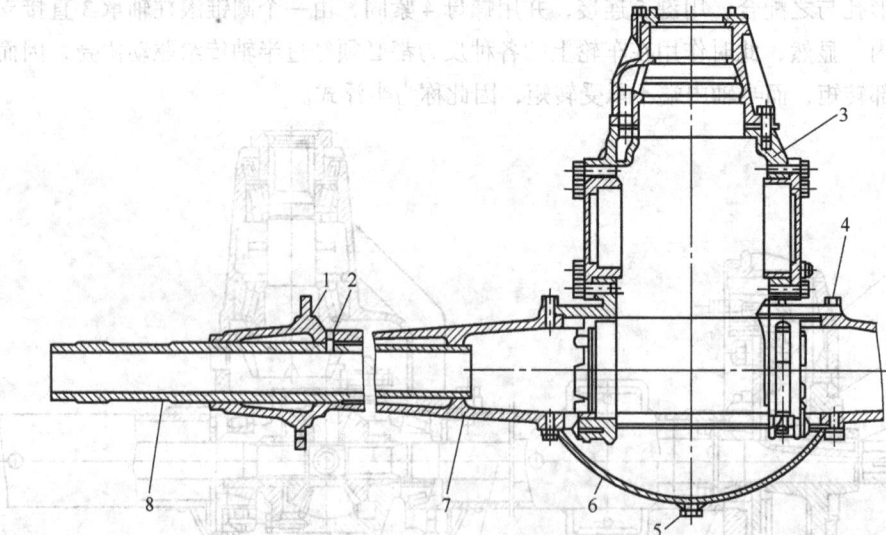

图 4-17 解放 CA1092 型汽车的整体式桥壳

1—凸缘盘 2—止动螺钉 3—主减速器壳 4—固定螺钉 5—油面检查螺塞 6—后盖

7—空心梁 8—半轴套管

整体式桥壳普遍应用于各类汽车上，优点是具有较大的刚度和强度，便于主减速器的装配、调整和维修。

2．分段式桥壳

分段式桥壳一般由两段组成，也有三段甚至多段组成的，各段之间用螺栓连接。

图 4-18 所示为一两段组成的桥壳，用螺栓 1 连成一体。它主要由铸造的主减速器壳 10、侧盖 14、两钢制半轴套管 4 组成。分段式桥壳比整体式桥壳易于铸造，加工简便，但维修不便。当拆检主减速器时，必须把整个驱动桥从汽车上拆卸下来，目前已较少采用。

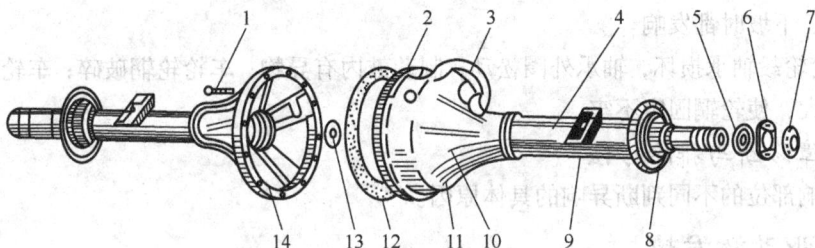

图 4-18　分段式驱动桥壳

1—螺栓　2—注油孔　3—主减速器壳颈部　4—半轴套管　5—调整螺母　6—止动垫片
7—锁紧螺母　8—凸缘盘　9—弹簧座　10—主减速器壳　11—放油孔
12—垫片　13—油封　14—盖

3．轮毂

驱动桥轮毂用两个轴承支撑在半轴套管外端上，转向桥轮毂用轴承支撑在转向节轴上，轮毂端面有凸缘盘用来连接半轴（驱动桥）或车轮（转向桥），轮毂一般用铸钢或球墨铸铁制成。

四、驱动桥常见故障

驱动桥的主减速器、差速器、半轴、轴承和油封等长期承受冲击载荷，使其各配合副磨损严重、各零部件损坏，导致驱动桥过热、异响和漏油等故障发生。

（一）驱动桥异响

1．现象

① 行驶时驱动桥有异响，脱挡滑行时异响减弱或消失。

② 行驶时驱动桥有异响，脱挡滑行时也有异响。

③ 汽车直线行驶时无异响，当汽车转弯时驱动桥处有异响。

④ 汽车上坡或下坡时后桥有异响，或上、下坡时驱动桥都有异响。

⑤ 车轮有运转噪声或沉重的异响。

2．原因

① 圆锥和圆柱主从动齿轮、行星齿轮、半轴齿轮啮合间隙过大；半轴齿轮花键槽与半轴的配合松旷；主、从动锥齿轮啮合不良；圆锥和圆柱主从动齿轮啮合间隙不均；齿轮齿面损伤或轮齿折断。

② 主动锥齿轮轴承松旷；主动圆柱齿轮轴承松旷；差速器圆锥滚子轴承松旷；后桥中某个

轴承由于预紧力过大，导致间隙过小；主、从动锥齿轮调整不当，间隙过小。

③ 差速器行星齿轮半轴齿轮不匹配，使其啮合不良；行星齿轮、半轴齿轮磨损或折断；差速器十字轴轴颈磨损；行星齿轮支承垫圈磨薄；行星齿轮与差速器十字轴卡滞或装配不当（如行星齿轮支承垫圈过厚），使行星齿轮转动困难；减速器从动齿轮与差速器壳的紧固铆钉松动。

④ 驱动桥某一部位的齿轮啮合间隙过小，导致汽车上坡时发响；后桥某一部位的齿轮啮合间隙过大，导致汽车下坡时发响；后桥某一部位的齿轮啮合印痕不当或齿轮轴支撑轴承松旷，导致汽车上、下坡时都发响。

⑤ 车轮轮毂轴承损坏，轴承外圈松动；制动鼓内有异物；车轮轮辋破碎；车轮轮辋轮胎螺栓孔磨损过大，使轮辋固定不牢。

3. 故障诊断与排除方法

根据异响部位的不同判断异响的具体原因。

（二）驱动桥发热

1. 现象

汽车行驶一段里程后，用手探试驱动桥壳中部或主减速器壳，有无法忍受的烫手感觉。

2. 原因

① 齿轮油变质、油量不足或牌号不符合要求。

② 轴承调整过紧。

③ 齿轮啮合间隙和行星齿轮与半轴齿轮啮合间隙调整太小。

④ 推力垫片与主减速器从动齿轮背隙过小。

⑤ 油封过紧和各运动副、轴承润滑不良而产生干（或半干）摩擦。

3. 故障诊断与排除方法

检查驱动桥中各部分受热情况。

① 局部过热

a. 油封处过热，则故障由油封过紧引起。

b. 轴承处过热，则故障由轴承损坏或调整不当引起。

c. 油封和轴承处均不过热，则故障由推力垫片与主减速器从动齿轮背隙过小引起。

② 普遍过热

a. 检查齿轮油油面高度：油面太低，则故障由齿轮油油量不足引起；否则检查齿轮油规格、黏度或润滑性能。

b. 检查结果不符合要求，则故障由齿轮油变质或规格不符引起；否则检查主减速器齿轮啮合间隙的大小。

c. 松开驻车制动器，变速器置于空挡，轻轻转动主减速器的凸缘盘；若转动角度太小，则故障由主减速器齿轮啮合间隙太小引起；若转动角度正常，则故障由差速器行星齿轮与半轴齿轮啮合间隙太小引起。

（三）驱动桥漏油

1. 现象

从驱动桥加油口、放油口螺塞处或油封、各接合面处可见到明显漏油痕迹。

2. 原因

① 加油口、放油口螺塞松动或损坏。

② 油封磨损、硬化，油封装反，油封与轴颈不同轴，油封轴颈磨成沟槽。

③ 接合平面变形、加工粗糙，密封衬垫太薄、硬化或损坏，紧固螺钉松动或损坏。

④ 通气孔堵塞。

⑤ 桥壳有铸造缺陷或裂纹。

⑥ 齿轮油加注过多，运转中壳体内压增高，使齿轮油渗出。

3. 故障诊断与排除方法

根据漏油痕迹部位判断漏油的具体原因。

项目实施

一、项目实施环境

驱动桥若干。

二、项目实施步骤

1. 驱动桥工作过程演示

教师通过教具、图片、动画、视频、课件等多种手段为学生演示驱动桥的工作过程。

2. 前驱动桥的拆装与调整

以桑塔纳轿车为例。

（1）前驱轿车驱动桥的分解

① 将变速器前端固定在修理架上，按图 4-19 所示装上输入轴，压出工具顶住轴的前端，螺栓 4 应与输入轴在同一直线上。

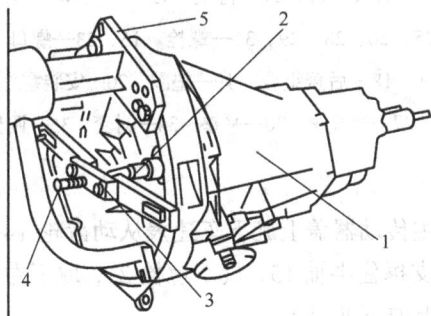

图 4-19 变速器壳体的修理架

1—变速器　2—输入轴　3—输入轴压出工具　4—螺栓　5—修理架

② 旋下放油塞放出机油，旋下后盖固定螺栓，拆下后盖 18、衬垫 21、输出轴调整垫圈 23 及输入轴调整衬垫 35，如图 4-20 所示。

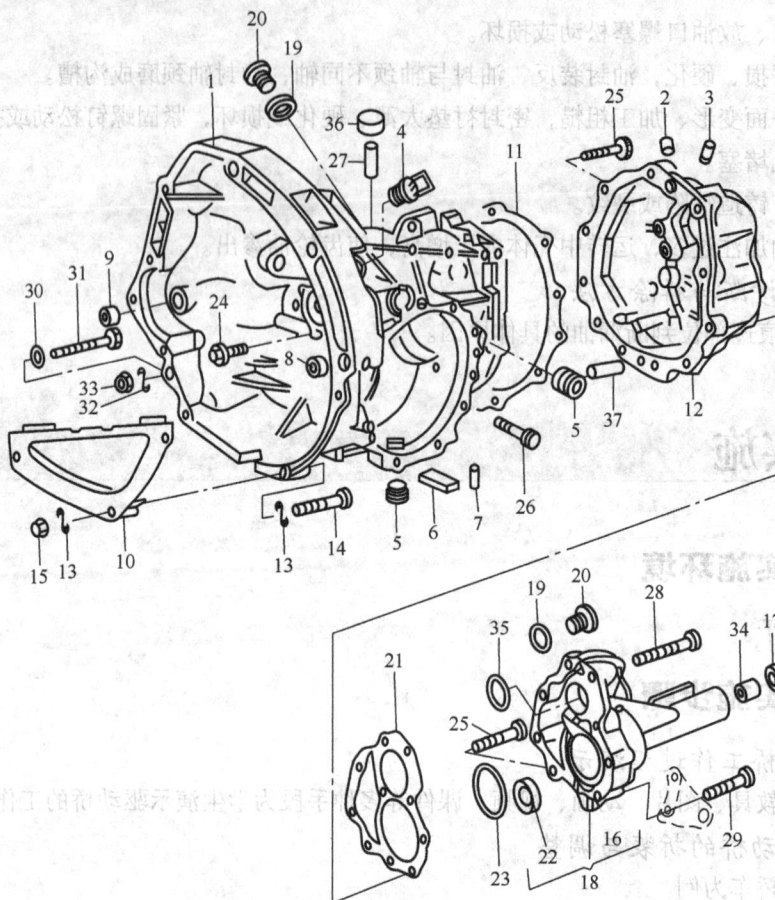

图 4-20　变速器与发动机安装螺栓的拆卸

1—变速器壳体　2、3—堵塞　4—检测孔橡皮塞

5—放油塞　6—异形磁铁　7—销钉　8、37—定位销

9—轴承　10—盖板　11、21—衬垫　12—后壳体　13、32—弹簧垫

14、24、25、26、28、29、31—螺栓　15、33—螺母　16—后盖

17—油封　18—后盖组合　19—垫圈　20—安装塞　22—轴套

23—调整垫圈　27—通气阀　30—平垫　34—衬套　35—调整衬垫　36—盖

③ 差速器总成的拆卸。

a. 按图 4-21 所示，由主传动器盖上旋下车速表从动齿轮 14 的轴套 13，取出车速表被动齿轮；旋下螺栓 20，用芯棒支撑住半轴 15，旋下螺栓 21，取下左侧主传动器盖 2，取下半轴和差速器总成；由主传动器盖上取下油封 17。

b. 如图 4-22 所示，用专用工具 A、B 由主传动器盖 1 上拉出差速器轴承外环 2。

c. 如图 4-23 所示，用专用工具 A、B 由变速器壳 1 上拉出另一端的差速器轴承外环 2。

d. 用拉器从变速器壳 1 上拉出输入轴中间滚针轴承。

e. 由变速器壳 1 上压出输入轴前油封座与油封。

f. 由变速器壳 1 上拉出输出轴前轴承外环锁销，再用工具压出输出轴前轴承外环。

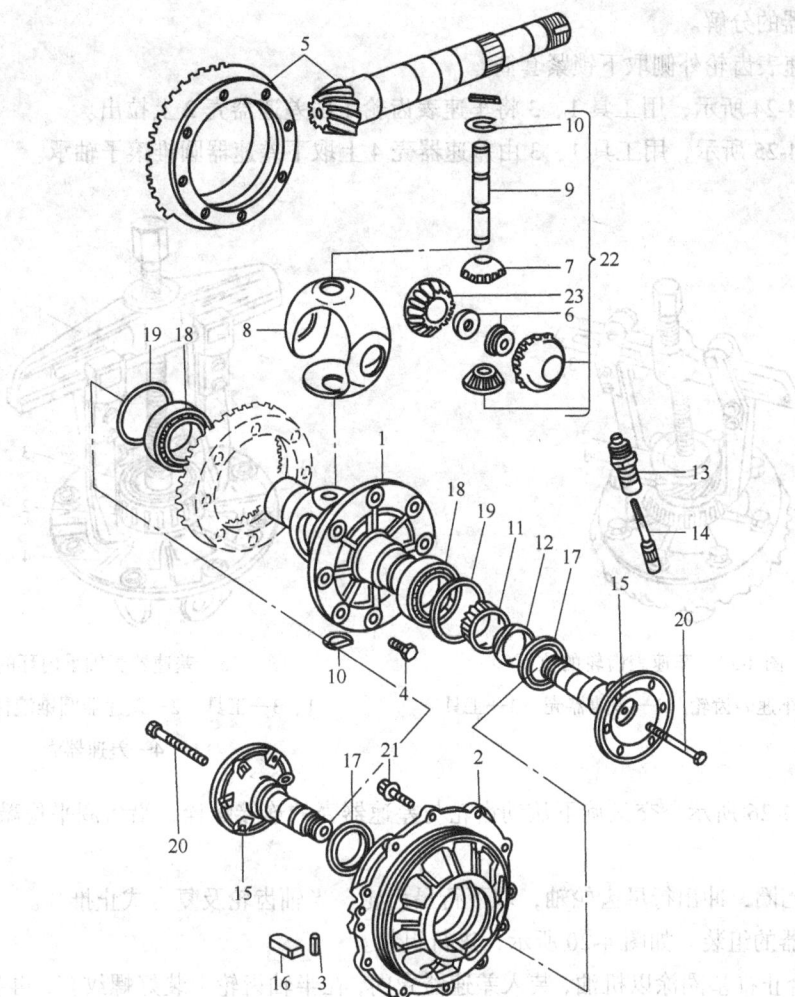

图 4-21　差速器总成的取出

1—差速器壳　2—主传动器盖　3—弹性销　4、20、21—螺栓　5—主传动齿轮副　6—螺纹套　7—行星齿轮
8—复合式止推片　9—行星齿轮轴　10—挡圈　11—车速表齿轮　12—锁紧套筒　13—车速表被动齿轮轴套
14—车速表从动齿轮　15—半轴　16—磁铁　17—油封　18—圆锥滚柱轴承　19—调整垫片
22—差速器总成　23—半轴齿轮

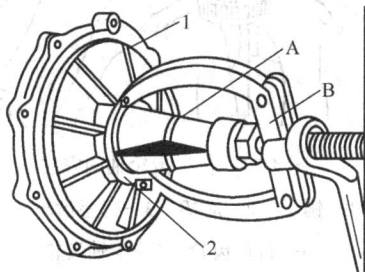

图 4-22　主传动器盖上差速器轴承外环拆卸

1—主传动器盖　2—差速器轴承外环　A、B—工具

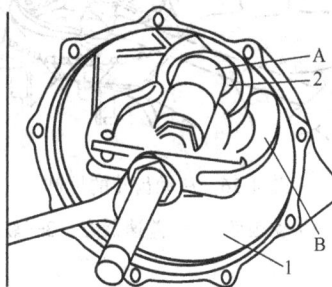

图 4-23　变速器壳上的差速器轴承外环的拆卸

1—变速器壳　2—差速器轴承外环　A、B—工具

④ 差速器的分解。

a. 由车速表齿轮外侧取下锁紧套筒。

b. 如图 4-24 所示，用工具 1、3 将车速表齿轮 1 由差速器壳 2 上拉出。

c. 如图 4-25 所示，用工具 1、3 由差速器壳 4 上取下差速器圆锥滚子轴承。

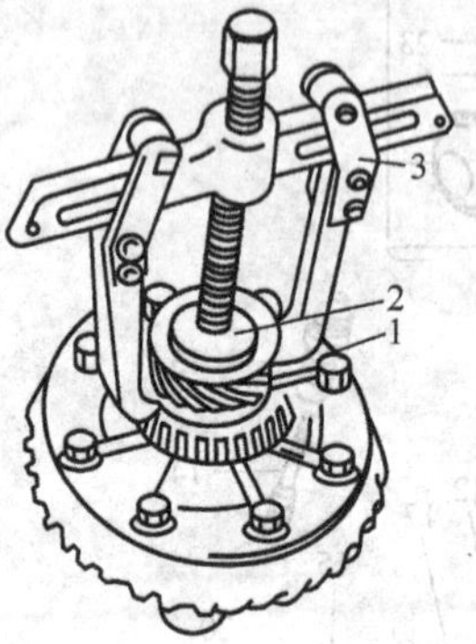

图 4-24　车速表齿轮的拉下

1—车速表齿轮　2—差速器壳　3—工具

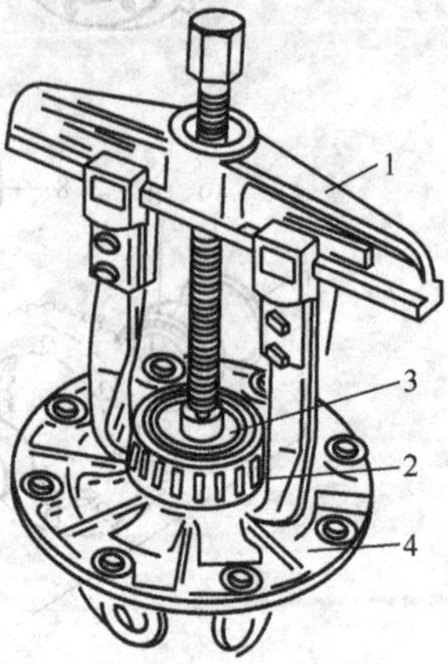

图 4-25　差速器壳轴承内环的拉出

1、3—工具　2—差速器圆锥滚柱轴承内环

4—差速器壳

d. 如图 4-26 所示，交叉旋下从动齿轮与差速器壳的连接螺栓，沿齿圈平稳敲下从动齿轮（防止变形）。

e. 取下挡圈，冲出行星齿轮轴，取下行星齿轮、半轴齿轮及复合式止推片。

⑤ 差速器的组装。如图 4-20 所示，进行组装。

a. 将复合止推垫圈涂以机油，装入差速器壳内，在半轴齿轮上装好螺纹套，再装行星齿轮。如图 4-27 所示，装入齿轮轴及轴上挡圈。

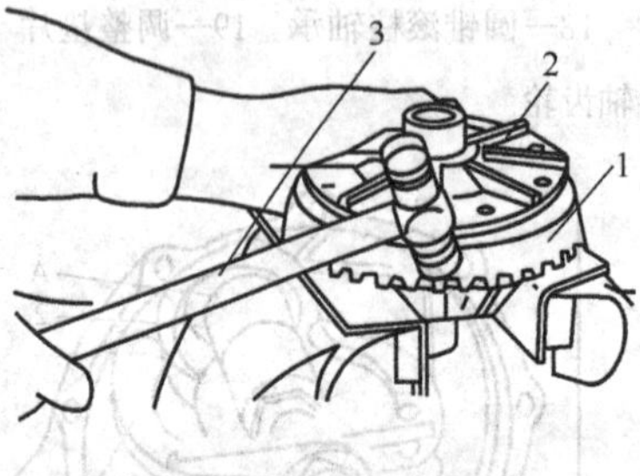

图 4-26　从动齿轮的拆卸

1—从动齿轮　2—差速器壳　3—软锤

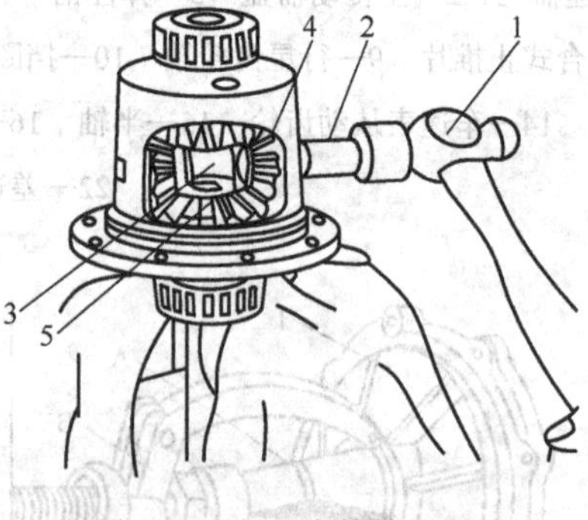

图 4-27　行星齿轮轴的安装

1—锤子　2—芯棒　3—行星齿轮轴

4—行星齿轮　5—半轴齿轮

b. 如图 4-28 所示，将从动齿轮加热至 100℃左右，以定心销导向，迅速装在差速器上。于各螺纹孔中涂以齿轮油，分 2～3 次交叉旋紧螺栓力矩为（70N·m）。

c. 如图 4-29 所示，将差速器圆锥滚针轴承内环加热至 100℃左右，压装在差速器壳两端外圆上。

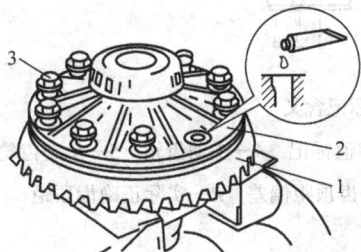

图 4-28　从动齿轮的安装

1—从动齿轮　2—差速器壳　3—螺栓

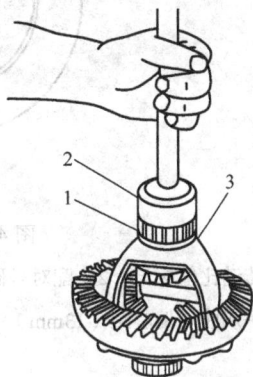

图 4-29　差速器轴承内环的安装

1—差速器轴承内环　2—工具　3—差速器壳

d. 如图 4-30 所示，将车速表齿轮压装在差速器壳上，压入深度 x 为 1.4mm，由垫圈或挡圈予以保证。

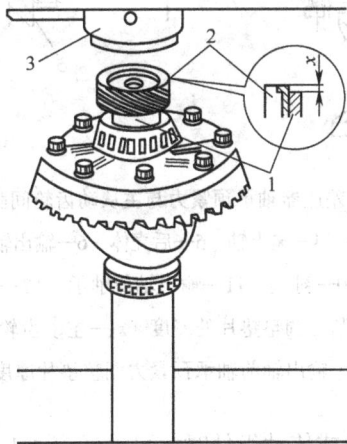

图 4-30　车速表齿轮的安装

1—差速器壳　2—车速表齿轮　3—压力机　x—压入深度

（2）主减速器的调整

通过改变从动齿轮调整垫片的厚度 s_1、s_2 和主动齿轮调整垫片的厚度 s_3，达到主、从动齿轮的正确啮合。调整方法如下。

① 主、从动齿轮的调整部位如图 4-31 所示。差速器壳两端调整垫片及主动轴承壳和变速器壳体间的调整垫片位置，如图 4-32 所示。

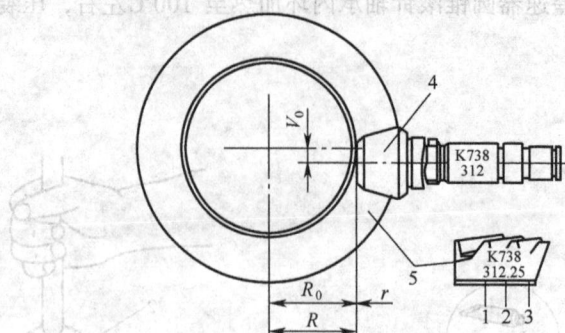

图 4-31　主、从动齿轮的标记含义

1—主传动比值标记　2—配对号码标记　3—齿顶距偏差值标记　4—主动齿轮　5—从动齿轮

V_0—双曲线偏心距（13mm）　R_0—理论齿顶距　r—齿顶距偏差　R—实际正确齿顶距

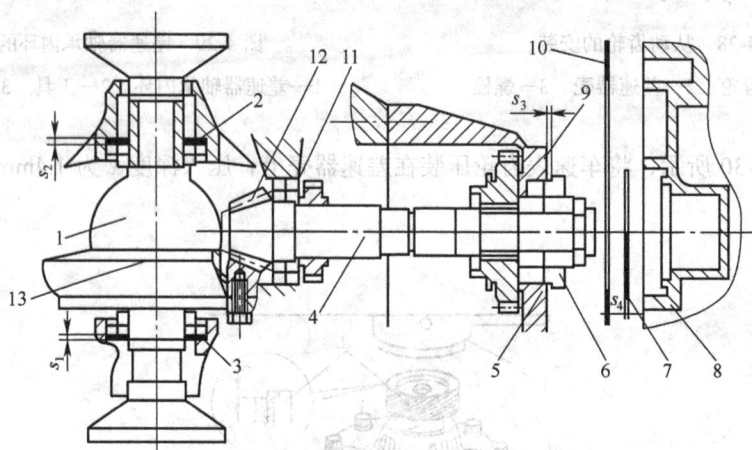

图 4-32　差速器轴承预紧力与主从动齿轮间隙的调整

1—差速器　2、3—差速器轴承调整垫　4—输出轴　5—后壳体　6—输出轴后轴承　7—输出轴后轴承调整垫片

8—后盖　9—调整垫片　10—衬垫　11—输出轴前轴承　12—主动齿轮　13—从动齿轮

s_1、s_2—差速器轴承预紧力调整垫片的厚度　s_3—主动齿轮位置调整垫片的厚度

s_4—输出轴前轴承预紧力调整垫片厚度

② 调整主动齿轮、从动齿轮或传动组件时，可参考表 4-1。

表 4-1　　　　　　　　　　　　　　　　　驱动桥调整表

需进行调整 调换零件	主动齿轮（s_3）的 实际尺寸测量	主动齿轮（s_3）的 尺寸 r	从动齿轮 （s_1 和 s_2）	轴承支座和变 速器罩壳之间 的调整垫片
齿轮箱罩壳	调整部位		调整部位	
主传动盖			调整部位	
变速器用圆锥滚柱轴承			调整部位	
传动组件		调整部位	调整部位	

续表

调换零件 \ 需进行调整	主动齿轮（s_3）的实际尺寸测量	主动齿轮（s_3）的尺寸 r	从动齿轮（s_1 和 s_2）	轴承支座和变速器罩壳之间的调整垫片
差速器罩壳			调整部位	
主动齿轮用双圆锥滚柱轴承	调整部位			调整部位
输入轴用轴承				调整部位
轴承支座	调整部位			调整部位
变速器罩壳				调整部位
第一挡齿轮用滚针轴承	调整部位			

③ 主、从动齿轮的调整应求出主动齿轮调整垫片及差速器调整垫片的总厚度。当更换变速器壳、主减速器盖、差速器滚柱轴承、差速器壳或从动齿轮时，则需重新调整从动齿轮，所以必须对调整垫片厚度进行测量与计算。

a. 将圆锥滚柱轴承的外环和调整垫片（厚 1.2mm）一同推入罩壳，直至与挡块相抵靠为止。并将设有调整垫片的另一圆锥滚柱轴承外环推入盖内直至挡块为止。

b. 将不带转速表齿轮的差速器轴承端压入罩壳内，再装上轴承盖，以 245N·m 的力矩再分别拧紧固定螺栓。

c. 安装夹紧套筒，如图 4-33 所示。上下移动夹紧套筒，读出表针的摆差值。

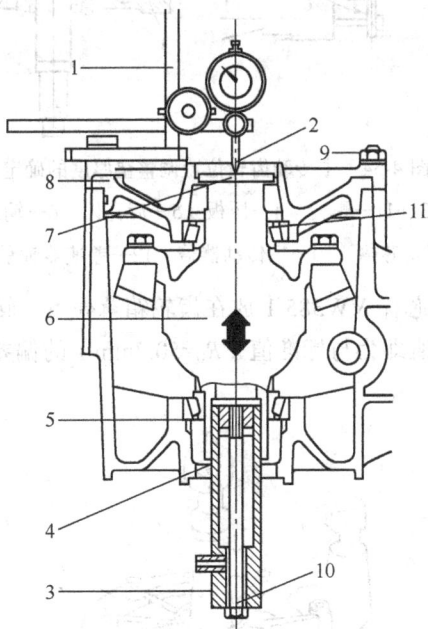

图 4-33　差速器轴承预紧力测定

1—千分表架　2—千分表　3—夹紧套筒　4—套筒　5—垫片　6—差速器　7—测量板
8—主传动器盖　9、10—螺栓　11—主传动器盖上的轴承外环

$$总厚度 = 摆差值 + 预紧量(0.40mm) + 原垫片厚(1.20mm)$$

例如：摆差值为 0.50mm，则总厚度=0.50mm+0.40mm+1.20mm=2.10mm。

d. 求需加垫片的厚度，即

$$需加垫片厚度 = 总厚度 - 原垫片厚度 = 2.10mm - 1.20mm = 0.90mm$$

④ 求主动齿轮调整垫片（s_3）厚度。

$$s_3 = e + r$$

式中，e 为测量值；r 为偏差值。

由于所更换的零件不同，求出 s_3 的方式也不同。

更换主动齿轮双列圆锥滚柱轴承；或齿轮箱罩壳；或第一挡齿轮轴承支座和滚针轴承；或所换主、从动齿轮上无偏差值"r"标记时，则按下述方法进行调整。

a. 安装 VW381/11 压板。旋松变速器罩壳的螺钉，用 2 个 M8×50 的螺钉旋紧 VW381/11 压板，使压板与主动齿轮轴保持垂直位置，以 2N·m 力矩拧紧螺栓3，如图 4-34 所示。

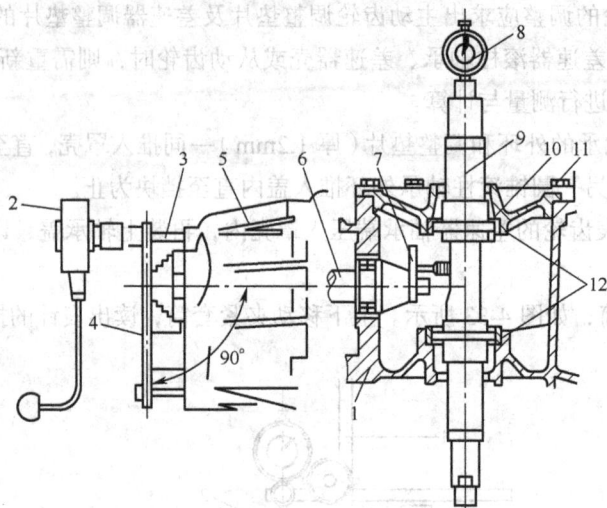

图 4-34　主传动齿轮位置调整垫厚度的确定

1—变速器壳　2—转矩扳手　3、11—螺栓　4—压板　5—后壳体　6—输出轴　7—量块板　8—千分表

9—测量芯棒　10—主传动器盖　12—差速器轴承外环

b. 拆下差速器，将测量芯棒 VW385/1 放在齿轮箱罩壳下，转动测量心棒，直至表针指至最大值，如图 4-35 所示。此值即为与标准值（R_0=50.7mm）的偏差值"e"，换装新零件后应尽可能达到此值。

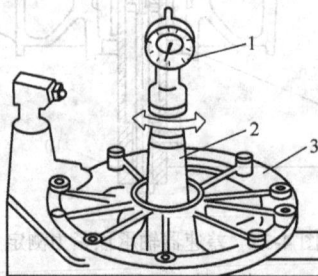

图 4-35　从动齿轮齿顶偏差的测量

1—千分表　2—测量芯棒　3—主传动器盖

c. 换装新零件后，将双列圆锥滚柱轴承外环与调整垫片 s_3 一同压入轴承支座内，连同预装好的联轴齿轮装入轴承支座，并压入双列圆锥滚柱轴承的第一内环，以 100N·m 力矩拧紧联轴齿轮螺母。再装入新密封圈，将轴承支座和联轴齿轮一同装入齿轮箱罩壳内，旋紧 4 个紧固螺栓。

使用测量芯棒重新测量安装位置。若此次测量值小于换件前所测值，则应增加调整垫片 s_3 的厚度；若此次测量值大于换件前所测值，则应减小调整垫片 s_3 的厚度。所需厚度的垫片可由备件中选用，见表 4-2。

表 4-2   桑塔纳驱动桥备用调整垫片

垫片厚度（mm）	备用件编号 A	垫片厚度（mm）	备用件编号 A
0.15	0.14 311 391A	0.70	0.14 311 391H
0.20	0.14 311 391B	0.80	0.14 311 391I
0.25	0.14 311 391C	0.90	0.14 311 391J
0.35	0.14 311 391D	1.00	0.14 311 391K
0.40	0.14 311 391E	1.10	0.14 311 391L
0.50	0.14 311 391F	1.20	0.14 311 391M
0.60	0.14 311 391G		

例如：换件前测量值为 0.50mm，换件后测量值为 0.40mm，则应将调整垫片 s_3 的厚度增加 0.10mm，按表 4-2 选用。

若更换主从动齿轮，且齿轮上给出偏差值"r"时，则按以下方法进行调整。应当首先测量出安装位置。

a. 将双列圆锥形滚柱轴承压入轴承座，不包括调整垫片 s_3。

b. 将主动齿轮装入轴承座。用钳口护板将齿轮轴夹持在台虎钳上，以 100N·m 力矩拧紧主动齿轮轴头螺母。

c. 装入新密封垫，将轴承支座与主动齿轮一同装入齿轮箱、罩壳；拧紧 4 个固定螺栓，用 2 个 M8×50 螺栓将 VW381/11 压板紧固在罩壳上，并保持压板与齿轮轴的垂直位置，拧紧压板螺栓。

d. 将测量芯棒 VW381/11 调节环调至 $a = 35$mm，滑动调节环调至 $b = 60$mm，如图 4-36 所示；然后进行组装，其中 VW385/16 长度为 12.3mm；将 VW385/30 量规调整到 $R_0 = 50.7$mm，并安装至测量芯棒上，再将千分表调至 0 位（调整范围为 3mm，并带有 2mm 的预紧力）。

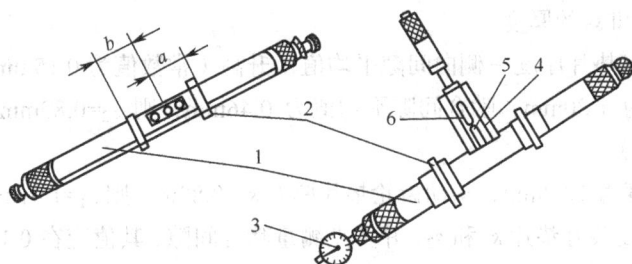

图 4-36 测量芯棒的组装

1—测量芯棒 2—调节环 3—千分表 4—测量头架 5—测量头 6—校正标准量规

e. 将 VW385/33 量块放在主动齿轮的端部，并将测量芯棒放在罩壳内，如图 4-37 所示。

f. 将主传动器盖与轴承外环安装在一起，用4个螺栓固定好。

g. 测量偏差值 "e"。首先移动调整环将定心垫片向外拉至用手能转动测量芯棒为止；转动测量芯棒，直至千分表指示出最大量程，此测值即为偏差值 "e"，见图 4-34、图 4-35。

h. 测完，拆下专用芯棒后须检查 VW385/30 调节量规是否处于 "0" 位。若未恢复 "0" 位，则须重新进行测量。

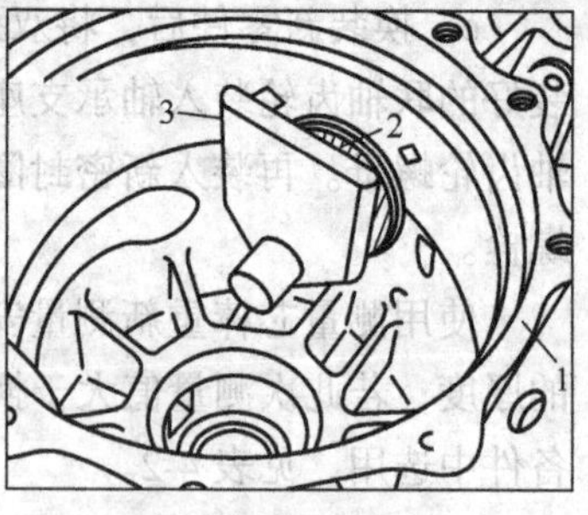

图 4-37 输出轴测量工具的安装
1—变速器壳 2—输出轴
3—测量量块板

i. 确定调整垫片 s_3 的厚度

$$s_3 = e + r$$

式中，e 为测出的最大量程；r 为偏差值（于从动齿轮上的 1/100mm 标出值）。

⑤ 主从动齿轮啮合间隙的调整。

将主动齿轮与垫片 s_3 一同安装好，罩壳上的垫片为 1.2mm，盖上的测量值与预紧量之和设定为 0.70mm（即测量值为 0.30mm，预紧量为 0.40mm）。按以下步骤求出调整垫片 s_1 和 s_2 的厚度。

a. 将差速器转动数次，以便固定圆锥滚柱轴承。

b. 按图 4-38 所示安装测量工具，使用千分表加长套管 VW382/10（6mm 见方），尺寸 a 为 71mm（图中 3 所指）。

c. 用两个 M8×50 螺栓将压板 VW381/11 对角压紧（力矩 2N·m），并使压板与主动齿轮轴保持垂直位置。

d. 将从动齿轮旋至挡块，将千分尺调至 "0" 位，转动从动齿轮，读出并记录啮合间隙值。

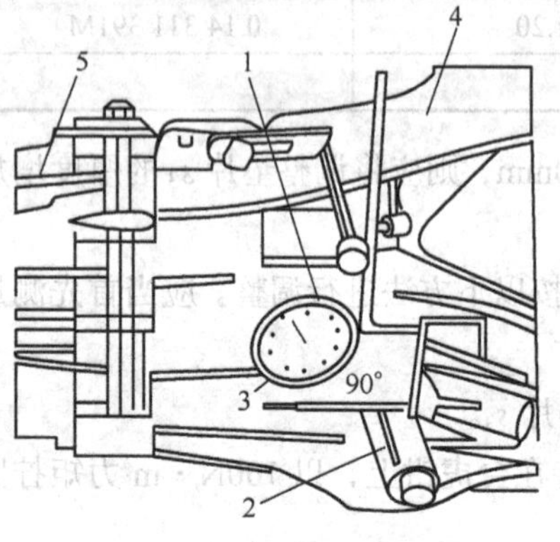

图 4-38 差速器轴承调整垫 s_1、s_2 的确定
1—千分表 2—夹紧套筒 3—加长套管
4—变速器壳 5—后壳体垫片 s_1 和 s_2

e. 旋松差速器上夹紧套筒的夹紧螺栓及主动齿轮上的夹板，将从动齿轮旋转 90°。按上述方法再重复测量三次，将四次测量值相加，计算出啮合间隙的平均值。

> **注意** 若每次测值偏差超过 0.05mm，安装的从动齿轮或传动组件则不能正常工作，必须复查安装是否有误，必要时应更换组件。

f. 求出垫片 s_1 和 s_2 的厚度

$$s_2 = 垫片厚度 - 侧向间隙平均值 + 升高（常数值为 0.15mm）$$

例：垫片厚度为 1.20mm，啮合间隙平均值为 0.46mm，则 s_2=0.89mm；s_1=垫片总厚度$-s_2$（从动齿轮垫片厚度）。

例：垫片总厚度为 1.90mm，从动齿轮垫片厚度 s_2=0.89m，则 s_1=1.01mm。

g. 按求出的厚度装好垫片 s_1 和 s_2，并多点测量啮合间隙，其值应在 0.10～0.20mm 范围内，相互偏差不得大于 0.05mm。

⑥ 差速器的装合。

a. 按调整结果，选择好调整垫片 s_1、s_2、s_3、s_4，装上输出轴、差速器。

b. 如图 4-39 所示,由左方将变速器盖装于变速器壳上,并在盖上装合车速表从动齿轮及轴套,旋紧固定螺栓(20N·m),因需调整差速器轴承预紧力,结合面暂不涂密封胶。

c. 如图 4-40 所示,以专用工具压入主传动器盖上的半轴油封(朝内并涂以齿轮油)。将变速器壳后端面涂以密封胶,装上衬垫、定位销及输入、输出轴的后壳体,旋紧固定螺栓(25N·m)。

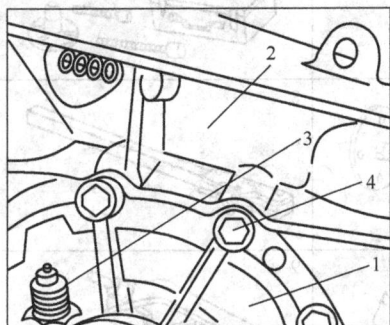

图 4-39 差速器与主传动器盖的安装

1—主传动器盖 2—变速器壳 3—车速表轴套 4—螺栓

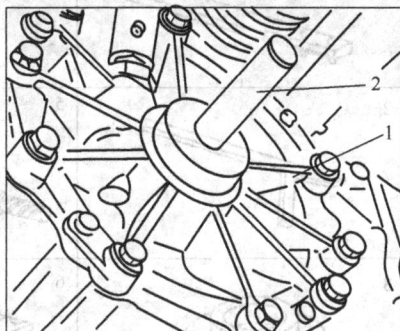

图 4-40 半轴油封的安装

1—主传动器盖 2—工具

d. 将各挡拨叉轴置于空挡位置,使内选挡杆拨挡臂进入三、四挡槽内。后壳体端面涂以密封胶,装上衬垫;在后壳体上旋上两个双导向螺栓,装合后盖并拧紧固定螺栓(25N·m)。拨动内选挡杆,检查各挡工作是否平顺。向变速器内注入齿轮油(API-GL4 或 SAE80)1.71L,如图 4-41、图 4-42 所示。

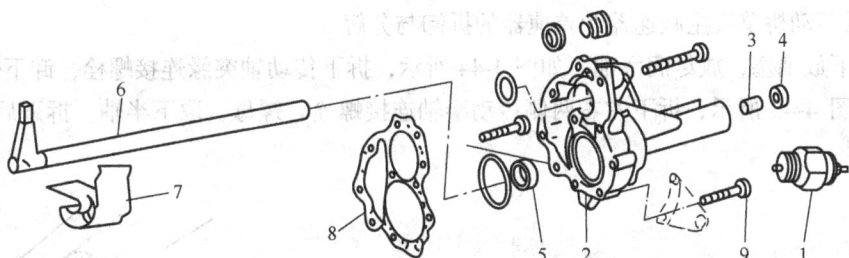

图 4-41 后盖上衬套的安装

1—倒车灯开关 2—后盖 3—内选挡杆后衬套 4—后油封 5—内选挡杆前衬套 6—内选挡杆
7—异形弹簧 8—衬垫 9—螺栓

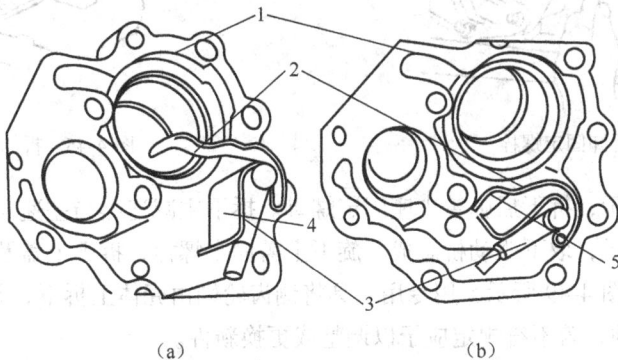

(a)   (b)

图 4-42 内选挡杆的安装

1—后盖 2—异形弹簧 3—内选挡杆 4、5—弹簧弯曲部

3. 后驱动桥的拆装与调整

以丰田 IRS 型为例，专用工具如图 4-43 所示。

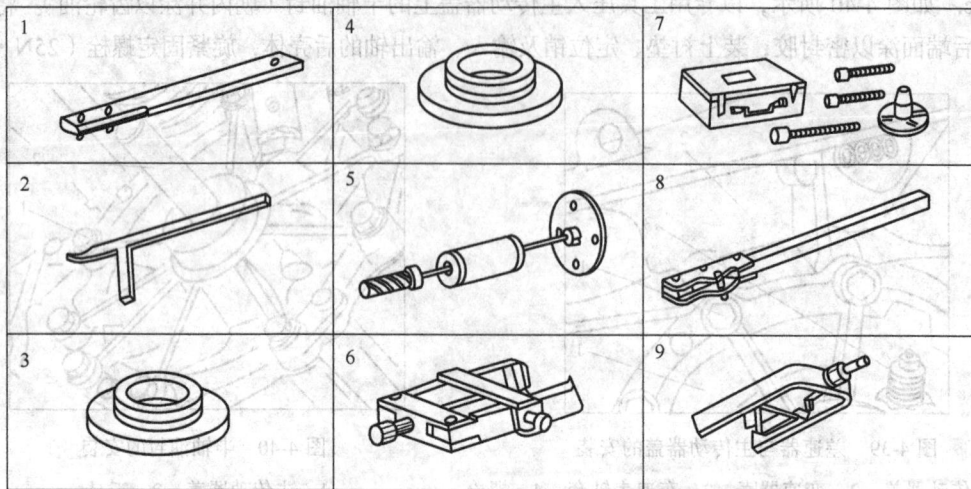

图 4-43　主减速器和差速器修理专用工具

1—侧轴承调整螺母扳手　2—侧垫圈拆卸器　3—传动齿轮锥体更换器　4—传动齿轮后轴更换器
5—侧齿轮轴拉器　6—传动齿轮前轴承拆卸器　7—凸缘拆卸器　8—凸缘拧紧工具
9—万向接头拆卸工具

（1）后驱动桥单级主减速器和差速器的拆卸与分解

① 拆下放油塞，放尽润滑油。如图 4-44 所示，拆下传动轴突缘连接螺栓，卸下传动轴。

② 如图 4-45 所示，拆下左右两侧传动半轴连接螺栓、螺母，取下半轴。拆下后弹簧支座螺母。

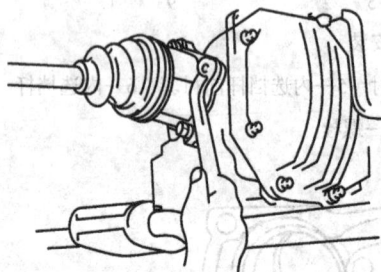

图 4-44　拆卸固定螺栓　　　　　　　图 4-45　拆卸传动半轴

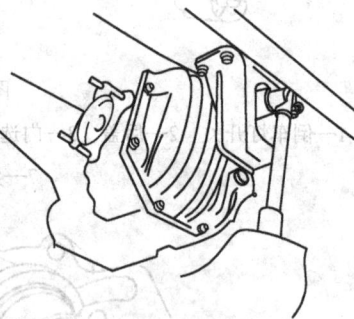

③ 如图 4-46 所示，拆下后弹簧支座固定螺母。拆下主减速器与差速器壳体固定螺母。

④ 如图 4-47 所示，取下驱动桥总成，旋下上盖固定螺栓，拆下上盖及垫。

⑤ 如图 4-48 及图 4-49 所示，用专用工具将侧齿轮轴由壳体上拆下，并拆下油封。

⑥ 检查下列各项，若不符规定应予以调整或更换新件。

a. 如图 4-50 所示，检查从动锥齿轮圆跳动量（最大值为 0.07mm）。

b. 如图 4-51 所示，检查从动锥齿轮间隙（规定值为 0.13～0.18mm）。

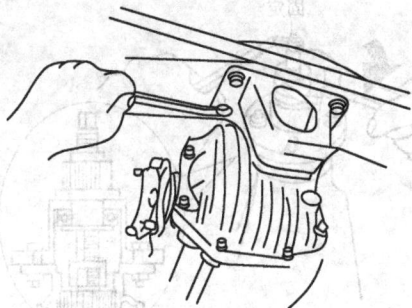

图 4-46　拆卸支承座

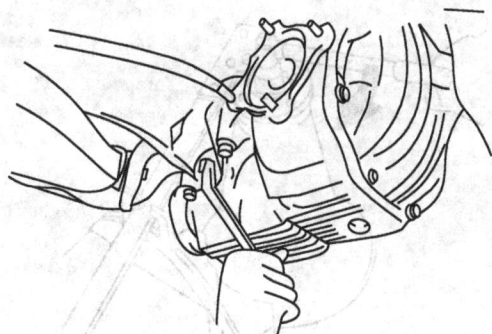

图 4-47　拆卸主减速器和差速器壳体

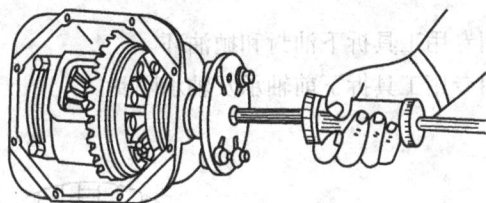

图 4-48　拆卸侧齿轮轴

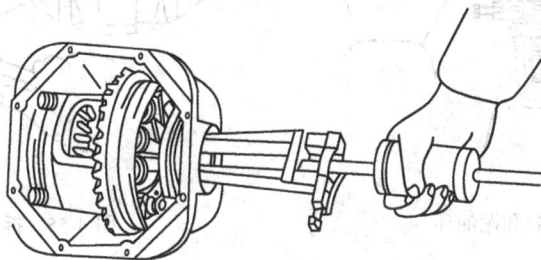

图 4-49　拆卸侧齿轮轴油封

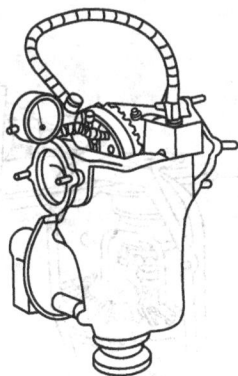

图 4-50　检查从动锥齿轮圆跳动

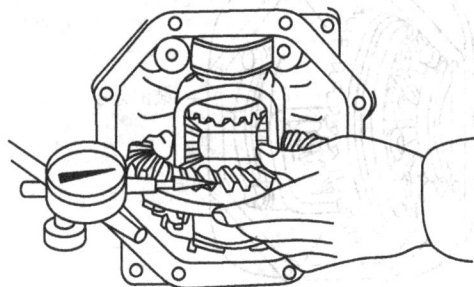

图 4-51　检查从动锥齿轮齿隙

c. 检查半轴齿轮与行星齿轮齿侧间隙（标准间隙值为 0.05～0.20mm）。

⑦ 如图 4-52、图 4-53 所示，撬开锁紧垫片，拆下紧固螺栓及凸缘。

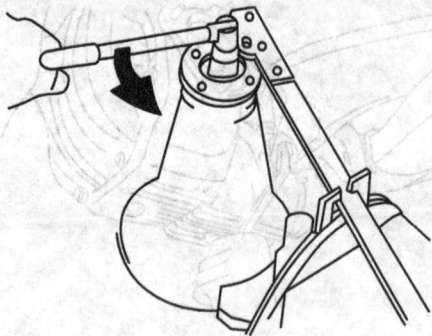

图 4-52　拆卸固定螺栓

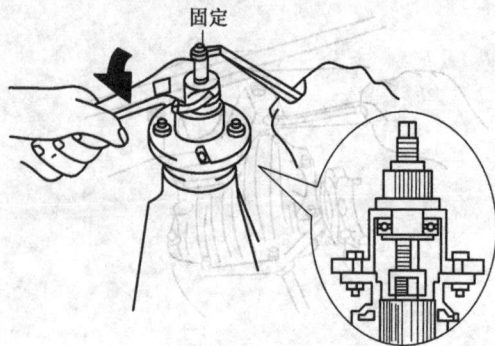

图 4-53　拆卸半轴凸缘

⑧ 如图 4-54 所示，用专用工具拆下油封和抛油环。

⑨ 如图 4-55 所示，用专用工具拆下前轴承及轴承隔圈。

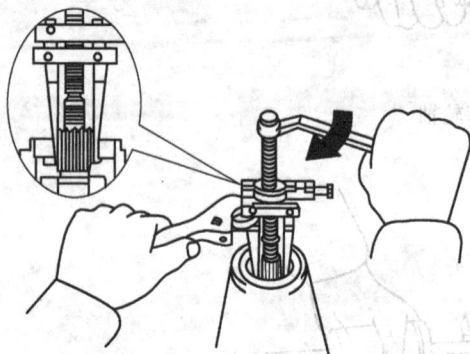

图 4-54　拆卸油封和抛油环

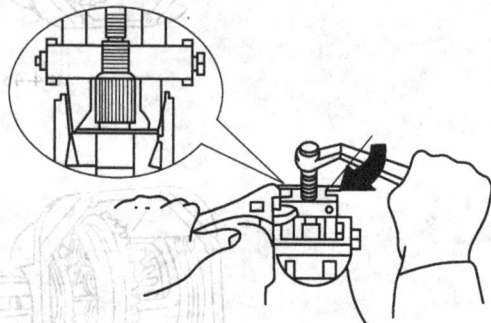

图 4-55　拆卸前轴承及隔圈

⑩ 如图 4-56 所示，于差速器和轴承盖上打出装配标记，拆下差速器左右轴承盖。

⑪ 如图 4-57 所示，用专用工具拆下两侧轴承预紧力调整平垫（注意检测调整垫间隙及厚度）。

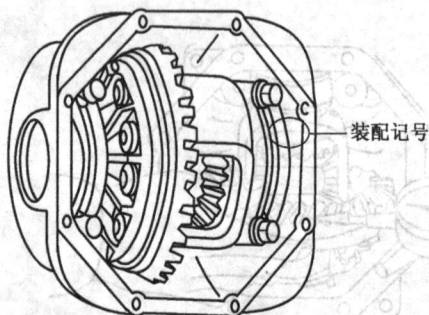

装配记号

图 4-56　拆卸差速器壳

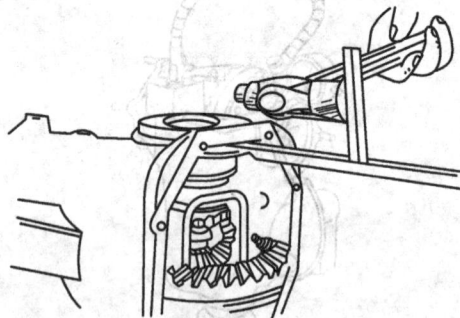

图 4-57　拆卸平板垫圈

⑫ 拆下差速器壳左（LH）、右（RH）轴承外座圈（注意：做好标记，不得互换）。取出差速器壳体、拆下主动锥齿轮。

⑬ 如图 4-58 所示，以专用工具夹住主动锥齿轮后轴承，并用压力机压出。用铜棒冲击前后轴承外环。

⑭ 如图 4-59～图 4-61 所示，由差速器壳上拆下从动锥齿轮（注意：打上装配标记）。拆下行星齿轮轴、行星齿轮、半轴齿轮及推力垫圈。

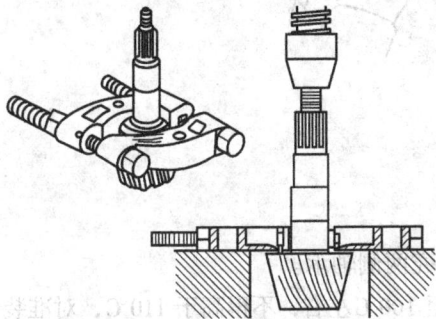

图 4-58　拆卸主动锥齿轮后轴承

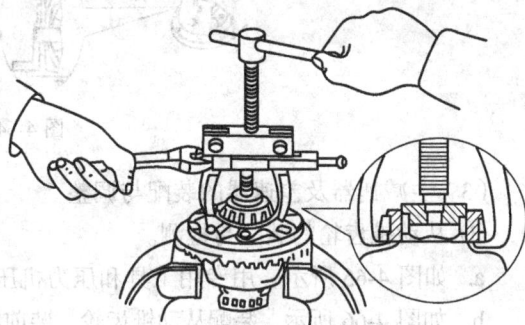

图 4-59　拆卸外圈座

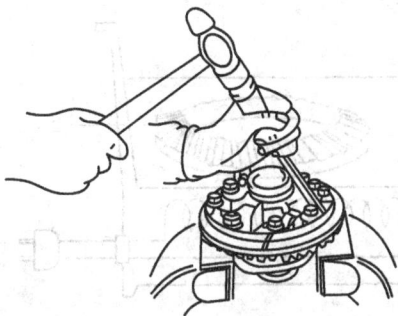

图 4-60　拆卸从动锥齿轮

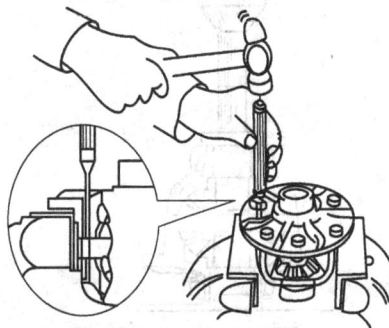

图 4-61　分解差速器

（2）差速器壳的装合与调整

① 如图 4-62 所示，选用适当厚度的推力垫圈，两侧选用相同厚度确保达到规定齿隙。标准齿隙 0.05～0.20mm。推力垫圈厚度：0.96～1.04mm、1.60～1.14mm、1.26～1.24mm、12.6～1.34mm。

② 装合差速器壳内推力垫圈，行星齿轮、半轴齿轮及推力垫圈，并检查齿隙。

③ 如图 4-63 所示，用手固定行星齿轮。检测齿隙（标准 0.05～0.20mm）。可选用不同厚度的推力垫圈予以调整。

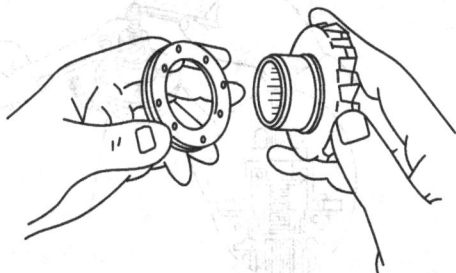

图 4-62　选配推力垫圈

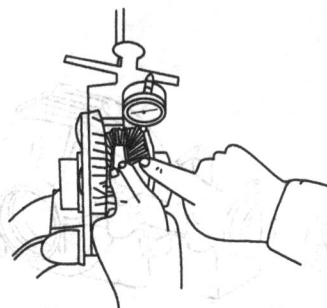

图 4-63　检查侧齿轮

④ 如图 4-64 所示，装复行星齿轮轴定位销。

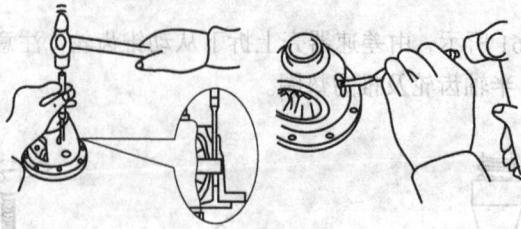

图 4-64 装销

（3）主减速器及差速器的装配与调整

① 从动锥齿轮的装配与检测。

a. 如图 4-65 所示，用专用工具和压力机压出差速器壳两侧轴承。

b. 如图 4-66 所示，装配从动锥齿轮。装前油浴加热至 100℃ 左右，不得高于 110℃，对准装配标记迅速装配到位（配合表面必须清洁）。对称均匀紧固连接螺栓（98.5N·m），并锁紧牢固。

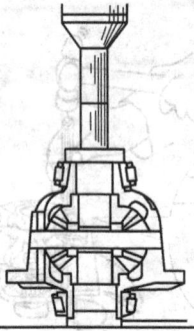

图 4-65 压出侧轴承

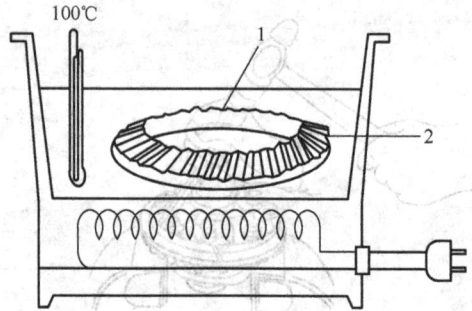

图 4-66 装配前的加热

1—环形齿轮 2—油浴容器

c. 检查从动锥齿轮圆跳动量。如图 4-50 所示，将差速器壳与主减速器装合后，拧紧调整螺母至轴承不存在间隙为止，用百分表检测从动锥齿轮的圆跳动量（最大值为 0.07mm）。

② 主动锥齿轮的装配与调整。

a. 将装有后轴承的主动锥齿轮装入桥壳内；装复前轴承；检查并调整齿轮接触面；装上隔离圈、抛油环和油封；装复并紧固凸缘，如图 4-67、图 4-68 所示。

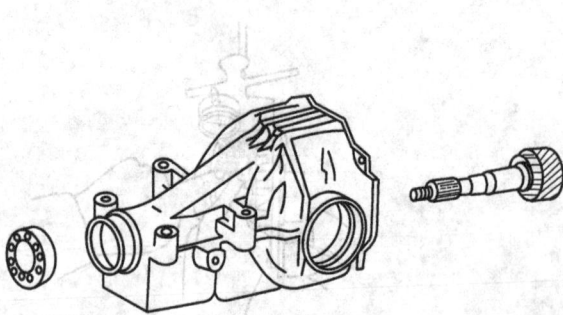

图 4-67 装主动锥齿轮

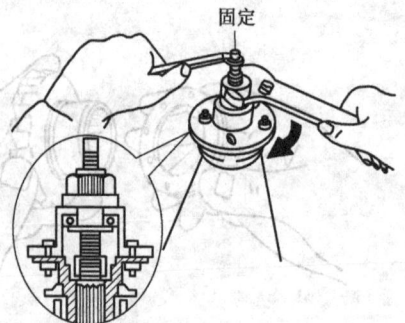

图 4-68 装半轴凸缘

b. 调整主动锥齿轮预紧力：如图 4-69、图 4-70 所示，以专用工具固定凸缘，拧紧中央螺母（不得过紧），用扭力扳手测量主、从动锥齿轮之间齿隙的预紧力（新轴承 1.2～1.9N·m，旧轴承 6～10N·m）。

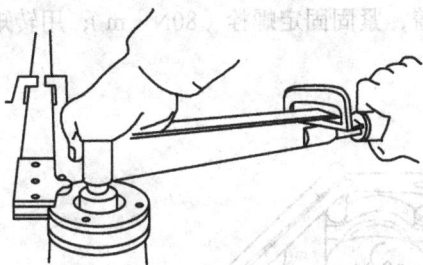

图 4-69　调整主动锥齿轮预荷重

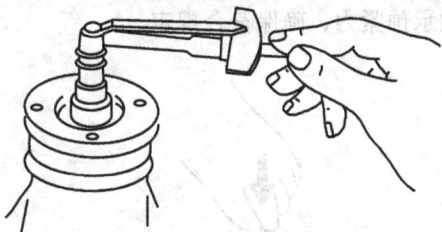

图 4-70　测量预载荷

③ 从动锥齿轮与差速器壳的装配与调整

a. 如图 4-71 ~ 图 4-73 所示，将轴承外座圈按原标记装合（不得换位），将差速器壳装入桥壳内。

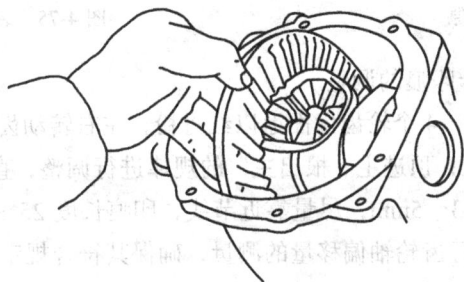

图 4-71　装差速器壳

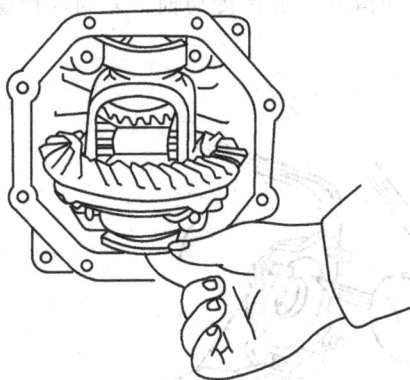

图 4-72　调整从动锥齿轮与壳体的间隙

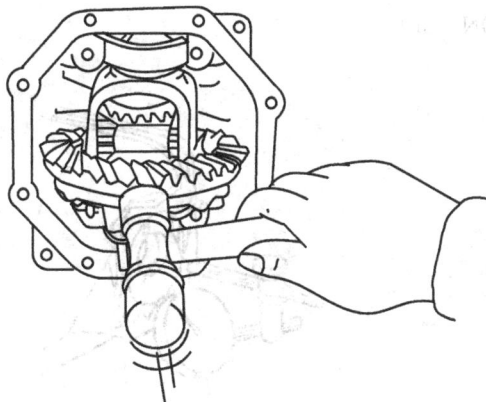

图 4-73　上紧垫圈和轴承

用调整垫片调整从动锥齿轮与壳体之间的间隙，确保符合规定。用软锤敲击从动齿轮边缘使轴承和垫圈紧附。

　　b. 如图 4-74 所示，固定从动齿轮和轴承毂，测量齿隙（参考值 0.10mm），可选用不同厚度的调整垫片分置两侧进行调整。调完，将其装入差速器外壳。

　　c. 如图 4-51 所示，用百分表检测与调整从动锥齿轮齿隙（规定 0.13～0.18mm）。可增减左右两侧调整垫片进行调整（注意：总厚度保持不变）。

　　d. 如图 4-75 所示，对准装配标记装上两侧轴承盖，紧固固定螺栓（80N·m）；用转矩检测轴承预紧力，确保符合规定。

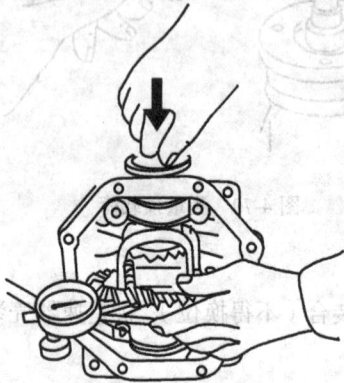

图 4-74　测量齿隙

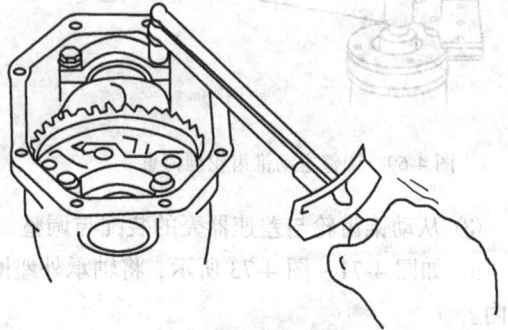

图 4-75　装侧轴承盖

　　④ 主、从动锥齿轮啮合印痕的调整

　　a. 选均布圆周方向的 3～4 个轮齿齿面涂以红丹粉，左右转动齿轮，观察啮合印痕位置。

　　b. 按"大进从、小出从；顶进主、根出主"的规律进行调整，直至符合规定为止。一般要求啮合印痕位置距轮齿小端 3～5mm，尽量靠近节线，印痕长度 25～30mm。

　　⑤ 如图 4-76 所示，进行齿轮轴偏移量的测量，确保其符合规定值。

　　（4）主减速器与差速器的装车

　　用举升器顶起，安装外壳连接螺栓（97N·m）；装复弹簧支座，旋紧支座固定螺栓（19.5N·m）；装上弹簧座支承螺母（75N·m）；加注润滑油；连接传动轴，紧固连接螺栓（70N·m）。

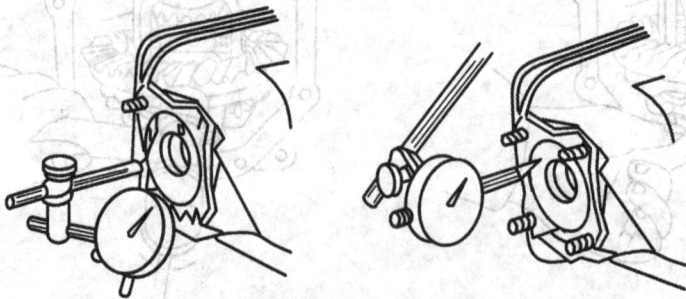

图 4-76　测量齿轮轴的偏移量

　　（5）驱动桥拆装注意事项

　　① 必须使用专用工量具，不得使用非标准工具或用硬质锤直接敲击。

② 装配前，必须彻底清洁，将零部件按装配顺序置放于清洁的工作台上或零件盒中，不得随处乱放。装前应涂以润滑油。

③ 严格按照技术要求及装配标记进行装合，防止破坏装配精度，如差速器壳及盖、调整垫片、传动轴等部位。行星齿轮止推垫片不得随意更换。

④ 严格按照规定转矩对各部螺栓进行紧固，不得随意拧紧。对弹性扭力螺栓，自锁螺母等零件，必须执行生产厂的技术要求进行更换。

⑤ 必须按照技术要求对轴承预紧度、啮合印痕、齿隙及各部配合尺寸正确调整。

⑥ 不得随意使用其他型号的锥形滚子轴承作为代用品。

⑦ 各结合表面及紧固部位，应按规定使用相应的密封胶剂。

⑧ 按照规定添加齿轮润滑油。

4. 驱动桥检查调整和维修

（1）驱动桥的检修

① 后桥壳和半轴套管

a. 桥壳和半轴套管不允许有裂纹存在，半轴套管应进行探伤处理。各部螺纹损伤不得超过2牙。

b. 钢板弹簧座定位孔的磨损不得大于 1.5mm，超限时先进行补焊，然后按原位置重新钻孔。

c. 整体式桥壳以半轴套管两内端轴颈的公共轴线为基准，其两外轴颈的径向圆跳动误差超过 0.30mm 时应进行校正，校正后的径向圆跳动误差不得大于 0.08mm。

d. 分段式桥壳以桥壳的结合圆柱面接合平面及另一端内锥面为基准，轮毂的内外轴颈的径向圆跳动误差超过 0.25mm 时应进行校正，校正后的径向圆跳动误差不得大于 0.08mm。

e. 桥壳承孔与半轴套管的配合及伸出长度应符合原厂规定，如半轴套管承孔磨损严重，可将座孔镗至修理尺寸，更换相应的修理尺寸的半轴套管。

f. 滚动轴承与桥壳的配合应符合原厂规定，如配合处过于松旷，可用刷镀修复承孔。

② 半轴

a. 半轴应进行隐伤检查，不得有任何形式的裂纹存在。

b. 半轴花键应无明显的扭转变形。

c. 以半轴轴线为基准，半轴中段未加工圆柱体径向圆跳动误差不得大于 1.3mm，花键外圆柱面的径向圆跳动误差不得大于 0.25mm，半轴凸缘内侧端面圆跳动误差不得大于 0.15mm。径向圆跳动超限，应进行冷压校正；端面圆跳动超限，可车削端面进行修正。

d. 半轴花键的侧隙增大量较原厂规定不得大于 0.15mm。

e. 对前轮驱动汽车的半轴总成（带两侧等角速万向节）还应进行以下作业内容：外端球笼万向节用手感检查应无径向间隙，否则应予更换；内侧三叉式万向节可沿轴向滑动，但应无明显的径向间隙感，否则应更换新品；防尘套是否有老化破裂，卡箍是否有效可靠，如失效应更换新品。

③ 轮毂

a. 轮毂应无裂纹，否则应更换，轮毂各部位的螺纹损伤不得有 2 牙。

b. 轮毂与半轴凸缘及制动鼓的结合面对轴承承孔公共轴线的端面圆跳动误差均应小于 0.15mm，超值可车削修复。

c. 轮毂轴承承孔与轴承的配合应符合原厂规定。承孔磨损逾限可用刷镀或喷焊修理。

④ 主减速器壳

a. 壳体应无裂损，各部位螺纹的损伤不得多于2牙，否则应换新。

b. 差速器左、右轴承孔同轴度公差应小于0.1mm。

c. 圆柱主动齿轮轴承（或侧盖）孔轴线及差速器轴承孔轴线对减速器壳前端面的平行度公差，当轴线长度在200mm以上，其值为0.12mm；纵、横轴线应位于同一平面（双曲线齿轮结构除外），其位置度公差应小于0.08mm。

d. 主减速器壳与侧盖的配合及圆柱主动齿轮轴承与减速器壳（或侧盖）的配合应符合原厂规定。

⑤ 主减速器锥齿轮副

a. 齿轮工作表面不得有明显的斑点、剥落、缺损和阶梯形磨损。

b. 主动圆锥齿轮轮齿锥面的径向圆跳动误差应小于0.05mm，前后轴承与轴颈、承孔的配合应符合原厂的规定；从动锥齿轮的铆钉连接应牢固可靠，用螺栓连接的，连接螺栓的紧固力矩应符合原厂规定，紧固螺栓锁止可靠。

c. 齿轮必须成对更换。

⑥ 差速器

a. 差速器壳产生裂纹，应更换。

b. 差速器壳与行星齿轮、半轴齿轮垫片的接触面应光滑、无沟槽，如有小的沟槽可用砂纸打磨，并更换新的半轴齿轮垫片。

c. 行星齿轮、半轴齿轮不得有裂纹，工作表面不得有明显斑点、脱落和缺损。

d. 差速器壳体与轴承和行星齿轮轴的配合应符合原厂规定。

⑦ 滚动轴承

a. 轴承的钢球（或滚柱）和滚道不得有伤痕、剥落、严重黑斑或烧损变色等缺陷，否则应更换。

b. 轴承架不得有缺口、裂纹、铆钉松动或钢球（或滚柱）脱出等现象，否则应更换。

（2）主减速器和差速器的装配步骤及注意事项

装配时应保持零件的清洁，并按以下步骤进行。

① 装差速器总成

先将垫片和一侧半轴齿轮装入差速器壳内，在行星齿轮和半轴齿轮配合的工作表面上涂以机油，然后装入已装好行星齿轮及垫片的十字轴，并使行星齿轮与半轴齿轮啮合。在行星齿轮上装入另一侧半轴齿轮及垫片，扣上另一侧的差速器壳。装入另一侧壳体时，应使两侧壳体上的位置标记对正，以免破坏齿轮副的正常啮合。

② 装差速器轴承

安装差速器轴承内圈时，应用压力机平稳压入内圈，不得用手锤敲击，以免损伤轴承的工作表面或刮伤轴颈表面破坏配合性质。

两侧差速器轴承都有调整螺母，装配时把差速器轴承外圈套在轴承上，将差速器总成装入轴承座孔，将两侧调整螺母装在座孔内的螺纹部分（螺纹一定要对好），然后将两侧轴承盖对好螺纹后装复（左右两轴承盖不得互换），装好锁片用螺栓紧固轴承盖。

③ 从动齿轮的安装和差速器的装合

将主减速器从动齿轮装在差速器壳体上，将固定螺栓按规定方向穿过壳体，套入垫片，用规定的力矩交替拧紧螺母，锁死锁片。

④ 主动齿轮轴上支承轴承及调整垫片的安装

在轴上压入后端轴承内圈，放上轴承及外圈，在轴上装上固定套筒（或弹性隔套）、调整垫片、前端轴承内圈、轴承及外圈、万向节凸缘盘，并用锁紧螺母锁紧，在调整好轴承预紧度后，装入轴承座内。

（3）主减速器的调整

调整内容包括主、从动圆锥齿轮轴承预紧度的调整（含差速器轴承预紧度的调整）；主、从动圆锥齿轮啮合印痕和啮合间隙的调整。在进行调整作业时，必须先调整轴承的预紧度，再调整啮合间隙，最后调整啮合印痕。但大、小圆锥齿轮啮合间隙和啮合印痕的调整，应以后者为准，只要啮合印痕正确，啮合间隙偏大而不超过 0.60mm，都是允许的。

① 轴承预紧度的调整

a. 主动圆锥齿轮轴承预紧度的调整方法有两种。

第一种方法是：在两锥形轴承内圈之间加、减调整垫片，如解放 CA1092 型和东风 EQ1092 型等汽车采用。如解放 CA1092 型汽车，在不装前轴承油封的状态下，用 196N·m 的力矩拧紧凸缘盘螺母，转动凸缘盘的力矩应在 1.4～3.43N·m 之间，若力矩大于标准值，说明轴承的预紧度过大，应增加调整垫片的厚度；反之若力矩小于标准值，说明轴承预紧度过小，应减少调整垫片。

第二种方法是：在前后轴承内圈之间放置一个可压缩的弹性薄壁隔套，按规定力矩拧紧凸缘盘固定螺母后，隔套产生弹性变形，其张力自动适应对轴承预紧度的要求（但因隔离套的弹性衰退，每次都必须换用新的隔套），轿车的主减速器大多采用这种方法。例如北京切诺基轿车就采用此种结构，其装配要求是：装入长度已选好的隔套和前轴承内圈并装入油封，再装入万向节凸缘，用 285N·m 的力矩拧紧固定螺母（注意，因隔套不可重复使用，新套上紧后也不能松开），用手转动主动圆锥齿轮应能转动自如，用测力扳手转动主动圆锥齿轮轴，其力矩应为 1～2N·m，且在转动的过程中力矩不应发生明显变化，若阻力较大，应查明原因加以消除。

b. 从动圆锥齿轮轴承预紧度的调整方法也分为两种情况。

第一种为单级主减速器：其从动圆锥齿轮固定在差速器壳上，调整从动圆锥齿轮轴承预紧度就是调整差速器轴承预紧度。双级主减速器差速器轴承预紧度的调整与此相同。调整时，慢慢转动两侧调整螺母（见图 4-3（a）中零件 2 和图 4-5 中零件 3），同时慢慢转动差速器总成，使滚柱处于正确位置之后，通常轴承的预紧度可用转动差速器总成的力矩来衡量。如东风 EQ1092 型汽车，用 0.98～3.4N·m 的力矩应以能灵活转动差速器总成为宜。预紧度调整后，应将调整螺母用锁片锁住。

第二种为双级主减速器：从动圆锥齿轮与二级减速的主动圆柱齿轮固定在同一根轴上，两端用轴承支撑在主减速器壳上。轴承预紧度的调整可参照图 4-5 所示，选择适当厚度的调整垫片 6、13，安装在主减速器壳 12 与轴承盖 4、15 之间，拧紧轴承盖紧固螺栓后，用转动从动锥齿轮的力矩来衡量预紧度是否合适。如解放 CA1092 型汽车，转动从动锥齿轮的力矩应为 1.47～3.43N·m，如所需力矩过大，应增加垫片的厚度；反之，所需力矩过小，则应减少垫片厚度。

此外，有些汽车采用分开式后桥，其从动锥齿轮轴承预紧度可通过轴承与差速器壳之间的垫片厚度来进行调整，增加垫片的厚度，轴承预紧度增加。

② 主、从动圆锥齿轮啮合印痕与齿侧间隙的调整

主、从动圆锥齿轮沿齿长方向接触印痕，应在轮齿的中部偏向小端，离小端端部 2～7mm，

接触印痕的长度不小于齿长的 50%；齿高方向的接触印痕宽度应不小于齿高的 50%，一般应距齿顶 0.80～1.60mm。齿侧间隙为 0.15～0.50mm，最大不得大于 0.65mm。

  如果主、从动圆锥齿轮的啮合印痕和齿侧间隙不符合要求时，应按图 4-77 所示的方法进行调整。这种方法可以简化为如下的口诀："大进从、小出从；顶进主、根出主"。用这种方法调整时，要注意保证齿侧间隙不得小于最小值。

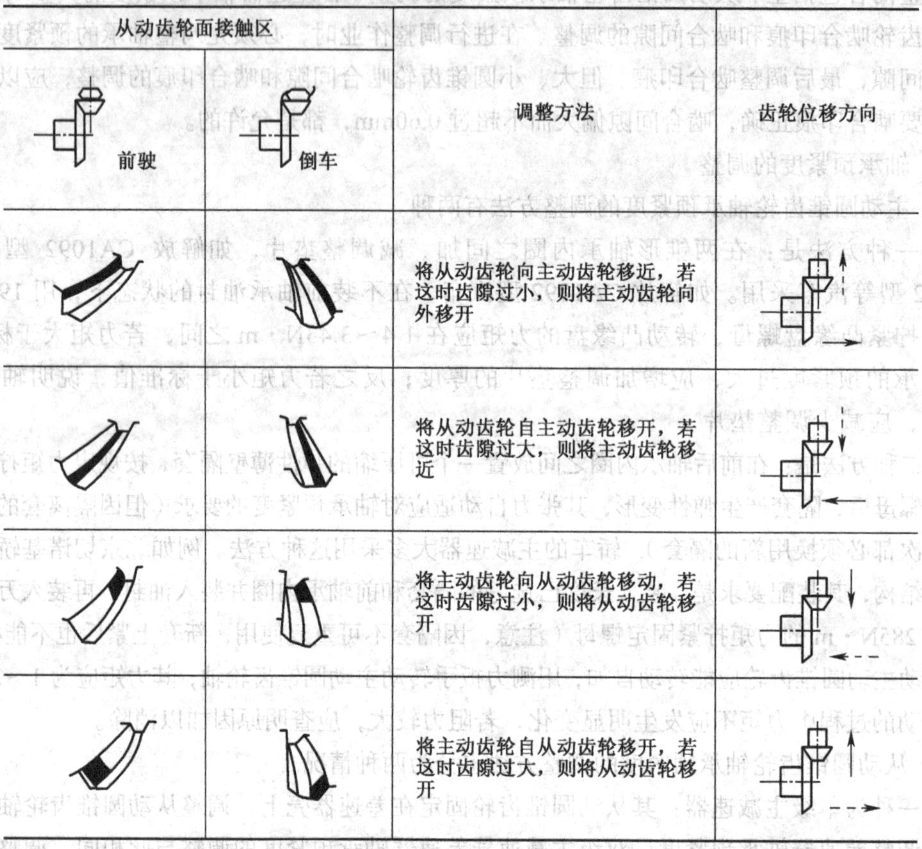

从动齿轮面接触区		调整方法	齿轮位移方向
前驱	倒车		
		将从动齿轮向主动齿轮移近，若这时齿隙过小，则将主动齿轮向外移开	
		将从动齿轮自主动齿轮移开，若这时齿隙过大，则将主动齿轮移近	
		将主动齿轮向从动齿轮移动，若这时齿隙过小，则将从动齿轮移开	
		将主动齿轮自从动齿轮移开，若这时齿隙过大，则将从动齿轮移开	

图 4-77 圆锥齿轮啮合印痕的调整方法

  实现齿轮位移的具体方法与车辆的结构有关。

  a. 主动圆锥齿轮的移动。对于单级主减速器，可用增加或减少主动圆锥齿轮前轴承座与减速器壳体间的垫片（见图 4-3（a）零件 9）来实现主动锥齿轮的轴向移动。对于双级主减速器，其主动锥齿轮安装在单独的轴承座中，增减轴承座与主减速器壳之间的垫片（见图 4-5 零件 7），可使轴承座连同主动圆锥齿轮的轴向位置发生变化。

  b. 从动圆锥齿轮的移动。对于单级主减速器，从动圆锥齿轮轴承就是差速器的轴承，将轴承两侧的调整螺母按"左进右退"或"左退右进"的原则转动相等的圈数，就可以在不改变轴承预紧度的前提下，改变从动圆锥齿轮的轴向位置。对于双级主减速器，在保持两侧轴承盖下垫片总厚度不变的前提下，将左右轴承盖下垫片数目重新分配，便可以在不改变轴承预紧度的前提下移动从动圆锥齿轮的位置。

拓展知识

驱动桥的维护

国产中型载货汽车后桥的维护在一、二级维护中占有重要的位置。

1. 一级维护

一级维护时，对驱动桥和车轮应进行下述的维护作业。

（1）检查后桥壳是否有裂纹及不正常的渗漏。如有渗漏，应查明原因，予以排除。

（2）检查各部螺栓、螺母的连接是否可靠。

（3）后桥壳体内的润滑油量是否合适，其油面应不低于检视孔下沿 15mm 处。

（4）后桥壳的通气塞应保持畅通。

（5）用推动轮毂来检查轴承的紧度时，应无明显手感的旷量。

（6）检视轮胎和半轴上的外露螺栓、螺母，不得有松动。

2. 二级维护

二级维护除进行一级维护的所有项目外，还应进行以下内容。

（1）检查半轴。半轴应无弯曲、裂纹，键槽无过度磨损。如有可视的锤槽磨损时，应进行左右半轴的换位。

（2）拆下轮毂，检查半轴套管是否有配合松旷和裂纹，各螺纹的损伤不得超过 2 牙。

（3）检视后桥壳是否有裂纹。

（4）放油后，拆下后桥壳盖，清除油污并检视齿轮、轴承及各部螺栓紧固情况，必要时可以更换齿轮和轴承。

（5）检视主减速器的油封有无漏油，凸缘螺母是否松动，检查主减速器的连接螺栓的紧固情况。

（6）检查轮毂轴承的紧固情况，必要时按技术条件的要求校紧。

二级维护时，还要根据有无下列现象，决定后桥维护的附加作业项目。

① 主减速器有无异响，主减速器的啮合间隙是否过大。如有上述现象，说明轮齿磨损或啮合间隙过大，应调整啮合间隙并检查齿面接合状况。

② 检查后桥在正常工作时的油温是否超过 60℃并伴有异响。如有此现象说明齿轮啮合不当或轮齿有折齿。也可能是由于轴承预紧度过大，应拆检主减速器和差速器。

③ 上述作业结束后，装复后桥壳后盖，按规定加注符合原厂规定的齿轮油至规定油面。

小 结

驱动桥按配用悬架的结构不同，分为整体式和断开式两种；整体式驱动桥采用非独立悬架，断开式驱动桥采用独立悬架。功用是将万向传动装置输入的动力经降速增矩、改变动力传递方向后，分配到左右驱动轮，使汽车行驶，并允许左右驱动轮以不同的转速旋转。由主减速器、差速器、半轴和桥壳组成。

主减速器的功用是将输入的转矩增大、转速降低，并将动力传递的方向改变后传给差速器。主减速器有不同的结构类型：按齿轮副数目，可分为单级式主减速器和双级式主减速器；按主减速器传动速比个数，可分为单速式和双速式主减速器；按齿轮副结构形式，可分为圆柱齿轮式和圆锥齿轮式。主减速器的调整项目有：轴承预紧度的调整；齿轮啮合印痕的调整，啮合间隙的调整；并按一定顺序和要求进行。

差速器的类型按其工作特性均可分为普通齿轮式差速器和防滑差速器。行星齿轮差速器器由四个行星锥齿轮、十字形行星锥齿轮轴、两个半轴锥齿轮、两半差速器壳、行星锥齿轮球面垫片和半轴锥齿轮推力垫片组成。

半轴的功用是将差速器传来的动力传给驱动轮。按照支撑形式不同可以分为：全浮式半轴支撑和半浮式半轴支撑。

桥壳是用来安装并保护主减速器、差速器和半轴，还可安装悬架或轮毂，和从动桥一起支撑汽车悬架以上各部分质量，承受驱动轮传来的反力和力矩，并在驱动轮与悬架之间传力。桥壳可分为整体式桥壳和分段式桥壳两种类型。

学习任务单

驱动桥拆装与调整学习任务单

姓名：	班级：	日期：

一、填空题

1. 汽车在行驶过程中，发动机的动力经过离合器、变速器、万向传动装置传至主减速器，主减速器（单级）从动锥齿轮依次将动力经＿＿＿＿＿、＿＿＿＿＿、＿＿＿＿＿、＿＿＿＿＿、＿＿＿＿＿传给驱动车轮。

2. 主减速器在结构上可分为＿＿＿＿＿＿和＿＿＿＿＿＿。通常单级主减速器是由一对＿＿＿＿＿＿组成；双级主减速器由一对＿＿＿＿＿＿和一对＿＿＿＿＿＿组成。

3. 后驱动桥壳是用来安装＿＿＿＿＿＿、＿＿＿＿＿、＿＿＿＿＿、＿＿＿＿＿轮毂的基础件，一般可以分为＿＿＿＿＿＿和＿＿＿＿＿＿两种。

4. 差速器有＿＿＿＿＿＿和＿＿＿＿＿＿。

5. 驱动桥主要是由＿＿＿＿＿＿、＿＿＿＿＿＿、＿＿＿＿＿和轮毂等组成。

二、判断题

1. 后桥壳必须密封，以避免漏气漏油。（　　）

2. CA1092 型汽车采用的是整体式驱动桥壳，它由桥壳和半轴套管组成。（　　）

3. 汽车转弯行驶时，差速器中的行星齿轮只有公转，没有自转。（　　）

4. 变速器挂倒挡时，第二轴的旋转方向与发动机曲轴旋转方向相反。（　　）

5. 汽车主减速器主动圆锥齿轮工作面上出现明显斑点、剥落，可用油石修磨后继续使用。（　　）

6. 汽车主减速器主动锥齿轮只能采用跨置式支撑。（　　）

7. 汽车半轴齿轮与行星齿轮不匹配，会导致后桥异响。（　　）

8. 汽车后桥壳内的齿轮润滑油不足，不会导致后桥异响。（　　）

9. 汽车后桥的异响必须通过仪器来诊断。（　　）

10. 汽车差速器的响声只有在转弯时才能听到。（　　）

11. 汽车变速器自锁装置可防止自动脱挡和挂错挡。（　　）

12. 单级主减速器的常闭合圆锥齿轮不使用直齿齿轮。（　　）

13. 差速器可保证两侧驱动轮在任何道路条件下均能保持纯滚动和等角速转动。（　　）

14. 汽车在平坦的公路上直线行驶时，差速器的行星齿轮只做公转而不做自转。（　　）

三、选择题

1. 汽车后桥某一部位的齿轮啮合间隙过小，会使汽车在（　　）时发响。

　　A. 下坡　　　　B. 上坡　　　C. 换挡　　　D. 起步

2. 汽车后桥某一部位的齿轮啮合间隙过大，会使汽车在（　　）时发响。

　　A. 下坡　　　　B. 上坡　　　C. 加速　　　D. 起步

3. 当汽车直线行驶时后桥无异响，转弯时后桥发出异响，可能是（　　）有故障。

　　A. 主动锥齿轮　B. 从动锥齿轮　　C. 后桥内的轴承　　D. 差速器内部

4. 当汽车（　　）时有异响，应检查主减速器齿轮的配合间隙和啮合印痕是否合适。

　　A. 加速　　　　B. 减速　　　　C. 起步　　　　D. 上、下坡

5. 当汽车主减速器（　　）折断时，会导致汽车行驶中突然出现强烈而有节奏的金属敲击声。

　　A. 圆锥齿轮轮齿　　B. 行星齿轮轮齿　　　C. 半轴齿轮轮齿　　　D. 半轴花键

6. 汽车主减速器圆锥主动齿轮轴承（　　）会导致后桥异响，并伴随后桥壳温度升高。

　　A. 损坏　　　　B. 过紧　　　C. 过松　　　D. 磨损

7. 汽车主减速器（　　）损坏，可引起汽车在转弯时产生异响，而在直线行驶时没有异响。

　　A. 圆锥齿轮　B. 行星齿轮　　C. 圆柱齿轮　　D. 轴承

8. 汽车后桥壳裂纹检测的方法一般用（　　）。

　　A. 水压试验法　　B. 磁力探伤法　　C. 荧光探伤法　　　D. 轴瓦

9. 下列不属于差速器的是（　　）。

　　A. 行星齿轮　　　B. 半轴齿轮　　　C. 从动圆锥齿轮　　　D. 行星齿轮轴

10. 差速器具有转矩平均分配的特点，因此当左轮打滑时，右轮获得的转矩（　　）。

　　A. 大于左轮转矩　　B. 小于左轮转矩　　C. 等于左轮转矩　　D. 等于零

四、识图题

1. 解放 CA1091 型汽车双级主减速器及差速器剖面如图 4-78 所示，试回答下列问题。

① 判断主减速器的级别。

② 说明动力传递路线。

③ 说明使用圆锥齿轮副、直齿轮副的原因。

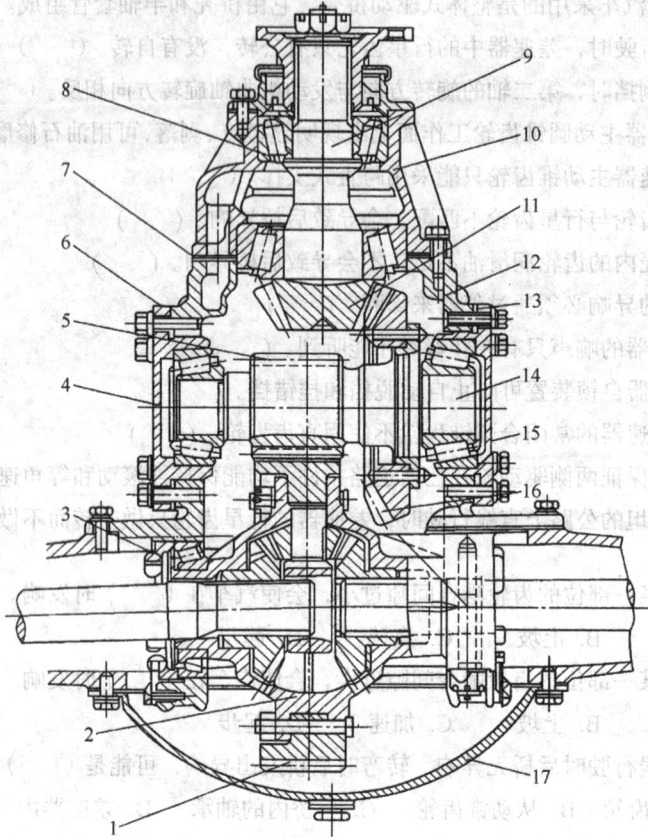

图 4-78　解放 CA1091 型汽车双级主减速器及差速器剖面示意图

1—第二级从动齿轮　2—差速器壳　3—调整螺母　4、15—轴承盖　5—第二级主动齿轮

6、7、8、13—调整垫片　9—第一级主动齿轮轴　10—轴承座　11—第一级主动齿轮

12—主减速器壳　14—中间轴　16—第一级从动齿轮　17—后盖

2. 标明图 4-79 所示整体式驱动桥各组成部分的名称。

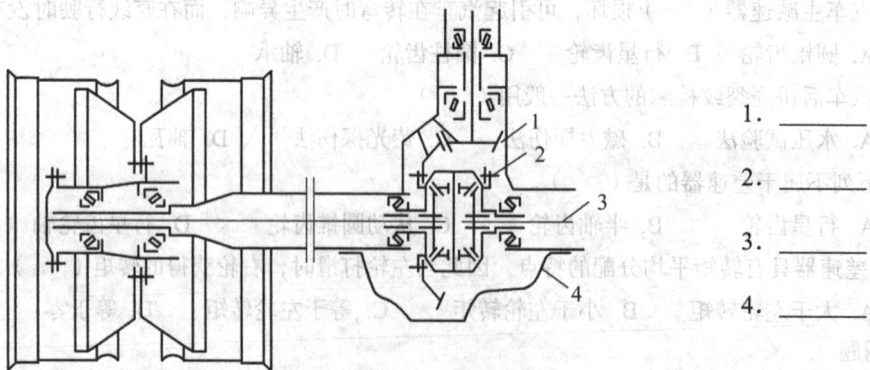

1. _____

2. _____

3. _____

4. _____

图 4-79　整体式驱动桥

3. 标明图 4-80 所示防滑差速锁的主要零部件。

主减速器主动锥齿轮、从动锥齿轮、差速器壳、行星齿轮、半轴齿轮、半轴、左结合套、右结合套，高压进气管、活塞。

1. _____ 2. _____ 3. _____ 4. _____ 5. _____

6. _____ 7. _____ 8. _____ 9. _____ 10. _____

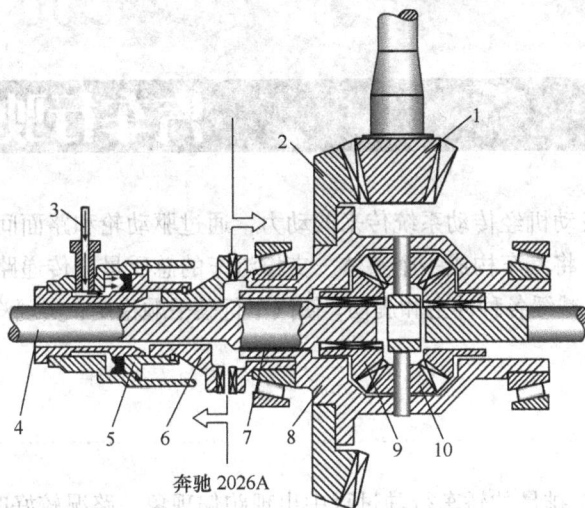

奔驰 2026A

图 4-80　防滑差速锁

五、简答题

1. 驱动桥的作用是什么？

2. 差速锁有什么用途？

3. 汽车主减速器从动锥齿轮的支承螺柱起什么作用？如何调整？

项目五

汽车行驶系统检修

汽车行驶系统将发动机经传动系统传来的动力，通过驱动轮和路面间的相互作用，变为推动汽车行驶的驱动力；将汽车构成一个整体，支撑汽车的总质量，传递路面作用于车轮上的各种力及其形成的力矩；减缓各种冲击和震动，使汽车行驶平顺稳定，实现汽车行驶方向的灵活控制和正确轨迹。

【案例导入】

一辆广州雅阁 2.3L 排量的轿车行驶过程中出现跑偏现象。路况较好时，跑偏现象不严重；在不平路面或有冲击时，往往会出现明显的跑偏。

汽车行驶跑偏故障现象主要有 3 种：直行时汽车向左、向右以及向左或向右跑偏，即漂浮不定。行驶跑偏的主要原因是汽车行驶时两侧车轮受力不等。汽车自身原因引起行驶跑偏的主要原因如下。

轮胎：两前轮轮胎气压不等、磨损程度不同或两前轮轮胎规格、牌号不一致，导致车轮滚动半径不等，汽车行驶时将自动向车轮滚动半径小的一侧跑偏。

车轮：两前轮轮毂轴承预紧度不等。若一侧车轮轮毂轴承调整过紧，该车轮行驶阻力较大，汽车向轮毂轴承过紧的一侧跑偏；车辆两侧前后轮轮距不相等，汽车行驶时有转弯的趋势，向轮距较小的一侧跑偏。

悬架故障：前悬架两侧减震弹簧弹力不等，汽车重心向减震弹簧较软的一侧偏移，车身倾斜，汽车行驶过程中向该侧跑偏；悬架减振器工作性能存在较大差异，汽车将向减震器漏油或失效的一侧跑偏。

车桥故障：转向节的磨损程度不相等、两前轮定位参数不一致。

车架、导杆故障：车架、下控制臂变形，连接松动，橡胶衬套损坏等，破坏了零部件之间正确的装配关系，改变了车轮定位，造成两侧车轮行驶阻力不等，汽车向行驶阻力大的一侧跑偏。

如果汽车存在单边制动拖滞或转向系中杆件之间磨损松动等故障，也会导致行驶跑偏。

汽车行驶跑偏的原因可能只有一个，也可能是几个原因。导致汽车行驶跑偏的原因主要有：轮胎、车轮、车桥、车架、悬架、转向系和制动系的原因，学习者需要掌握这些部件的结构、原理、常见故障等相关知识，拥有排除行驶系常见故障的职业能力。

问题：（1）车架、车桥、车轮和轮胎、悬架系统的功能、结构、正常工作原理是什么？

（2）车架、车桥、车轮和轮胎、悬架系统的常见故障现象与故障产生原因是什么？

（3）汽车轮胎异常磨损故障排除方法是什么？

【知识要求】

1. 了解车架的功用、类型、结构。
2. 掌握转向桥、转向驱动桥的构造。
3. 掌握转向轮定位的定义、功用、原理。
4. 掌握车轮、轮胎的基本组成和功用。
5. 掌握轮胎、轮辋规格的表示方法。
6. 掌握悬架系统的功用、组成、类型，常用弹性元件、减震器的结构、特点及工作原理。
7. 车架、车桥、车轮和轮胎、悬架系统的常见故障现象与故障产生原因。

重点内容：转向桥的功用、组成和转向轮的定位参数；车轮和轮胎的组成及规格表示方法；弹性元件的类型及结构特点，减震器的结构及工作原理。

【能力要求】

1. 会正确使用四轮定位仪对车轮的定位参数进行检测。
2. 会使用轮胎拆装机正确拆卸、安装轮胎。
3. 会对轮胎进行换位、会做车轮动平衡试验。
4. 会对车架进行检修。
5. 会诊断与排除汽车行驶系常见故障。
6. 会查阅维修手册文献资料，获取信息，完成车架、车桥、车轮和轮胎的检修及更换作业。
7. 会制订工作计划，能与人协作沟通。
8. 会悬架系统正确的拆装、检修程序。
9. 能够进行悬架系统常见故障诊断与维修。

【安全提示】

1. 拉下轮毂及轮毂外轴承后应装上转向节螺母，以免碰伤螺纹。
2. 拆制动蹄回位弹簧时，应使用专用工具，以免弹出伤人。
3. 装制动鼓时，不能将手置于制动鼓内，以免夹伤手指。
4. 进行轮胎平衡试验时，必须将防护罩放好，以免轮胎飞出。
5. 弹簧预压缩或缓慢释放，避免造成人员伤害。
6. 球铰连接装配要避免运动干涉。
7. 悬架拆装后必须要路试；以确认无异响和无螺栓连接松动为准。

【操作技巧】

1. 严格按拆装规程作业：拆下前轮胎，拆卸轮毂，拆卸车轮制动器，拆卸转向节，拆卸悬架。

2. 轮胎动平衡试验前，应清除被测车轮上的泥土、石子和旧平衡块。轮胎的气压应符合原厂的规定。

3. 拆装工艺流程要确定。

4. 拆卸传动轴螺母、方向及横拉杆球铰连接螺母、制动钳盘支架固定螺栓、上下控制臂球铰连接（包括平衡杆连接）需要将悬架总成与车身分离。

5. 采用弹簧拆装夹具分离弹簧与前减震器及转向节总成。

6. 采用液压机及压具拆卸前轮轴承及轮毂。

7. 装配顺序反向操作。

8. 装配应力要合理控制。

9. 有预紧力的螺栓连接必须使用扭力扳手拧紧，轴承安装要有预紧力。

10. 悬架总成与车身装配时，所有螺栓必须在车辆处于水平放置状态才能拧紧，否则会产生多余的装配应力导致悬架与车身各连接使用寿命缩短。

相关知识

一、行驶系统简介

汽车行驶系统与使用条件有很大的关系，常见的有轮式、半履带式、车轮-履带式及水陆两用式等多种类型，但应用最广泛的是轮式行驶系。本书将以轮式行驶系为例，介绍其构造及维护。

（一）汽车行驶系统的组成

轮式行驶系统主要由从动桥 1 与驱动桥 5、车架 3、前悬架 2、后悬架 4、后轮 6、前轮 7 等组成，如图 5-1 所示。车架是跨接在各车桥之间的桥梁式结构，是整个汽车的安装基础；车桥通过悬架与车架（或承载式车身）相连，两端安装车轮。车轮是介于轮胎和车桥之间承受负荷的旋转组件，轮胎安装在轮辋上，直接与路面接触。

（二）汽车行驶系统的受力与行驶原理

1. 汽车行驶系统的受力情况

如图 5-1 所示，主要有汽车的重力 G_a（它分配在前后轮上的荷重为 G_1、G_2），前、后轮垂直支反力 Z_1、Z_2，驱动桥半轴传至驱动轮上的驱动力矩 M_k。此外还受到前、后轮与地面作用所产生的滚动阻力 F_f、空气阻力 F_w 及加速阻力 F_j、坡度阻力 F_i 等的作用。

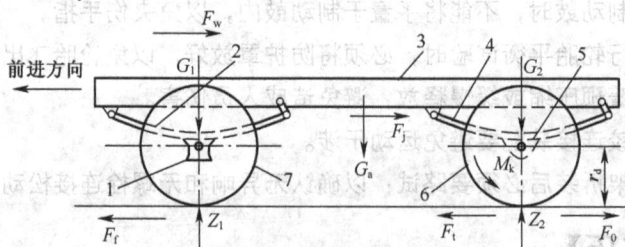

图 5-1　轮式汽车行驶系统结构

1—从动桥　2—前悬架　3—车架　4—后悬架　5—驱动桥

6—后轮（驱动车轮）　7—前轮（从动车轮）

2. 汽车行驶系统的工作原理

如图 5-1 所示，驱动力矩在驱动轮与轮胎周缘上形成周缘力 F_0。由于轮胎与地面接触，在 F_0 作用下地面给驱动轮与轮胎一个大小与之相等、但方向相反的地面反力 F_t。在轴心 O 处加上两个方向相反的力 F_t，则有：

$$\begin{cases} F_0 = F_t & \text{（力平衡）} \\ F_0 \cdot r_d = F_t \cdot r_d & \text{（力矩平衡）} \end{cases}$$

剩下一个作用在轴心处的 F_t，即是驱动车辆行驶的驱动力，它为外力。

汽车行驶时，驱动力 F_t 与行驶阻力 F_c 及地面附着力 F_ϕ 之间有着下列关系式，即：

$$F_t = F_c = F_f + F_j + F_w + F_i$$

$$F_t \leqslant F_\phi = G_2 \cdot \phi \text{（全轮驱动为 } G_a \cdot \phi \text{）}$$

式中：F_f、F_j、F_w、F_i、G_2、G_a 含义见前述；ϕ 为地面对驱动轮与轮胎的附着系数。

二、车架

1. 车架的功用和要求

（1）车架的功用。它是连接各车桥之间的桥梁。其功用是安装汽车的各大总成和部件，使它们之间的相对位置准确无误；并承受来自各总成部件的各种静、动载荷。

（2）对车架的要求。

① 应满足汽车总体布置的需要，保证各总成、部件之间不发生干涉，并使结构紧凑。

② 应有足够的强度与刚度，且用材要少、质量轻，以减小整车自重。

③ 结构要简单，便于降低整车质心，以提高汽车行驶的稳定性和机动灵活性。

汽车车架与悬架概述

2. 车架的类型和构造

常用的汽车车架主要有边梁式、中梁式、综合式和无梁式四种类型。

（1）边梁式车架。如图 5-2 所示，它主要由两根纵梁 6 和若干根横梁 4、5、7、8、9、12 用铆接或焊接在一起组成的刚性框架结构。纵梁通常用低合金钢板冲压而成，截面有槽形、工字形和箱形等几种，纵向平面内有弯曲的、等断面的和非等断面的。

横梁是用低合金钢板冲压而成的（但也有用槽钢的），用于提高车架扭转刚度和承受横向载荷，并支撑其他总成及部件。

边梁式车架便于布置其他总成和安装车身及辅件，有利于汽车改装变型和扩展品种，故被广泛应用于货车、客车和特种汽车上。

（2）中梁式车架。如图 5-3 所示，中梁式车架主要由一根贯穿于中央的纵梁和若干横向悬伸托架构成。纵梁一般为管形或方箱形，前部悬伸出的托架用于固定发动机；中、后部的悬伸梁用于布置车身及其他总成。这种车架有较大的扭转刚度，给车轮提供了较大的运动空间，便于采用独立悬架和获得大的转向；且体积小、质量轻、质心低，从而使汽车行驶的稳定性好。但其制造工艺复杂、精度要求高，维修不方便。

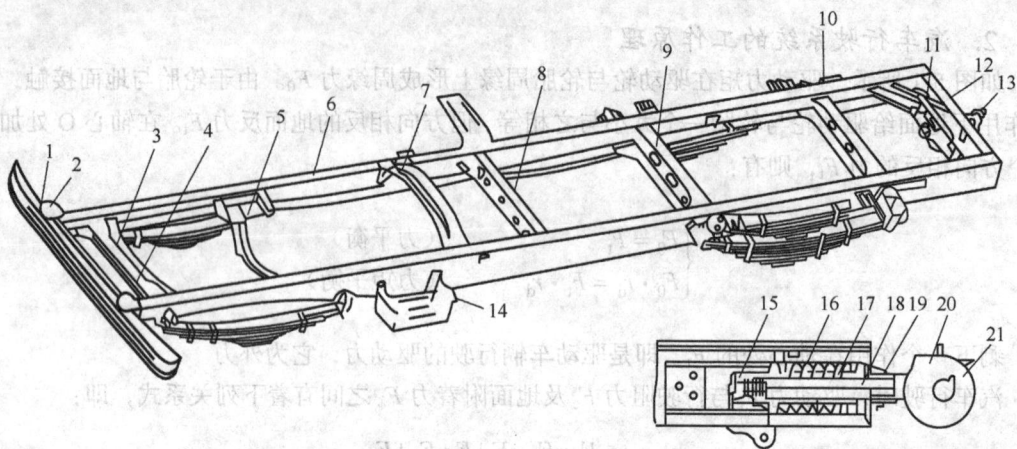

图 5-2　东风 EQ1090E 汽车边梁式车架

1—保险杠　2—挂钩　3—前横梁　4—发动机前悬置横梁　5—发动机后悬置右（左）支架横梁　6—纵梁

7—驾驶室后悬置横梁　8—第四横梁　9—后钢板弹簧前支架横梁　10—后钢板弹簧后支架横梁

11—角撑横梁组件　12—后横梁　13—托钩部件　14—蓄电池托架　15—螺母　16、18—衬套

17—弹簧　19—托钩　20—锁块　21—锁扣

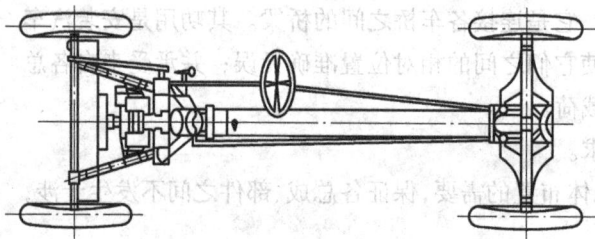

图 5-3　中梁式车架

（3）综合式车架。如图 5-4 所示，它是一段为边梁式，一段为中梁式车架的组合结构。

（4）无梁式车架。如图 5-5 所示，它是利用车身兼起车架的作用，没有专门的车架，所有的载荷均由车身来承受。这种车身也称为承载式车身，在现代轿车和大型客车上应用较多。

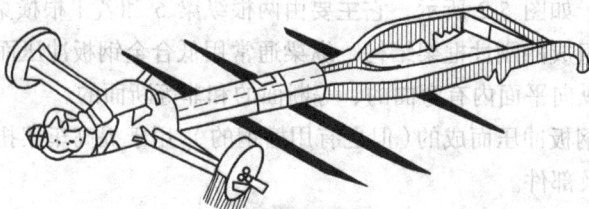

图 5-4　综合式车架

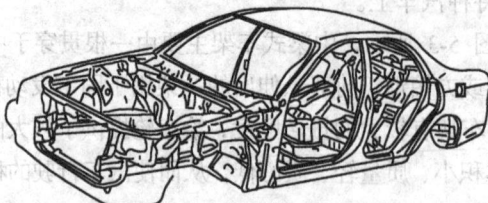

图 5-5　承载式车架

（5）车架常见故障及检修。

① 车架的常见故障。车架是汽车的骨架，在使用过程中，由于承受着很复杂的力，会产生变形、裂纹、腐蚀和连接松旷等故障。

② 车架的检修。

a. 变形的检修。

● 车架变形检查。边梁式车架的变形主要是弯曲和扭曲，常用"对角线"法检查。

如图 5-6 所示，以钢板弹簧支座上钢板销承孔的轴线为基准，构成三个矩形框，测量每个矩形框两条对角线的长度差及其位置度误差，从而来判断车架在垂直方向和水平方向上的变形。检查前应做好相应的准备，主要有：左、右各钢板弹簧支座上的钢板销孔同轴度误差不大于2mm，否则应先校正；纵梁上翼面与腹面的直线度公差为 1 000 mm：3mm，纵梁全长不大于 1%；车架宽度公差为−3～+4mm；纵梁腹面对于上翼面的垂直度公差为腹面高度的 1%。

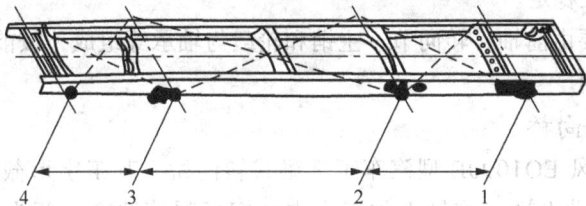

图 5-6　车架变形检查

1—后钢板弹簧后支座　2—后钢板弹簧前支座　3—前钢板弹簧后支座　4—前钢板弹簧前支座

对角线检查的技术条件：常用细钢丝作对角线，并用专用工具牵引拉紧；两对角线长度差不得大于 5mm，否则，表示车架有水平扭曲；两对角线交叉点的位置误差不得大于 2mm，否则，说明车架垂直方向上发生翘曲变形。

● 车架变形的检修。车架有变形，应进行校正。校正可采用整体校正和分体校正。校正合格后再进行其他项目的修理。

b. 车架裂纹的焊修。车架焊修的具体操作工艺要求如下。

● 认真清洁除锈，特别要彻底清除裂纹两侧的漆层。

● 在裂纹两端打止裂孔、开 V 形坡口。

● 选择适宜的焊条，一般用低氢焊条。

● 选择适宜的电源和电流，最好是直流电源、大电流。

● 采用反接法，即主件为阴极、焊条为阳极，以防母材溶解过多。最好是选用多层多道焊，施焊中锤击减应力，以提高焊接质量。在施焊时，若当时当地环境温度低于 0℃时，接头周围应预热至100℃，焊后应预热保温一段时间。

c. 车架铆钉松动的修理。当车架纵、横梁的铆钉松动后，将影响车架的刚度和弹性。修理时，一般是用砂轮或钻头去掉旧铆钉，使孔径扩大 0.5～1mm，换用加粗的铆钉，一般是把铆钉加热，在热态下铆合。铆合后，要求铆接头的飞边不大于 3mm；铆接头与板材缝隙不大于 0.10mm。

三、车桥

车桥的两端安装车轮，并通过悬架与车架（或承载式车身）相连接，通过悬架传递车架和车轮之间的作用力（如重力、驱动力、制动力、行驶阻力和侧向力等）及这些力产生的力矩。车桥有很多类型，一般按悬架的结构形式来分，有整体式和断开式两种，前者的中部是刚性实心或空心的梁，同非独立悬架配合使用；后者为活动关节结构，与独立悬架配合使用。按车桥上车轮的作用分，有转向桥、驱动桥、转向驱动桥和支持桥4种，多数汽车以前桥为转向桥，后桥或中、后桥为驱动桥；而越野汽车和一些轿车的前桥既是转向桥又是驱动桥（即转向驱动桥）；挂车上的车桥都是支持桥。驱动桥在前面已经提及，支持桥结构简单不予介绍，下面仅介绍转向桥与转向驱动桥。

转向桥一般位于汽车前部，装在其两端的车轮在转向机构的作用下能偏转一定的角度，以实现汽车的转向行驶。在工作中，由于它受力复杂，为保证安全，要求必须有足够的强度和刚度；车轮在偏转过程中相对运动的各个部件之间摩擦应尽可能最小，车轮的安装定位正确，以使汽车操纵轻便和行驶稳定。

整体式转向桥主要由前轴、转向节、主销和轮毂与轴承等组成，按前轴断面形状分，有工字梁式和管式两种类型。

1. 工字梁式转向桥

图 5-7 所示为东风 EQ1090E 型汽车工字梁式转向桥。其工字形截面前轴用中碳钢模锻制成，中部下凹、两端上翘。在轴上加工有支撑钢板弹簧的座，两头拳形部分有装主销的圆孔。

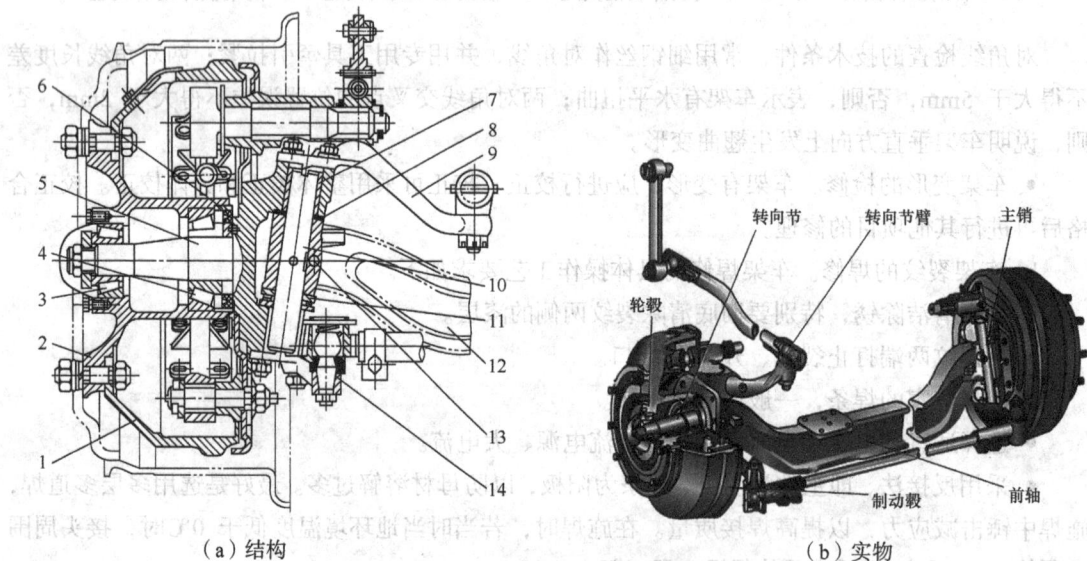

（a）结构　　　　　　　　　　　（b）实物

图 5-7　东风 EQ1090E 型汽车转向桥

1—制动毂　2—轮毂　3、4—轮毂轴承　5—转向节　6—油封　7—衬套　8—调整垫片　9—转向节臂
10—主销　11—滚子推力轴承　12—前轴　13—润滑脂嘴　14—横拉杆球头

转向节 5 是用中碳合金钢锻造成形的叉形部件，上、下两叉处制有同轴销孔，用主销与前轴拳部孔铰接，可绕主销偏转一定角度而使汽车转向。转向节销孔内装有青铜衬套 7（其上有油槽），在转向节下轴环与前轴拳部之间装有滚子推力轴承，以减小工作时的摩擦，从而使转向灵活轻便。转向节上轴环与拳部调整垫片 8，用于调整其间隙。在左转向节的上、下轴环上加

工有凸缘部分，用于安装转向节臂和转向梯形臂，通过拉杆实现左、右转向节的同时协调偏转，保证汽车转向平稳而正确。

轮毂 2 通过两个轮毂轴承 3、4 支撑在转向节外端伸出的轴颈上，与轴承的松紧度用调整螺母来调节。为防止工作中润滑脂漏入制动器内，轮毂内侧装有油封 6。

2. 管式转向桥

如图 5-8 所示，它的前轴是由两端的拳部和中间的一根无缝钢管焊接而成，其他部分的结构与工字形转向桥基本相同。这种转向桥制造成本低，用材少，能减轻自重，但其抗弯强度较差，北京 BJ1040 型汽车采用这种转向桥。

3. 转向驱动桥

（1）转向驱动桥的功用和结构特点。

转向桥的功用是：既可使车轮偏转，起转向桥的作用，与转向系统配合实现汽车转向；又可驱动车轮，起驱动桥的作用，以增大汽车的驱动力，提高汽车的通过性。

转向桥的结构特点如下。

① 具有驱动桥同样的传动器和差速器。

② 驱动半轴制成内外两段，用万向节连接。

图 5-8　北京 BJ1040 型汽车前轴

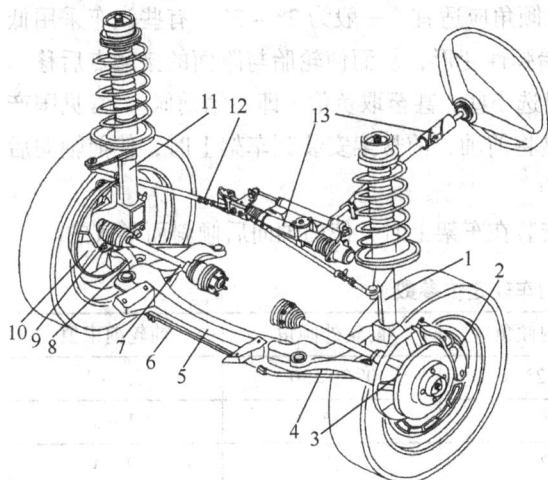

③ 主销也制成上下两段，同时转向节的轴颈部分做成中空的，以使外半轴穿过。

（2）桑塔纳 2000 轿车的转向驱动桥。图 5-9（a）所示为桑塔纳 2000 轿车的前桥总成，采用的是断开式、独立悬架转向驱动桥。

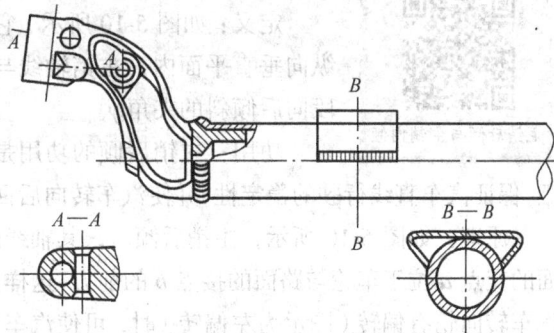

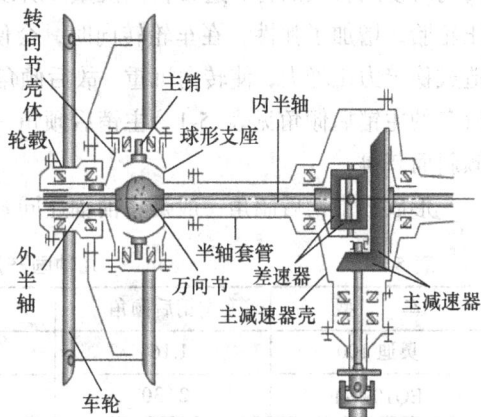

（a）前桥总成　　　　　　　　　　　（b）转向驱动桥示意图

图 5-9　桑塔纳 2000 轿车的转向驱动桥(主减速器和差速器未画出)

1、11—悬架　2—前轮制动器总成　3—制动盘　4、8—下摆臂　5—副车架　6—横向稳定器　7—传动半轴总成

9—球形接头　10—车轮轴承壳　12—转向横拉杆　13—转向装置总成

车桥上端通过左、右悬架与承载式车身相连接，下端通过左、右下摆臂与固定在车身上的副车架相连接。悬架车轮轴承壳与下摆臂之间通过可移动球形接头连接，从而使前轮固定，并通过下摆臂上的长孔可调整车轮外倾角，为了减小车辆转向时的车身倾斜，在副车架与下摆臂之间还装有横向稳定器。

桑塔纳轿车的动力由主减速器、差速器经传动半轴驱动车轮旋转。

4. 转向轮的定位

为使汽车行驶稳定和操纵轻便，并减小轮胎及其他零部件的磨损，要求转向轮、转向节、前轴及车架具有一定的相对位置，这称为转向轮的定位，它包括主销后倾与内倾、转向轮外倾与前束。现以常见的整体式转向桥为例，介绍如下。

（1）主销后倾

定义：如图 5-10 所示，它指在汽车的纵向垂直平面内，主销轴线与垂线之间上段向后倾斜的夹角 γ。

功用：主销后倾的功用是形成回正力矩，保证汽车直线行驶的稳定性，并使汽车转向后回正操纵轻便。

原理：如图 5-10 所示，主销后倾后，其轴线的延长线与路面的交点 a 位于车轮与路面的接点 b 的前方，这样当直线行驶的汽车转向轮有偏转（图示为左偏转）时，可使汽车造成转向时产生的离心力所引起的路面对车轮的侧向反作用力 y，将使车轮绕主销轴线与车轮偏转的方向相反的回正力矩 y·L，使车轮回转到原来位置，从而保证了汽车直线行驶的稳定性。

图 5-10 主销后倾

大小：后倾角 γ 越大，车速越快，回正力矩（又叫稳定力矩）也就越大，车轮偏转后所产生的自动回正的能力也就越强。但后倾角过大，在汽车转向时为了克服稳定力矩，驾驶员需在转向时使用较大的力，造成转向沉重。所以，后倾角应适宜，一般为 2°～3°。有些汽车采用低压轮胎，增加了弹性，在车轮转向时，会使轮胎弹性变形，从而使轮胎与路面的接触点后移，造成稳定力矩增大，使转向沉重，故后倾角可以选小些，甚至取负值（即主销前倾）。常见国产汽车的主销后倾角见表 5-1。主销后倾角一般是将前轴、前悬架安装到车架上时，使前轴向后倾斜而获得。

形成：主销后倾角一般是将前轴连同悬架安装在车架上时，使前轴向后倾斜而形成的。

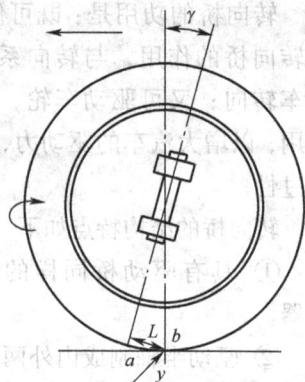

表 5-1　　　　　　　　　几种国产汽车的车轮定位参数

车　型	主销后倾角	主销内倾角	前轮外倾角	前轮前束值
奥迪 100	1.16°	14.2°	0° 30'±30'	0.5～1
EQ1099-1	2° 30'	6°	1°	1～5
CA1091-1	1° 30'	8°	1°	2～4
上海桑塔纳			0° 30'±20'	−1～−3
天津夏利	2° 55'	12°	0	1
南京依维柯	0° 30'～1°	0	1°	1.5～2.5
北京切诺基	7.5°	0	0	0

（2）主销内倾

定义：如图 5-11 所示，它指在垂直于汽车支撑平面的横向平面内，主销轴线与汽车支撑面垂线之间上端向内倾斜的夹角 β。

作用：主销内倾的功用是使转向操纵轻便，并使转向轮自动回正。

原理：

① 主销内倾具有使转向轮转向操纵轻便的作用，如图 5-11（a）所示。由于主销内倾，使主销轴线的延长线与地面的交点至车轮中心平面与地面交点之间的距离 c 缩短（偏置或磨胎半径），转向时，路面作用在转向轮上的阻力对主销轴线产生的力矩减小，从而可减少转向时驾驶员施加在转向盘上的力，使转向操纵轻便。同时还可以减小因路面不平而从转向轮传到转向盘上的冲击力。

② 主销内倾具有使转向轮自动回正的作用，如图 5-11（b）所示。当转向轮在外力作用下绕主

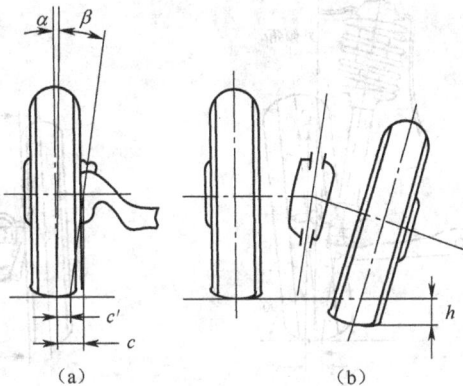

图 5-11　主销内倾

销旋转（假设旋转 180°，即由图（b）中左边位置转到右边位置）而偏离中间位置时，由于主销内倾，车轮的最低点就陷入路面以下 h 处，即车轮必须将路面压低距离 h 后才能旋转过来，但实际上路面不可能被压低，车轮下边缘不可能陷入路面之下，而是车轮连同整个汽车前部被向上抬起相应高度。一旦外力消失，转向轮就会在汽车前部重力作用下力图自动回正到旋转前的中间位置。主销内倾角越大、转向轮偏转角越大，汽车前部就抬得越高，转向轮自动回正的作用就越大。

大小：主销内倾角过大时，转向过程中，将会使车轮在滚动的同时，与路面产生较大的滑动，从而增大了轮胎与路面的摩擦阻力，使转向沉重，并加速轮胎的磨损，故一般不大于 8°（c 为 40～60mm）。常见的几种国产车的主销内倾角见表 5-1。

形成：整体式转向桥的主销内倾角是在制造前轴两端拳形部分的销孔时，使销孔轴线上端在汽车横截面内向内倾斜而得到。

前轮外倾

（3）转向车轮外倾

定义：转向轮安装在转向节上时，其旋转平面上端向外倾斜，这种现象称为转向车轮外倾。车轮旋转平面与垂直于车辆支撑面的纵向平面之间的夹角 α 称为车轮外倾角，如图 5-12 所示。

功用：车轮外倾角的功用是提高车轮工作的安全性和转向操纵的轻便性。

原理：由于主销与衬套之间、轮毂与轴承等处都存在着装配间隙，若空车时车轮的安装正好垂直于路面，则满载时上述间隙将发生变化，车桥也因承载而变形，从而引起车轮向内倾斜。车轮内倾将使路面对车轮的垂直反作用力的轴向分力压向轮毂外端的小轴承，使该轴承及其锁紧螺母等件承受的载荷增大，降低了它们的使用寿命，严重时会损坏锁紧螺母而使车轮脱落。为此，安装车轮时预先留有一定的外倾角，以防止上述不良影响。车轮外倾与主销内倾相配合可进一步缩短距离 c（见图 5-11（a）），使汽车转向轻便。此外，车轮有一定的外倾角也可以与拱形路面相适应。

大小：车轮外倾角不宜过大，否则会使轮胎产生偏磨损。一般前轮外倾角为 1° 左右。

有的汽车其前轮外倾角为负值（见表 5-1），这样在汽车转向时可避免车身过分倾斜。

形成：前轮外倾角是在设计转向节的结构时确定的，即使转向节轴颈的轴线与主销轴线在横向垂直平面内的夹角上方大于 90°，下方小于 90°。

（4）前轮前束

定义：如图 5-13 所示，它是指汽车在直行位置两前轮后端距离 A 与前端距离 B 的差值。

作用：前轮前束的目的是为了消除前轮外倾产生的副作用。

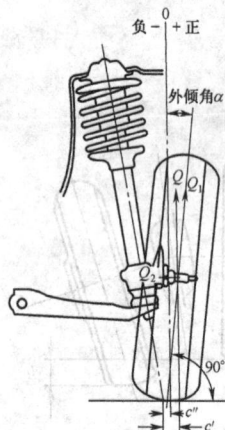

图 5-12 转向轮外倾

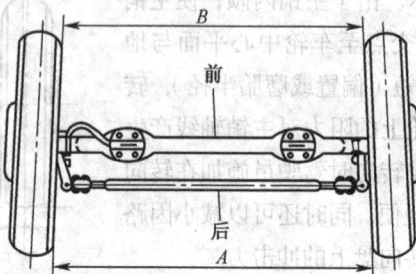

图 5-13 前轮前束

A—两前轮后端距离 B—两前轮前端距离

原理：由于前轮外倾，汽车行驶时，两个车轮的滚动类似于两个锥体的滚动，其轨迹不再是直线而是逐渐向各自的外侧滚开，如图 5-14 所示。但因受车桥和转向横拉杆的约束，两侧车轮不可能向外滚开，这样，车轮在路面上滚动行驶的同时又被强制地拉向内侧，产生向内的侧滑，从而加剧轮胎的磨损。有了前束，车轮滚动的轨迹是向内侧偏斜，只要前束值与车轮外倾角配合适当，车轮向内、外侧滚动的偏斜量就会相互抵消，使车轮每一瞬间的滚动方向都朝着正前方，从而消除了侧滑，减轻了轮胎的磨损。

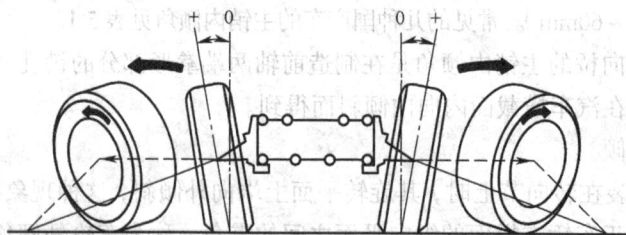

图 5-14 车轮外倾产生的车轮运动示意图

大小：一般汽车的前束值为 0～12mm。

形成：可以通过改变转向横拉杆的长度来进行调整。

四、车轮

汽车车轮总成由车轮和轮胎两大部分组成，是汽车行驶系统的重要部件。车轮和轮胎的性能是汽车安全性能的重要保证，如图 5-15 所示。

其主要功用是：

（1）支撑整车质量；

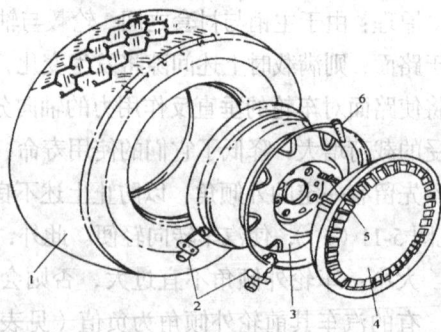

图 5-15 车轮总成

1—轮胎 2—平衡块 3—车轮
4—装饰罩 5—螺栓 6—气门嘴

（2）缓和由路面传递来的冲击载荷；

（3）通过轮胎和路面之间的附着作用为汽车提供驱动力和制动力；

（4）产生平衡汽车转向离心力的侧向力，以便顺利转向，并通过轮胎产生的自动回正力矩，使车轮具有保持直线行驶的能力。

（一）车轮的结构形式

车轮通常由轮辐与轮辋组成，轮辐固定在车桥轮毂上，轮辋上安装轮胎它们一起旋转并承受车重及各种作用力及力矩，使汽车平顺行驶。轮辐的结构不同，分为辐板式和辐条式两种。

1. 辐板式车轮

轿车和货车上广泛采用这种车轮。如图 5-16 所示，它由挡圈 4、轮辋 2、辐板 3 和气门嘴伸出口 1 组成。辐板多用冲压制成，少数是和轮毂铸成一体的（常用在重型汽车上）。轿车轮辐选用的板料较薄，常冲压成起伏多变的形状，以确保有足够的刚度；载货汽车的辐板用材较厚，为减轻质量，其上加工有孔，以利于制动鼓散热和气门芯的安装拆卸。辐板上加工有与轮毂连接的锥形安装孔，一般为 6 个。

由于货车后轴负荷大，后桥车轮多采用双胎式，即在同一轮毂上安装两套辐板和轮辋，如图 5-17 所示。为了便于互换，辐板的螺栓孔两端面都做成锥形。内轮辐板靠在轮毂凸缘的外端面上，用具有锥形端面的特制螺母固定在螺栓上，螺母还具有外螺纹，外轮的辐板紧靠着内轮辐板，并用锁紧螺母来固定。这种双螺母固定形式，一般汽车两侧车轮螺纹采用不同旋向，主要是防止行驶中螺母自行松脱。有些汽车（如黄河 JN1150D 型汽车）上，后桥双胎式车轮采用的是单螺母固定，用球面弹簧垫圈来防止自行松脱，车轮上固定辐板的螺栓都用右旋螺纹，这就提高了标准件的通用性，减少了零件品种。辐板固定螺栓、螺母主要有双螺母式、单头螺栓式和双头螺栓式等 3 种。

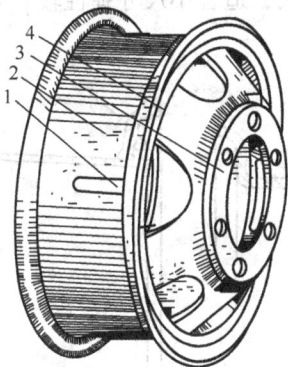

图 5-16　辐板式车轮

1—气门嘴伸出口　2—轮辋

3—辐板　4—挡圈

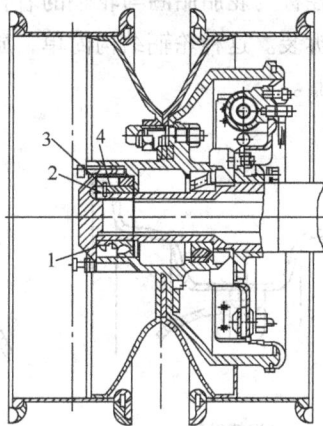

图 5-17　载货汽车双胎式后轮

1—销钉　2—锁紧螺母

3—锁止垫片　4—调整螺母

2. 辐条式车轮

辐条式车轮按辐条结构分为钢丝辐条和铸造辐条式，钢丝辐条车轮（见图 5-18（a））一般造价昂贵、维修安装不方便，主要用于赛车和某些高级轿车上；铸造辐条车轮（见图 5-16（b））常用于重型货车上，辐条 2 与轮毂 1 铸成一体，轮辋 5 是用螺栓和特殊形状的衬块 4 固定在辐条上，为了使轮辋和辐条很好的对中，在轮辋和辐条上都加工出配合锥面。

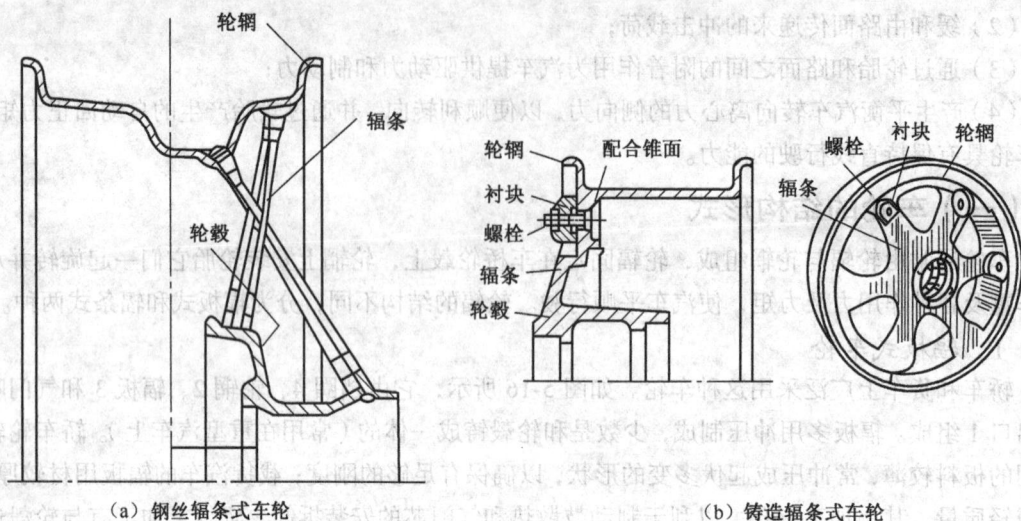

（a）钢丝辐条式车轮　　　　　　　　　　　　（b）铸造辐条式车轮

图 5-18　辐条式车轮

（二）轮辋

常见的轮辋结构有深槽式、平底式、半深槽式、深槽宽轮式、平底宽轮式、全斜底轮式等。

1. 深槽轮辋

其结构如图 5-19（a）所示，适用于轿车及轻型越野车，如北京 BJ2020 型越野车和红旗轿车就用这种结构的轮辋。其特点是用以安放外胎的胎圈有带肩的凸缘，肩部略向中间倾斜，倾斜角一般是 5°～10°，倾斜部分的最大直径称为轮胎胎圈与轮辋的着合直径。断面中部制成深凹槽是为了便于外胎拆装。这种轮辋结构简单，质量较小、刚度大，适合小尺寸弹性较大的轮胎。

轮辋的结构

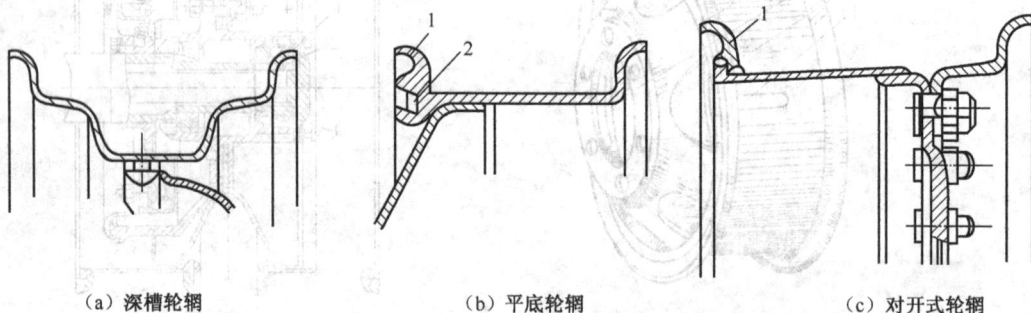

（a）深槽轮辋　　　　　　　（b）平底轮辋　　　　　　　（c）对开式轮辋

图 5-19　轮辋断面

1—挡圈　2—锁圈

2. 平底轮辋

平底轮辋的结构如图 5-19（b）所示，它是国产货车（如解放 CA 系列货车）上常用的一种形式（另有多种不同形式）。挡圈做成整体，用带有开口的锁圈来防止其脱落，一般在安装轮胎时，先将轮胎套在轮辋上、然后套上挡圈，把挡圈向内推至轮辋上的环形槽露出，再将弹性锁圈嵌入环槽中即可。

3. 对开式（又叫多件式）轮辋

对开式轮辋的结构如图 5-19（c）所示，由内、外轮辋两部分组成，其宽度有相等和不相等两种，二者用螺栓紧固成一体。另外，这种轮辋还有设有挡圈和不设挡圈之分。内轮辋与辐板焊接在一起。东风 EQ2080 型汽车就是用的这种轮辋。

4. 国产轮辋的规格

轮辋是安装固定轮胎的基础，直接影响着轮胎的使用寿命，要求每种规格的轮胎最好配用规定的标准轮辋。我国轮辋规格已标准化、系列化，其规格用一组数字、符号和字母表示，各部分的含义及内容如下：

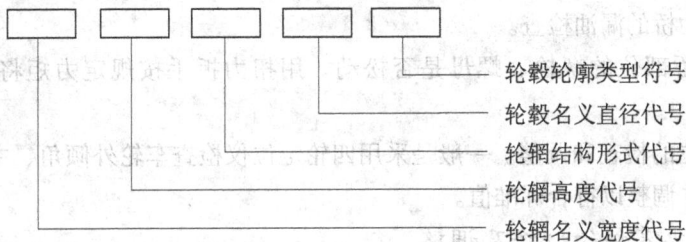

- 轮毂轮廓类型符号
- 轮毂名义直径代号
- 轮辋结构形式代号
- 轮辋高度代号
- 轮辋名义宽度代号

（1）轮辋名义宽度代号。以数字表示，一般取小数点后两位，单位为英寸（in）。

（2）轮辋高度代号。用一个或几个英文字母表示，如 C、D、E、F、K、L、V 等，它们所表示的高度值如表 5-2 所示。

表 5-2 　　　　　　　　　　　轮辋高度代号及高度值

C	D	E	F	G	H	J	K	L	P
15.88	17.45	19.81	22.23	27.94	33.73	17.27	19.26	21.59	25.40
R	S	T	V	W					
28.58	33.33	38.10	44.45	50.80					

（3）轮辋结构形式代号。用符号"×"表示一件式轮辋，用"—"表示多件式轮辋。

（4）轮毂名义直径代号。用数字表示，单位为英寸（in）。

（5）轮辋轮廓类型代号。用几个英文字母表示，它们所表示的轮辋轮廓类型如图 5-20 所示。

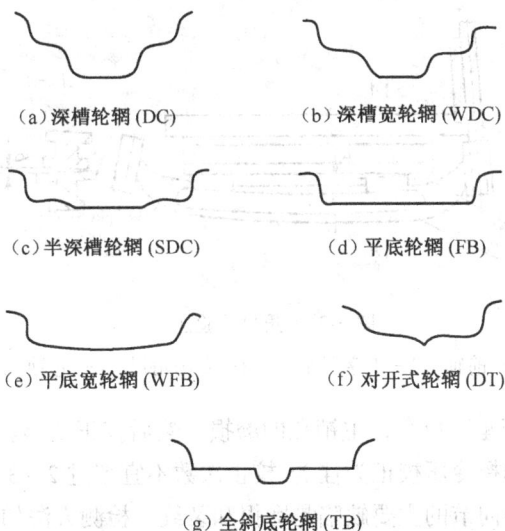

（a）深槽轮辋（DC）　　　（b）深槽宽轮辋（WDC）

（c）半深槽轮辋（SDC）　　　（d）平底轮辋（FB）

（e）平底宽轮辋（WFB）　　　（f）对开式轮辋（DT）

车轮的拆卸与复装

（g）全斜底轮辋（TB）

图 5-20　轮辋轮廓类型及代号

在实际生产中，对于不同形式的轮辋，以上代号不一定同时出现，如国产解放 CA1092 型汽车轮辋表示为 6.5-20，其含义是名义宽度为 6.5in（1in=2.54cm）、名义直径为 20in 的多件式轮辋；上海桑塔纳轿车轮辋表示为 5.5J×13，其含义是名义宽度为 5.5in、名义直径为 13in、轮辋高度为 17.27mm 的一件式轮辋。

（三）车桥的维护

1. 车桥的维护

车桥的维护主要包括 3 个方面的内容。

（1）检查车桥漏油。主要是检查驱动桥、转向驱动桥的相关部位是否有漏油的地方，检查方法和内容同驱动桥的漏油检查。

（2）检查车桥部位的螺栓、螺母是否松动。用扭力扳手按规定力矩将螺栓、螺母重新紧固。

（3）前轮定位的检查和调整。一般是采用四轮定位仪检查车轮外倾角、主销内倾角、主销后倾角、前束，并调整以符合标准值。

2. 前桥主要零件的检修及调整

（1）前轴的检修。前轴的主要缺陷是变形、裂纹和主销孔、钢板弹簧座与定位孔的磨损。损坏的形式不同，修理方法也不同。

① 前轴磨损的修理。检查钢板弹簧座平面磨损情况，当平面磨损量大于 2mm，定位孔磨损大于 1mm 时，可采用堆焊后加工恢复原来尺寸或更换新件。

测量主销孔支撑孔的磨损情况，当主销与孔的配合间隙轿车不大于 0.10mm、载货汽车不大于 0.2mm 时，可采用镶套法或修理尺寸法修复。主销孔端面的磨损，可采用堆焊，然后磨平修理。

② 前轴变形的检查修理。大型修理企业常用前轴弯扭检验仪进行检验，用液压校正器进行校正；小型修理企业常用工字形平尺、专用角尺或拉线检查，如图 5-21 所示。当图示中平尺 2 与前轴 1 上钢板弹簧座的平面之间的间隙 a、b 过大时，说明前轴弯曲，扭曲量超限；角尺 3 与芯轴 4 之间有过大的间隙时，说明主销内倾角不符合要求。

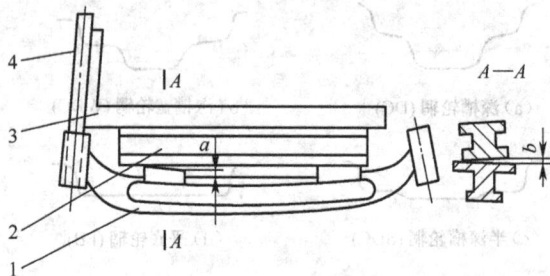

图 5-21　角尺检验法

1—前轴　2—工字形平尺　3—专用角尺　4—芯轴

维修时先修复钢板弹簧座定位孔，主销孔的磨损，然后校正变形。校正的方法有冷压校正和局部加热校正（一般应选择冷压校正为佳）。校正次数不宜超过 2~3 次。

（2）转向节的检修。转向节的主要缺陷是磨损和裂纹。检测方法如下。

① 先对转向节进行裂纹检查（可采用磁力探伤），若有裂纹，不再修理，更换新件。

② 检查有关配合孔、轴颈的磨损情况，用量具测量轴颈与轴承的配合间隙应小于 0.04mm（轴颈直径小于 40mm）或 0.055mm（轴颈直径大于 40mm）。

③ 转向节轴颈锁止螺纹的损伤不得多于 2 牙，且能用扳手拧入螺母。

④ 用塞规进行检验转向节锥面与锥孔接触面积不得小于 70%，锥颈的推力端面沉入锥孔的量不得小于 2mm。

修理方法：转向节轴轴颈磨损超差，则应更换新件；锁止螺纹磨损松旷，若能用手拧入螺母应更换新件；转向节上面的锥孔不符合上述要求，应更换新件。

当主销衬套与主销的配合间隙大于 0.1mm 时必须更换衬套；更换时，应在压力机上压出（因有 0.175 ~ 0.086mm 的过盈量），新换的主销衬套孔应进行镗削加工或选用有导向装置的专用铰刀（也可在通用铰刀上加装导向轴）手工铰削，如图 5-22 所示。以保证上、下轴环孔同轴度公差为 0.02mm，衬套与主销配合间隙一般为 0.06 ~ 0.10mm。

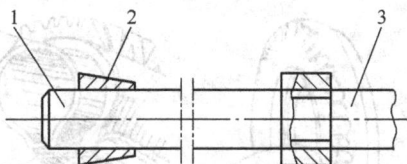

图 5-22　导向轴示意图
1—导向轴　2—定位锥套　3—铰刀

（3）轮毂的检修。

① 检查方法。轮毂的主要缺陷是轴承安装孔磨损、变形及裂纹。应先用锤敲击的方法检查轮毂是否有裂纹，再利用量具测量轴承安装孔的磨损、变形，轴承孔与轴承的过盈一般为 0.009mm，轮毂凸缘的圆跳动公差应小于 0.15mm。

② 修理方法。轮毂有裂纹应更换新件；轴承孔磨损可采用刷镀或喷焊修理；轮毂变形，应以两轮毂轴承外座圈的锥面为基准，车削接合凸缘，凸缘的圆跳动公差应小于 0.15mm。

五、轮胎

（一）轮胎的功用和类型

现代汽车都采用充气式轮胎，轮胎安装在轮辋上，直接与路面接触，它的功用如下。

（1）支撑汽车的质量，承受路面传来的各种载荷的作用。

（2）和汽车悬架共同来缓和汽车行驶中所受到的冲击，并衰减由此而产生的震动，以保证汽车有良好的乘坐舒适性和行驶平顺性。

（3）保证车轮和路面有良好的附着性，以提高汽车的动力性、制动性和通过性。

按轮胎内空气压力的大小，轮胎分为高压胎（0.5~0.7MPa）、低压胎（0.2~0.5MPa）和超低压胎（0.2MPa 以下）3 种。低压胎弹性好、减震性能强、壁薄散热性好、与地面接触面积大附着性好，因而广泛用于轿车。超低压胎在松软路面上具有良好的通过能力，多用于越野汽车及部分高级轿车。

按保持空气方法的不同，轮胎分为有内胎轮胎和无内胎轮胎（俗称真空胎）两种。目前轿车上普遍采用无内胎轮胎。

按胎体帘布层结构的不同，轮胎分为斜交轮胎和子午线轮胎。目前，子午线胎在汽车上广泛应用。

为了满足不同需要和适应不同工作条件，轮胎有多种多样的结构和花纹。

（二）轮胎的结构

1. 有内胎轮胎

有内胎轮胎由外胎、内胎和垫带等组成，使用时安装在车轮的轮辋上，如图 5-23 所示。

内胎是一个环形的橡胶管，上面装有气门嘴，以便充入或排出空气，为使内胎在充气状态下不产生褶皱，其尺寸应稍小于外胎的内壁尺寸。

垫带是一个环形的橡胶带，它垫在内胎与轮辋之间，以保护内胎不被轮辋和胎圈磨伤。

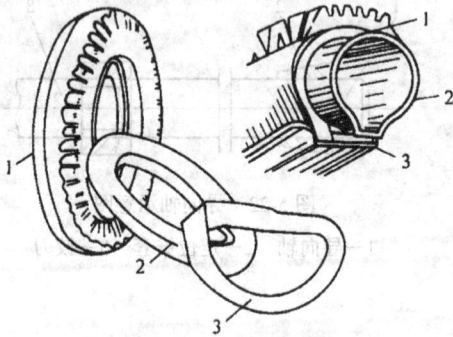

图 5-23　有内胎轮胎

1—外胎　2—内胎　3—垫带

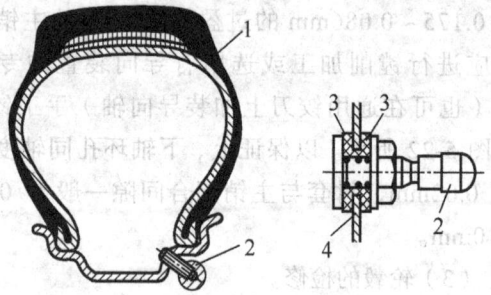

图 5-24　无内胎轮胎

1—橡胶密封层　2—气门嘴　3—橡胶密封衬垫　4—轮辋

2. 无内胎轮胎

无内胎轮胎俗称真空胎，在外观上与普通轮胎相似，但是没有内胎及垫带。它的气门嘴用橡胶垫圈和螺母直接固定在轮辋上，空气直接充入外胎中，其密封性由外胎和轮辋来保证，如图 5-24 所示。

无内胎轮胎的内壁有一层橡胶密封层，有的在该层下面还有一层自粘层，能自行将刺穿的孔粘合。在胎圈外侧也有一层橡胶密封层，用以加强胎圈与轮辋之间的气密性。无内胎轮胎一旦被刺破，穿孔不会扩大，故漏气缓慢，胎压不会急剧下降，仍能继续行驶一定距离，可消除爆胎的危险。因无内胎，摩擦生热少、散热快，适用于高速行驶；此外，结构简单，质量较轻，维修也方便。但密封层和自粘层易漏气，途中修理也较困难。无内胎轮胎必须配用深槽轮辋，故目前在轿车上应用较多。

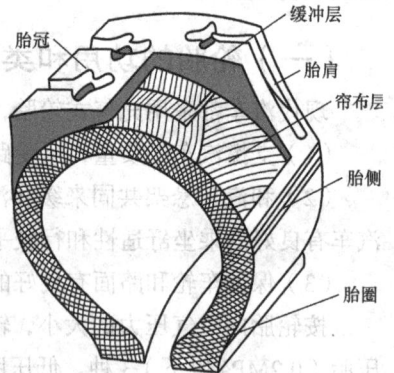

图 5-25　外胎的结构

3. 外胎的结构

外胎由胎面、帘布层、缓冲层和胎圈组成，如图 5-25 所示。

（1）胎面。胎面是轮胎的外表面，可分为胎冠、胎肩和胎侧 3 部分。

胎冠与路面直接接触，并产生附着力，使车辆行驶和制动。为使轮胎与地面有良好的附着性能，防止纵、横向滑移，在胎面上制有各种形状的花纹。如图 5-26 所示，主要有普通花纹、组合花纹、越野花纹等。普通花纹中的纵向折线花纹，如图 5-26（a）所示。最适合于在较好的硬路面上高速行驶，广泛用于轿车、客车及货车等各种车辆；横向花纹（见图 5-26（b））仅用于货车。组合花纹由纵向折线花纹和横向花纹组合而成，在好路面和不良路面上都可提供稳定的驾驶性能，广泛用于客车和货车。越野花纹的凹部深而粗，在软路面上与地面附着性好，越野能力强，适用于矿山、建筑工地及其他一些在松软路面上使用的越野汽车轮胎。

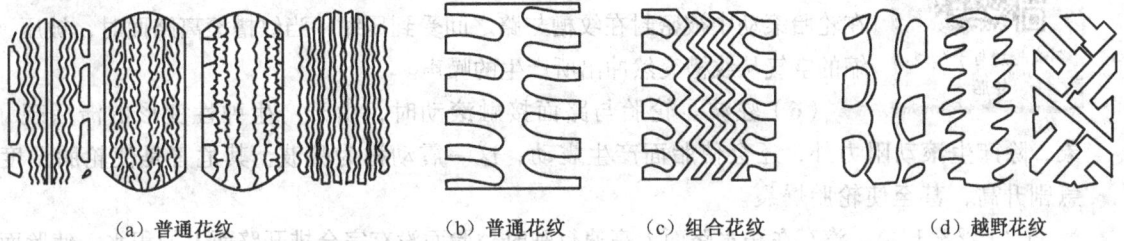

（a）普通花纹　　　　（b）普通花纹　　　（c）组合花纹　　　　（d）越野花纹

图 5-26　胎面花纹

胎肩是较厚的胎冠和较薄的胎侧间的过渡部分，一般也制有各种花纹，以提高该部位的散热性能。

胎侧又称胎壁，它由数层橡胶构成，覆盖轮胎两侧，保护内胎免受外部损坏。胎侧在行驶过程中，不断地在载荷作用下挠曲变形。胎侧上标有厂家名称、轮胎尺寸及其他资料。

（2）帘布层。帘布层是外胎的骨架，主要用于承受载荷，保持外胎的形状和尺寸，并使其具有足够的强度。帘布层通常由成双数的多层帘布用橡胶贴合而成，相邻层的帘线交叉排列。帘布层数越多，轮胎的强度越大，但弹性下降。帘线可以是棉线、人造丝、尼龙和钢丝。

按照帘布层帘线排列方式的不同，外胎可以分为斜交轮胎和子午线轮胎，如图 5-27 所示。

斜交轮胎帘布层的帘线按一定角度交叉排列，帘线与轮胎横断面的交角通常为 50°。子午线轮胎帘布层帘线排列的方向与轮胎横断面一致，即垂直于轮胎胎面中心线（90°），类似于地球仪上的子午线。子午线轮胎胎侧比斜交轮胎软，在径向上容易变形，可以增加轮胎的接地面积，即使在充足气后，两侧壁上也有一个特殊的凸起部，如图 5-28（b）所示。

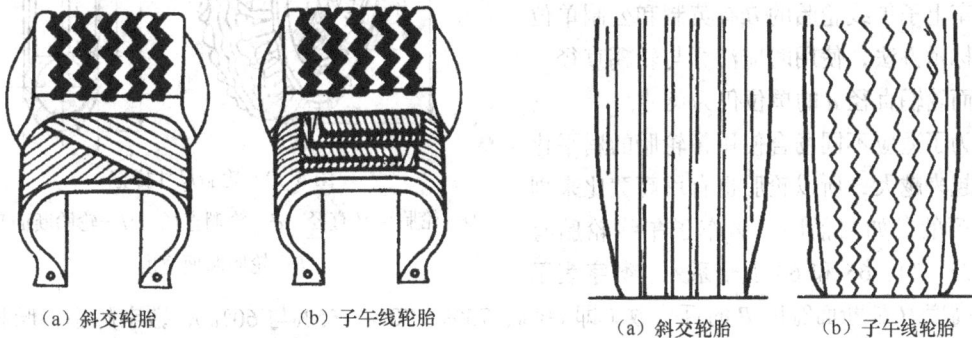

（a）斜交轮胎　　　（b）子午线轮胎

图 5-27　轮胎的结构形式

（a）斜交轮胎　　　（b）子午线轮胎

图 5-28　子午线轮胎与斜交轮胎胎侧比较

子午线胎与斜交轮胎相比较具有行驶里程长、滚动阻力小、节约燃料、承载能力大、减震性能好、附着性能好、不易爆胎等优势，目前在汽车上应用广泛。

（3）缓冲层。缓冲层用来连接胎面和帘布层，一般由两层或数层较稀疏的帘布与橡胶制成，有较大的弹性。其作用是加强胎面与帘布层之间的结合强度，防止汽车紧急制动时胎面与帘布层脱离，并缓和汽车行驶时所受到的冲击力。

（4）胎圈。胎圈主要由钢丝、帘布层包边和胎圈包布组成，其刚度和强度很大。作用是使外胎能牢固的安装在轮辋上。

（5）胎面花纹噪声。这是轮胎与路面接触中胎面花纹槽中所含的空气，在轮胎滚动中被密封在纹槽与路之间受到压缩，当纹槽滚离路面时，被压缩的空气从纹槽突然冲出所产生的噪声。

（6）驻波。轮胎与路面接触滚动时，由于产生弹性变形的滞后现象，除产生滚动阻力外，还会使胎面产生震动，这一震动称为驻波。其危害是使轮胎温度急剧升高，甚至使轮胎爆裂。

（7）浮滑现象。汽车在积水路面上高速行驶时，胎面没有完全排开路上的积水，使胎面不能同路接触，造成车辆在积水路面上打滑，这种现象称为浮滑现象。

（8）轮胎耐磨性。汽车在行驶过程中，轮胎与路相互作用，在滚动中也会有滑动，特别是制动过程，滑动所产生的摩擦力很大，这会使胎面磨损，甚至产生烧焦的现象。抵抗这种磨损或损坏的能力称为轮胎的耐磨性。

（三）轮胎尺寸规格的标记方法及轮胎的性能

1. 轮胎尺寸规格的标记方法

（1）普通斜交线轮胎。我国同大多数国家一样，高压胎一般用 $D \times B$ 来表示，低压轮胎用 $B\text{-}d$ 表示，B 为轮胎断面宽度，d 为轮辋直径，单位为英寸（in），如图 5-29 所示。例如 34×7，表示轮胎直径为 34in、轮胎断面宽度为 7in 的高压轮胎；9.00-20，表示轮辋直径 d 为 20in、轮胎断面宽度 B 为 9in 的低压轮胎。

（2）子午线轮胎。子午线轮胎用 BRd 表示，d 的含义与上述相同，R 代表子午线轮胎，B 表示子午线轮胎的断面宽度，国产轿车上子午线轮胎的 B 采用公制单位 mm，载货汽车上子午线轮胎的 B 有英制和公制单位两种标示方法，使用时应注意与轮辋直径一致；而轮辋直径 d 的单位仍为英寸。

为了适应不同场合使用，轮胎的扁平化趋势越来越大，所以轮胎也有用高宽比来划分系列的。如目前国产轿车子午线轮胎有 80、75、70、65 和 60 五个系列。数字表示

图 5-29　轮胎尺寸标记

D—轮胎名义直径　d—轮辋直径　H—轮胎断面高度　B—轮胎断面宽度

断面高度 H 是断面宽度 B 的百分数（即 80%、75%、70%、65% 与 60%），数字越小、胎越矮，也就是轮胎越扁平。如轮胎上标示 105/60*R13，其中 105 为轮胎名义断面宽度代号；60 为轮胎高宽比（%）、13 为轮辋名义直径英寸；"*"为速度符号；R 为子午线结构代号。美国规定轿车轮胎标记符号前加 "P"，如切诺基轿车的轮胎规格标记为 P215/75R15。

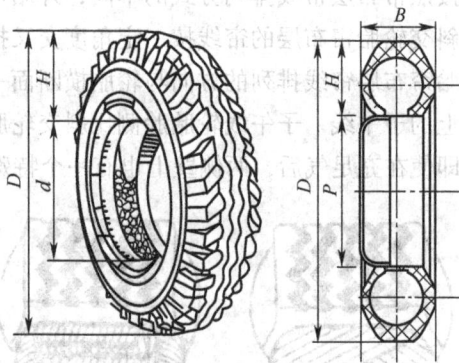

（3）无内胎轮胎的规格。无内胎轮胎也用 BRd 表示，如 8*R*22.5 的含义是：8 表示轮胎名义断面宽度为 8in，R 为子午线结构代号，22.5 为无内胎轮辋名义直径值、单位为英寸。但有一些子午线无内胎轮胎，在标记符号后加注 "TL" 标志，如 7.00*R*16.5*TL*、205/70SR15TL 等（"TL" 表示无内胎轮胎）。

2. 轮胎的性能评价

轮胎的性能指标主要有滚动阻力、发热量、附着性能、胎面花纹噪声、浮滑现象、驻波、耐磨性等方面。

（1）滚动阻力。这是由于轮胎滚动时产生弹性变形迟后现象，引起地面对它的支反力作用点前移，形成反转动力矩所假想成的一个切向阻力。它与轮胎的弹性变形量和车速有关，变形越大、车速越高、滚动阻力越大。

（2）发热量。轮胎在滚动过程中由于摩擦、变形等会引起发热并不断累积热量，造成轮胎内部温度升高，长期过热会使各结构之间的黏合力下降，导致结构层脱离，严重时产生爆胎现象。其影响因素有充气压力、载荷、车速及轮胎的结构等。

（3）附着性能。这是指路面对驱动车轮所能产生的最大切向反力，这个反力大，附着性能好，能充分发挥汽车的驱动能力，汽车的制动性能也好。附着性能的好坏除取决于路面条件外，主要与轮胎类型、轮胎结构、胎面花纹、胎压等因素有关。

（四）车轮动平衡的检测

1. 车轮的动不平衡

汽车车轮是高速旋转元件，若质心与旋转中心不重合，则会产生静不平衡。出现静不平衡时，不平衡质量在车轮旋转时产生离心力，离心力的大小与不平衡质量、不平衡点和车轮旋转中心之间的距离以及车轮转速有关。

由于车轮具有一定的宽度，因此当车轮质量分布相对于车轮纵向中心面不对称时，会造成车轮动不平衡。车轮动不平衡会造成车轮的跳动和偏摆，使汽车零件受到损坏，缩短汽车使用寿命，高速行驶时，容易造成行驶不安全。

车轮动不平衡的原因如下。

（1）质量分布不均匀，如轮胎产品质量欠佳，翻新胎、补胎胎面磨损不均匀及在外胎与内胎之间垫带等。

车轮的动力平衡检测

（2）轮辋、制动鼓变形。

（3）轮毂与轮辋加工质量不佳，如中心不准、轮胎螺栓孔分布不均、螺栓质量不佳等。

（4）安装位置不正确，如内胎充气嘴位置不符合安装要求。

2. 车轮动平衡的检验

车轮动不平衡对汽车行驶舒适性和安全性能影响较大，必须对车轮进行动平衡检测。车轮动平衡检测方法分为离车式检测与就车式检测两种；按平衡机转轴的形式，分成软式平衡机和硬式平衡机两种；按测量装置，车轮动平衡机分成机械式和电测式两种。机械式动平衡机靠平衡锤的相位与倾斜角测量不平衡质量和相位，电测式则把车轮不平衡产生的震动变成电信号显示出来。目前，电测式车轮动平衡机应用比较广泛。

（1）离车式车轮动平衡机及使用方法。利用离车式车轮动平衡机对车轮进行动平衡检测时，需将车轮从车上拆下。电测式硬式二面测定车轮动平衡机如图 5-30 所示。该动平衡机主要由驱

动装置、转轴与支撑装置、显示与控制装置、制动装置及防护罩组成。

检测时，输入轮辋直径、轮辋宽度和轮辋边缘到平衡机机箱之间的距离，显示装置即可显示出应该加于轮辋边缘的不平衡量和相位。

车轮动平衡的检查方法如下。

① 对被测车轮进行清洗，去掉泥土、砂石，拆掉旧平衡块。

② 将轮胎充气至规定气压值。

③ 将车轮安装于平衡机上。

④ 打开电源开关，检查指示装置是否指示正确。

⑤ 键入轮辋直径、宽度，测出轮辋边缘到机箱之间的距离并键入。

⑥ 放下防护罩，按下启动键，开始测量。

⑦ 当车轮自动停转后，从指示装置读出车轮内、外动不平衡量和位置。

⑧ 用手慢慢旋转车轮，当动平衡机指示装置发出信号时，停止转动车轮。

⑨ 将动平衡机显示的动不平衡量按内、外位置，置于车轮十二点位置的轮辋边缘并装卡牢固。

⑩ 重新启动动平衡机，进行动平衡试验，直至动不平衡量<5g，机器显示"00"或"OK"时为止；

⑪ 取下车轮，关闭电源，测试结束。

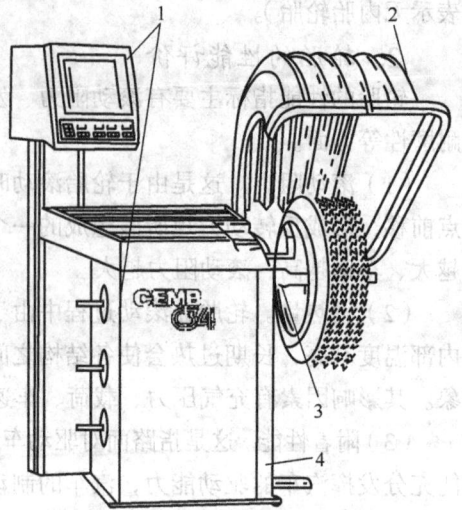

图 5-30　离车式车轮动平衡仪
1—显示与控制装置　2—车轮护罩
3—转轴　4—机箱

（2）就车式车轮动平衡机测量方法。就车式车轮动平衡机可以在汽车不拆卸车轮前提下，对汽车进行车轮动平衡和静平衡检测，其结构主要由驱动装置、测量装置、制动装置、指示与控制装置等组成，结构与测量原理如图5-31所示。

对车轮进行动平衡检测的方法如下。

① 清洁车轮，并去掉旧平衡块，将轮胎充气到规定气压，轮鼓轴承松紧度合适，支起前桥，使两侧车轮离地间隙相等，然后，用粉笔在轮胎任意位置做出标记。

② 将传感器头吸附在制动底板边缘，并使车轮在规定转速下旋转。

③ 观察轮胎标记位置，在指示装置上读取不平衡量，停转车轮，加装平衡块，再进一步复查，直至合格，测试结束。

④ 测从动轮时，利用动平衡机转轮驱动车轮转动；测驱动车轮时，则直接用汽车发动机、传动系统来驱动车轮转动。

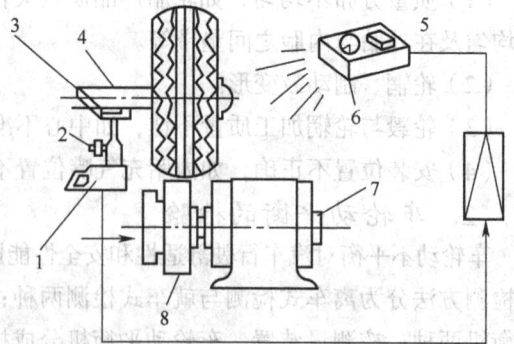

图 5-31　就车式车轮动平衡检测原理
1—底座　2—可测支杆　3—磁头　4—转向节
5—不平衡度表　6—频闪灯　7—电动机　8—转轮

（五）车轮定位的检查和调整

车轮定位影响车轮的磨损程度、操纵稳定性和行车安全，对车轮定位进行必要的常规检查外，在车桥拆装、轮胎发生异常磨损、车辆操纵稳定性变坏时，必须检查和调整车轮定位。

1. 检查准备

桑塔纳2000轿车只有前轮定位可以调整，因此检查前轮定位前，车辆应先满足以下条件，否则检查结果无效。

（1）汽车停放水平场地或专用检测台上，车轮在直线行驶位置且无负载。

（2）轮胎气压符合规定，轮胎尺寸一致。

（3）车轮平衡，悬架活动自如。

（4）转向系统调整正确。

（5）前悬架弹簧无过大的间隙和损坏。

（6）制动器制动可靠，油液加满。

四轮定位仪检测

桑塔纳2000轿车前轮定位最好使用光学测量仪检查。如果没有光学测量仪，检查前轮外倾角可用3021量角器，检查前束可用机械轮距测试器。检查和调整应在车辆行走1 000 ~ 2 000km后，螺旋弹簧长度基本定型的情况下进行最为适宜。

2. 前轮定位的检查与调整

主销后倾角和前轮外倾角的改变会引起前束的改变，但前束的变化不会影响主销后倾角和前轮外倾角。

前轮定位的检查和调整顺序是：首先检查调整主销后倾角，然后检查调整前轮外倾角，最后检查调整前束。

（1）前轮外倾角。当前轮外倾角过大或负外倾时，轮胎会出现单边磨损（吃胎）现象。外倾角过大，高速行驶时，加剧车身晃动，转向发"飘"，不易掌握；左右轮外倾角差值过大，会使汽车侧滑跑偏，轮胎磨损不匀。

① 检查。检查前轮外倾角可采用水准仪进行动态测量，水准仪如图5-32所示。

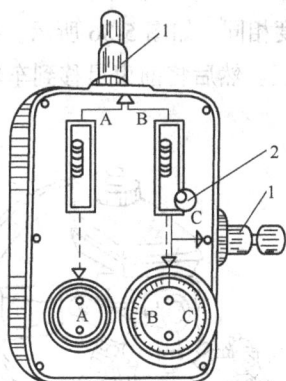

图5-32　水准仪

1—插销　2—调整螺钉　A—外倾角刻度
及相应插销　B—后倾角刻度表及相应插销
C—内倾角刻度表及相应插销

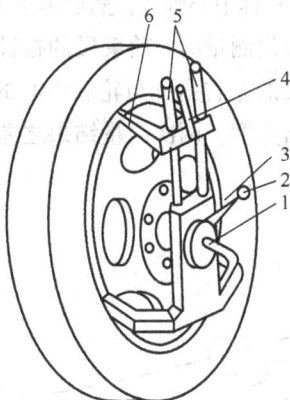

图5-33　车轮定位仪器固定支架

1—支承轴　2—固定手柄　3—调节手轮
4—高度调整手柄　5—立柱　6—偏心夹

将车轮对准正前方，利用装有轮辋或轮盘上的固定支架，如图 5-33 所示。将水准仪安装在与车轮平面垂直的平面内，如图 5-34 所示。此时水准仪的倾角读数即为车轮外倾角。当测量值与标准值不符时，应予以调整。

② 调整。调整前轮外倾角时车轮应着地，通过球头销在下摇臂长孔中的位移来调整。其步骤如下。

a. 松开下摇臂球头销的固定螺母。

b. 把外倾调整杆 40-200 插入图 5-35 中箭头所指的孔中。调整左侧时，从后面插入调整杆；调整右侧时，应从前面插入调整杆。

c. 横向移动球头销，直至达到外倾角值。

d. 紧固螺母并再次检查外倾角值，需要时重新进行调整。

e. 必要时调整前束。

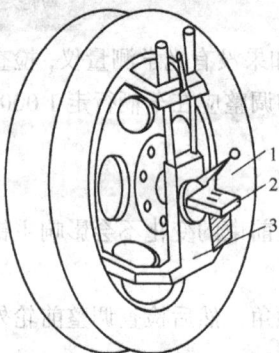

图 5-34　测量车轮外倾角
1—被测车轮　2—水准仪　3—固定支架

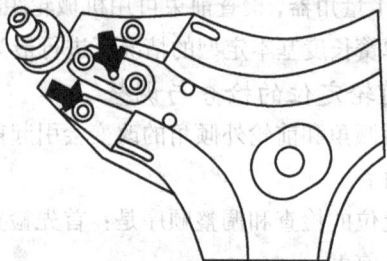

图 5-35　插入外倾调整杆

（2）前束。前束不当，会出现高速摆振和明显的单侧磨损。

① 检查。检查前束，需将车轮停放在水平的硬实地面上，顶起前轮，使车轮能平稳回转，在轮胎周向花纹对称中心画线，然后拆下千斤顶，使车轮恢复稳定状态，并使车轮处于直行位置。

使用前束尺测量时，前束尺的指针高度与轮胎中心高度相同，如图 5-36 所示。在车轮的前侧，使前束尺的左右指针与轮胎中心的画线对准，测出宽度。然后将前束尺移到车轮后侧，以同样方法测出宽度。两次测量结果之差，即为车轮前束。

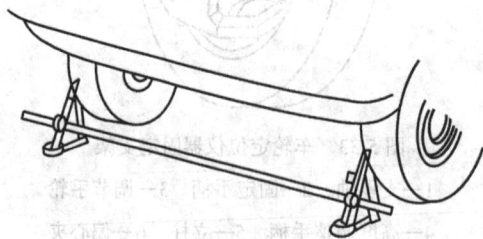

图 5-36　检查前束

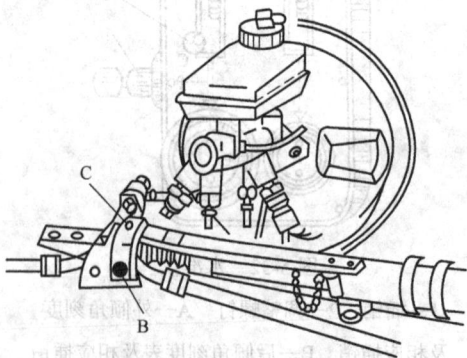

图 5-37　调整前束

② 调整。调整前束除使用光学测量仪外，还需要专用工具 3075。调整前束是通过改变两侧转向横拉杆的长度来实现的，其步骤如下。

a. 将转向器置于中间位置。

b. 拧出转向中间轴盖上的螺栓。

c. 将带有挂钩 "B" 的专用工具安置在左转向横拉杆的紧固螺母上，如图 5-37 所示。

d. 用提供的螺钉将作衬垫的间隔件固定到标有 "C" 记号的转向器孔中。

> 不得使用一般螺钉，因为一般螺钉太短，会碰坏转向盘的螺纹。

e. 总前束值分为两半，分别在左、右转向横拉杆上调整。

f. 固定转向横拉杆。

g. 必要时调整转向盘。

h. 拆下专用工具 3075。

i. 重新拧紧转向中间轴盖上的螺栓，拧紧力矩为 20N·m。

（3）主销后倾角和主销内倾角。桑塔纳 2000 轿车的主销后倾角是不能调整的。

桑塔纳 2000 轿车的主销内倾角也不可调整，它是靠前轮外倾角的正确性来保证的。

（六）车轮和轮胎的常见故障

1. 车轮常见故障诊断

车轮常见故障为轮毂轴承过松或过紧。

轮毂轴承过松，会造成车轮摆震及行驶不稳，严重时还能使车轮甩出。此时，可将车轮支起，通过用手横向摇晃车轮，即可诊断出车轮轴承是否松旷。一旦发现轴承松旷，必须立即修理。

轮毂轴承过紧。会造成汽车行驶跑偏。全部轮毂轴承过紧时，会使汽车滑行距离明显下降。轮毂轴承过紧会使汽车经过一段行驶后，轮毂处温度明显上升，有时甚至使润滑脂溶化而容易甩入制动鼓内。将车轮支起后，转动车轮明显感到费力沉重。

2. 轮胎常见故障诊断

发动机使驱动轴转动，从而带动轮胎旋转。这意味着轮胎属于传动系统的一部分，但轮胎还会根据转向盘的运动，改变车辆的运动方向。因此，轮胎也属于转向系统的一部分。此外，由于轮胎也用于支撑车重及吸收路面震动，所以，轮胎还是悬架系统的一部分。

基于上述原因，在进行轮胎的故障诊断排除分析时，一定要记住上述 3 个系统，即轮胎与车轮、转向、悬架之间的关系。同样重要的是：轮胎的使用和维护不良，也可能导致轮胎本身及相关系统的故障。因此，轮胎故障诊断排除分析的第一步，便是检查轮胎，应该使用正确，维护恰当。

轮胎的主要故障是不正常磨损。

（1）胎肩或胎面中间磨损。

① 现象。如图 5-38 所示，轮胎的胎肩和胎面出现了磨损。

② 故障原因。

a. 集中在胎肩上或胎面中间的磨损，主要是由于未能正确保持充气压力所致。如果轮胎充气压力过低，轮胎的中间便会凹入，将载荷转移到胎肩上，使胎肩磨损快于胎面中间。

b. 另一方面，如果充气压力过高，轮胎中间便会凸出，承受了较大的载荷，使轮胎中间磨损快于胎肩。

③ 故障排除步骤。

a. 检查驾驶条件，如果超载可向驾驶员提出。

b. 检查充气压力。如果充气过量或充气不足，应调整充气压力。

c. 调换轮胎位置。

（2）内侧磨损或外侧磨损。

① 现象。图 5-39 所示为轮胎的内侧或外侧磨损。

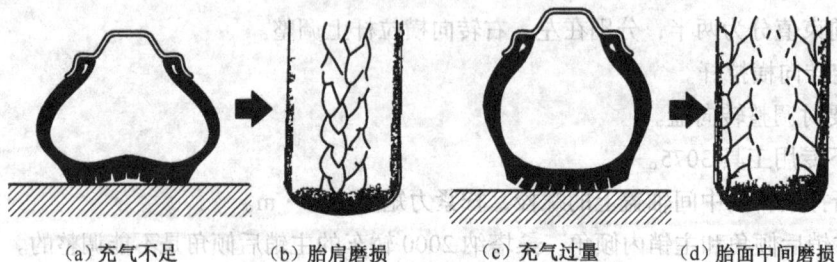

(a) 充气不足 (b) 胎肩磨损 (c) 充气过量 (d) 胎面中间磨损

图 5-38 胎肩或曲面的磨损

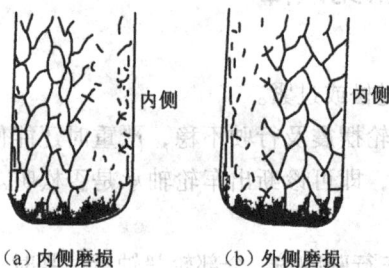

(a) 内侧磨损 (b) 外侧磨损

图 5-39 轮胎的内侧或外侧磨损

② 故障原因。

a. 在过高的车速下转弯会造成转弯磨损。转弯时轮胎滑动，便产生斜形磨损。这是较常见的轮胎磨损原因之一。驾驶员所能采取的唯一补救措施，就是在转弯时降低车速。

b. 悬架部件变形或间隙过大，会影响前轮定位，造成不正常的轮胎磨损。

c. 如果轮胎面某一侧的磨损，快于另一侧的磨损，其主要原因可能是外倾角不正确。由于轮胎与路面接触面积大小因载荷而异，对具有正外倾角的轮胎而言，其外侧直径要小于其内侧直径。因此胎面必须在路面上滑动，以便其转动距离与胎面的内侧相等。这种滑动便造成了外侧胎面的过量磨损。反之，具有负外倾角的轮胎，其内侧胎面磨损较快。

③ 故障排除步骤。

a. 检查驾驶条件。如出现转弯磨损，应向驾驶员提出。

b. 检查悬架部件。如松动，则将其紧固；如变形和磨损，应修理或更换。

c. 检查外倾角。如不正常，应校正。

d. 调换轮胎位置。

（3）前束磨损和后束磨损（羽状磨损）。

① 现象。如图 5-40 所示，车轮出现了前束磨损和后束磨损。

② 故障原因。

a. 胎面的羽状磨损，主要是由于前束调节不当所致，过量的前束，会迫使轮胎向外滑动，并使胎面的接触面在路面上朝内拖动，造成前束磨损。如图 5-40（a）所示，胎面呈明显的羽毛形。用手指从轮胎的内侧至外侧划过胎面，便可加以辨别。

b. 另一方面，过量的后束，会将轮胎向内拉动，并使胎面的接触面在路面上朝外拖动，造成如图 5-40（b）所示的后束磨损。

③ 故障排除步骤。

a. 检查前束和后束。如果前束过量或后束过量，应该加以调整。

b. 调换轮胎位置。

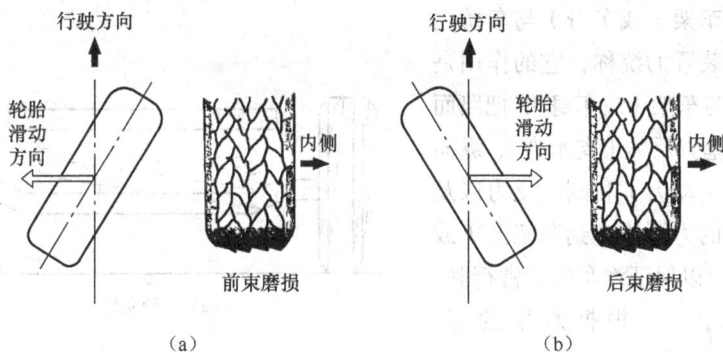

图 5-40　前束磨损和后束磨损

（4）前端和后端磨损。

① 现象。如图 5-41 所示，表示的是前端和后端磨损。

② 故障原因。

a. 前端和后端磨损是一种局部磨损，常常出现在具有横向花纹和区间花纹的轮胎上，胎面上的区间发生斜向磨损（与鞋跟的磨损方式相同），最终变成锯齿状。

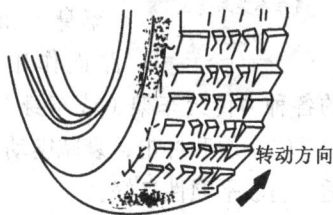

图 5-41　前端和后端磨损

如车辆经常在铺路道路上行驶，轮胎使会磨损较快。这是由于轮胎向上转动并离开铺面路时胎面区间在刹那间打滑所致（由于铺面路很坚硬，当胎面区间试图掘入地面时，道路铺面不凹陷）。因此最后离开路面的胎面区间部分受到较大的磨损。

b. 具有纵向折线花纹的胎面，磨损时会产生波状花纹。

c. 非驱动轮的轮胎只受制动力的影响，而不受驱动力的影响，因此往往会有前后端形式的磨损，如反复使用和放开制动器，便会使轮胎每次发生短距离滑动而磨损，前后端磨损的形式便与这种磨损相似。

d. 另一方面，如果是驱动轮的轮胎，则驱动力所造成的磨损，会在制动力所造成的磨损的相反的方向上出现。所以驱动轮轮胎极少出现前后端磨损。客车和大货车由于制动时产生了大得多的摩擦力，故具有横向花纹的轮胎，便会出现与非驱动轮相似的前后端磨损。

③ 故障排除步骤。

a. 检查充气压力。如果充气不足，就将其充至规定值。

b. 检查车轮轴承。如果磨损或松动，应更换或调整。

c. 检查外倾角和前束。如果不正确，应加以调整。

d. 检查轴颈或悬架部件。如果损坏，应修理或更换。

e. 调换轮胎位置。

六、悬架

（一）悬架的作用

汽车车架或车身如果直接刚性连接安装于车桥上，由于道路不平而产生上下颠簸震动，使车上的乘员感到不舒服或者使货物损坏。因此，汽车上必须装具有缓冲、减震和导向作用的悬架装置。汽车悬架是车架（或车身）与车桥之间一切传力连接装置的统称，它的作用是弹性地连接车桥与车架（或车身），把路面作用于车轮上的垂直反力（支承力）、纵向反力（驱动力和制动力）和侧向反力以及这些反力所造成的力矩传递到车架上（或承载式车身）上，以保证汽车的正常行驶。

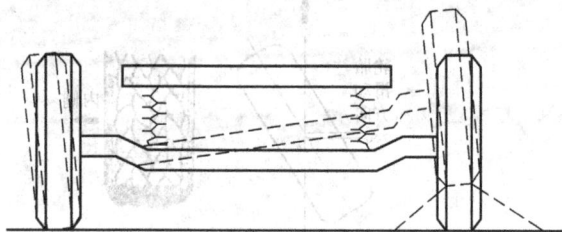

（a）非独立悬架

根据悬架的组成，总结悬架的作用如下。

汽车车架与悬架概述

（1）连接车架（车身）和车轮，把路面作用到车轮上的各种力传给车架（或车身）。

（2）缓和冲击，衰减震动，使乘坐舒适，行驶平顺性良好。

（3）保证汽车具有良好的操纵稳定性。

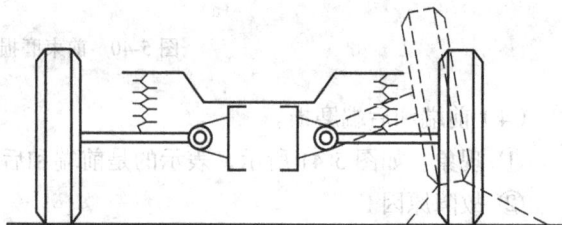

（b）独立悬架

图 5-42　非独立悬架与独立悬架的示意图

（二）悬架的类型

根据与其配用的车桥类型的不同，汽车悬架分为非独立悬架和独立悬架两种类型，如图 5-42 所示。

非独立悬架如图 5-42（a）所示，其特点是两侧车轮安装于整体式车桥上，通过弹性悬架与车架（或车身）连接。当一侧车轮因道路不平发生跳动时，必然引起另一侧车轮在汽车横向平面内发生摆动，故称为非独立悬架。

非独立悬架结构简单，成本低，强度高，具有耐久性，但簧下质量大，左右轮动作产生干涉，不利于乘坐舒适性和操作稳定性，主要适用于承载负荷大的客车与卡车。

独立悬架如图 5-42（b）所示，其结构特点是车桥做成断开的。每一侧的车轮可以单独地通过弹性悬架与车架（或车身）连接，两侧车轮可以单独跳动，互不影响，故称为独立悬架。独立悬架主要用于轿车，几乎所有的轿车前轮都采用独立悬架。

（三）悬架的组成

悬架是车架（或车身）与车桥（或车轮）之间一切传力连接装置的总称。现代汽车的悬架有传统悬架（被动悬架）和电子控制悬架（半主动和主动悬架）两种。本书主要学习传统悬架，它虽有不同的结构形式，但一般都由弹性元件、减震器、导向机构等组成，轿车一般还有横向稳定器。悬架的组成如图 5-43 所示。

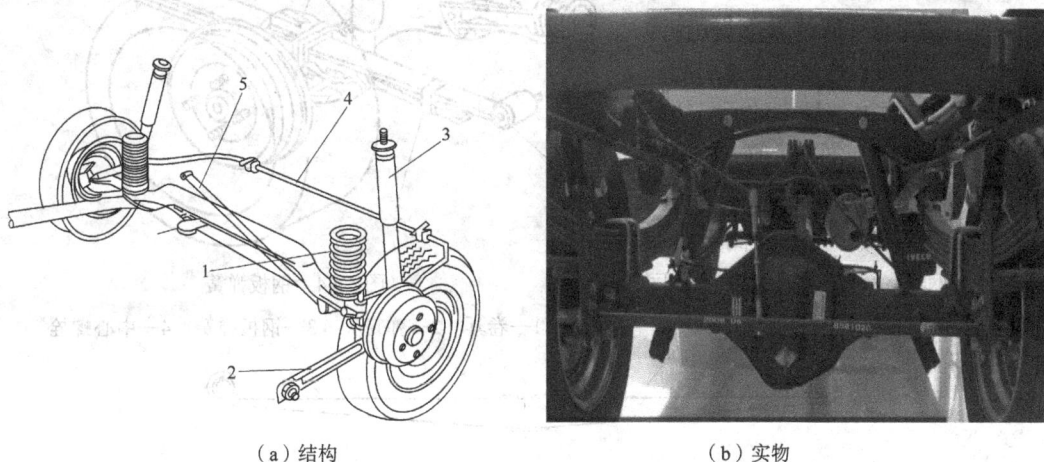

（a）结构　　　　　　　　　　　　　（b）实物

图 5-43　被动悬架的组成

1—弹性元件　2—纵向推力杆　3—减震器　4—横向稳定器　5—横向推力杆

弹性元件使车架（车身）与车桥（或车轮）弹性连接，缓和不平路面带来的冲击，承受和传递垂直载荷。

减震器可以衰减由于路面冲击产生的震动，使震动的振幅迅速减小。

导向机构包括纵向推力杆和横向推力杆，用于传递横向载荷和纵向载荷，保证车轮与车架（车身）的运动关系。

横向稳定器可以防止车身在转弯等情况下发生过大的横向侧倾。

悬架的弹性元件与减震器

1. 弹性元件

汽车上常用的弹性元件包括钢板弹簧、螺旋弹簧、扭杆弹簧、气体弹簧和橡胶弹簧等。一般载货汽车的非独立悬架广泛采用钢板弹簧；大多数轿车的独立悬架应用螺旋弹簧和扭杆弹簧；而在重型载货汽车上气体弹簧得到广泛的应用；橡胶弹簧多用在悬架的副簧和缓冲块。

（1）钢板弹簧。钢板弹簧广泛应用于汽车的非独立悬架中。钢板弹簧又叫叶片弹簧，它由若干片长度不等、曲率半径不同、厚度相等或不等的弹簧钢片叠合在一起组成一根近似等强度的弹性梁。

如图 5-44 所示，钢板弹簧 3 的第一片（最长的一片）称为主片，其两端弯成卷耳 1，内装青铜或塑料或橡胶、粉末冶金、制成的衬套，用弹簧销与固定在车架上的支架或吊耳做铰链连接。钢板弹簧的中间用 U 形螺栓与车桥固定。

中心螺栓 4 用来连接各弹簧片，并保证各片的装配时的相对位置。中心螺栓到两端卷耳中心的距离可以相等，也可以不相等。为了增加主片卷耳的强度，将第二片末端也弯成半卷耳，包在主片卷耳和外面，且留有较大的间隙，使得弹簧在变形时，各片间有相对滑动的可能。

钢板弹簧在载荷作用下变形，各片之间因相对滑动而产生摩擦，可促使车架的震动衰减。各片间的干摩擦，车轮将所受冲击力传递给车架，且增大了各片的磨损。所以在装合时，各片间涂上较稠的润滑剂（石墨润滑脂），并应定期保养。

钢板弹簧本身还兼起导向机构的作用，可不必单设导向装置，使结构简化，并且由于弹簧各片之间摩擦引起一定减震作用。有些高级轿车的后悬架采用钢板弹簧作弹性元件。目前一些国家汽车上采用变厚度的单片或2～3片的钢板弹簧，可以减少片与片间的干摩擦，减小动刚度，还提高使用应力，同时减轻质量，如图5-45所示。

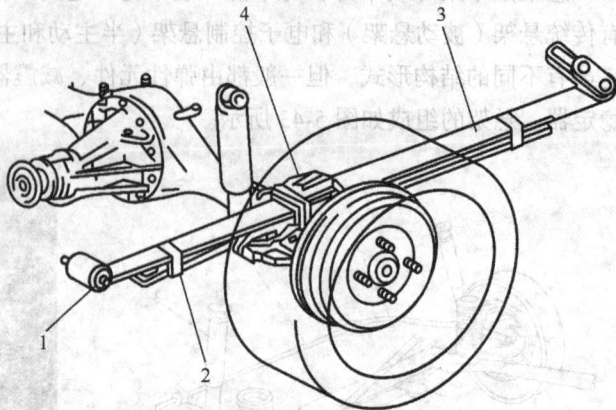

图5-44　钢板弹簧

1—卷耳　2—弹簧夹　3—钢板弹簧　4—中心螺栓

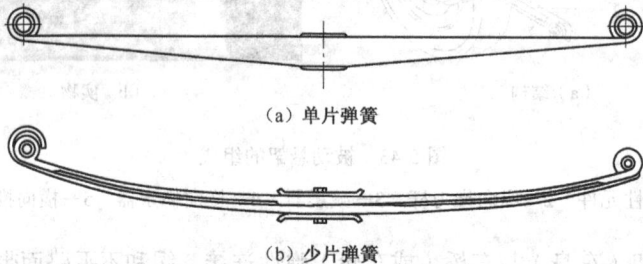

（a）单片弹簧

（b）少片弹簧

图5-45　变厚度和少片钢板弹簧

（2）螺旋弹簧。螺旋弹簧广泛应用于独立悬架，有些轿车后轮的非独立悬架也采用螺旋弹簧做弹性元件。由于螺旋弹簧只能承受垂直载荷，变形时不产生摩擦力，所以悬架中必须装有减震器和导向机构。与钢板弹簧相比，螺旋弹簧防污性强、不需要润滑、占有纵向空间小、弹簧质量轻的特点，在现代轿车上广泛使用。

螺旋弹簧由特殊的弹簧钢棒卷制而成，可以做成圆柱形或圆锥形，圆柱形等螺距螺旋弹簧的刚度是不变的，圆锥形不等螺距螺旋弹簧的刚度是可变的，其结构如图5-46所示。

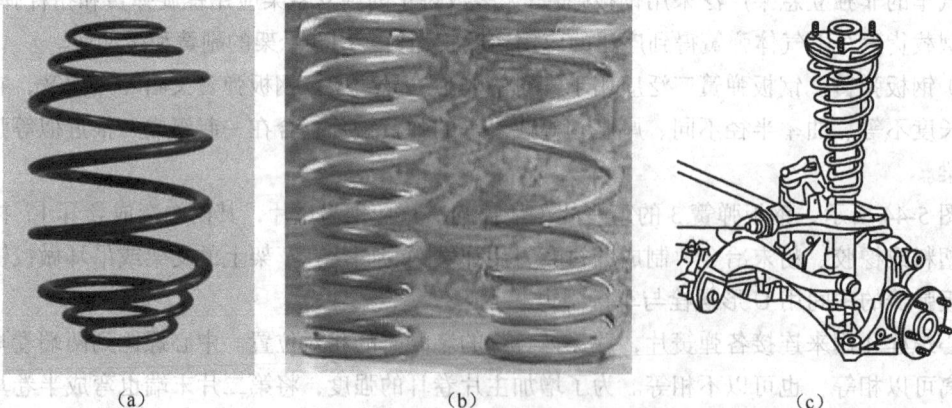

（a）

（b）

（c）

图5-46　螺旋弹簧

（3）扭杆弹簧。扭杆弹簧是由弹簧钢制成的杆件，如图 5-47 所示。杆件的断面通常为圆形，少数为矩形或管形。杆件一端固定在车架上，另一端固定在悬架的摆臂上。摆臂与车轮相连，当车轮跳动时，摆臂绕扭杆轴线摆动，使扭杆产生扭转弹性变形，保证车轮与车架的弹性连接。

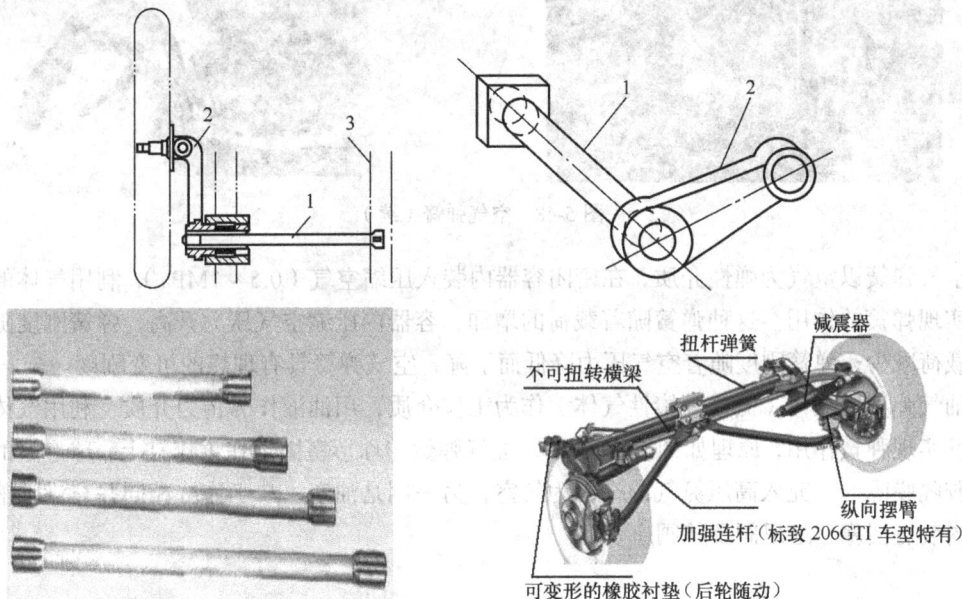

图 5-47　扭杆弹簧

1—扭杆　2—摆臂　3—车架

扭杆弹簧在制造时，经热处理后施加一定方向的扭转力矩载荷，产生永久变形，从而具有一定的预应力。左右扭杆弹簧预应力方向是不同的，在安装时注意扭杆弹簧上的标记，不能互换装错。

注意　采用扭杆弹簧做弹性元件的悬架系统要安装导向装置和减震器。与钢板弹簧相比，扭杆弹簧不需要润滑，保养简便，节省空间，适用于小型车和厢式车悬架系统。

（4）气体弹簧。气体弹簧分为空气弹簧和油气弹簧两种，如图 5-48 和图 5-49 所示。

空气弹簧分为囊式和膜式两种，如图 5-48（a）和图 5-48（b）所示。

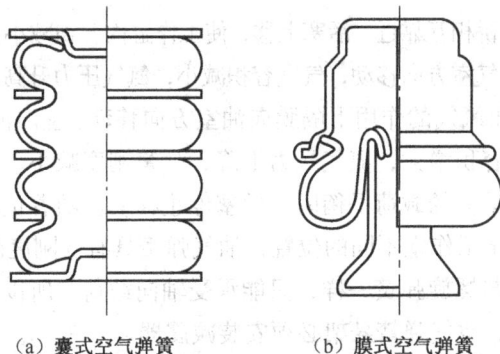

（a）囊式空气弹簧　　　　（b）膜式空气弹簧

图 5-48　空气弹簧

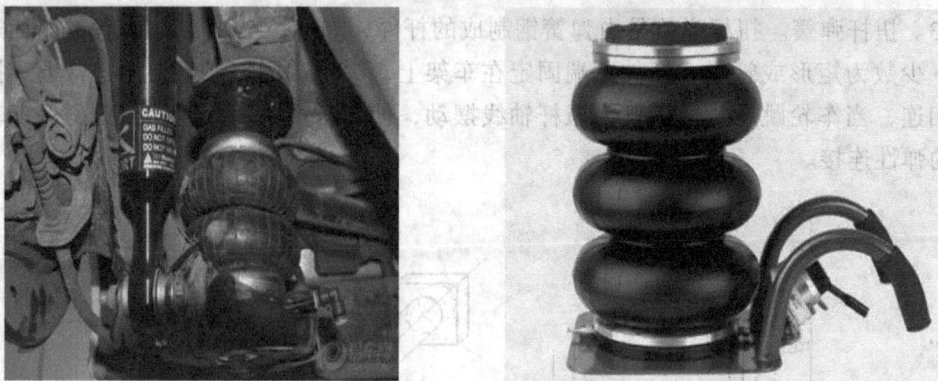

图 5-48 空气弹簧（续）

空气弹簧以空气为弹性介质，在密闭容器内装入压缩空气（0.5～1MPa），利用气体的可压缩性实现弹簧的作用。这种弹簧随着载荷的增加，容器内压缩空气压力升高，弹簧刚度随之增加；载荷减少，弹簧刚度随着空气压力降低而下降，空气弹簧具有理想的可变刚度。

油气弹簧以气体（氮气等惰性气体）作为工作介质，用油液作为传力介质，利用气体的可压缩性实现弹簧作用，原理如图 5-49 所示。油气弹簧的球形室固定在工作缸上，球形室的内腔用橡胶隔膜隔开，充入高压氮气的一侧为气室，另一侧是油室，与工作缸相同并充满油液。工作缸内装有活塞、阻尼阀及其阀座。

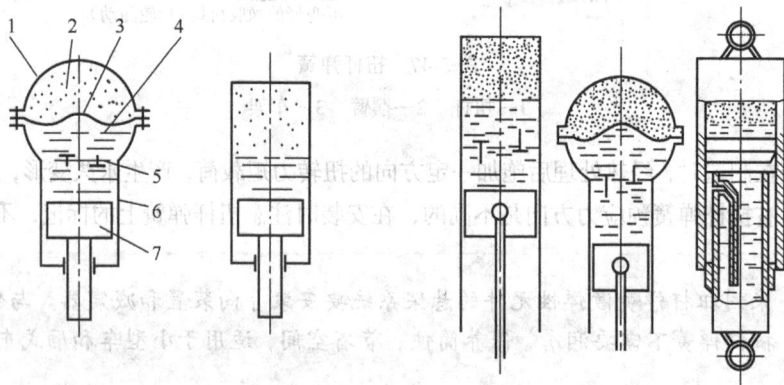

图 5-49 油气弹簧

1—球形室 2—气体 3—隔膜 4—油液 5—阻尼阀 6—工作室 7—活塞

当载荷增加，车架与车桥相互靠近，活塞上移，使工作缸内容积减小，油压升高，油液顶开阻尼阀进入球形室，推动隔膜向气室方向移动，气室容积减小，氮气压力升高，油气弹簧的刚度增大。

当载荷减小时，在高压氮气的作用下隔膜向油室方向移动，室内油液经阻尼阀流回工作室，推动活塞下移，这时气室容积增大，氮气压力下降，弹簧刚度减小。当氮气压力通过油液传递作用在活塞上的力与车架承受的载荷平衡时，活塞停止移动。随着负载的变化，气室内氮气压力随之发生变化，活塞处于工作室不同的位置，油气弹簧具有变刚度的特性。

空气弹簧和油气弹簧与螺旋弹簧一样，只能承受轴向载荷，所以，空气弹簧必须设置纵向和横向推力杆等导向机构，空气弹簧悬架必须安装减震器。

（5）橡胶弹簧。橡胶弹簧是利用橡胶本身的弹性来缓和冲击、减小震动的。它可以承受压缩载荷与扭转载荷，如图 5-50 所示。

橡胶弹簧的优点是：单位质量的储存能量比金属弹簧多，隔音性能好，多用在悬架的副簧和缓冲块。

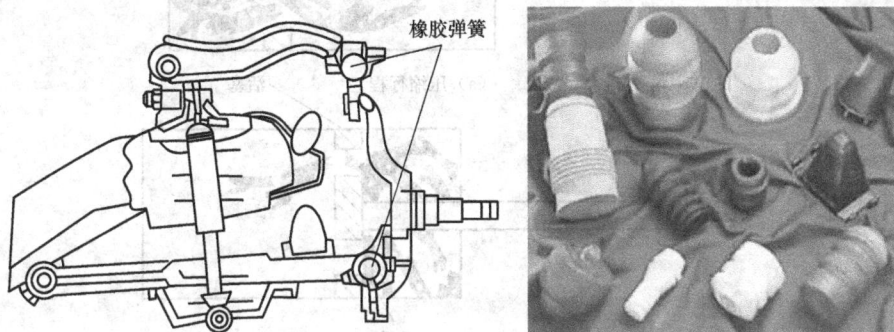

橡胶弹簧

图 5-50 橡胶弹簧

2．减震器

汽车行驶中，由于路面不平会使车架和车桥之间产生相对运动，即震动。悬架系统中的弹性元件不断被压缩或伸张，由于弹性元件大都只起缓冲作用，震动的能量不断的转换为弹性势能继而又被释放出来，因此在悬架中需要与弹性元件并联安装减震器，以衰减震动，提高汽车行驶的平顺性和乘坐舒适性，减震器与弹性元件安装位置如图 5-51 所示。

目前汽车中广泛采用液力减震器，工作原理如图 5-52 所示，当车架与车桥做往复相对运动时，减震器中的油液反复经过活塞上的阀孔，由于阀孔的节流作用以及液体分子之间的内摩擦力形成了衰减震动的阻尼力，使震动的能量转变成热能，热能由减震器壳体和油液吸收，扩散到大气中。

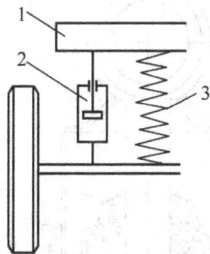

图 5-51 减震器和弹性元件的安装示意图
1—车架 2—减震器 3—弹性元件

阀门越大，阻尼力越小，反之亦然；相对速度越大，阻尼力越大，反之亦然。阻尼力越大，震动的衰减越快，但悬架弹性元件的缓冲效果不能发挥，乘坐舒适性不好，因此，弹性元件的刚度与减震器的阻尼力要合理搭配，才能保证乘坐舒适性和操纵稳定性的要求。

目前汽车上广泛应用的是双向作用筒式减震器，近年来，有的高级轿车上采用了充气式减震器。

（1）双向作用筒式减震器。双向作用筒式减震器有 3 个同心钢筒，外面的钢筒是防尘罩，上面的吊耳与车架（车身）连接。中间的钢筒是储油缸，内部装有一定量的减震器油液，其下面的吊耳与车架相连。最里面的钢筒是工作缸筒，其内装有油液。它还有 4 个阀，即压缩阀、伸张阀、流通阀和补偿阀，原理如图 5-53 所示。流通阀和补偿阀是普通的单向阀，弹簧刚度很弱，当阀上的油压作用力与弹簧力同向时，阀处于关闭状态，完全不通油液；当油压作用力与弹簧力相反时，只要很小的油压，便能打开阀。压缩阀、伸张阀是卸荷阀，弹簧刚度较大，预紧力较大，只有当油压增高到一定程度时，阀才能开启；当油压降低到一定程度时，阀自动关闭。

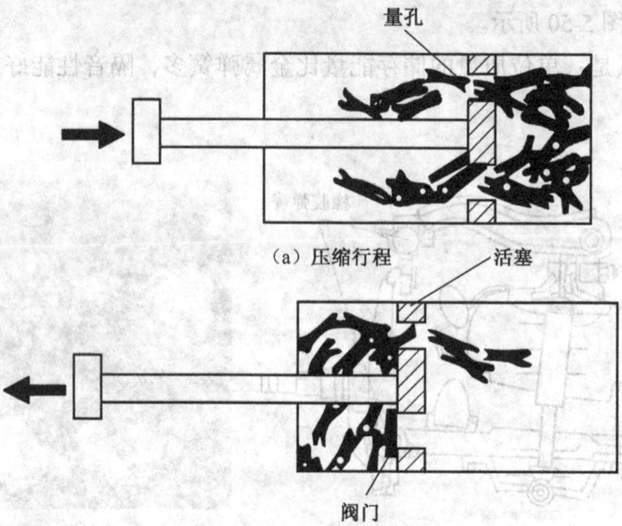

（a）压缩行程

（b）伸张行程

图 5-52　液压减震器基本原理

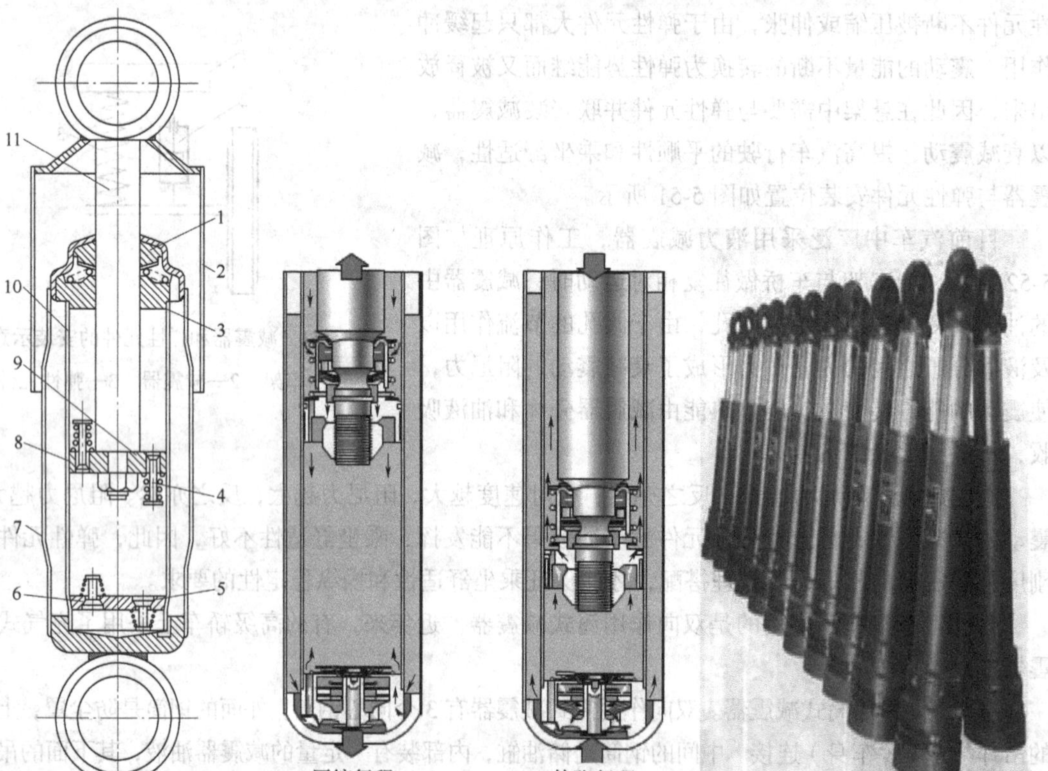

（a）　　　　　　　　（b）　　　　　　　　（c）

图 5-53　双向作用筒式减震器的基本组成与工作原理

1—油封　2—防尘罩　3—活塞　4—流通阀　5—补偿阀　6—压缩阀　7—储油缸筒　8—伸张阀

9—导向座　10—工作缸筒　11—活塞杆

通过分析压缩和伸张两个行程，说明双向作用筒式减震器的工作原理。

① 压缩行程。如图 5-53（b）左图所示，由于载荷增加，使车桥移近车架（或车身），减震器受压缩，活塞下移，使活塞下方腔室容积减小，油压升高。油压升高的油液顶开阀门进入活塞上腔，由于活塞杆占有上腔室部分空间，使上腔室增加的容积小于下腔室减少的容积，因此，还有一部分油液不能进入上腔室，只能顶开压缩阀，流回储油缸筒。油液流经上述阀孔时，受到一定的节流阻力，克服节流阻力需要消耗震动能量，从而使震动衰减。

② 伸张行程。如图 5-53（b）右图所示，由于载荷减少，车桥相对远离车架（或车身），减震器受到拉伸，活塞上移，使其上腔室油压升高。上腔室的油液便推开伸张阀流入下腔室。同样由于活塞杆的存在，上腔室减少的容积小于下腔室增加的容积，使下腔室出现真空，储油罐中的油液在大气压力作用下推开补偿阀流进下腔室。

综上所述，这种减震器在压缩、伸张行程都能起到减震作用，所以被称为双向作用筒式减震器。

（2）充气式减震器。如图 5-54 所示，充气式减震器的结构特点是在缸筒的下部装有一个浮动活塞，在浮动活塞与缸筒一端形成的密闭气室内充满高压氮气。在浮动活塞的上面是减震器油液。O 形密封圈把油和气完全分开，因此活塞也叫作封气活塞。在工作活塞上装有压缩阀和伸张阀。这两个阀都是由一组厚度相等、直径不等、由大到小排列的弹簧钢片组成。

当车轮上下跳动时，工作活塞在油液中做往复运动，使工作活塞的上、下油腔之间产生油压差，压力油便推开压缩阀或伸张阀而来回流动。油液经过阀孔时受到较大的阻尼力作用，为克服阻尼力需要消耗震动能量，因而使震动衰减。

3．横向稳定器

现代轿车悬架较软，固有频率很低。汽车高速行驶转弯时，车身会产生侧向倾斜和侧向震动。为了提高悬架的侧倾刚度，减少侧倾，在钢架中增设横向稳定器。

（1）横向稳定器的结构。杆式横向稳定器结构如图 5-55 所示，横向稳定杆 3 呈扁平 U 形，安装在汽车紧靠悬架的前端或后端，稳定杆中部自由支撑在两个固定于车架上的橡胶套筒 2 内，套筒 2 固定在车架上，稳定杆两侧纵向部分的末端通过支杆 1 与悬架下摆臂上的弹簧支座 4 相连。

横向稳定杆由弹簧钢制成，呈扁平的 U 形，横向安装在汽车前端或后端（有的轿车在前后都装横向稳定器）。弹性的稳定杆产生扭转内力矩会阻碍悬架弹簧的变形，减少了车身的横向倾斜和横向震动。杆 3 的中部

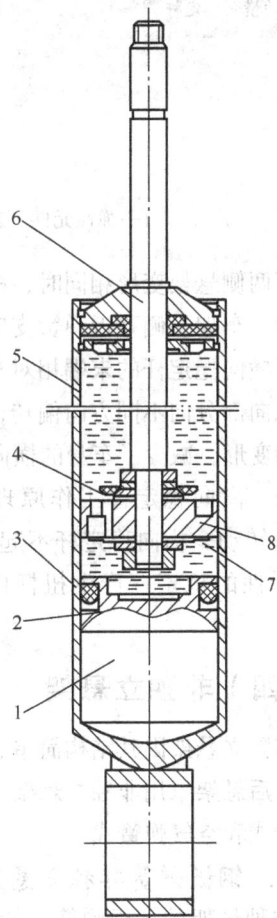

图 5-54　充气式减震器

1—密封气室　2—浮动活塞

3—O 形密封圈　4—伸张阀　5—工作缸

6—活塞杆　7—压缩阀　8—工作活塞

的两端自由地支撑在两个橡胶套筒内，套筒2固定于车架上。

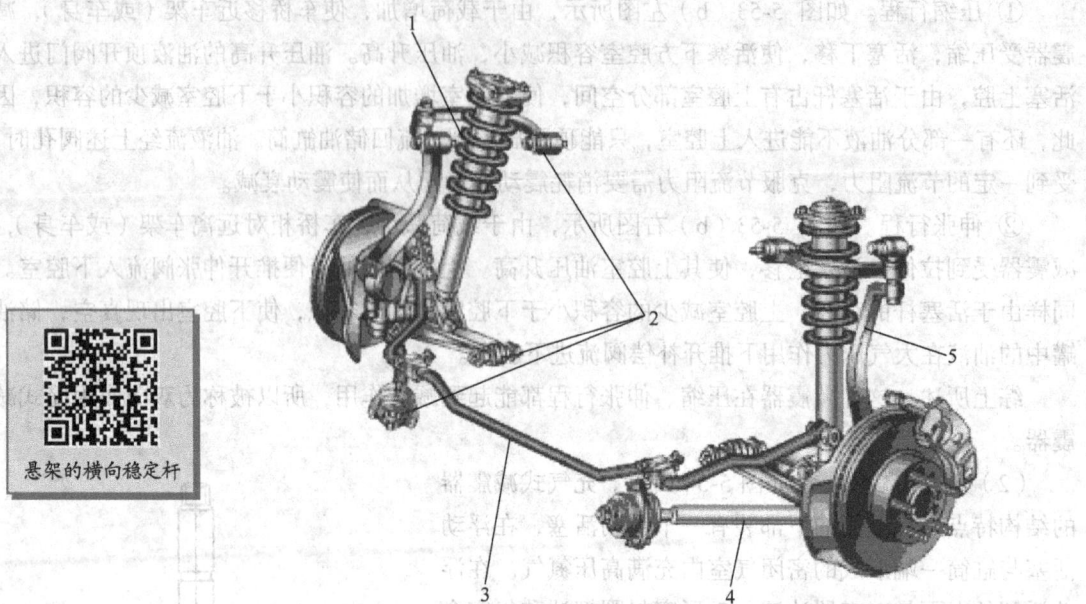

图 5-55　杆式横向稳定器

1—弹性元件　2—套筒　3—横向稳定杆　4—纵向推力杆　5—减震器

当两侧悬架变形相同时，横向稳定器不起作用。当两侧悬架变形不等，车身相对路面横向倾斜时，车架一侧移近弹簧支座，稳定杆的同侧末端就随车架向上移动，而另一侧车架远离弹簧座，横向稳定杆的末端相对车架下移，横向稳定杆中部对于车架没有相对运动，而稳定杆两边的纵向部分向不同方向偏转，于是稳定杆被扭转。弹性的稳定杆产生扭转内力矩就阻碍悬架弹簧的变形，减少了车身的横向倾斜和横向角震动。

（2）横向稳定器工作原理。当车身受到震动而两侧悬架变形时，横向稳定杆在套筒内自由转动，横向稳定杆不起作用。当两侧悬架变形不等，车身相对路面发生侧向倾斜时，具有弹性的稳定杆产生扭杆内力矩阻碍悬架弹簧的变形，从而减少了车身的侧倾和侧向震动。

（四）非独立悬架

非独立悬架因其结构简单、工作可靠，被广泛应用于货车前、后悬架。现代轿车中，很少或仅有后悬架采用非独立悬架。按照所采用的弹性元件不同，非独立悬架分为钢板弹簧式、螺旋弹簧式和空气弹簧式。

1. 钢板弹簧非独立悬架

这种悬架的钢板弹簧一般为纵向布置，也称为纵置板簧式非独立悬架。图 5-56 所示为解放 CA1092 型汽车的前悬架。钢板弹簧中 U 形螺栓固定在前桥上。钢板弹簧的前端卷耳用弹簧销与前支架相连，形成固定式铰链支点，起传力和导向作用。后端卷耳则用吊耳销与可在支架上摆动的吊耳相连，形成摆动式铰接支点，从而保证了弹簧变形时两卷耳中心线的距离有改变的可能。解放 CA1091 型汽车的前悬架如图 5-57 所示。

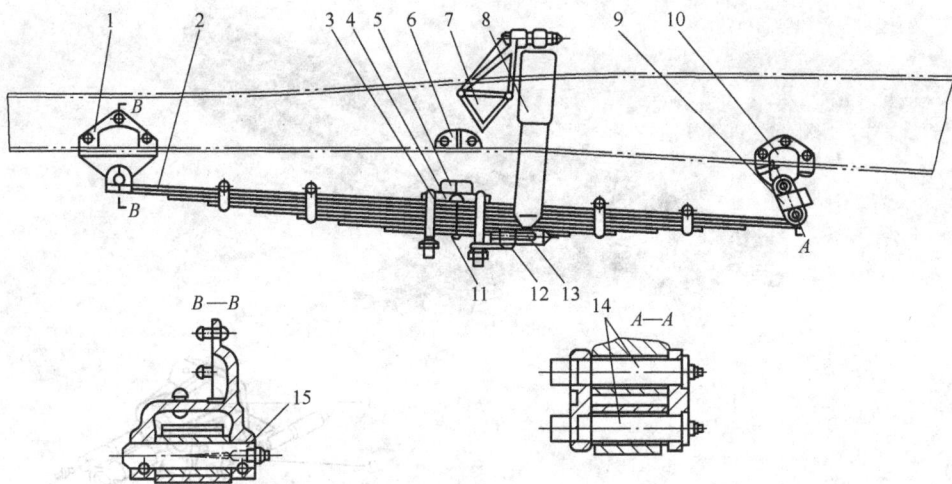

图 5-56　解放 CA1092 型汽车的前悬架

1—钢板弹簧前支架　2—钢板弹簧　3—U 形螺栓　4—盖板　5—缓冲块　6—限位块　7—减震器上支架
8—减震器　9—吊耳　10—吊耳支架　11—中心螺栓　12—减震器下支架　13—减震器连接销　14、15—螺栓

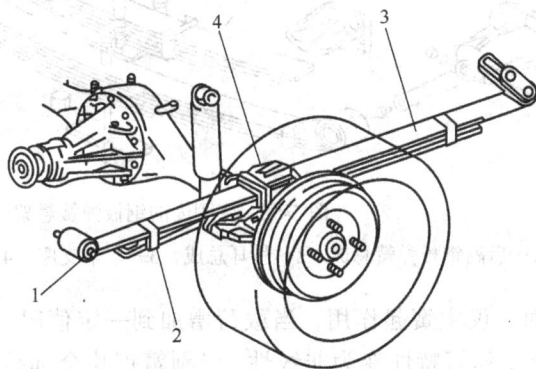

非独立悬架与独立
悬架

图 5-57　解放 CA1091 型汽车的前悬架

1—卷耳　2—弹簧夹　3—钢板弹簧　4—中心螺栓

　　减震器的上下两个吊环通过橡胶衬套和连接销分别与车架上的上支架和车桥上的下支架相连接。盖板上装有橡胶缓冲块，以限制弹簧的最大变形，并防止弹簧直接碰撞车架。

　　为了改善汽车行驶的平顺性，一些轻型货车的后悬架将副钢板弹簧加装在主钢板弹簧下，成为渐变刚度的钢板弹簧。图 5-58 所示为某中型货车后悬架，在主钢板弹簧上加装副钢板弹簧，成为变刚度的钢板弹簧。在空载或装载质量不大的情况下，仅由主簧承受载荷，副簧不承受载荷。

　　在重载或满载的情况下，车架相对车桥下移，使车架上的副簧滑板式支座与副簧接触，主簧与副簧共同发挥作用，悬架刚度得到提高。这类悬架的特点是副簧随着载荷增加到一定程度参与工作，由于悬架刚度变化突然，影响汽车行驶平顺性。

　　为了改善汽车行驶的平顺性，南京依维柯轻型货车的后悬架采用渐变刚度的钢板弹簧悬架，如图 5-59 所示。主簧由五片较薄钢板弹簧片组成，副簧由五片较厚的弹簧片组成，用中心螺栓固定在一起，主簧在上，副簧在下。

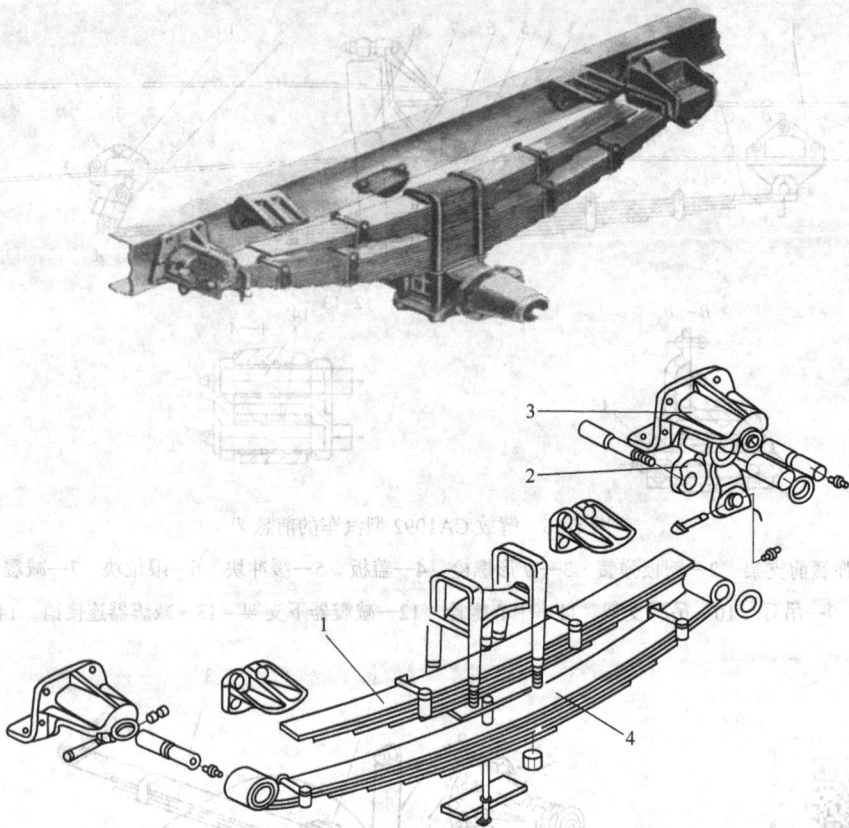

图 5-58　变刚度的钢板弹簧悬架

1—后副钢板弹簧总成　2—吊耳总成　3—车架支座　4—后主钢板弹簧总成

载荷较小时，仅主簧起作用，当载荷增加到一定值时，副簧开始与主簧接触，悬架刚度随之相应提高，弹簧特性变为非线性。当副簧钢片全部接触后，弹簧特性又变为线性的。这种渐变刚度钢板弹簧悬架的特点是副簧逐渐起作用，悬架刚度变化平稳，改善了汽车的平顺性。

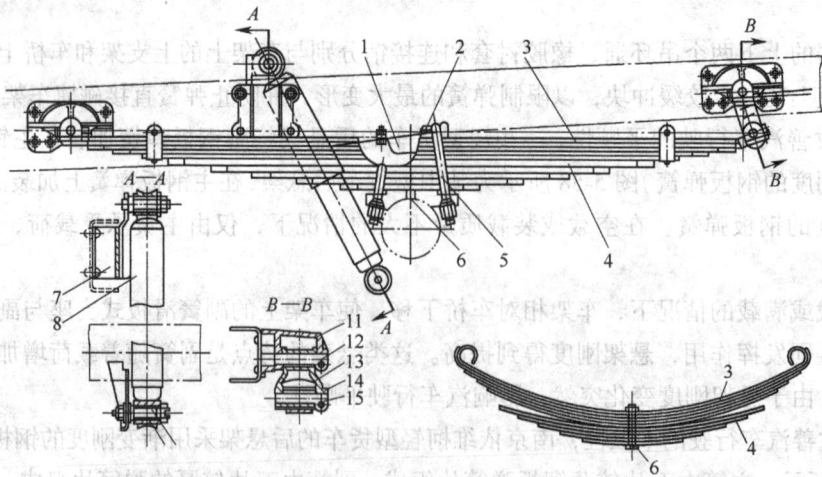

图 5-59　南京依维柯轻型货车渐变刚度钢板弹簧的后悬架

2. 螺旋弹簧非独立悬架

螺旋弹簧非独立悬架一般只用于轿车的后悬架，如图 5-60 所示。图 5-61 所示为上海桑塔纳 2000 的后悬架。

左右纵向推力杆 2 的中部与后桥焊接成一体，前端通过带橡胶的支座与车身做铰链连接，后端与轮毂相连接。纵向推力杆 2 可以传递纵向力及其力矩。整个后桥、纵向推力杆以及车轮可以绕支承座 7 的铰接点连线相对于车身上下纵向摆动。

螺旋弹簧本身没有减震作用，只能承受垂直载荷，所以螺旋弹簧悬架中必须另装减震器和导向机构。

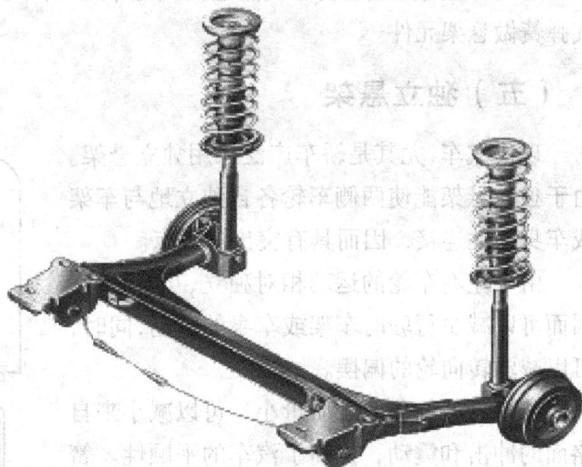

图 5-60　螺旋弹簧非独立悬架

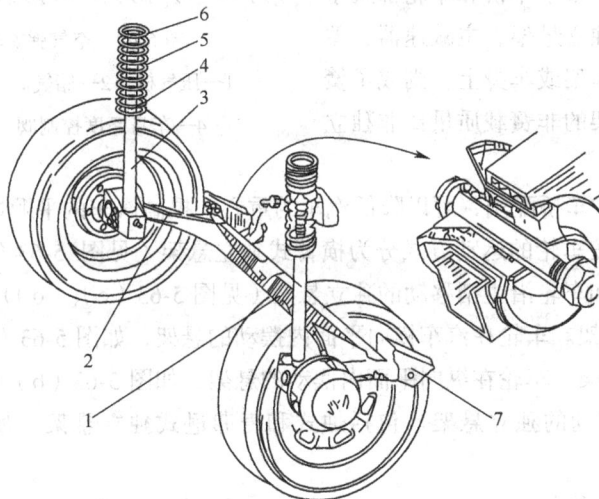

图 5-61　桑塔纳轿车后桥悬架

1—后桥　2—纵向推力杆　3—减震器　4—弹簧下座　5—螺旋弹簧　6—弹簧座　7—支承座

3. 空气弹簧非独立悬架

为了提高汽车的平顺性，适应载荷和路面的变化，要求悬架刚度随之变化。空车时车身被抬高，满载时车身被压得很低。对于轿车，要求在好路上降低车身高度，提高行驶速度，在差路上提高车身高度，增大通过能力。因此不同类型的汽车要求不同，而空气弹簧非独立悬架满足了这种要求。

空气弹簧非独立悬架如图 5-62 所示，囊式空气弹簧的上下端分别固定在车架和车桥上，经空气压缩机产生的压缩空气经油水分离器和压力调节器进入储气罐，压力调节器可使储气筒中的压缩空气保持一定压力。储气罐和空气弹簧中的空气压力由车身控制阀控制。空气弹簧只承受垂直载荷，因而必须架设导向装置，车轮受到的纵向力、横向力及其力矩由悬架中的纵向和横向推力杆来传递。

空气弹簧非独立悬架多用于重型车和高级轿车。电子控制主动悬架或半主动悬架多采用空气弹簧做悬架元件。

（五）独立悬架

现代汽车,尤其是轿车广泛采用独立悬架。由于独立悬架能使两侧车轮各自独立地与车架或车身弹性连接，因而具有突出的优点。

由于左右车轮的运动相对独立、互不影响，因而可以减少行驶时车架或车身的震动，同时，可以减弱转向轮的偏摆。

独立悬架的非簧载质量小，可以减小来自路面的冲击和震动，提高了汽车的平顺性。簧载质量是指汽车悬架弹性元件支撑的质量；非簧载质量是指弹性元件下吊挂的质量。

对于非独立悬架，整个车桥和车轮都属于非簧载质量，而对于独立悬架，主减速器、差速器、壳体都安装在车架或车身上，则成了簧载质量，所以独立悬架的非簧载质量比非独立悬架的小。

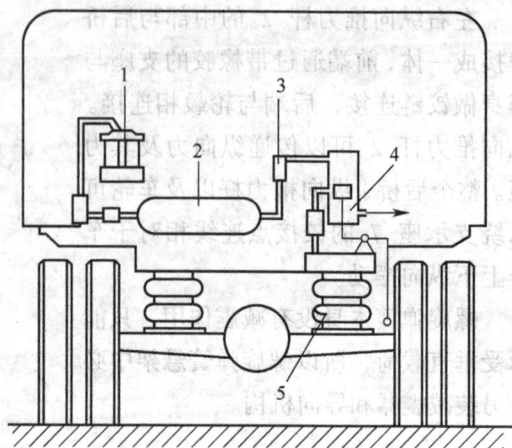

图 5-62　空气弹簧非独立悬架
1—压气机　2—储气筒　3—空气滤清器
4—车身高度控制阀　5—空气弹簧

独立悬架与断开式车桥配用，可以降低汽车的重心，提高汽车的平顺性。

独立悬架一般可按车轮的运动方式分为横臂式独立悬架（见图 5-63（a））、纵臂式独立悬架（见图 5-63（b））和车轮沿主销移动的独立悬架（见图 5-63（c）、（d））3 种类型。

① 横臂式独立悬架。车轮在汽车横向平面内摆动的悬架，如图 5-63（a）所示。

② 纵臂式独立悬架。车轮在纵向平面内摆动的悬架，如图 5-63（b）所示。

③ 车轮沿主销移动的独立悬架。包括烛式和麦弗逊式独立悬架，如图 5-63（c）、（d）所示。

1. 横臂式独立悬架

横臂式分为单横臂式和双横臂式两种。单横臂式独立悬架使用较少，重点介绍双横臂式独立悬架。

双横臂式独立悬架如图 5-64 所示，其两个横摆臂有等长的和不等长的。

摆臂等长的独立悬架，当车轮上下跳动时，虽然车轮垂直平面不发生倾斜，主销轴线的方向也不发生变化，但轮距发生较大的变化，这种情况容易引起车轮的侧滑和轮胎的磨损。

摆臂不等长的独立悬架，当车轮上下跳动时，虽然车轮平面、主销轴线、轮距发生变化，但都控制在允许范围内。不等长双横臂式独立悬架应用较多，红旗 CA7560、雷克萨斯 LS400 等轿车的前桥都采用这种独立悬架。双横臂的臂有做成 A 字形或 V 字形，如图 5-64（c）所示。V 形臂的上下 2 个 V 形摆臂以一定的距离，分别安装在车轮上，另一端安装在车架上。

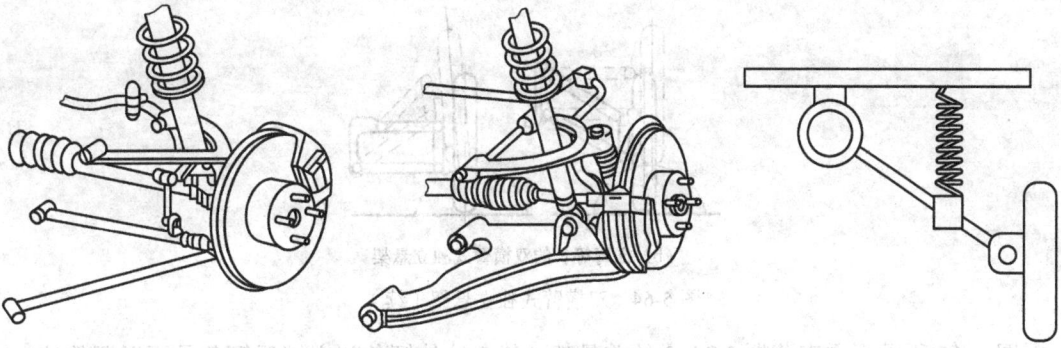

(a) 横臂式独立悬架

(b) 纵臂式独立悬架

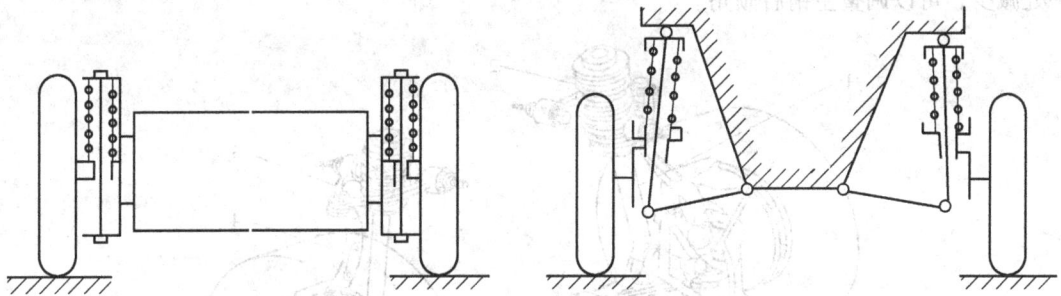

（c）烛式独立悬架

（d）麦弗逊式独立悬架

图 5-63　独立悬架

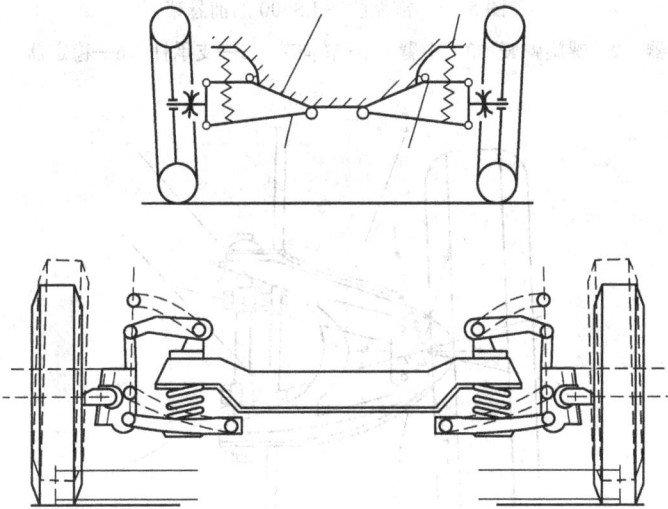

（a）摆臂不等长的双横臂式独立悬架

图 5-64　双横臂式独立悬架

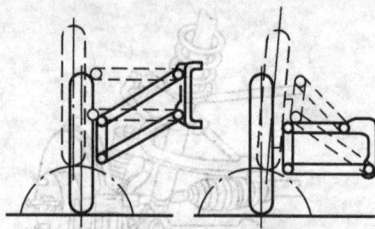

（b）摆臂等长的双横臂式独立悬架

图 5-64　双横臂式独立悬架（续）

　　图 5-65 所示为雷克萨斯 LS400 的前悬架，其车轮外倾角和主销后倾角是可以调整的。如图 5-66 所示，上摆臂内端通过上摆臂轴用螺栓与车架相连，上摆臂轴与车架之间夹有前、后调整垫片。同时增加和减少调整垫片的厚度可以调整车轮外倾角；前、后垫片厚度一处增加、另一处减少，可以调整主销后倾角。

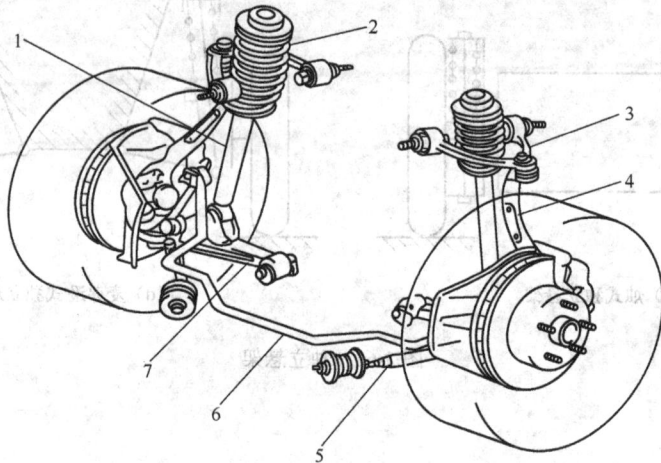

图 5-65　雷克萨斯 LS400 的前悬架

1—减震器　2—螺旋弹簧　3—上臂　4—转向节　5—支承杆　6—稳定器　7—下臂

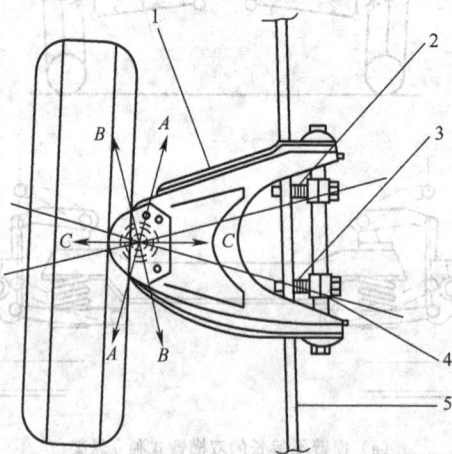

图 5-66　车轮外倾角和主销后倾角的调整

1—上摆臂　2—前调整垫片　3—后调整垫片　4—上摆臂轴　5—车架

2. 纵臂式独立悬架

纵臂式独立悬架分为单纵臂、双纵臂式两种。

（1）单纵臂式独立悬架。单纵臂独立悬架都用于后轮，如图 5-67 所示。如果用于前轮，车轮上下跳动时会使主销后倾角变化很大，如图 5-68 所示。纵摆臂是一片宽而薄的钢板，一端与半轴套管铰接，另一端带有套筒，套筒通过花键与扭杆弹簧的外端相连，扭杆的内端固定在车架上。

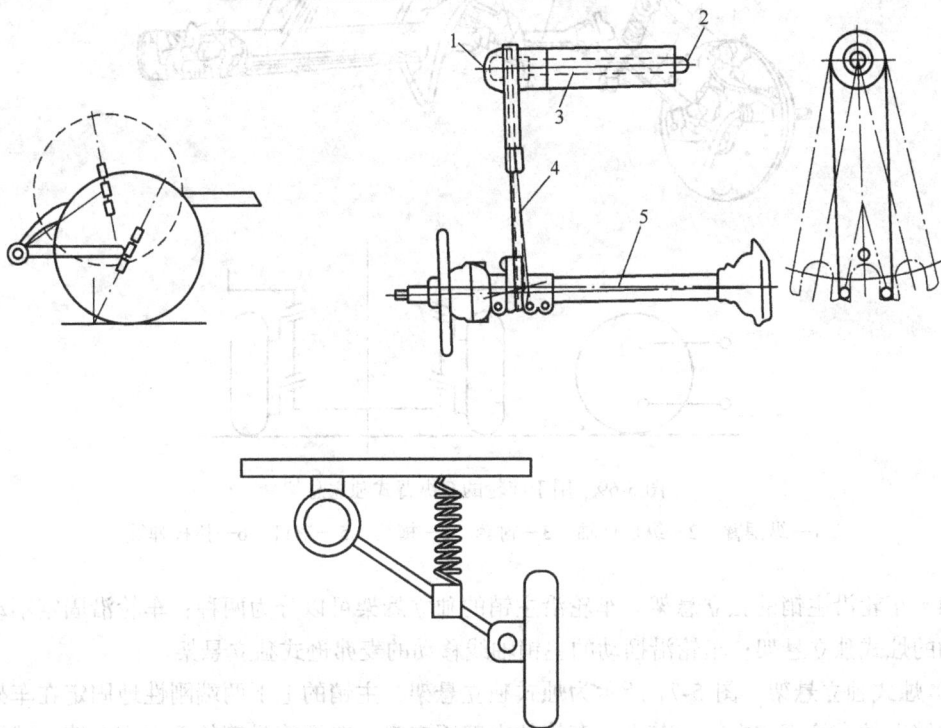

图 5-67　用于后轮的单纵臂式独立悬架

1—套筒　2—扭杆弹簧　3—套筒　4—纵摆臂　5—半轴套管

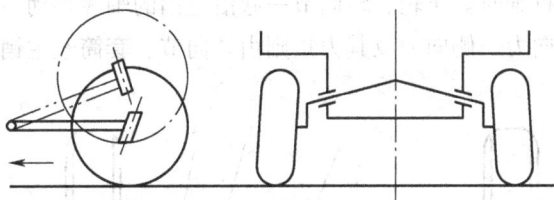

图 5-68　单纵臂式独立悬架示意图

（2）双纵臂式独立悬架。这种悬架当车轮上下跳动时，车轮外倾角、轮距和主销后倾角都不发生变化，所以适用于前轮。图 5-69 所示为用于前轮的双纵臂独立悬架。

转向节和两个纵摆臂做铰接连接，在车架的两根管式横梁的内部装有由若干层矩形断面的薄弹簧钢片叠成的扭杆弹簧。两根扭杆弹簧的内端用螺栓固定在横梁中部，而外端则插入纵臂轴的矩形孔中。纵臂轴用衬套支撑在管式横梁内，轴和纵臂刚性连接。

（3）单斜臂式独立悬架。图 5-70 所示为单斜臂式独立悬架，其特点是：当车轮上下跳动时，摆臂的摆动轴线 5 与车轴 2 轴线斜交叉，故称为单斜臂式独立悬架。选择好摆臂的摆动轴线与车轴轴线的夹角，可使这种悬架接近单横臂式或单纵臂式独立悬架，兼有两者的特点，适用于轿车的后悬架。

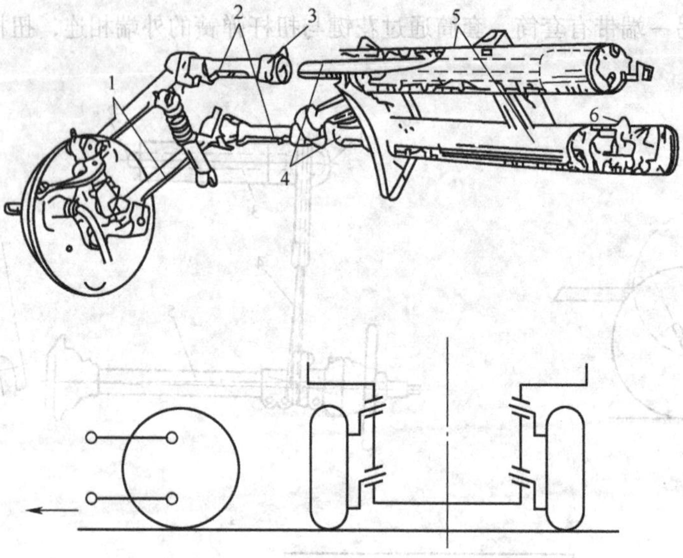

图 5-69　用于前轮的双纵臂式独立悬架

1—纵摆臂　2—纵摆臂轴　3—衬套　4—横梁　5—螺钉　6—扭杆弹簧

（4）车轮沿主销的独立悬架。车轮沿主销的独立悬架可以分为两种：车轮沿固定不动的主销移动的烛式独立悬架；车轮沿摆动的主销轴线移动的麦弗逊式独立悬架。

① 烛式独立悬架。图 5-71 所示为烛式独立悬架，主销的上下两端刚性地固定在车架上。套在主销上的套管固定在转向节上。套管的中部固定安装着螺旋弹簧的下支座。筒式减震器的下端与转向节相连，上端与车架相连。悬架的摩擦部分套着防尘罩。通气管与防尘罩内腔相通，以免罩中空气被密封影响悬架的弹性。

汽车在不平路面上行驶时。车轮、转向节一起沿主销的轴线移动。螺旋弹簧只承受垂直载荷，而车轮上所受的纵向力、侧向力及其力矩则由转向节、套筒经主销传给车架，导致主销与套筒之间的磨损严重。

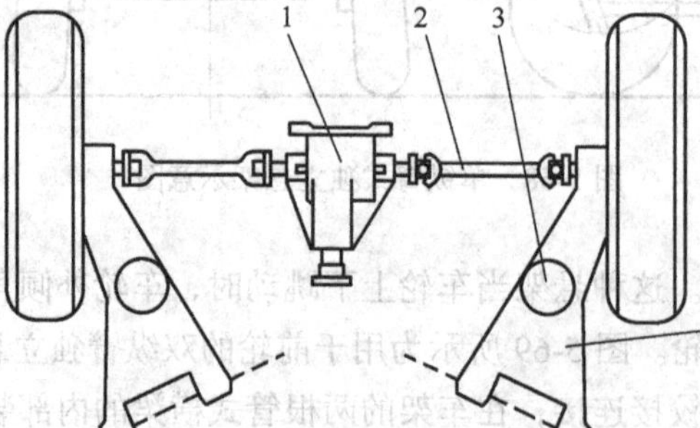

图 5-70　单斜臂式独立悬架

1—主减速器　2—车轴　3—螺旋弹簧　4—斜摆臂　5—摆臂的摆动轴线

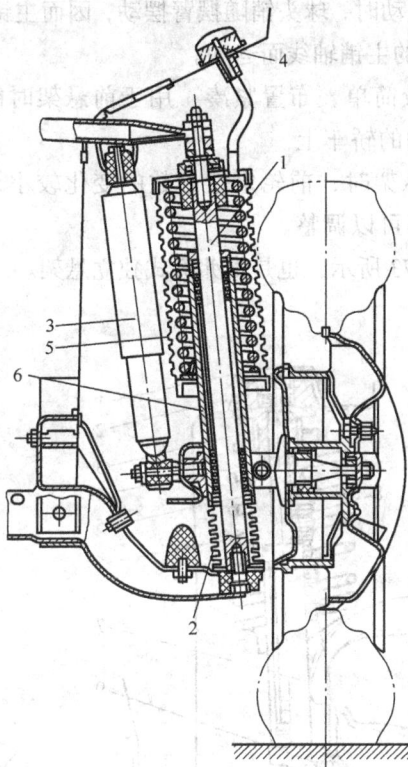

图 5-71　烛式独立悬架

1—主销　2、5—防尘罩　3—减震器　4—通气管　6—套筒

② 麦弗逊式独立悬架。目前，麦弗逊式独立悬架在轿车中应用广泛，其结构如图 5-72 所示，它由减震器、螺旋弹簧、横摆臂、横向稳定杆（未画出）等组成。减震器与套在外面的螺旋弹簧合为一体，构成悬架的弹性支柱，支柱上端与车身挠性连接，支柱下端与转向节刚性连接。横摆臂的外端通过球头销与转向节的下部连接，内端与车身铰接。

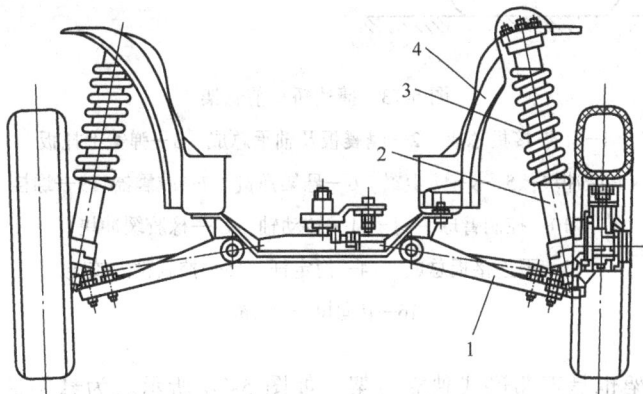

图 5-72　麦弗逊式独立悬架结构示意图

1—横摆臂　2—减震器　3—螺旋弹簧　4—车身

麦弗逊式独立悬架没有传统的主销实体，转向轴线为上下铰接中心的连线（通常与弹性支柱的轴线重合）。当车轮上下跳动时，球头销随摆臂摆动，因而主销轴线随之摆动，弹性支柱也摆动，由此说明车轮沿着摆动的主销轴线而运动。

麦弗逊式独立悬架结构较简单，布置紧凑，用于前悬架时能增大两前轮内侧的空间，故多用于发动机前置前轮驱动的轿车上。

前轮采用麦弗逊式独立悬架时，前轮定位参数的变化较小，除前束可调整外，其他参数根据车型规定可以调整或不可以调整。

捷达轿车的前悬架如图 5-73 所示，也是麦弗逊式独立悬架。

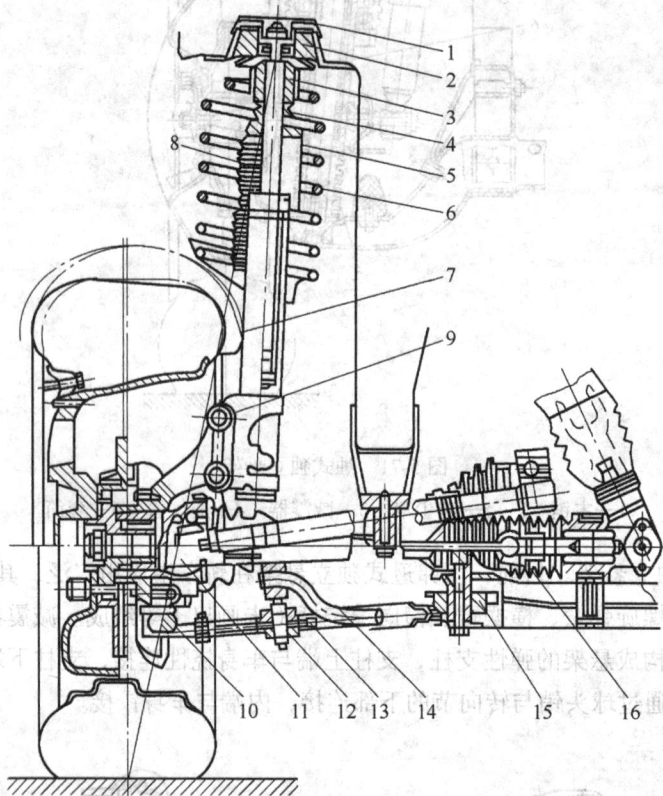

图 5-73　捷达轿车前悬架

1—上连接板总成　2—隔震板及轴承总成　3—弹簧上托板

4—缓冲块　5、8—防尘罩　6—悬架弹簧　7—减震器　9—螺栓

10—控制臂球头销　11—转动轴　12—橡胶缓冲块

13—下连接板总成　14—稳定杆　15—控制臂内铰链

16—转向拉杆内铰链

富康轿车前悬架也是麦弗逊式独立悬架，如图 5-74 所示。为悬架带有三角形下横臂以及横向稳定杆。

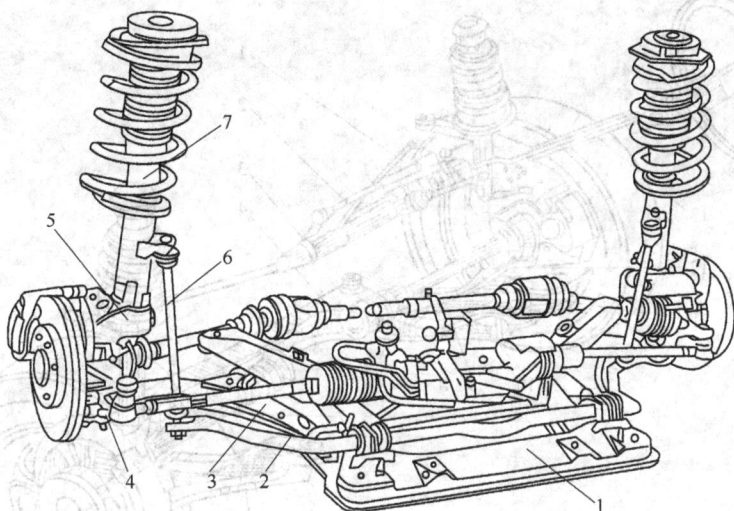

图 5-74　富康轿车前悬架

1—前托架　2—横向稳定杆　3—三角臂　4—球头销　5—转向节　6—连接杆　7—前减震器

（六）悬架常见故障

悬架技术状况变差，使汽车的冲击载荷变大，加剧了零件的磨损，影响汽车的行驶平顺性和操纵的可靠性。

悬架的主要故障是悬架异响或震动、车身倾斜和减震器失效行驶不稳。

1. 悬架异响或震动

故障现象：汽车行驶时，在悬架和车轴处发出异常响动和震动声。

故障原因：悬架系统，部件松动、润滑不良、橡胶衬套以及疲劳损坏、减震器功能不良。车轴系统，部件安装松动、球铰磨损、润滑不良、驱动轴弯曲或龟裂、车轮轴承磨损。

2. 车身倾斜

故障现象：行车过程中、转弯时容易出现侧倾；制动时容易出现栽头；加速时容易出现后部下挫。

故障原因：

（1）钢板弹簧折断，尤其是主片折断，会因弹力不足，使车身歪斜。前钢板弹簧一侧主片折断时，车身会在横向平面内倾斜；后钢板弹簧一侧主片折断时，车身会在纵向平面内倾斜。

（2）钢板弹簧弹力过小或刚度不一致，或更换的钢板弹簧与原弹簧刚度不一致时，会使车身倾斜。

（3）钢板弹簧销、衬套或吊耳磨损过量，会使车身倾斜（不严重）。

3. 行驶不稳定

故障现象：高速时行驶稳定性差、不平坦道路上行驶时的乘坐舒适性差（颠动、上下跳震）。

故障原因：稳定杆变形、上下摆臂变形、各铰接点磨损、松旷。

减震器的常见故障为衬套磨损或泄漏。衬套磨损后，因松旷易产生响声。减震器轻微的泄漏是允许的，但泄漏过多会使减震器失去减震作用。

（七）悬架常规检修

以上海桑塔纳 2000 型轿车的前悬架为例，介绍麦弗逊式独立悬架的拆装、检修。桑塔纳 2000 前悬架结构如图 5-75 所示。

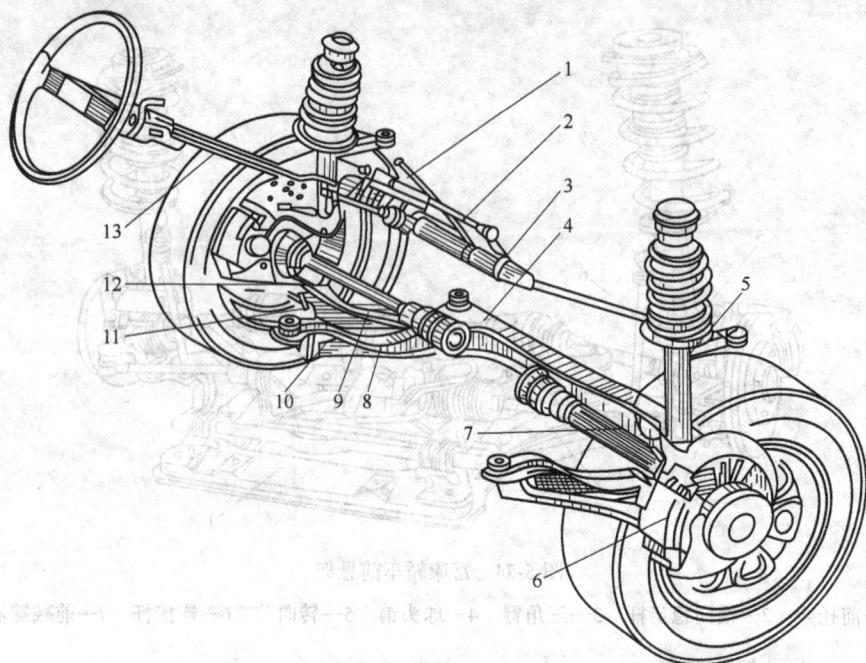

图 5-75　桑塔纳 2000 前悬架

1—转向横拉杆　2—转向减震器　3—动力转向装置　4—副车架前橡胶支承　5—减震器支柱
6—前轮制动钳　7—传动轴　8—副车架　9—横向稳定器　10—下摆臂橡胶支承　11—下摆臂
12—车轮与下摆臂的连接螺栓　13—安全转向柱

　　桑塔纳 2000 前悬架结构特点：筒式减震器作为悬架杆系的一部分兼起主销作用，滑柱在圆筒内上下移动，减震器支柱座与车身相连。

1. 悬架总成的拆卸

　　以桑塔纳 2000 前悬架总成的拆卸为例来说明拆卸步骤，如图 5-76 所示。

　　（1）取下车轮装饰罩。

　　（2）取下轮毂与传动轴的紧固螺母（拧紧力矩 230N·m），如图 5-77 所示。

　　（3）卸下垫圈，拧松车轮紧固螺母（拧紧力矩 110N·m）。

　　（4）旋下制动钳紧固螺栓（拧紧力矩 70N·m），取下制动盘，如图 5-78 所示。

　　（5）取下制动软管支架，并用铁丝将制动钳固定在车身上。

　　　　　拆卸悬架总成时，不能损坏制动软管。

注意

　　（6）拆下球头销紧固螺栓。

　　（7）压下转向横拉杆接头，如图 5-79 所示。

　　（8）拆下横向稳定器的紧固螺栓，如图 5-80 所示。

　　（9）拆下传动轴与轮毂的固定螺母。

　　（10）向下按压前悬架下摇臂，从车轮轴承壳中拉出传动轴；或利用两个固定车轮凸缘上的螺孔，将压力装置 V.A.G1389 固定在轮毂上，用压力装置从轮毂中拉出传动轴，然后卸下压力装置，如图 5-81 所示。

（11）取下盖子。支撑减震器支柱下部或沿反方向固定，旋下活塞杆螺母，如图 5-82 所示，用内六角扳手阻止活塞杆的转动。

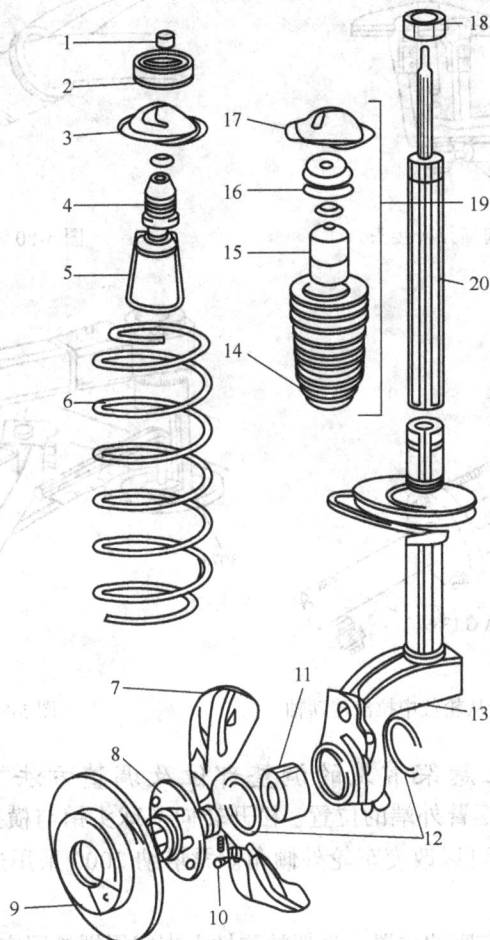

图 5-76　桑塔纳 2000 前悬架总成零件分解图

1—开槽螺母　2—悬架支承轴轴承　3—弹簧护圈　4、15—限位缓冲器　5—护套　6—螺旋弹簧　7—挡泥板
8—轮毂　9—制动盘　10—紧固螺栓（拧紧力矩 10N·m）　11—车轮轴承　12—卡簧　13—车轮轴承壳
14—辅助橡胶弹簧　16—波纹管道　17—弹簧护圈　18—螺母盖　19—M103 号选装件　20—减震器

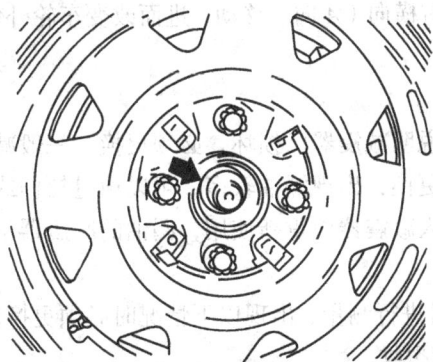

图 5-77　旋下轮毂与传动轴的紧固螺母

图 5-78　旋下制动钳紧固螺栓

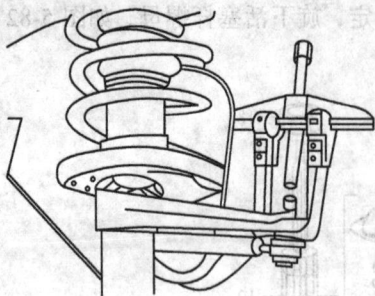

图 5-79　压下转向横拉杆接头

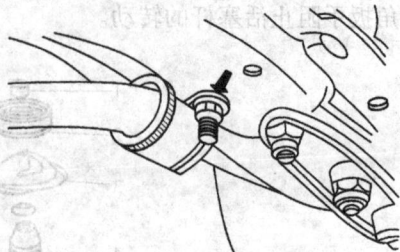

图 5-80　拆下横向稳定器

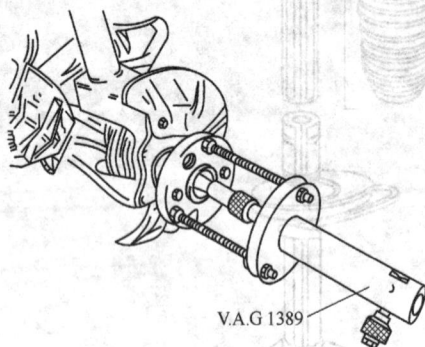

V.A.G 1389

图 5-81　用压力装置从轮毂中拉出传动轴

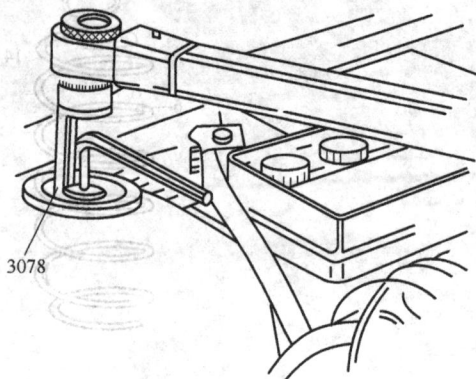

3078

图 5-82　旋出活塞杆螺母

2. 麦弗逊式独立悬架常见的调整部位及调整方法

（1）改变转向节与横摆臂外端的位置。松开转向节球头销与横摆臂的连接螺栓，左右横向移动球头销及转向节，可以改变车轮外倾角。桑塔纳 2000 采用这种结构，如图 5-83（a）所示。

（2）改变弹性支柱上支座的位置。悬架的弹性上支座用螺栓固定在车身上，松开螺栓，左右横向移动上支座，可以调整车轮外倾角，如图 5-83（a）所示。一汽奥迪 100 型轿车即采用这种结构形式。

（3）改变转向节上端的位置，如图 5-83（b）所示。由减震器和螺旋弹簧组成的弹性支柱下端通过上、下两个螺栓与转向节上端固定，其中上螺栓经偏心凸轮将两者连接在一起。转动上螺栓可使偏心凸轮转动，从而带动转向节上端左右横向（A 向）移动，进而改变车轮外倾角。丰田花冠采用这种结构形式。

3. 桑塔纳 2000 前悬架的检修

在车辆行驶中，如减震器发出异常的响声，则说明减震器已损坏，必须更换。一般减震器是不进行修理的，如果有很小的渗油现象出现不必更换，出现漏油较多，可以通过拉伸或压缩减震器来检查漏油现象。漏出的减震器油不能再加入减震器中重新使用，漏油的减震器不能再使用。

在零件全部解体后，应进行清洗、检查，必要时进行测量，出现以下情况时必须更换新件。

- 制动盘工作面严重磨损超出规定或表面出现裂纹。
- 挡泥板严重扭曲变形。

- 轮毂花键松旷、磨损严重。
- 弹簧挡圈失效。
- 车轮轴承损坏（需要更换整套轴承）。
- 前悬架支柱件任何一条焊缝出现裂纹或严重变形。

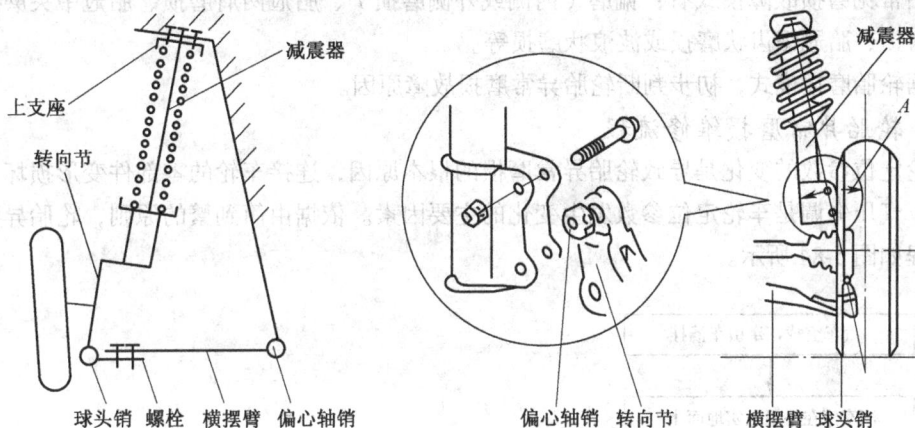

图 5-83　麦弗逊式独立悬架前轮定位调整示意图

（八）悬架系统的维护

1. 车辆升起前的检查

（1）减震器减震力检查。在车前、车后通过上下晃动车身确定减震器的减震力大小，并且检查车身停止晃动的时间长短。

（2）车辆倾斜检查。目视观察车辆是否倾斜。如果车辆倾斜还需检查轮胎气压、左右车轮的尺寸及车辆承载是否均匀。

2. 车辆升起后的检查

（1）减震器。检查减震器是否有凹痕、是否漏油，检查防尘套是否有裂纹或损坏。

（2）弹性元件。检查钢板弹簧或螺旋弹簧、扭杆弹簧等是否损坏。

（3）其他部位。检查悬架的其他部位，如摆臂、稳定杆、推力杆等是否损坏。

（4）检查连接情况。用手晃动悬架的主要元件，检查是否磨损或松动。最后用扭力扳手将螺母或螺栓按规定力矩紧固。

项目实施

一、项目实施环境

轮胎拆卸的专用工具、车轮平衡机、水准车轮定位仪、四轮定位仪等拆装与检修工具和必要的维修资料。

二、项目实施步骤

（一）汽车轮胎异常磨损故障检修方法

1. 确定轮胎磨损模式

轮胎常见磨损故障模式有：偏磨（内侧或外侧磨损）、胎冠两肩磨损、胎冠中央磨损、胎冠局部磨损、胎冠锯齿状磨损或波浪状磨损等。

根据轮胎磨损模式，初步判断轮胎异常磨损故障原因。

2. 轮胎异常磨损维修流程

车轮定位参数的变化是导致轮胎异常磨损的根本原因，连接车轮的零部件变形损坏、紧固件松动、气压失调是车轮定位参数发生变化的主要因素。依据由简到繁的原则，轮胎异常磨损维修流程如图 5-84 所示。

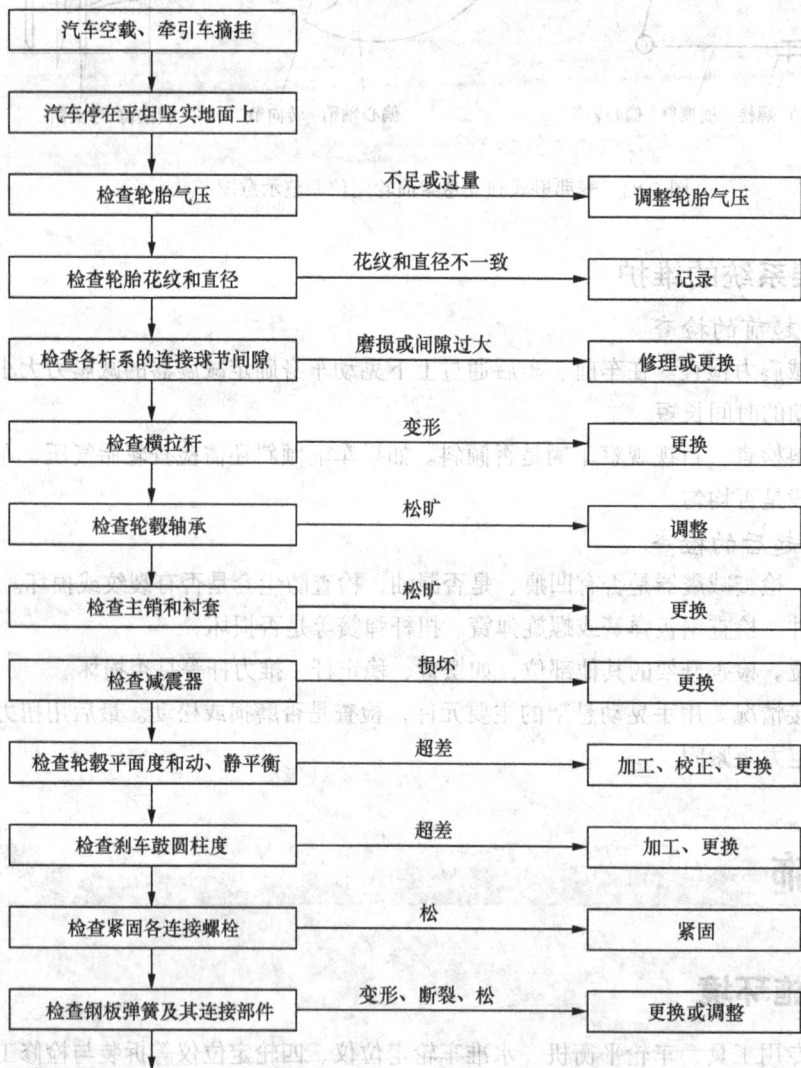

```
┌─────────────────────────┐
│ 汽车空载、牵引车摘挂      │
└─────────────────────────┘
            ↓
┌─────────────────────────┐
│ 汽车停在平坦坚实地面上    │
└─────────────────────────┘
            ↓
┌─────────────────────────┐   不足或过量   ┌──────────────┐
│ 检查轮胎气压              │──────────────→│ 调整轮胎气压  │
└─────────────────────────┘               └──────────────┘
            ↓
┌─────────────────────────┐   花纹和直径不一致   ┌──────────────┐
│ 检查轮胎花纹和直径        │──────────────────→│ 记录          │
└─────────────────────────┘                   └──────────────┘
            ↓
┌─────────────────────────┐   磨损或间隙过大   ┌──────────────┐
│ 检查各杆系的连接球节间隙  │────────────────→│ 修理或更换    │
└─────────────────────────┘                 └──────────────┘
            ↓
┌─────────────────────────┐   变形   ┌──────────────┐
│ 检查横拉杆               │────────→│ 更换          │
└─────────────────────────┘         └──────────────┘
            ↓
┌─────────────────────────┐   松旷   ┌──────────────┐
│ 检查轮毂轴承             │────────→│ 调整          │
└─────────────────────────┘         └──────────────┘
            ↓
┌─────────────────────────┐   松旷   ┌──────────────┐
│ 检查主销和衬套           │────────→│ 更换          │
└─────────────────────────┘         └──────────────┘
            ↓
┌─────────────────────────┐   损坏   ┌──────────────┐
│ 检查减震器               │────────→│ 更换          │
└─────────────────────────┘         └──────────────┘
            ↓
┌─────────────────────────┐   超差   ┌──────────────────┐
│ 检查轮毂平面度和动、静平衡│────────→│ 加工、校正、更换  │
└─────────────────────────┘         └──────────────────┘
            ↓
┌─────────────────────────┐   超差   ┌──────────────┐
│ 检查刹车鼓圆柱度         │────────→│ 加工、更换    │
└─────────────────────────┘         └──────────────┘
            ↓
┌─────────────────────────┐   松   ┌──────────────┐
│ 检查紧固各连接螺栓       │───────→│ 紧固          │
└─────────────────────────┘        └──────────────┘
            ↓
┌─────────────────────────┐   变形、断裂、松   ┌──────────────┐
│ 检查钢板弹簧及其连接部件  │────────────────→│ 更换或调整    │
└─────────────────────────┘                 └──────────────┘
            ↓
```

图 5-84　轮胎异常磨损的基本维修流程

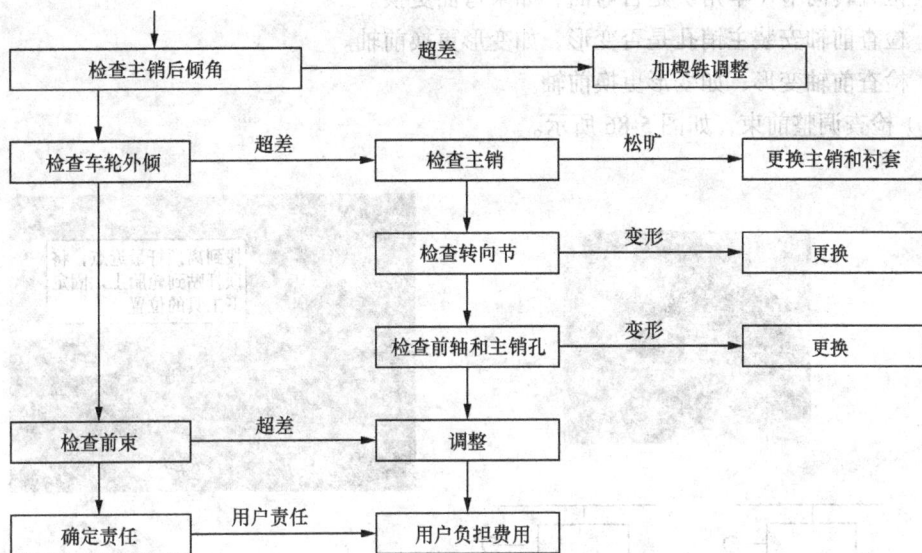

图 5-84　轮胎异常磨损的基本维修流程（续）

> 前束也可以最先测，但必须最后调整前束。

（二）前桥轮胎异常磨损维修方法

（1）基本检查。按照图 5-84 所示的维修流程图对车辆进行基本检查。

① 汽车空载，牵引车摘挂。

② 汽车停在平坦坚实地面上，车辆直行 10m 以上停车。

③ 检查轮胎气压，气压不符的给予调整。

④ 检查轮胎花纹和直径是否一致，并记录。

⑤ 检查各杆系的连接球节间隙，松旷的给予修理。

⑥ 检查横拉杆是否变形，变形的给予更换。

⑦ 检查轮毂轴承是否松旷，松旷的给予调整。

⑧ 检查主销是否松旷，松旷的给予调整。

⑨ 检查减震器，如失效给予更换。

⑩ 将前轴支起，拆卸轮胎，检查平面度，平面度超差通过车端面解决，做跳动量或摆动量测试，若跳动量或摆动量大于 2mm，在排除连接螺母、板簧骑马螺栓等部件连接紧固没用松动的前提下，轮胎或者钢圈存在质量问题，更换调整即可，如图 5-85 所示。

⑪ 检查紧固各连接螺栓。

⑫ 检查钢板弹簧及其连接部件，损坏变形的给予修理和更换。

（2）检查主销后倾角，通过加楔铁给予调整。

（3）检查车轮外倾。

① 检查主销是否松旷，如松旷，更换主销及衬套。

② 检查转向节（羊角）是否弯曲，如果弯曲更换。

③ 检查前轴安装主销孔是否变形，如变形更换前轴。

④ 检查前轴变形，如变形更换前轴。

（4）检查调整前束，如图 5-86 所示。

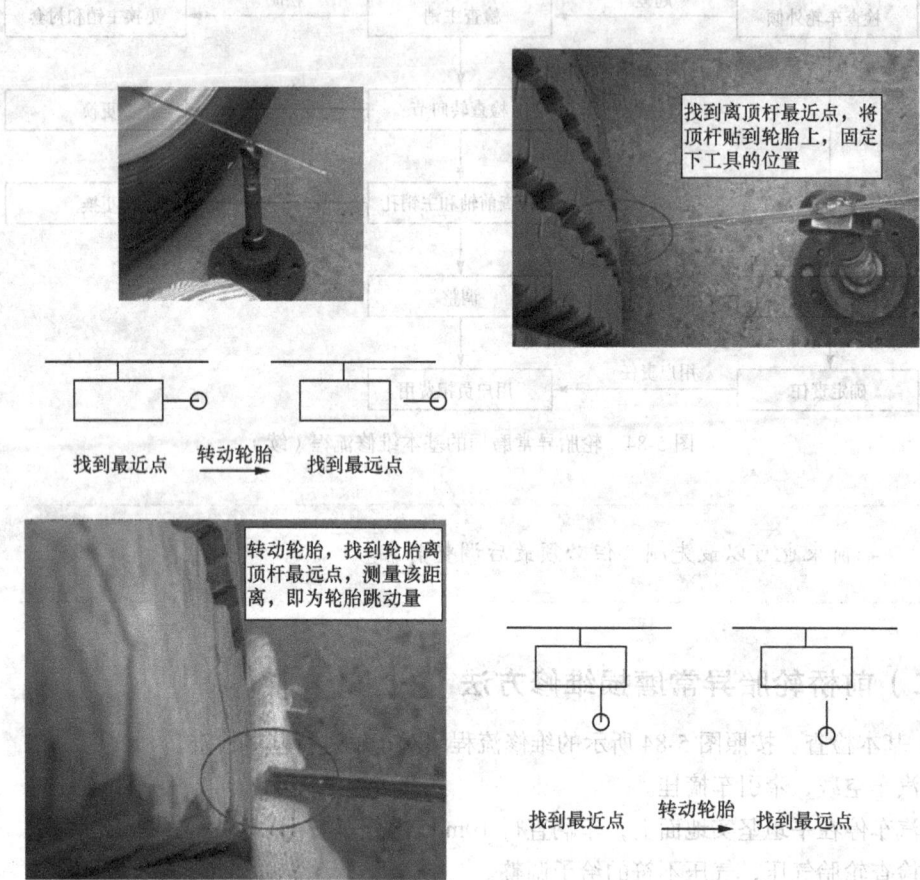

找到离顶杆最近点，将顶杆贴到轮胎上，固定下工具的位置

找到最近点　转动轮胎　找到最远点

转动轮胎，找到轮胎离顶杆最远点，测量该距离，即为轮胎跳动量

找到最近点　转动轮胎　找到最远点

图 5-85　轮胎跳动量检测

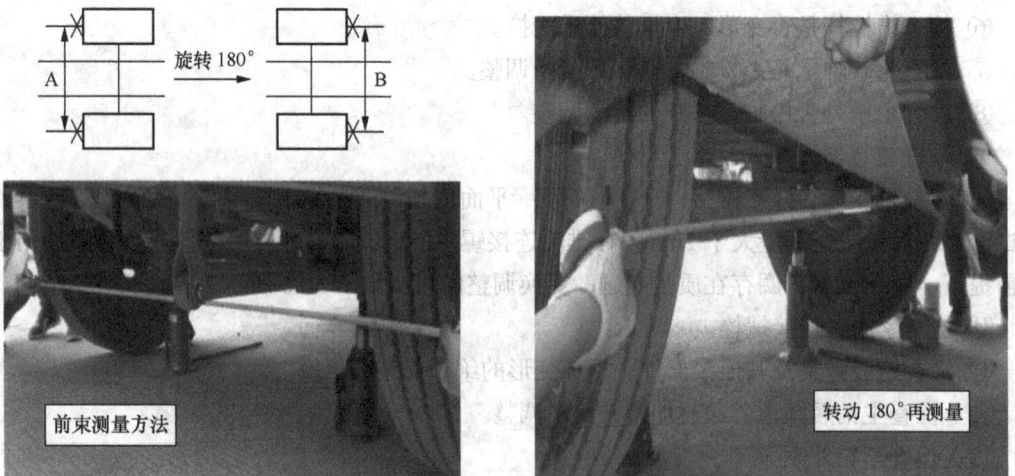

旋转 180°

前束测量方法

转动 180°再测量

图 5-86　检查调整前束

（5）检查车架左右高度是否一致。

（6）前轴弯曲的判定。

① 准备平台、重锤、细绳、角尺、角度量规、主销。

② 将前轴平放在平台上支正。

③ 将细绳穿入前轴主销圆孔，并在细绳两端垂重锤。

④ 按图示测定前轴前后方向及上下方向的弯曲，前后方向以板簧座面中心孔到细绳的距离为测定值限度为 7mm，上下方向以两边板簧座面与细绳的距离差为测定值，限度为 7mm。

⑤ 将主销安装于前轴并颠倒放在块规上，用角度量规测定主销内倾角值，限度为偏差，不超过 30°。

⑥ 测定前轴弯曲如图 5-87 所示。

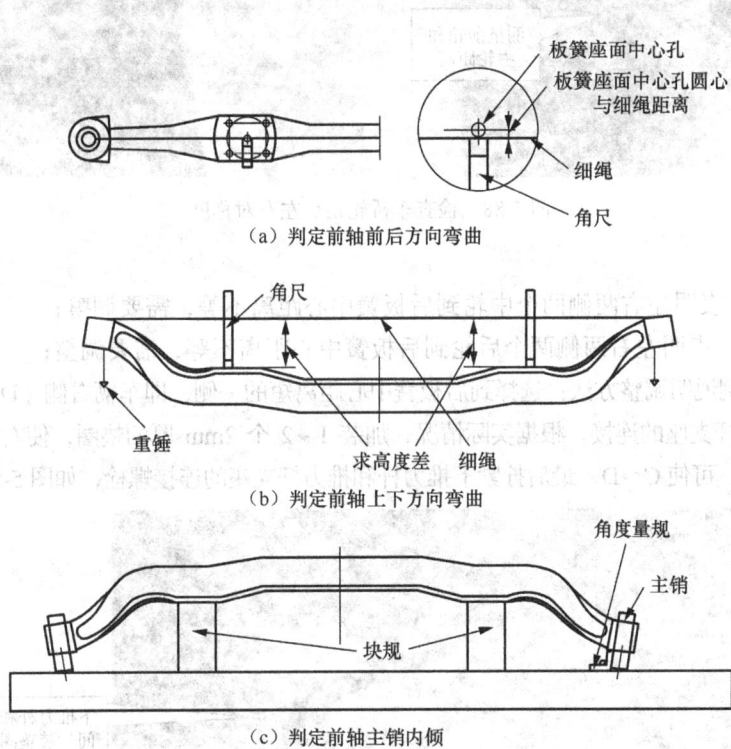

（a）判定前轴前后方向弯曲

（b）判定前轴上下方向弯曲

（c）判定前轴主销内倾

图 5-87　测定前轴弯曲

（三）中后桥轮胎异常磨损维修方法

（1）汽车空载，牵引车摘挂。

（2）汽车停在平坦坚实地面上，车辆直行 10m 以上停车。

（3）检查轮胎气压，气压不符的给予调整。

（4）检查轮胎花纹和直径是否一致，并记录。

（5）检查板簧座、U 形螺栓、导向板等是否有松动、磨损间隙过大等问题。

（6）检查钢板弹簧及其连接部件，损坏变形的给予修理和更换。

（7）检查紧固各连接螺栓。

（8）检查轮毂轴承是否松旷，松旷的给予调整。

（9）检查车桥轮距、左右对称度，如图5-88所示。

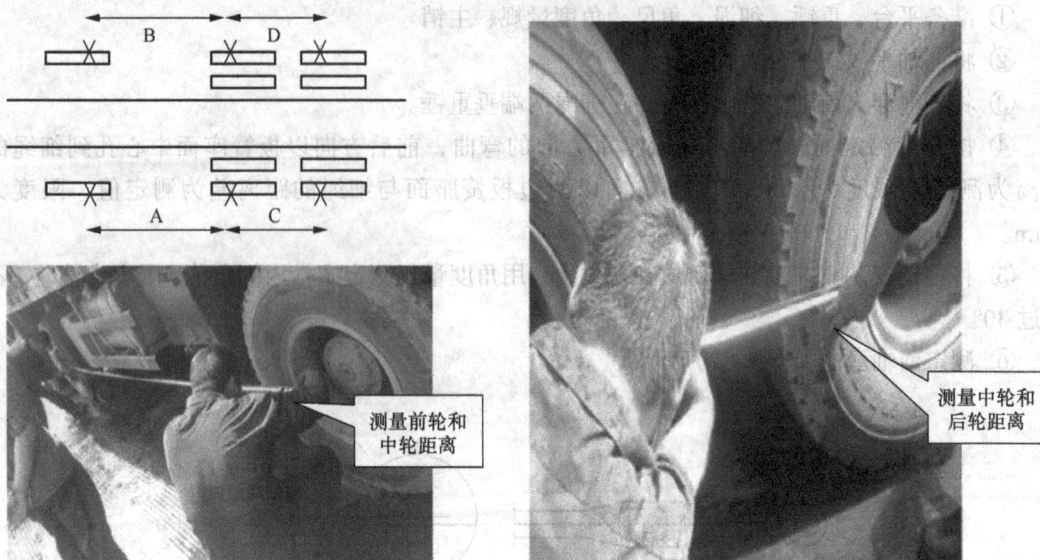

图5-88　检查车桥轮距、左右对称度

测量结果：

如果 A≠B，表明左右两侧两个中轮到后板簧中心距离不等，需要调整；

如果 C≠D，表明左右两侧两个后轮到后板簧中心距离不等，需要调整；

以 C>D 为例说明调整方法：选择到后板簧中心距离短的一侧，即车辆右侧（D），松开下推力杆与后桥上推力杆支座的连接，根据实际情况，加装 1~2 个 2mm 厚的垫圈，使右侧的轮胎向后发生位移，D增大，可使C≈D，最后拧紧下推力杆和推力杆支座的连接螺栓，如图5-89所示。

图5-89　左右两侧两个后轮到后板簧中心距离不等的调整方法

（10）检查车架左右高度是否一致。

（11）检查板簧弧高是否合格，左右差值是否异常。

（12）将中后桥（平衡轴）支起，拆卸轮胎，检查平面度，平面度超差通过车端面解决，进行动、静平衡后安装。

（13）检查桥壳是否变形，如果变形，进行更换。

（14）检查完毕后，更换或者调整相关零部件，进行再次检测，确保处理措施得当，跑车进行试验。

将轮胎表面均匀喷涂自喷漆或刷汽车面漆，漆干后，选择平整干燥路面进行路试，行驶距离在 2km 以上，停车观察喷漆，若喷漆磨损均匀，特别是空载状态下轮胎外侧边缘基本不掉漆，表明轮胎已经不再吃胎，如图 5-90 所示。

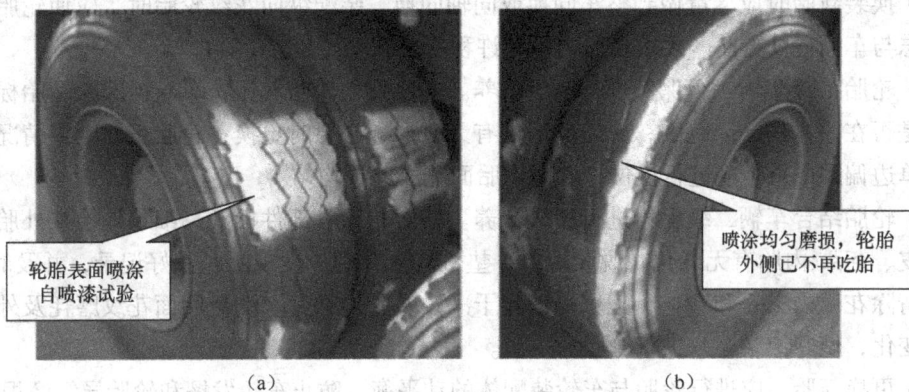

（a）　　　　　　　　　　　　　　　（b）

图 5-90　轮胎表面喷涂自喷漆路试

拓展知识

（一）车轮使用保养规范

为保证车轮的良好使用状态，注意以下事项。

1. 合理使用

（1）车轮必须按使用说明书配用标准规格轮胎，不合适的配件和不正确的安装都可能引起车轮工作不正常，导致严重事故。

（2）车轮使用中应按说明书的规定使用标准的充气压力。行车前要首先检查车轮气压，长时间运行或作业时，应定时检查车轮气压，长时间停车时，前后轴必须架起，并适当降低气压。

（3）轮胎及轮辋的承载能力是按照标准载重量进行设计的，严重超载使用必将使车轮与轮胎过早损坏缩短其寿命。

（4）车轮应注意避免盐碱酸性物质的腐蚀，否则会影响车轮的使用寿命。

（5）车辆高速行驶中应注意车轮温度的升高，应及时采取措施（如增加停歇次数）以防止轮胎因升温过高而爆破。

（6）装有防滑链的轮胎要对称装用，不用时要立即卸掉。

2. 维修保养

（1）车轮在安装时应注意轮辋与制动鼓接触面保持清洁和全面接触，轮胎螺母应对称、交叉、均匀的逐一拧紧，最后一次拧紧到规定的力矩，应避免螺栓受力不均匀。使用中应定期检查轮胎螺母松动情况并及时拧紧。

（2）整车应装配相同规格、结构、花纹和层级的轮胎。同轴左右轮、并装双胎，应搭配同品牌、同规格、同层级、同花纹的轮胎，普通斜交轮胎和子午线结构轮胎不能搭配在一起。

（3）车轮的挡圈与轮辋应尽量配套使用，至少挡圈与轮辋必须采用同一品牌，不允许挡圈与轮辋分别用不同厂家的。

（4）按车辆设计要求调整车辆的前轮前束。

（5）经常检查轮胎的使用情况，若发现有损伤，应及时修补。当汽车轮胎花纹磨损至磨损标识时，应停止使用。

（6）换装新胎时应尽量做到整车同换或同轴同换，装配纵向花纹轮胎时，应使轮胎的旋转方向标志与车辆行驶方向一致，轮胎内不允许积水。

（7）轮胎结合车辆一级保养进行一级保养。主要检查轮胎气压；车轮挡圈在轮胎标准压力下开口是否在 3~10mm 范围；车轮各部件有无变形、必要时更换；轮胎表面磨损情况、必要时（如单边偏磨严重）应进行换位，以确保胎面花纹磨损均匀。

（8）轮胎结合车辆二级保养进行二级保养。即对轮胎各部件拆开，细致地检查外胎有无内伤、脱皮、起鼓；内胎有无老化，脱胶现象；垫带有无开裂。发现问题做好记录，并及时处理。同时，清除花纹内夹石和杂物，把伤洞清除干净，塞胶烘补好。测量胎面花纹磨耗及外周长断面宽的变化，做好记录，并进行轮胎的换位。

（9）更换新胎，应进行轮胎与车轮装配体的动平衡，防止车轮发摆和轮胎异常磨损。

3. 严禁操作

（1）拆装轮胎时要用专用工具或器械（如撬棒、胎圈脱卸器、轮胎拆装机等），严禁使用大锤敲击或其他尖锐器械。注意装配挡圈时，挡圈开口应与轮辋焊接处错开90°，否则易引起事故。

（2）在车辆行使中禁用淋水的方式为车轮降温。

（二）轮胎维护操作要点

1. 充气

（1）轮胎充气应按照该型汽车使用说明书上规定的标准气压执行，并在冷态时用气压表测量，若在热态时测量，应略高于标准气压，取适当的修正值。气压表应定期校准，以保证读数准确。

（2）轮胎装好后，先充入少量空气，待内胎充气伸展后再继续充至要求气压。

（3）充气前应检查气门芯与气门嘴是否配合平整，并擦净灰尘。充气后应检查是否漏气，并将气门帽装紧。

（4）充入的空气不得含有水分和油雾。

（5）充气时应注意安全防护，充气开始时用手锤轻击锁圈，使其平稳嵌入轮辋圈槽内，以防锁圈跳出。

2. 轮胎换位

（1）按时换位可使轮胎磨损均匀，约可延长 20% 的使用寿命，应结合车辆二级维护定期换位。在路面拱度较大的地区或夏季，轮胎磨损差别较大，可适当增加换位次数。

> **提示**
> 厂家一般推荐 8 000~10 000km 将轮胎换位一次。

（2）轮胎换位方法常用的有交叉换位法、循环换位法和单边换位法，如图 5-91 和图 5-92 所示。

装用普通斜交轮胎的六轮二桥汽车，常用图 5-91（b）中的交叉换位法，具体做法是：左右两交叉，主胎(后内)换前胎，前胎换帮胎(后外)、帮胎换主胎。这样，通过三次换位每只轮胎就可轮到一次担负内挡(主力)胎。

四轮二桥汽车，斜交胎也可采用交叉换位法，如图 5-92（a）所示。子午线胎宜用单边换位法，如图 5-92（b）所示。

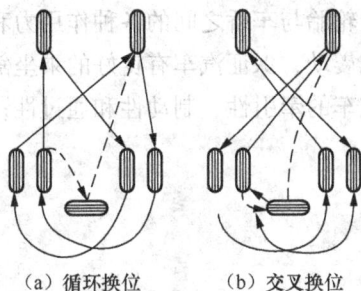

（a）循环换位   （b）交叉换位

图 5-91   六轮二桥汽车轮胎换位法

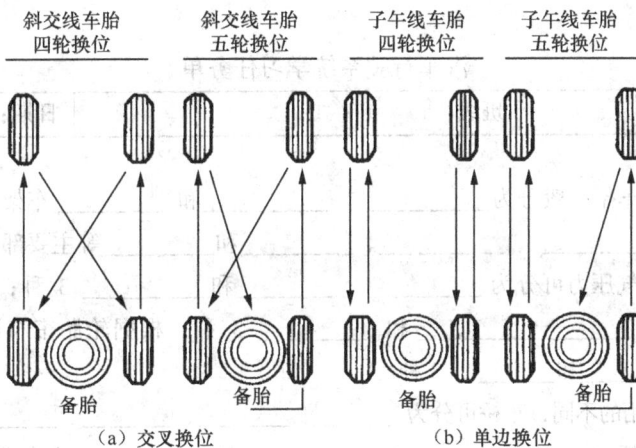

| 斜交线车胎 四轮换位 | 斜交线车胎 五轮换位 | 子午线车胎 四轮换位 | 子午线车胎 五轮换位 |

备胎   备胎   备胎   备胎

（a）交叉换位   （b）单边换位

图 5-92   四轮二桥汽车轮胎换位法

子午线轮胎的旋转方向应始终不变。若反向旋转，会因钢丝帘线反向变形产生震动，汽车平顺性变差。所以，一些轿车使用手册推荐单边换位法。

（3）轮胎换位后，应按所换的胎位要求，重新调整气压。

（4）轮胎换位后需做好记录，下次换位仍要按上次选定的换位方法进行。

小   结

行驶系统接受发动机经传动系统传来的转矩，并通过驱动轮与路面间的附着作用，产生路面对汽车的牵引力，以保证整车正常行驶；传递并承受路面作用于车轮上的各向反力及其形成的力矩；缓和各种冲击和震动，保证汽车平顺行驶，并且与汽车转向系统很好地配合工作，实现汽车行驶方向的正确控制，以保证汽车操纵稳定性。

车架是全车的装配基体，它将汽车的各相关总成连成一个整体。车轮分别支撑前、后桥。为减少车辆行驶时车身受到的冲击和震动，车桥通过悬架与车架连接。

车桥功用是传递车架与车轮之间各方向作用力。按配用悬架结构不同分为整体式和断开式两种类型；按车桥上车轮的作用不同分为转向桥、驱动桥、转向驱动桥和支持桥4种类型。

车轮功用是安装轮胎，承受轮胎与车桥之间的各种作用力和力矩。轮胎的作用是：缓和汽车行驶中所受到的冲击，并衰减震动，保证汽车有良好的乘坐舒适性和行驶平顺性；保证车轮和路面有良好的附着性，提高汽车的牵引性、制动性和通过性；支撑汽车的质量、承受路面的作用力。

学习任务单

汽车行驶系统学习任务单

姓名：		班级：		日期：

一、填空题

1. 载货汽车的车架一般分为_____、_____和_____车架3种。

2. 转向桥由_____、_____、_____和_____等主要部分组成。

3. 轮胎根据充气压力可分为_____、_____和_____3种；根据胎面花纹可分为_____、_____和_____3种；根据轮胎帘布层帘线的排列可分为_____、_____和_____3种。

4. 根据车桥作用的不同，车桥可分为_____、_____、_____和_____4种。

5. 前轮定位包括_____、_____、_____和_____4个参数。

二、选择题

1. 解放CA1092型汽车后主钢板弹簧的后端与车架的连接方式是（　　）。

  A. 吊耳式支架 B. 滑板连接式 C. 装配式 D. 填塞橡皮式

2. 汽车用减震器广泛采用的是（　　）。

  A. 单向作用筒式 B. 双向作用筒式 C. 摆臂式 D. 阻力可调式

3. 东风EQ1092型汽车的前钢板弹簧采取了（　　）方式。

  A. 前端固铰、后端自由 B. 前端自由、后端固铰

  C. 前、后端均固铰 D. 前后端均自由

4. 汽车的装配体是（　　）。

  A. 车架 B. 发动机 C. 车身 D. 车轮

5. 解放CA1092型汽车的车架类型属于（　　）。

  A. 边梁式 B. 周边式 C. 中梁式 D. 综合式

6. 越野汽车的前桥属于（　　）。
    A. 转向桥　　　B. 驱动桥　　　C. 转向驱动桥　　　D. 支承桥

7. 转向轮绕着（　　）摆动。
    A. 转向节　　　B. 主销　　　C. 前梁　　　D. 车架

8. 前轮定位中，转向操纵轻便主要是靠（　　）。
    A. 主销后倾　　　B. 主销内倾　　　C. 前轮外倾　　　D. 前轮前束

9. 外胎结构中，起承受负荷作用的是（　　）。
    A. 胎面　　　B. 胎圈　　　C. 帘布层　　　D. 缓冲层

10. 汽车后桥某一部位的齿轮啮合间隙过小，会使汽车在（　　）时发响。
    A. 下坡　　　B. 上坡　　　C. 换挡　　　D. 起步

11. 汽车后桥某一部位的齿轮啮合间隙过大，会使汽车在（　　）时发响。
    A. 下坡　　　B. 上坡　　　C. 加速　　　D. 起步

12. 轿车的轮辋一般是（　　）。
    A. 深式　　　B. 平式　　　C. 可拆式　　　D. 圆形

13. 轮胎的尺寸如果为 34×7，其中"$\times$"表示（　　）。
    A. 低压胎　　　B. 高压胎　　　C. 超低压胎　　　D. 一件式

三、判断题

1. 安装越野车转向轮胎时，人字花纹尖端应与汽车前进的方向相反。（　　）
2. 现在一般汽车均采用高压胎。（　　）
3. 越野汽车轮胎的气压比一般汽车的高。（　　）
4. 轮胎的层数是指帘布层的实际层数。（　　）
5. 在良好的路面上行驶时，越野胎比普通胎耐磨。（　　）
6. 一般汽车的前轮比后轮的气压高。（　　）
7. 一般汽车轮胎螺栓采用左边的左旋、右边的右旋螺纹。（　　）
8. 车架主要承受拉、压应力。（　　）
9. 有的汽车没有车架。（　　）
10. 一般载货汽车的前桥是转向桥，后桥是驱动桥。（　　）
11. 汽车在使用中，一般只调整前轮定位中的前束。（　　）
12. 转向轮偏转时，主销随之转动。（　　）
13. 越野汽车的前桥通常是转向兼驱动。（　　）
14. 主销后倾角度变大，转向操纵力增加。（　　）
15. 东风 EQ1092 型汽车后悬架的钢板弹簧是卷耳连接。（　　）
16. 减震器在汽车行驶中出现发热是正常的。（　　）
17. 采用独立悬架的车桥通常为断开式。（　　）
18. 钢板弹簧各片在汽车行驶过程中会出现滑移。（　　）
19. 所有汽车的悬架组成都包含有弹性元件。（　　）
20. 一般载货汽车未专门设置导向机构。（　　）
21. 解放 CA1092 型汽车后悬架的钢板弹簧是滑板式连接。（　　）
22. 汽车钢板弹簧夹箍螺栓应从远离轮胎的一侧穿入。（　　）

23. 桑塔纳 IX 型轿车横向稳定杆各固定螺栓应在短距离试车后，再按规定力矩拧紧。（   ）

24. 汽车减震器各零件清洗后应用棉纱擦拭干净。（   ）

25. 转向轴在车架上的位置和倾斜角度与汽车总体布置、悬架和转向桥结构有关。（   ）

26. 当转向轮为独立悬架时，转向桥、横拉杆必须是整体式。（   ）

四、名词解释

1. 主销后倾   2. 前轮外倾   3. 主销内倾

五．识图题

辨别图 5-93 所示前轮定位参数，说明定位参数名称及合理参数值。

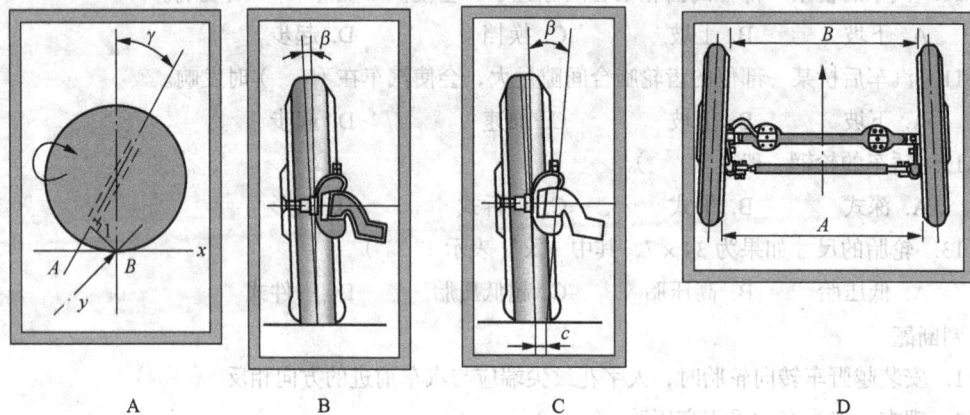

图 5-93   前轮

A _____   B _____

C _____   D _____

六．简答题

1. 前轮外倾的作用是什么？

2. 主销后倾的作用是什么？

3. 轮胎的作用是什么？

4. 空气弹簧（见图 5-94）在压缩与伸张过程中的工作情况如何？

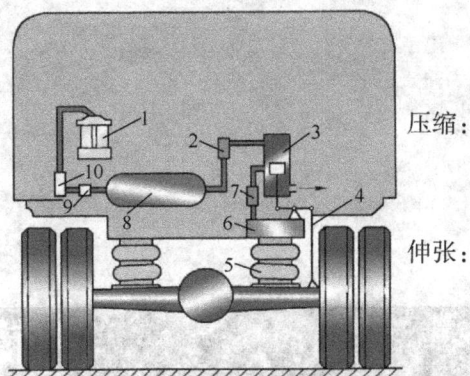

图 5-94　空气弹簧非独立悬架示意图

1—压塑机　2、7—空气滤清器　3—车身高度控制阀　4—控制杆　5—空气弹簧
6—储气罐　8—储气筒　9—压力调节器　10—油水分离器

5．钢板弹簧的作用是什么？为什么钢板弹簧各片不等长？

6．悬架的作用是什么？

7．悬架一般由哪几部分组成？

8．简述轮胎常见故障以及产生原因。

9．简述常见故障以及产生原因。

项目六

转向系统检修

汽车在行驶过程中，需要按驾驶员的意志改变行驶方向，同时，转向轮由于受到地面侧向干扰力的作用，自动偏转而改变行驶方向。汽车需要改变或恢复行驶方向，必须使汽车转向车轮绕主销轴线偏转一定角度，直到新的行驶方向符合驾驶员的要求，再将转向轮恢复到直线行驶的位置。这种由驾驶员操纵，转向轮偏转和回位的一套机构，称为汽车转向系统。

该系统的功用是改变和保持汽车的行驶方向，常见的故障有转向盘自由行程过大、转向沉重及动力转向助力不足等。

通过本项目的学习，掌握转向系统的功用、结构、工作原理等方面的理论知识，具备对上述故障进行分析与排除的职业能力。

【案例导入】

一辆普通桑塔纳轿车，在行驶中，驾驶员向左、右转动转向盘时，感到沉重费力，无回正感；汽车低速转弯行驶和掉头时，转动转向盘感到非常沉重，甚至打不动。根据案例现象，判断故障原因是转向沉重。

问题：（1）转向系统的组成、构造和工作原理是什么？

（2）转向系统常见故障现象与故障产生原因是什么？

（3）转向沉重故障的原因及处理方法是什么？

【知识要求】

1. 了解转向系统角传动比以及对汽车转向的影响。

2. 了解转向时车轮的运动规律。

3. 掌握转向系统的功用、结构和工作原理。

4. 掌握机械转向器的功用、结构和工作原理。

重点内容：转向系统的功用、结构和工作原理

【能力要求】

1. 会进行机械转向系统的结构拆装、检修和调整。

2. 会拆装和检修转向器。

3. 会诊断与排除转向系统常见故障，分析故障原因。

4. 会查阅维修手册文献资料，获取信息，完成转向系统的检修作业。

5. 会制订工作计划，能与人协作沟通。

【安全提示】

1. 顶起汽车时，车下的保险凳应放置正确。

2. 转向传动装置装复后，应检查各连接部分球头是否有松旷，路试时不应有异响。

3. 转向系统装复后，应检查转向系统转向力、自由行程是否符合要求。

【操作技巧】

1. 严格按照作业规程作业：从车上拆下转向器。拆下横拉杆。拆下夹子。拆下齿条接头和内齿垫圈。拆下齿条导向块弹簧的锁紧螺母。拆下齿条导向块弹簧压盖。拆下齿条导向块、弹簧和弹簧座。拆下齿条端部挡块螺母。用铜棒打出油封，取出齿条。安装顺序与拆卸顺序相反。

2. 装配时轴承预紧力须调整得当。

3. 螺栓须按规定力矩拧紧。

4. 装配时注意各部分标记。

相关知识

一、汽车转向系统的类型和工作原理分析

汽车转向系统按转向动力源的不同分为机械转向系统和动力转向系统两大类。

（一）机械转向系统

机械转向系统以驾驶员的体力作为转向动力源。机械转向系统由转向操纵机构、转向器和转向传动机构三大部分组成，转向系统机件名称和布置如图 6-1 所示。

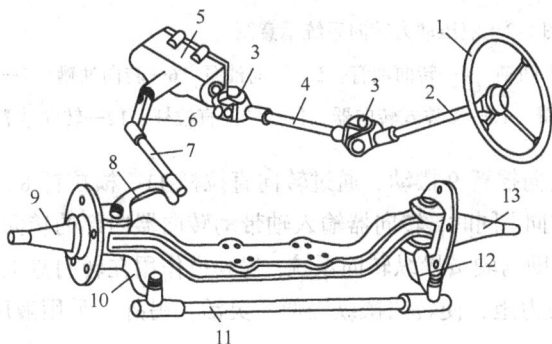

机械转向系统

图 6-1　机械转向系统的组成和布置示意图

1—转向盘　2—转向轴　3—转向万向节　4—转向传动轴

5—转向器　6—转向摇臂　7—转向直拉杆　8—转向节臂

9—左转向节　10、12—梯形臂　11—转向横拉杆　13—右转向节

当汽车转向时，驾驶员对转向盘1施加一个转向力矩，该力矩通过转向轴2、转向万向节3和转向传动轴4输入转向器5。经转向器放大后的力矩和减速后的运动传到转向摇臂6，再经过转向直拉杆7传给固定于左转向节9上的转向节臂8，使左转向节和它所支撑的左转向轮偏转。为使右转向节13及其支撑的右转向轮随之偏转相应角度，还设置了转向梯形。转向梯形由固定在左、右转向节上的梯形臂10、12和两端与梯形臂做球铰链连接的转向横拉杆11组成。

转向操纵机构由图中1、2、3、4所示部件组成。

转向传动机构由图中6、7、8、10、11、12所示部件组成。梯形臂10、12以及转向横拉杆11和前轴构成转向梯形，其作用是在汽车转向时，使内、外转向轮按一定的规律进行偏转。

（二）动力转向系统

动力转向系统是在机械转向系统的基础上加设一套转向加力装置而形成的。转向所需要的大部分能量由发动机转向加力装置提供，动力转向系统兼用驾驶员体力和发动机动力为转向能源，液压式动力转向系统由一套机械转向系统和液压转向装置组成。

图6-2所示为液压动力转向系统的结构示意图。液压转向装置由转向油泵5、转向油管4、转向油罐6以及位于整体式转向器10内部的转向控制阀及转向动力缸等组成。

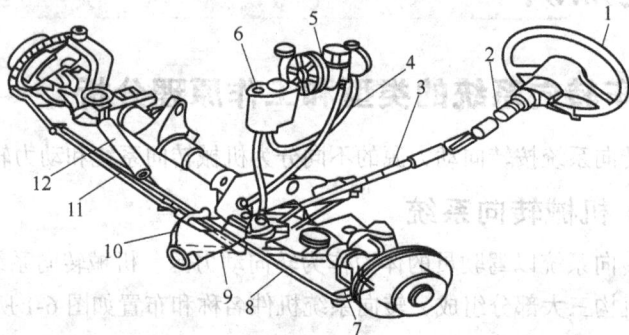

图6-2 液压动力转向系统示意图

1—转向盘 2—转向轴 3—转向中间轴 4—转向油管 5—转向油泵 6—转向油罐 7—转向节臂
8—转向横拉杆 9—转向摇臂 10—整体式转向器 11—转向直拉杆 12—转向减震器

当驾驶员转动转向盘1时，转向摇臂9摆动，通过转向直拉杆11、横拉杆8、转向节臂7，使转向轮偏转，改变汽车的行驶方向。同时，转向器输入轴带动转向器内部的转向控制阀转动，使转向动力缸产生液压作用力，帮助驾驶员操纵转向系统。驾驶员作用在转向盘上的转向力矩，可以克服地面作用在转向轮上的阻力矩，使转向操纵轻便、灵活。另外，采用液压动力转向系统还能提高汽车行驶的安全性。

思考 汽车转向过程中，内、外转向轮的偏转角度是否相同？关系怎样？转向盘操纵的轻便性及转向操纵灵活性如何兼顾？读者有必要学习一点转向理论。

（三）转向系统的角传动比和转向时车轮的运动规律

1. 转向系统角传动比

转向系统角传动比：转向盘的转角与安装在转向盘同侧的转向轮偏转角的比值，用 i_ω 表示。

转向器角传动比：转向盘转角和转向摇臂摆角之比，用 i_1 表示。

转向传动机构角传动比：转向摇臂摆角与同侧转向节操纵的转向轮偏转角之比，用 i_2 表示。

显然，$i_\omega = i_1 i_2$，i_ω 越大，转向操纵越轻便，但操纵灵活性越差，i_ω 不能过大。

转向系统角传动比 i_ω 越大，转向盘克服地面转向阻力矩所需的转向力矩越小，当转向盘直径一定时，驾驶员施加于转向盘上的作用力也越小。但 i_ω 过大，将导致转向操纵不够灵敏，为得到足够的转向节偏转角，转向盘转角将会过大。所以，选取 i_ω 时应兼顾转向省力和转向灵敏的要求。

转向传动机构角传动比 i_2 的数值较小，对于一般汽车而言，i_2 大约为 1。货车的转向器角传动比 i_1 为 $16 \sim 32$，轿车的为 $12 \sim 20$。

转向系统角传动比 i_ω 主要取决于转向器角传动比 i_1，有些转向器的 i_1 是常数，有些则是可变的。

机械转向系统同时满足转向省力和转向灵敏要求的程度是很有限的。因此普遍采用动力转向系统作为中型以上的货车和轿车转向系统的标准配置。

2. 转向时车轮的运动规律

汽车转向时，内侧车轮与外侧车轮滚过的距离是不相等的。通常，汽车后桥两侧驱动轮由于差速器的作用，能够以不同的转速滚过不同的距离。但前桥两侧转向轮滚过不同的距离，会引起车轮沿路面边滚动边滑动，转向阻力增大，车轮磨损增加。转向系统必须保证汽车转向时所有车轮均做纯滚动。当转向时所有的车轮轴线都交于一点才能实现，这个交点 O 称为汽车的转向中心，如图 6-3 所示。汽车转向时内侧转向车轮偏转角 β 大于外侧车轮偏转角 α。

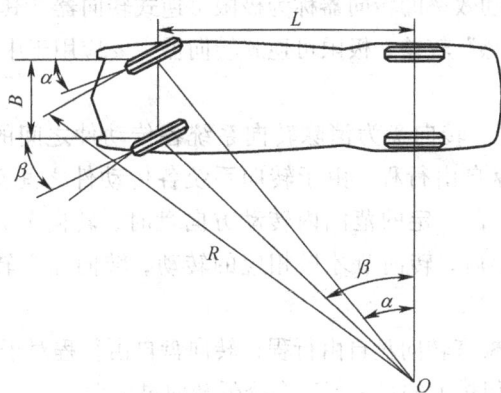

图 6-3　双轴汽车转向时理想的两侧转向轮偏转角的关系

在车轮为绝对刚体的假设条件下，α 与 β 的理想关系式应是

$$\cot\alpha = \cot\beta + B/L$$

式中，B——两侧主销中心距，略小于转向轮轮距；

　　　L——汽车轴距。

> 上式称为转向梯形理论特性关系式。两者的关系由转向梯形保证。所有汽车转向梯形的设计实际上都只能保证在一定的车轮偏转角范围内，使两侧车轮偏转角大体上接近以上关系式。

汽车转弯半径：从转向中心 O 到外侧转向轮与地面接触点的距离称为转弯半径。转弯半径 R 越小，则汽车转向所需要的场地就越小，汽车的机动性也越好。从图 6-3 可以看出，当外侧转向轮偏转角达到最大值时，转弯半径最小。

汽车内侧转向轮的最大偏转角：一般在 35°～42° 之间。

汽车的最小转弯半径：一般为 5～12m。

二、转向器及转向操纵机构

（一）转向器传动效率及转向盘自由行程

转向器是转向系统中的减速增矩传动装置，其功用是增大由转向盘传到转向节的力，改变力的传动方向。按照传动副的结构形式分类，转向器分为：齿轮齿条式、循环球式、蜗杆曲柄指销式等几种。

（1）转向器传动效率。

转向器传动效率：转向器输出功率与输入功率之比。

正传动效率：功率由转向盘输入，转向摇臂输出功率与转向盘输入功率之比。

逆传动效率：转向摇臂受到道路冲击传到转向盘的传动效率。

正逆传动效率都很高的转向器称为可逆式转向器，有利于汽车转向轮的自动回正，转向盘路感很强，在坏路上行驶时容易出现打手现象，所以适用于在良好路面上行驶的车辆。

正传动效率大于逆传动效率的转向器称为极限可逆式转向器。其优点是能实现汽车转向轮的自动回正；缺点是"路感"较差。极限可逆式转向器主要应用于中型以上的越野车、工矿用自卸车等。

（2）转向盘自由行程。转向盘为消除转向系统各传动件之间的装配间隙、克服弹性变形空转的角度称为转向盘自由行程。由于转向系统各传动件之间都存在装配间隙，这些间隙随零件的磨损而增大，在一定的范围内转动方向盘时，转向节并不同步转动，当消除这些间隙并克服机件的变形后，转向节才做相应的转动，转向盘空转的过程也是克服自由间隙的过程。

在汽车维护中应定期检查转向盘自由行程，转向盘自由行程对于缓和路面冲击、避免驾驶员过于紧张是很有利的，但过大的自由行程会降低转向灵敏性。

GB 7258—2012 规定：最大设计车速≥100km/h 的机动车，转向盘的最大自由转动量从中间位置向左向右均应≤10°；最大设计车速<100km/h 的机动车，转向盘的最大自由转动量从中间位置向左向右均应≤15°，超过规定值时，通过调整转向器传动副的啮合间隙来调整转向盘自由行程。

（二）转向器不同类型结构

1. 齿轮齿条式转向器

齿轮齿条式转向器分两端输出式和中间（或单端）输出式两种。

两端齿轮齿条式转向器如图 6-4 所示。它主要由转向器壳体、转向齿轮、转向齿条等组成。传动副主动件转向齿轮轴 11 通过轴承 12、13 安装在转向器壳体 5 中，上端通过花键与万向节叉 10 和转向轴连接；水平布置的转向齿条 4 与转向齿轮相啮合，两端通过球头座 3 与转向横拉杆 1 相连；弹簧7通过压块9将齿条压靠在齿轮上，保证无间隙啮合。弹簧的预紧力可用调整螺塞 6 调整。当转动转向盘时，转向齿轮轴 11 转动，与之啮合的齿条 4 沿轴向移动，左右横拉杆带动转向节左右转动，迫使转向车轮偏转，实现汽车转向。

齿轮齿条式转向器

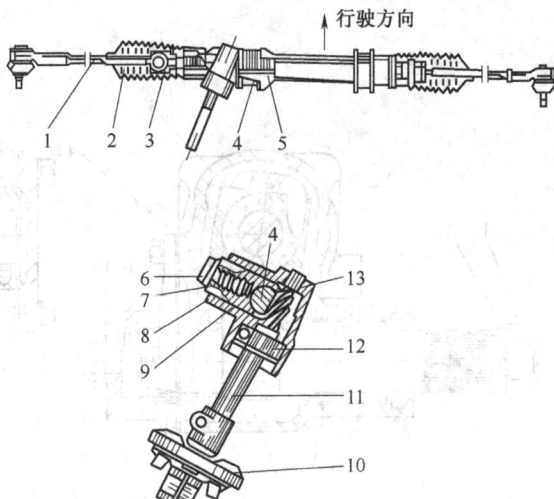

中间输出齿轮齿条式转向器如图 6-5 所示。其结构及工作原理与两端输出的齿轮齿条式转向器基本相同，区别在于转向齿条的中部用螺栓 6 与左右转向横拉杆 7 相连。

采用齿轮齿条式转向器可以使转向传动机构简化（不需转向摇臂和转向直拉杆等），齿轮齿条无间隙啮合无须调整，而且逆传动效率很高，故多用于前轮为独立悬架的轿车和微型及轻型货车上。例如奥迪、捷达、桑塔

图 6-4 两端输出的齿轮齿条式转向器

1—转向横拉杆 2—防尘套 3—球头座 4—转向齿条
5—转向器壳体 6—调整螺塞 7—压紧弹簧 8—锁紧螺母
9—压块 10—万向节叉 11—转向齿轮轴 12、13—轴承

纳和夏利等轿车，部分微型货车以及南京依维柯轻型货车等，都采用了齿轮齿条式转向器。

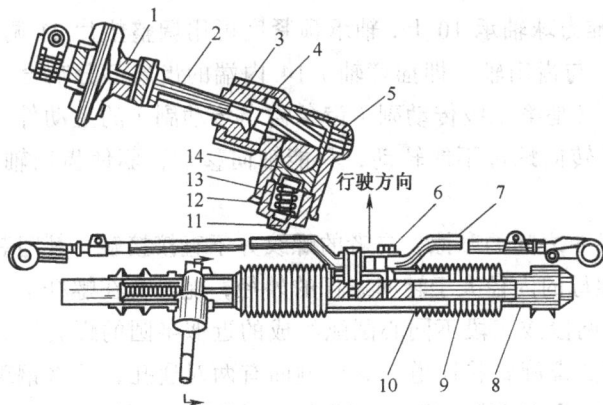

(a)

(b)

图 6-5 中间输出的齿轮齿条式转向器

1—万向节叉 2—转向齿轮轴 3—调整螺母 4—向心球轴承 5—滚针轴承 6—固定螺栓 7—转向横拉杆
8—转向器壳体 9—防尘套 10—转向齿条 11—调整螺塞 12—锁紧螺母 13—压紧弹簧 14—压块

2. 循环球式转向器

循环球式转向器的结构特点是有两级传动副。第一级是螺杆螺母传动副，第二级一般采用齿条齿扇传动副。循环球式转向器传动效率高，正传动效率可达 90%～95%，操纵轻便，自动回正能力强，使用寿命长。但逆传动效率也很高，容易将路面冲击传给转向盘，产生"打手"现象，但随着路面条件的改善，这个缺点并不明显。因此，循环球式转向器也是目前国内汽车上应用较多的一种结构。例如，解放 CA1040 系列轻型载货汽车、北京 BJ1041 型、BJ2023 型、解放 CA1091 型和黄河 JN1181C13 型等，都采用了循环球式转向器。

图 6-6 所示为解放 CA1091 型汽车的循环球式转向器。

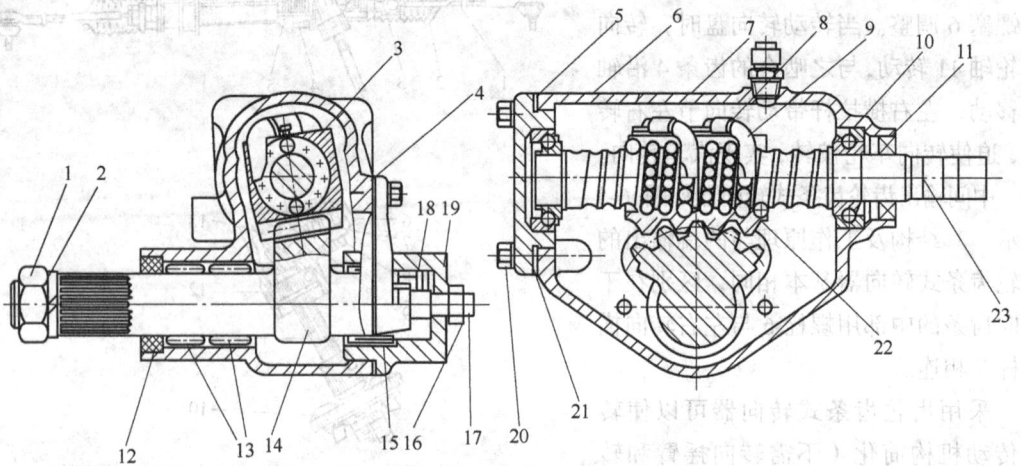

图 6-6　循环球齿条齿扇式转向器

1—螺母　2—弹簧垫圈　3—转向螺母　4—转向器壳体垫片　5—转向器壳体底盖　6—转向器壳体
7—导管卡子　8—加油螺塞　9—钢球导管　10—球轴承　11、12—油封　13—滚针轴承
14—齿扇轴（摇臂轴）　15—滚针轴承　16—锁紧螺母　17—调整螺钉　18、21—调整垫片
19—侧盖　20—螺栓　22—钢球　23—转向螺杆

转向螺杆 23 的轴颈支撑在两个推力球轴承 10 上，轴承预紧度可用调整垫片 21 调整。转向螺母 3 的下平面上加工成齿条，与齿扇轴（即摇臂轴）14 内端的齿扇部分啮合。转向螺母既是第一级传动副的从动件，又是第二级传动副（齿条齿扇传动副）的主动件。通过转向盘和转向轴转动转向螺杆时，转向螺母不能转动，只能轴向移动，驱使齿扇轴 14 转动。

为了减小转向螺杆 23 和转向螺母 3 之间的摩擦，二者的螺纹并不直接接触，其间装有多个钢球 22，实现滚动摩擦。转向螺母的内径大于转向螺杆的外径，能松套在螺杆上。转向螺杆和螺母上都加工出断面轮廓为两段或三段不同心圆弧组成的近似半圆的螺旋槽，二者的螺旋槽能配合形成近似圆形断面的螺旋管状通道。螺母侧面有两对通孔，可将钢球从此孔塞入螺旋形通道内。转向螺母外有两根钢球导管 9，每根导管的两端分别插入螺母侧面的一对通孔中，导管内也装满了钢球。两根导管和螺母内的螺旋管状通道组合成两条各自独立的封闭的钢球"流道"。

转向螺杆转动时，通过钢球将力传给转向螺母，螺母即沿轴向移动。同时，在螺杆及螺母与钢球间的摩擦力作用下，所有钢球在螺旋管状通道内滚动，形成"球流"。钢球在管状通道内绕行两周后，流出螺母而进入导管的一端，再由导管另一端流回螺旋管状通道。在转向器工作时，两列钢球只是在各自的封闭流道内循环，不会脱出。

转向螺母上的齿条平面相对于齿扇轴线是倾斜的，因此与之啮合的齿扇应当是分度圆上的齿厚沿齿扇轴线按线性关系变化的变厚齿扇。只要使齿扇轴 14 相对于齿条做轴向移动，即能调整二者的啮合间隙。调整螺钉 17 旋装在侧盖 19 上。齿扇轴 14 内侧端部有切槽，调整螺钉 17 的圆柱形端头即嵌入此切槽中。将螺钉 17 旋入，则啮合间隙减小；反之，则啮合间隙增大。

3. 蜗杆曲柄指销式转向器

蜗杆曲柄指销式转向器具有传动效率高、转向轻便、结构简单、调整方便的优点。但综合性能不及循环球式转向器，应用面不广，有逐渐被淘汰的趋势。

图 6-7 所示为东风 EQ1090E 型汽车的蜗杆曲柄指销式转向器，它主要由转向器壳体、转向蜗杆、转向摇臂、指销等组成。转向蜗杆 3 为主动件，从动件是装在摇臂轴 11 曲柄端部的指销 13。转向蜗杆转动时，与之啮合的指销绕摇臂轴轴线做圆弧运动，带动摇臂轴转动。

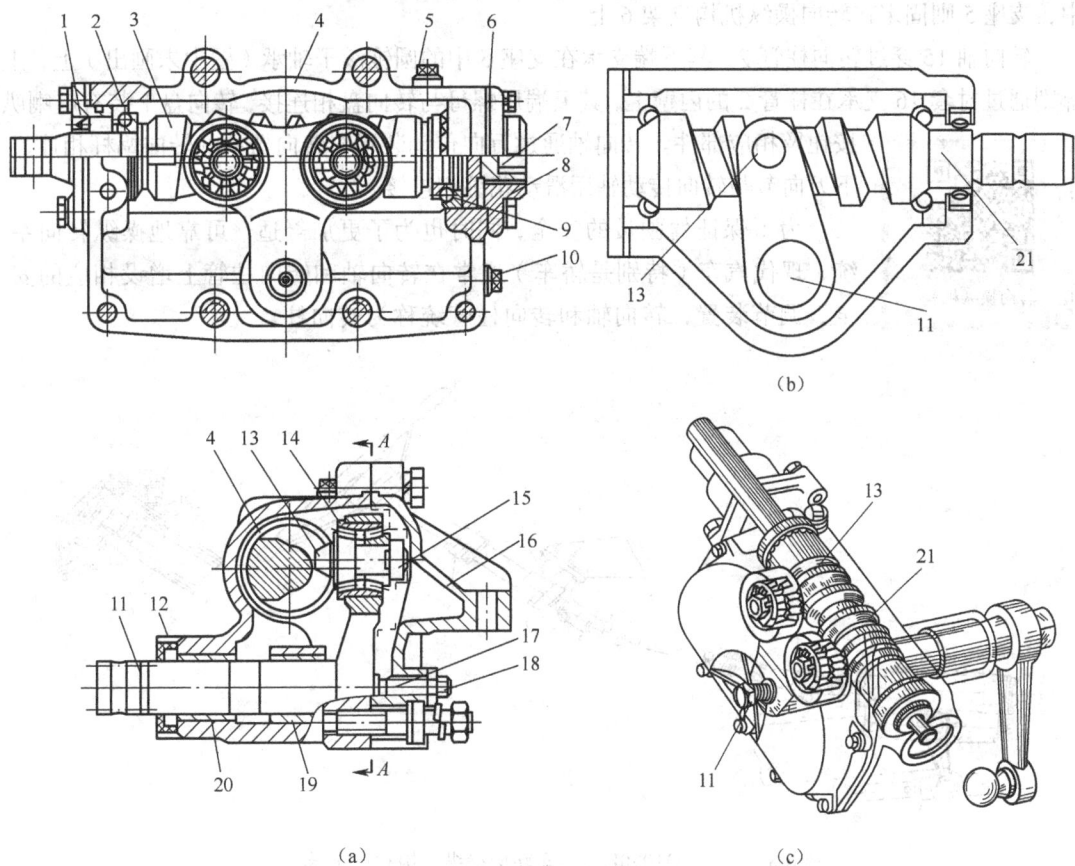

（a）　　　　（b）　　　　（c）

图 6-7　蜗杆曲柄指销式转向器

1—上盖　2、9—向心推力球轴承　3—转向蜗杆　4—转向器壳体　5—加油螺塞　6—下盖　7—调整螺塞
8、15、18—螺母　10—放油螺塞　11—摇臂轴　12—油封　13—指销　14—双排圆锥滚子轴承
16—侧盖　17—调整螺钉　19、20—衬套　21—蜗杆

转向蜗杆 3 支撑于转向器壳体两端的两个向心推力球轴承 2 和 9 上。调整螺塞 7 安装在转向器盖上，用以调整轴承 2 和 9 的紧度，用螺母 8 锁紧。指销装在滚动轴承上可以减轻蜗杆和指销的磨损，提高传动效率。螺母 15 用以调整轴承 14 的紧度，以使指销能自由转动且无明显的轴向间隙为宜。摇臂轴 11 用粉末冶金衬套 19 和 20 支撑在壳体中。指销同蜗杆的啮合间隙用侧盖 16 上的调整螺钉 17 调整，调整后用螺母 18 锁紧。

这种双指销式转向器在中间及其附近位置时，其两指销均与蜗杆啮合，故单个指销所受载荷较单指销式转向器的指销所受载荷为小，工作寿命较长。当摇臂轴转角相当大时，一个指销与蜗杆脱离啮合，另一指销仍保持啮合，因此双指销式的摇臂轴转角范围较单指销式大。但双指销式结构较复杂，对蜗杆的加工精度要求也较高。

（三）转向操纵机构

1. 转向操纵机构的组成和布置

转向盘、转向轴、万向节和传动轴属于转向操纵机构。如图 6-8 所示，它包括转向盘 1、转向柱管 2、转向轴 15、上万向节 8、下万向节 11 和转向传动轴 9 等。转向柱管 2 中部用橡胶垫 3 和半圆形冲压转向柱管支架 4 固定在驾驶室前围板上，下端插入铸铁转向柱管支座 5 的孔中，支座 5 则固定在转向操纵机构支架 6 上。

转向轴 15 穿过转向柱管 2，其下端支承在支座 5 中的圆锥滚子轴承（图中未画出）上，上部则通过衬套 16 支承在柱管 2 的内壁上，其上端用螺母与转向盘相连接，转向盘上装有电喇叭按钮及相应部件。转向轴通过万向传动装置与转向器中的转向蜗杆相连。下万向节与转向传动轴用滑动花键相连接。

为了保证驾驶员的安全，同时也为了更加舒适、可靠地操纵转向系统，现代汽车（特别是轿车）通常在转向轴和转向柱管上增设相应的安全、调节装置，转向轴和转向柱管统称为转向柱。

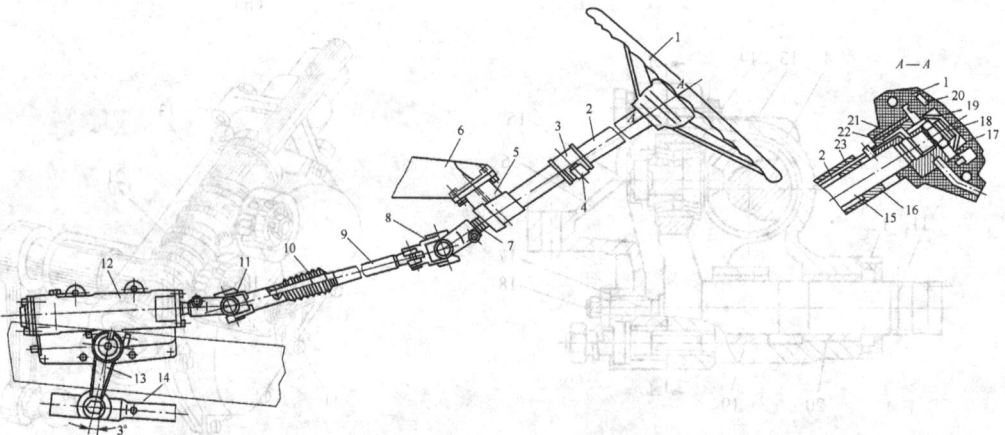

图 6-8　东风 EQ1090E 型汽车转向操纵机构和转向器布置

1—转向盘　2—转向柱管　3—橡胶垫　4—转向柱管支架　5—转向柱管支座　6—转向操纵机构支架　7—转向轴限位弹簧　8—上万向节　9—转向传动轴　10—花键防护套　11—下万向节　12—转向器　13—转向摇臂　14—转向直拉杆　15—转向轴　16—转向轴衬套　17—电喇叭按钮　18—电喇叭按钮搭铁弹簧　19—电喇叭按钮接触罩　20—搭铁接触板组件　21—按钮电刷组件　22—集电环组件　23—导线组件

2. 转向盘

转向盘由轮缘 1、轮辐 2 和轮毂 3（见图 6-9）组成。轮辐一般为三根辐条或四根辐条，也有用两根辐条的。转向盘轮毂孔具有细牙内花键，与转向轴连接。转向盘内部由成形的金属骨架构成。骨架外面一般包有柔软的合成橡胶、树脂或皮革，手感良好，同时，可防止手心出汗握转向盘时打滑。

当汽车发生碰撞时，从安全性考虑，不仅要求转向盘应具有柔软的外表皮，起到缓冲作用，而且还要求转向盘在撞车时，其骨架能产生一定变形，以吸收冲击能量，减轻驾驶员受损的程度。

转向盘上都装有喇叭按钮，轿车的转向盘上装有安全气囊，有些轿车的转向盘上还装有车速控制开关等装置。

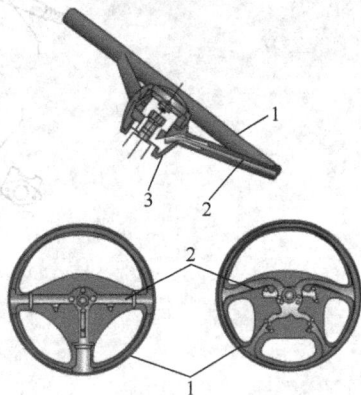

图 6-9　转向盘的构造

1—轮缘　2—轮辐　3—轮毂

3. 转向轴和安全式转向柱管

转向轴连接转向盘和转向器，并传递它们之间的转矩。转向柱管安装在车身上，支承着转向盘。转向轴从转向柱管中穿过，支承在柱管内的轴承和衬套上。

安全式转向柱管是在转向柱管上设置能量吸收装置，当汽车紧急制动或发生撞车事故时，吸收冲击能量，减轻或防止冲击对驾驶员的伤害。

上海桑塔纳轿车采用可分离式安全转向操纵机构，转向操纵机构的正常工作位置如图 6-10（a）所示。该转向操纵机构转向轴分为上下两段，用安全联轴节连接，上转向柱 2 在断面上焊接有半月形圆盘 8，盘上装有两个驱动销 7，与下转向柱 1 上端凸缘 6 压装尼龙衬套和橡胶圈的孔相配合，形成安全联轴节。一旦发生撞车事故，驾驶员因惯性以胸部撞向转向盘 5 时，迫使转向柱管 3 压缩，位于转向柱上方的安全元件 4 向下移动，使两个销子 7 迅速从下转向轴凸缘 6 的孔中退出，形成缓冲，减少对驾驶员的伤害。图 6-10（b）为转向盘受撞击时，安全元件被折叠、压缩后，与安全连轴节脱开，使转向柱产生轴向移动的情形。

图 6-11（a）所示为一种用钢球连接的分开式转向柱。转向轴分为上转向轴和套在轴上的下转向轴两部分，二者用塑料销钉连成一体。转向柱管也分为上柱管和下柱管两部分，上、下柱管之间装有钢球，下柱管的外径与上柱管的内径之间的间隙比钢球直径稍小。上、下柱管连同柱管托架，通过特制橡胶垫固定在车身上，橡胶垫则利用塑料销钉与托架连接。

当汽车发生碰撞时，转向器总成对转向柱施加轴向冲击力（第一次冲击），切断连接上、下转向轴的塑料销钉，下转向轴套在上转向轴向上滑动，如图 6-11（b）所示。在这一过程中，上转向轴和上柱管的空间位置，没有因冲击产生上移，可使驾驶员免受伤害。如果驾驶员的身体因惯性撞向转向盘（第二次冲击），连接橡胶垫与柱管托架的塑料销钉被切断，托架脱离橡胶垫，上转向轴和上转向柱管连同转向盘、托架一起，相对于下转向轴和下转向柱管向下滑动，减缓对驾驶员胸部的冲击。在上述两次冲击过程中，上、下转向柱管之间均产生相对滑动。因为钢球的直径稍大于上、下柱管之间的间隙，滑动中对钢球产生挤压，冲击能量在这种边滑动边挤压的过程中被吸收。日本丰田汽车的一些车型采用这种装置。

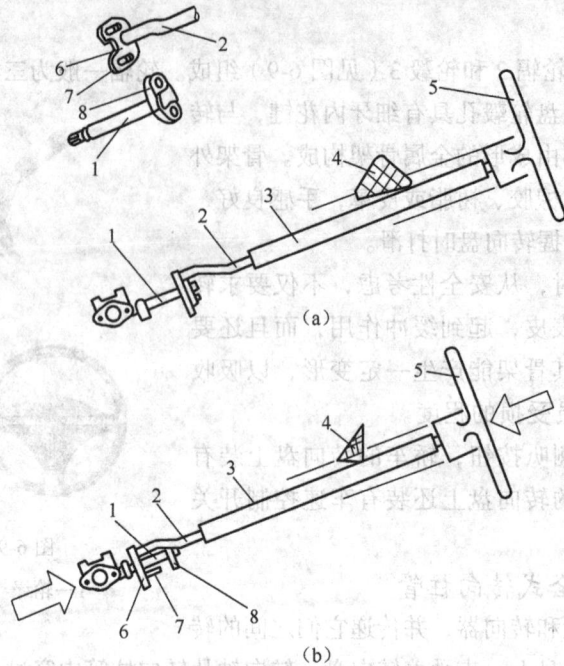

图 6-10　上海桑塔纳轿车可分离式安全转向操纵机构

1—下转向柱　2—上转向柱　3—转向柱管　4—可折叠安全元件

5—转向盘　6—凸缘　7—驱动销　8—半月形凸缘盘

　　驾驶员不同的驾驶姿势和身材对转向盘的最佳操纵位置有不同的要求。而且，转向盘的这一位置往往会影响驾驶员进、出汽车的方便性。为此，一些汽车装设了可调节式转向柱，使驾驶员可以在一定的范围内调节转向盘的位置。调节的形式分为倾斜角度调节和轴向位置调节两种。图 6-12 所示为转向盘倾斜角度的变化，图 6-13 所示为轴向伸缩式转向柱。

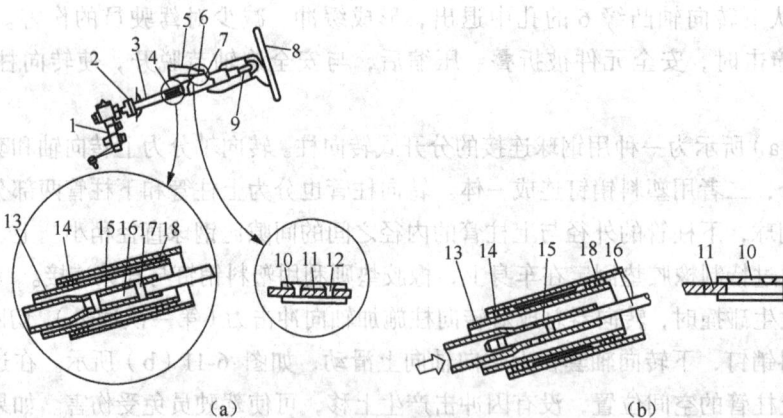

图 6-11　钢球连接的分开式转向柱

1—转向器总成　2—挠性联轴节　3、13—下转向柱管　4、14—上转向柱管　5—车身　6、10—橡胶垫

7、11—转型柱管托架　8—转向盘　9、16—上转向轴　12、17—塑料销钉　15—下转向轴　18—钢球

　　若需要轴向调整转向盘的位置，驾驶员可顺时针方向转动伸缩杠杆，使伸缩杠杆带动锁紧

螺栓向外端移动，将螺栓内端的楔形锁松开，使滑轴能够在转向轴内转动并轴向移动。转向盘位置调好后再利用伸缩杠杆锁定。

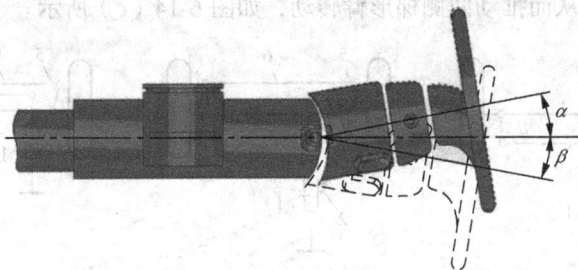

图 6-12　转向盘倾斜角度的变化

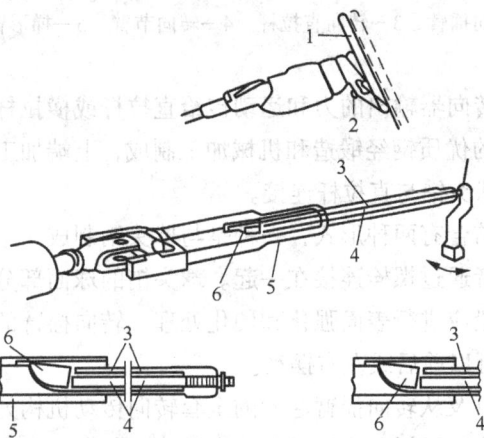

图 6-13　伸缩式转向柱

1—转向盘　2—伸缩杠杆　3—滑轴　4—锁紧螺栓　5—转向轴　6—楔形锁

三、转向传动机构

转向传动机构的功用是将转向器输出的力和运动传到转向桥两侧的转向节，使两侧转向轮偏转，实现汽车转向。同时，使两转向轮偏转角按一定关系变化，以保证汽车转向时车轮与地面的相对滑动尽可能小。切诺基、奥迪、桑塔纳等汽车转向传动机构中还装有转向减震器。转向传动机构的组成和布置因转向器结构形式、安装位置及悬架类型而异。

转向传动机构按照悬架的分类可分为与非独立悬架配用的转向传动机构和与独立悬架配用的转向传动机构两大类。

转向传动机构

（一）与非独立悬架配用的转向传动机构

与非独立悬架配用的转向传动机构如图 6-14 所示。它主要包括转向摇臂 2、转向直拉杆 3、转向节臂 4 及由梯形臂 5 和横拉杆 6 组成的转向梯形。

当前桥仅为转向桥时，由转向横拉杆 6 和左、右梯形臂 5 组成的转向梯形一般布置在前桥之后，如图 6-14（a）所示。当转向轮处于与汽车直线行驶相应的中立位置时，梯形臂 5 与横拉杆 6 在与道路平行的水平面内的交角 $\theta > 90°$。

在发动机位置较低或转向桥兼当驱动桥的情况下，为避免运动干涉，往往将转向梯形布置在前桥之前，此时上述交角 $\theta<90°$，如图 6-14（b）所示。若转向摇臂不是在汽车纵向平面内前后摆动，而是在与道路平行的平面内向左右摇动，则可将转向直拉杆 3 横置，并借球头销直接带动转向横拉杆 6，从而推动两侧梯形臂转动，如图 6-14（c）所示。

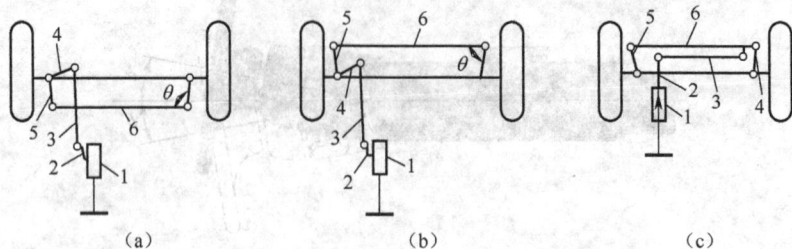

(a)　　　　　　　　　(b)　　　　　　　　　(c)

图 6-14　与非独立悬架配用的转向传动机构示意图

1—转向器　2—转向摇臂　3—转向直拉杆　4—转向节臂　5—梯形臂　6—转向横拉杆

1. 转向摇臂

转向摇臂的功用是把转向器输出的力和运动传给直拉杆或横拉杆，推动转向轮偏转，如图 6-15 所示。采用铬钢之类的优质钢经锻造和机械加工制成，上端加工出带细齿花键的锥孔与转向摇臂轴连接，下端通过球头销与直拉杆连接。

转向摇臂与球头销的结合有两种形式：一种是与球头销制成一个整体；另一种是将它们分别制造，然后通过焊接或者通过螺栓连接在一起。球头销的球面部分必须耐磨损，并且能承受较大的冲击负荷，球头一般应进行表面强化和硬化处理。转向摇臂的摆动方向随转向传动机构的布置方式不同而不同，可以前后或左右摆动。

为了保证转向摇臂轴以及从转向摇臂起始的全套转向传动机构处于中间位置，在摇臂轴的外端面、转向摇臂孔的外端面均刻有装配标志。装配时，应使两个零件上的标记对齐。

2. 转向直拉杆

转向直拉杆的功用是将转向摇臂传来的力和运动传递给转向梯形臂或转向节臂。它受拉力、压力的作用，直拉杆采用优质特种钢制造，以保证工作可靠，其结构如图 6-16 所示。在转向轮偏转或因悬架弹性变形相对于车架跳动时，转向直拉杆、转向摇臂及转向节臂的相对运动都是空间运动，为了避免运动干涉，三者间的连接都采用球头销。

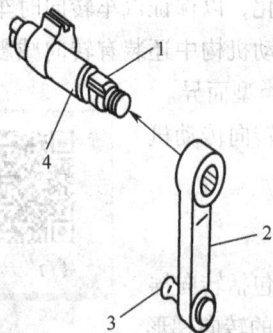

图 6-15　转向摇臂和摇臂轴

1—带锥度的细齿花键　2—转向摇臂
3—球头销　4—摇臂轴

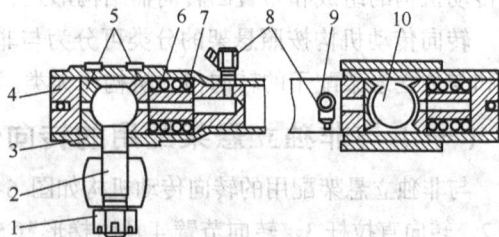

图 6-16　转向直拉杆

1—螺母　2—转向节臂球头销　3—橡胶防尘垫　4—螺塞
5—球头座　6—压缩弹簧　7—弹簧座　8—油嘴
9—直拉杆体　10—转向摇臂球头销

直拉杆体 9 是一段两端扩大的钢管，其前端（图 6-16 中为左端）带有球头销 2，球头销的尾端可用螺母 1 固定在转向节臂的端部。两个球头座 5 在压缩弹簧 6 作用下，将球头夹持住。从油嘴 8 注入润滑脂，使其充满直拉杆体端部管腔，保证球头与座的润滑。装配时，供球头出入的孔口用耐油的橡胶防尘垫 3 封盖。压缩弹簧 6 随时补偿球头及球头座之间的磨损，保证二者间无间隙，同时，缓和由车轮和转向节传来的路面冲击。弹簧预紧力可用螺塞 4 调节，调好后用开口销固定住螺塞的位置。当球头销作用在内球头座上的冲击力超过压缩弹簧预紧力时，弹簧进一步变形，吸收冲击能量。弹簧变形增量受到弹簧座 7 自由端的限制，这样可以防止弹簧超载，并保证在弹簧折断的情况下球头销不致从管腔中脱出。

直拉杆体后端（图 6-16 中为右端）可以嵌装转向摇臂的球头销 10。这一端的压缩弹簧也装在球头座后方（图 6-16 中为右方）。这样，两个压缩弹簧可分别在沿轴线的不同方向上起缓冲作用。自球头销 2 传来的向后的冲击力由前压缩弹簧承受，当球头销 2 受到向前的冲击力时，冲击力即依次经前球头座、前端部螺塞 4、直拉杆体 9 和后端部螺塞传给后压缩弹簧。

3. 转向横拉杆

转向横拉杆的功用是联系左、右梯形臂并使其协调工作。它在汽车行驶过程中反复承受拉力和压力，因此多用高强度冷拉钢管制造。如图 6-17（a）所示，转向横拉杆由横拉杆体 2 和旋装在两端的接头 1 组成。两端的接头结构相同（但螺纹的旋向相反），如图 6-17（b）所示，球头销 14 的尾部与梯形臂（或转向节臂）相连。上、下球头座 9 用聚甲醛制成，有很好的耐磨性。球头座的形状如图 6-17（c）所示，装配时，两球头座的凹凸部互相嵌合。弹簧 12 保证两球头座与球头紧密接触，并起缓冲作用，其预紧力由螺塞 11 调整。两接头通过螺纹与横拉杆体连接，因其螺纹部分有切口，故具有弹性。接头旋装到横拉杆体上后，用夹紧螺栓 3 夹紧。横拉杆体两端的螺纹，一为右旋，一为左旋，因此在旋松夹紧螺栓以后，转动横拉杆体，即可改变转向横拉杆的总长度，从而调整转向轮前束。

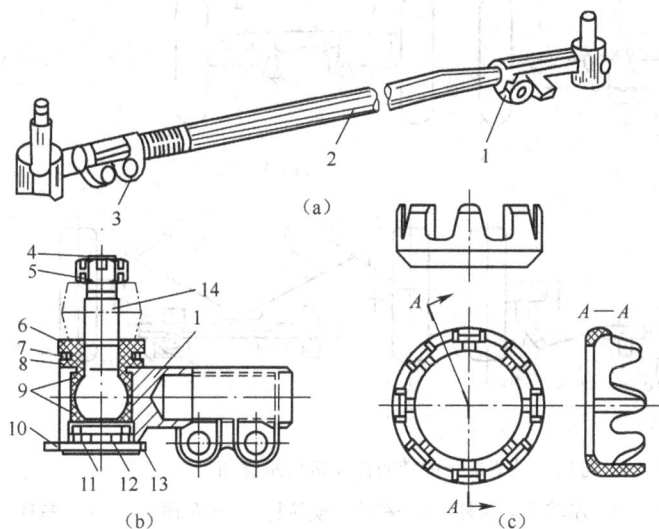

图 6-17　转向横拉杆

1—横拉杆接头　2—横拉杆体　3—夹紧螺栓　4—开口销　5—槽形螺母　6—防尘底座　7—防尘垫

8—防尘套　9—球头座　10—限位销　11—螺塞　12—弹簧　13—弹簧座　14—球头销

4. 转向减震器

随着车速的提高，现代汽车的转向轮有时会产生摆震，即转向轮绕主销轴线往复摆动，进而引起整车车身的震动；这不仅影响汽车行驶的稳定性，而且还影响汽车的舒适性，加剧前轮轮胎的磨损。在转向传动机构中设置转向减震器是克服转向轮摆震的有效措施。

转向减震器的一端与车身或前桥铰接，另一端与转向直拉杆或转向器铰接。转向减震器的结构类似于悬架减震器。

（二）与独立悬架配用的转向传动机构

当转向轮采用独立悬架时，每个转向轮都需要相对于车架做独立运动，因而转向桥必须是断开式的，转向传动机构中的转向梯形也必须是断开式的。图 6-18（a）、（b）所示机构与循环球式转向器配用，（c）、（d）所示机构与齿轮齿条式转向器配用。

图 6-19 所示为红旗 CA7560 型轿车的转向传动机构，它采用了如图 6-18（a）所示的结构方案。摇杆 7 前端固定于车架横梁中部，后端借球头销与转向直拉杆 2 和左、右横拉杆 3、4 连接。转向直拉杆外端与转向摇臂球头销 1 相连。左、右横拉杆外端也用球头销分别与梯形臂 5、6 铰接，故能随同侧车轮相对于车架和摇杆在横向平面内上下摆动。转向直拉杆 2 仅在外端有球头座，故有必要在两球头座背面各设一个压缩弹簧，分别吸收由横拉杆 3 和 4 传来的两个方向上的路面冲击，并自动消除球头与座之间的间隙。

配备齿轮齿条式转向器转向传动机构如图 6-18（c）、（d）所示。若齿轮齿条式转向器为两端输出式，转向器齿条本身就是转向传动机构的一部分，转向横拉杆的内端通过球头销与齿条铰接，外端通过螺纹与连接转向节的球头销总成相连。图 6-20 所示为与两端输出的齿轮齿条式转向器齿条配用的转向横拉杆，当需要调前束时，松开锁紧螺母 5，转动拉杆体 4，达到合理的前束值时，再将锁紧螺母锁死。

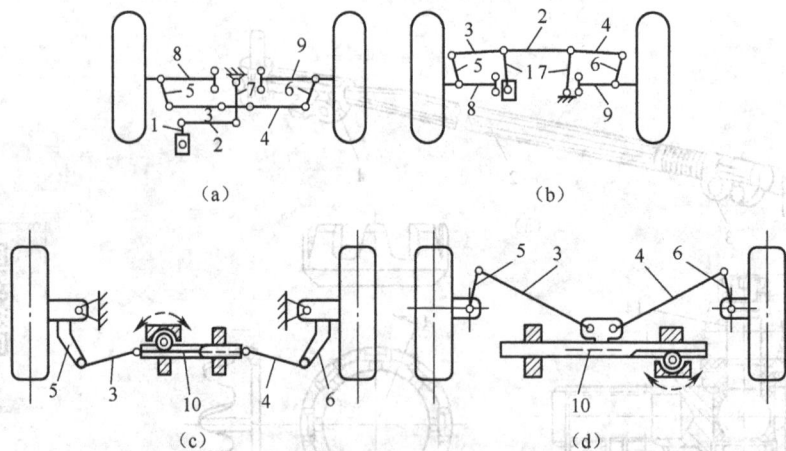

(a)　　　　　　　　　　　(b)

(c)　　　　　　　　　　　(d)

图 6-18　与独立悬架配用的转向传动机构示意图

1—转向摇臂　2—转向直拉杆　3—左转向横拉杆　4—右转向横拉杆　5—左梯形臂　6—右梯形臂

7—摇杆　8—悬架左摆臂　9—悬架右摆臂　10—齿轮齿条式转向器

配用中间输出齿轮齿条式转向器的转向传动机构如图 6-21 所示，横拉杆 9 的内端通过托架 2、8 和螺栓 7 与转向器齿条一端相连，外端通过球头销 4 与转向节铰接。由于横拉杆体 6 不能绕自身轴线转动，为调整前束，在横拉杆体与球头销 4 之间装有双头螺栓 3，螺栓两端的螺纹旋向相反，各旋装一个锁紧螺母 5。当需要调前束时，先拧松两端的锁紧螺母，然后转动调节螺栓，达到合理的前束值时，将锁紧螺母锁死。

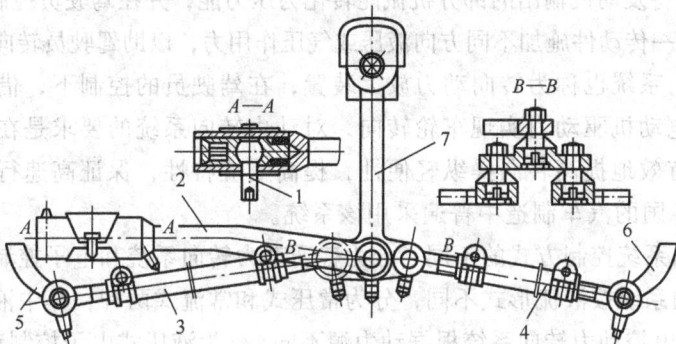

图 6-19　红旗 CA7560 型轿车转向传动机构

1—转向摇臂球头销　2—转向直拉杆　3—左转向横拉杆

4—右转向横拉杆　5、6—梯形臂　7—摇杆

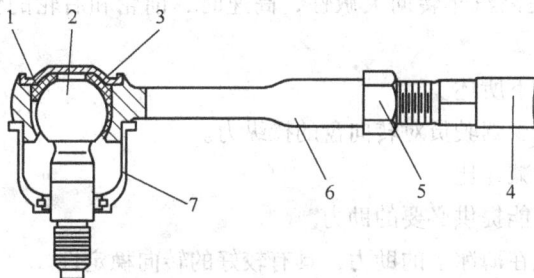

图 6-20　与两端输出的齿轮齿条式转向器配用的转向横拉杆

1—堵盖　2—球头销　3—球头销座　4—横拉杆体

5—锁紧螺母　6—横拉杆接头总成　7—防尘套

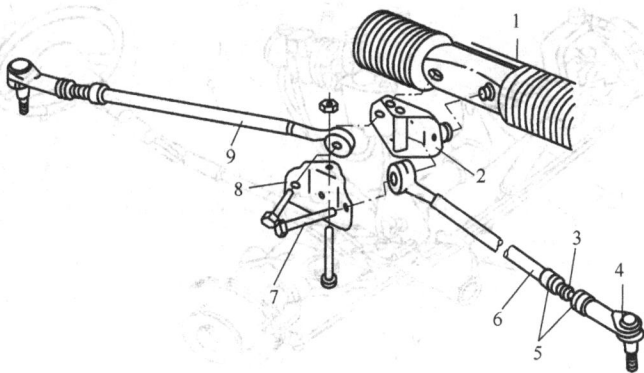

图 6-21　与中间输出的齿轮齿条式转向器配用的转向传动机构

1—转向器壳体　2—内托架　3—调节螺栓　4—球头销总成　5—锁紧螺母　6—横拉杆体

7—螺栓　8—外托架　9—横拉杆总成

四、转向加力装置

（一）转向加力装置概述

转向加力装置将发动机输出的部分机械能转化为压力能，并在驾驶员控制下，对转向传动装置或转向器中某一传动件施加不同方向液压或气压作用力，以助驾驶员转向施力不足。

汽车动力转向系统也称为转向动力放大装置，在驾驶员的控制下，借助汽车发动机产生的液体压力或电动机驱动力实现车轮转向，对动力转向系统的要求是在保证转向灵敏性不变的条件下，有效地提高转向操纵轻便性，提高响应特性，保证高速行车安全，减少转向盘的冲击，在各国的汽车制造中普遍采用该系统。

按照动力转向系统控制方式的不同，分为普通动力转向系统和电子控制动力转向系统。普通液压动力转向系统按液流形式不同，分为常压式和常流式两种，其中液压常流式动力转向系统应用广泛。电控动力转向系统根据动力源不同，分为液压式电子控制动力转向系统（液压式 EPS）和电动式电子控制动力转向系统（电动式 EPS）。液压式电子控制动力转向系统根据控制方式的不同，分为流量控制式、反力控制式和阀灵敏度控制式三种形式。此外，四轮转向系统正逐步得到应用，它可以让汽车的前轮和后轮同时发生偏转，在低速时，前轮和后轮的偏转方向相反，可提高汽车转向灵敏性，高速时，前轮和后轮的偏转方向相同，可提高汽车操纵稳定性。

动力转向系统功用如下所述。

（1）汽车转弯时，减少驾驶员对转向盘的操纵力。

（2）限制转向系统的减速比。

（3）在原地转向时，能提供必要的助力。

（4）限制车辆高速或在薄冰上的助力，具有较好的转向稳定性。

（5）在动力转向系统失效时，能保持机械转向系统的有效工作。

普通液压式动力转向系统由机械转向器、转向控制阀、转向动力缸以及将发动机输出的部分机械能转换为压力能的转向油泵（或空气压缩机）、转向油罐等组成，如图 6-22 所示。

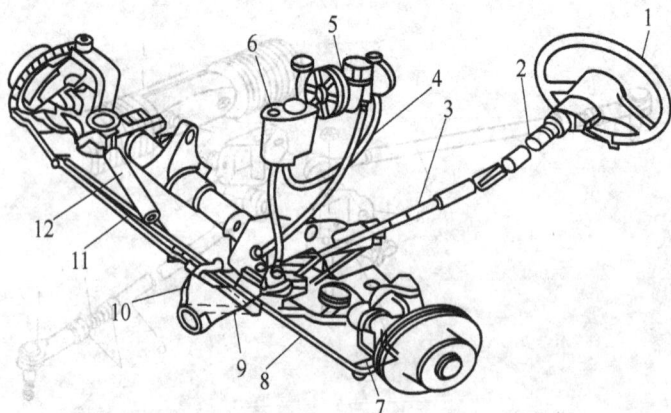

图 6-22　动力转向系统组成

1—转向盘　2—转向轴　3—转向中间轴　4—转向油管　5—转向油泵　6—转向油罐　7—转向节臂　8—转向横拉杆　9—转向摇臂　10—整体式转向器　11—转向直拉杆　12—转向减震器

动力转向系统按转向控制阀阀芯的运动方式，可分为滑阀式动力转向系统和转阀式动力转向系统。

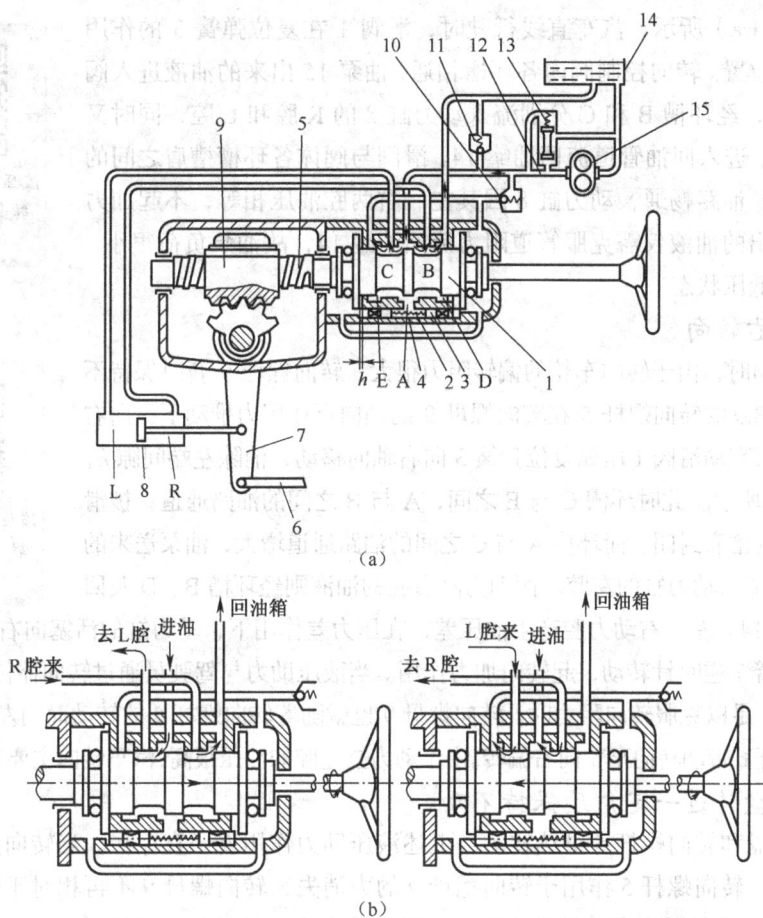

（二）滑阀式动力转向系统的基本工作原理

液压常流滑阀式动力转向装置的工作原理如图 6-23 所示。

图 6-23　液压常流滑阀式动力转向装置工作原理

1—滑阀　2—反作用柱塞　3—滑阀复位弹簧　4—阀体　5—转向螺杆　6—转向直拉杆　7—转向摇臂
8—转向动力缸　9—转向螺母　10—单向阀　11—安全阀　12—节流孔　13—溢流阀
14—转向油罐　15—转向油泵

转向油罐 14 用来储存、滤清油液。转向油泵 15 将油罐 14 内的油吸出，压送入转向控制阀，将发动机输出的部分机械能转换为油液的压力能。转向动力缸 8 主要由缸筒和活塞组成，固装在车架（或车身）上。活塞将动力缸分为 L、R 两腔，活塞的伸出端与转向摇臂 7 中部铰接。动力缸的功用是将油液的压力能转换成机械能，实现转向加力。阀体 4、滑阀 1、反作用柱塞 2 和滑阀复位弹簧 3 等组成的转向控制阀是动力缸的控制部分，控制油泵输出油液的流向，使转向器与动力缸协调动作，转向控制阀用油管分别与油泵 15、油罐 14 和动力缸 8 连通。

滑阀 1 与阀体 4 为间隙配合。在阀体 4 的内圆柱面上开有三道环槽：环槽 A 是进油道，与油泵 15 相通；环槽 D、E 是回油道，与油罐 14 相通。在滑阀 1 上开有两道环槽，B 是动力缸 R 腔的进、排油环槽；C 是动力缸 L 腔的进、排油环槽。阀体内装有反作用柱塞 2，两个柱塞之间装有滑阀复位弹簧 3。滑阀通过两个轴承支撑在转向轴上，它与转向螺杆 5 的轴向相对位置固定不变。

当滑阀处于中间位置（相应于汽车直线行驶的位置）时，滑阀两端与阀体 4 的端面均保持 h 的间隙，因而滑阀随同转向螺杆 5 可以相对于阀体 4 自中间位置向两端做微量轴向移动。

1. 汽车直线行驶

如图 6-23（a）所示，汽车直线行驶时，滑阀 1 在复位弹簧 3 的作用下保持在中间位置。转向控制阀内各环槽相通，油泵 15 出来的油液进入阀体环槽 A 之后，经环槽 B 和 C 分别流入动力缸 8 的 R 腔和 L 腔，同时又经环槽 D 和 E，进入回油管道流回油罐 14。滑阀与阀体各环槽槽肩之间的间隙大小相等，油路畅通，动力缸 8 因其左、右两腔油压相等，不起加力作用。油泵泵出的油液仅需克服管道阻力流回油罐 14，故油泵负荷很小，整个系统处于低压状态。

液压常流滑阀式动力转向装置工作原理（直线行驶）

2. 汽车右转向

汽车右转向时，由于转向车轮的偏转阻力很大，转向螺母 9 暂时保持不动，具有左旋螺纹的转向螺杆 5 在转向螺母 9 的轴向反作用力推动下，向右轴向移动，同时带动滑阀 1 压缩复位弹簧 3 向右轴向移动，消除左端间隙 h，如图 6-23（b）所示。此时环槽 C 与 E 之间，A 与 B 之间的油路通道，被滑阀和阀体相应的槽肩封闭。而环槽 A 与 C 之间的油路通道增大，油泵送来的油液自 A 经 C 流入动力缸的左腔。而动力缸右腔的油液则经环槽 B、D 及回油管流回油罐 14。左、右动力腔产生油压差，在压力差作用下，动力缸的活塞向右移动，通过活塞杆使转向摇臂 7 逆时针转动，起转向加力作用。当液压助力与驾驶员通过转向器传给转向摇臂 7 的力合在一起，足以克服转向阻力时，转向螺母 9 也就随着转向螺杆 5 的转动而向左轴向移动，并通过转向直拉杆 6 带动转向车轮向右偏转。由于动力缸左腔的油压很高，汽车转向主要靠活塞的推力。

液压常流滑阀式动力转向装置工作原理（右转弯）

3. 转向盘转过一定角度保持不动

只要转向盘和转向螺杆 5 继续转动，上述液压助力作用就一直存在。当转向盘转过一定角度保持不动时，转向螺杆 5 作用于转向螺母 9 的力消失，转向螺母 9 不再相对于转向螺杆 5 左移。但动力缸 8 中的活塞在油压差作用下，仍继续向右移动（转向摇臂 7 继续逆时针方向转动），转向螺母 9 在转向摇臂 7 上端的拨动下，带动转向螺杆 5 及滑阀 1 一起向左移动，直到滑阀 1 回复到中间稍偏右的位置。此时滑阀中间槽肩右边的缝隙小于左边的缝隙，由于节流作用，使进入左腔的油压仍高于右腔的油压。此压力差在动力缸活塞上的作用力用来克服转向轮的回正力矩，使转向轮的偏转角维持不动，这就是转向的维持过程。

液压常流滑阀式动力转向装置工作原理（转向维持）

4. 由维持转向位置松开转向盘

由维持转向位置松开转向盘时，滑阀在复位弹簧 3 的张力和反作用柱塞 2 上油压的推力作用下回到中间位置，转向控制阀中各环槽槽肩间的缝隙相等，动力缸左腔与右腔间的油压差随之消失，动力缸停止工作，转向轮在回正力矩的作用下自动回正，并通过转向螺母 9 带动转向螺杆 5 反向转动，使转向盘回到直线行驶位置。在此过程中，转向螺母 9 作用在转向螺杆 5 上的轴向力小于复位弹簧 3 的预紧力，故滑阀 1 不再轴向移动，所以在转向轮自动回正过程中不会出现自动加力现象。

5. 汽车直线行驶

遇路面不平，转向轮可能左右偏转而产生震动。这种震动迫使转向摇臂 7 摆动，使动力缸活塞在缸筒内轴向移动，动力缸左右两腔的油液对活塞移动起阻尼作用，吸收震动能量，减轻转向轮的震动。若路面冲击力很大，迫使转向轮偏转（假设向右偏转，而驾驶员仍保持转向盘处于直线行驶位置），此时转向螺杆 5 将受到一个向左的轴向力，这个力使滑阀 1 向左移动，于是反向接通动力缸油路，动力转向装置的加力方向与转向轮偏转方向相反，使转向轮回正，抵消路面冲击的影响。

液压常流滑阀式动力转向装置工作原理（左转弯）

6. 汽车左转向

动力转向装置的工作原理与上述相同。

7. 动力转向装置失效

若动力转向装置失效，动力转向装置不能使转向省力，反而会增加转向阻力。为了减小这种阻力，在转向控制阀的进油道和回油道之间，装有单向阀 10。在正常情况下，进油道的油压为高压，回油道为低压，单向阀 10 在弹簧张力和油压差作用下关闭，进、回油道互不相通。当油泵失效后靠人力强制进行转向时，假设向右转，进油道变为低压（油罐中的油液已不能通过失效后的油泵流入进油道），而回油道却因动力缸中活塞移动而具有稍高于进油道的油压。进、回油道的压力差使单向阀 10 打开，两油道相通，动力缸活塞两侧油腔也相通，油液便从动力缸受活塞挤压的右腔，流向活塞移离后产生低压的左腔，从而减小了人力转向时的油液阻力。可见单向阀 10 的作用是将不工作的油泵短路。

动力转向装置工作时，动力缸活塞的移动速度大小随转向盘的转动速度而变化，也取决油泵的输出油量。如果油泵输出油量不足，会使转向速度慢而不灵敏（转向轮的偏转明显滞后于转向盘的转动），且转向沉重。若油泵输出油量过大，会使转向过灵敏，转向盘"发飘"。油泵的输出油量受发动机转速的影响很大。为了保证发动机怠速时供油充足，在发动机高速运转时供油量不致过大，油泵中装有节流孔 12 和溢流阀 13。当油泵输出油量超过一定值时，油液在节流孔 12 节流作用下产生的油压差把溢流阀 13 打开，多余的油液流回到油泵入口处。安全阀 11 的作用是限制油泵及系统内的最高压力值。

（三）转阀式动力转向系统的结构和基本工作原理

1. 主要部件结构

桑塔纳轿车整体转阀式动力转向系统如图 6-24 所示，由齿轮齿条式机械转向器、转阀式转向控制阀、转向活塞缸、转向油罐、叶片泵、进回油管及横拉杆等组成。转向盘与转向轴以花键连接，转向轴通过柔性万向节与扭力杆 6 以花键连接，扭力杆上端部又以销钉与阀芯连接，阀芯 7 与阀套 8 能相对转动，而阀套下部又以销轴与小齿轮连接，扭力杆 6 下部与小齿轮刚性连接。阀套 8 内壁开有 6 个纵向槽，相应地在阀芯 7 外表有 6 个凸肩，每个凸肩左右与阀套纵向纵槽配合处有间隙，叫作转阀的预开隙。

转阀的工作原理

动力转向系统中的转向泵

2. 转阀式动力转向器的工作过程

当汽车直线行驶时，转阀处于中间位置，如图 6-24（a）所示。来自转向叶片泵 2 的工作液向阀套 8 的 3 个进油孔供油，油液通过预开隙进入阀芯 7 的凹槽，再通过阀芯的回油孔进入阀芯 7 与扭力杆 6 间的空腔，再经过阀套 8 的回油孔，通过回油管流回油罐 1，形成油路循环。

另一回路是由油泵 2 压入阀套 8 的油经过预开隙进入阀套左右两侧的出油孔，其中一路进入转向器活塞缸 10 的左油缸，另一路进入转向器活塞缸的右油缸。由于左、右油缸均进油，且油压相等，更由于油路连通回油道而建立不起高压，因此转向助力器没有助力作用，这就是直线行驶状态。

当汽车右转弯时，转向盘带动转向轴转动，同时带动扭力杆 6 顺时针转动，如图 6-24（b）所示。扭力杆端头与阀芯 7 以销钉连接，带动阀芯转动一个角度，这时阀套 8 的进油口一侧的预开隙被关闭，另一侧的预开隙开度打开，压力油流入转向器右缸，活塞向左伸出，将齿条推出转向器，起转向助力的作用，汽车向右转弯。活塞左缸的油液被压出，通过阀套孔、阀芯及阀芯与扭力杆间的间隙流回转向油罐 1。

当汽车左转弯时，转向盘带动转向轴转动并带动扭力杆 6 反时针转动，如图 6-24（c）所示。扭力杆端头与阀芯 7 连接，因而带动阀芯转动一个角度，这时阀套 8 的进油口一侧的预开隙被关闭，另一侧的预开隙开度打开，压力油压向转向器左缸，活塞向缩进转向器方向移动，也即将齿条推进转向器，这时起到了助力作用，汽车向左转弯。活塞右缸的油液被压出，通过阀套孔、阀芯及阀芯与扭力杆间的间隙流回转向油罐 1。

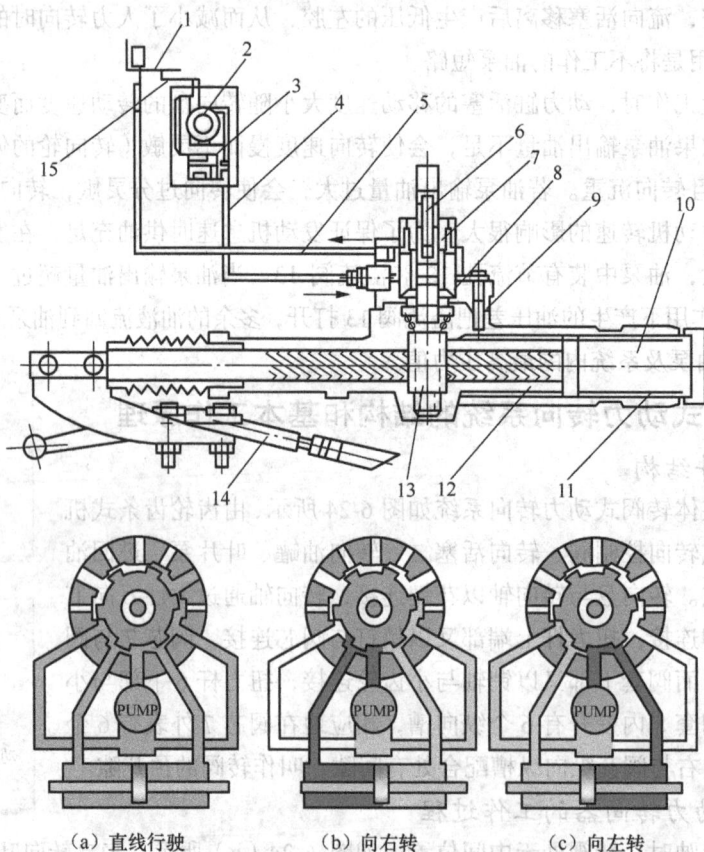

转阀式动力转向装置工作原理

转阀的阀芯与阀体的相对位置

汽车直行时转阀的工作情况

图 6-24　桑塔纳轿车动力转向系统

（a）直线行驶　　　（b）向右转　　　（c）向左转

1—转向油罐　2—叶片泵　3—压力与流量限止阀　4—进油管　5—回油管　6—扭力杆　7—阀芯　8—阀套
9—阀壳　10—活塞缸　11—转向器壳　12—齿条　13—小齿轮　14—横拉杆　15—油管

　　当转向盘停在某一位置不再继续转动时，阀套随小齿轮在液力和扭杆弹力的作用下，沿转向盘转动方向旋转一个角度，使之与阀芯的相对角位移量减小，左、右油缸油压差减小，保持一定的助力作用。此时的助力转矩与车轮的回正力矩相平衡，使车轮维持在某一转向位置上。

　　在转向过程中，如果转向盘转动的速度快，阀套与阀芯的相对角位移量也大，左、右动力腔的油压差也相应加大，前轮偏转的速度也加快，如果转向盘转动的慢，前轮偏转的也慢，若转向盘转在某一位置上不变，对应着前轮也转在某一位置上不变，称为"渐进随动作用"。

　　如果驾驶员放松转向盘，阀芯回到中间位置，失去了助力作用，此时转向轮在回正力矩的作用下自动回位。

　　当汽车直线行驶偶遇外界阻力使转向轮发生偏转时，阻力矩通过转向传动机构、齿轮齿条转向器、阀套下部销轴作用在阀套上，使之与阀芯之间产生相对角位移，这样使动力缸左、右腔油压不等，产生了与转向轮转向相反的助力作用。在此力的作用下，转向轮迅速回正，保证了汽车直线行驶的稳定性。

　　一旦液压助力装置失效，该动力转向器即变成机械转向器。此时转动转向盘，带动阀芯转动，阀芯下端边缘有弧形缺口，转过一定角度后，带动小齿轮转动，再通过齿条传给左右横拉杆，即可实现汽车转向。

五、转向系统常见故障

　　汽车转向系统技术状况的好坏对汽车的行驶安全性有着极其重要的影响。对汽车转向系统故障进行诊断排除具有极其重要的意义。转向系统最常见的故障有转向盘自由行程过大，转向沉重，行驶跑偏，转向不灵、操纵不稳，前轮摆头，动力转向助力不足等。

（一）转向盘自由行程大

1. 现象
汽车保持直线行驶位置静止不动时，轻轻来回晃动转向盘，感到游动角度很大。

2. 原因
（1）转向器内主、从动啮合部位松旷或主、从动部位的轴承松旷。

（2）转向盘与转向轴的连接部位松旷。

（3）转向器垂臂轴与垂臂连接部位松旷。

（4）纵、横拉杆球头连接部位松旷。

（5）纵、横拉杆臂与转向节的连接部位松旷。

（6）转向节与主销松旷。

（7）轮毂轴承松旷。

3. 诊断与排除方法
（1）应先检查转向盘与转向轴是否松旷。

（2）检查转向器内主、从动部分的轴承或衬套是否松旷。

（3）检查转向器内主、从动部分的啮合是否松旷。

（4）若故障不在以上部位，则应检查垂臂与垂臂轴、纵、横拉杆球头连接、转向节与主销是否松旷。

（5）若以上部位均无故障，则故障是由轮毂轴承或拉杆臂松旷所造成。

（二）转向沉重

1. 现象

汽车行驶中驾驶员向左、右转动转向盘时，感到沉重费力，无回正感；当汽车以低速转弯行驶或掉头时，转动转向盘非常吃力，甚至打不动。

2. 原因

（1）轮胎气压不足。

（2）转向节与主销配合过紧或缺油。

（3）纵、横拉杆球头连接调整过紧或缺油。

（4）转向器主动部分轴承预紧力太大或从动部分与衬套配合太紧。

（5）转向器主、从动部分的啮合调整得太紧。

（6）转向器无油或缺油。

（7）转向节止推轴承缺油或损坏。

（8）转向器转向轴弯曲或其套管凹瘪造成刮碰。

（9）主销后倾过大、主销内倾过大或前轮负外倾。

（10）前梁、车架变形造成前轮定位失准。

3. 诊断与排除方法

（1）检查轮胎气压、轮毂轴承松紧程度，前轮定位等。

（2）顶起前桥，使前轮悬空，转动转向盘。若感到明显轻便省力，则故障在前轮、前桥或车架。若转向仍然沉重费力，应将垂臂拆下，继续转动转向盘，若明显轻便省力，则故障在转向传动机构；若仍沉重费力，则故障在转向器。

（3）对转向器进行检查。先检查外部转向轴，有无变形凹陷等。再检查啮合间隙是否过小，轴承间隙是否过小，是否缺油，有无异响等。

（4）对转向传动机构进行检查。检查各部连接处是否过紧而运动发卡，检查各拉杆及转向节有无变形，检查转向节主销轴向间隙是否过小。

（5）必要时，还应对前轮及车架是否变形进行检查。

（三）行驶跑偏

1. 现象

汽车行驶中自动跑向一边，必须用力把住转向盘才能保持直线行驶。

2. 原因

（1）两前轮轮胎气压不等、直径不一或车箱装载不均。

（2）左右车架前钢板弹簧挠度不等或弹力不一。

（3）前梁、后轿轴管或车架发生水平平面内的弯曲。

（4）车架两边的轴距不等。

（5）两前轮轮毂轴承或轮毂油封的松紧度不一。

（6）前、后桥两端的车轮有单边制动或单边拖滞现象。

（7）两前轮外倾角、主销后倾角或主销内倾角不等。

（8）前束太大或负前束。

（9）路面拱度较大或有侧向风。

3．诊断与排除方法

（1）应先检查跑偏一侧的车轮毂和制动器是否温度过高，若温度过高，则为轮毂轴承过紧和制动拖滞。

（2）检查轮胎气压，轮毂轴承松紧程度。

（3）新换轮胎出现跑偏，多为轮胎规格不等。

（4）检查钢板弹簧有无松动、断裂，车桥有无歪斜移位，车架有无变形等。

（5）检查前轮定位情况。

（四）转向不灵、操纵不稳

1．现象

在汽车转向操纵转向盘时感觉旷量很大，需用较大幅度才能转动转向盘；汽车在直线行驶时又感到行驶不稳。

2．原因

根本原因是由于磨损和松动导致各部位间隙过大所致，主要有以下原因。

（1）转向器啮合间隙过大，安装松旷。

（2）转向轴与转向盘配合松旷。

（3）主销与转向节衬套孔间隙过大。

（4）主销与转向节轴向间隙过大。

（5）转向传动机构各球头销处配合松旷。

（6）前轮毂轴承间隙过大。

（7）汽车前轮前束过大。

3．诊断与排除方法

（1）先检查转向盘的自由转动量，若过大，说明转向系统内存在间隙过大的故障。

（2）若转向盘的自由转动量正常，故障原因可能是前轮毂轴承间隙过大、主销与转向节衬套孔间隙过大、主销与转向节轴向间隙过大及前束过大等。

（3）检查前轮毂轴承、主销等处，找出松旷部位。

（4）由一人原地转动转向盘，另一人观察垂臂摆动，当垂臂开始摆动时，转向盘自由转动量不大，说明是转向传动机构松旷；否则为转向器松旷。

（5）必要时应检查前束，前束值过大时，会伴随有轮胎异常磨损。

（五）前轮摆头

1．现象

汽车在某低速范围内或某高速范围内行驶时，有时出现两前轮各自围绕主销进行角震动的现象。尤其是高速摆头时，两前轮左右摆震严重，握转向盘的手有麻木感，甚至在驾驶室内可看到整个车头晃动。

2．原因

（1）前轮轮胎、轮辋、制动鼓或盘、轮毂等旋转质量不平衡。

（2）前轮径向圆或端面圆跳动太大。

（3）前轮使用翻新胎。

（4）前轮外倾角太小、前束太大、主销负后倾或主销后倾角太大。

（5）两前轮的主销后倾角或主销内倾角不一致。

（6）前梁或车架弯、扭变形。

（7）转向系统与前悬架的运动互相干涉。

（8）转向系统部件刚度太低。

（9）转向器主、从动部分啮合间隙或轴承间隙太大。

（10）转向器垂臂与其轴配合松旷。

（11）纵、横拉杆球头连接松旷。

（12）转向节与主销配合松旷或转向节与前梁拳形部沿主销轴线方向配合松旷。

（13）前轮轮毂轴承松旷。

（14）转向器在车架上的连接松旷。

（15）前悬架减震器失效或左、右两边减震器效能不一。

（16）左、右车架前悬架高度或刚度不一。

3. 故障诊断与排除方法

（1）若摆振随车速提高而增大，多为车轮动不平衡和轮辋变形所致，应检查轮胎平衡和轮辋变形情况。

（2）若在某一转速时摆振出现，则情况比较复杂，应对转向系统、前桥及悬架等进行全面检查，以发现造成摆震的原因。

项目实施

一、项目实施环境

以桑塔纳、捷达等国产常见车型转向系统为对象，各学校可根据具体情况选择一种或两种车型进行实训。准备通用拆装工具、通用量具、弹簧秤、铜冲头。

二、项目实施步骤

1. 转向系统工作过程演示

通过多媒体技术播放视频文件，帮助学生熟悉转向系统工作过程。

2. 转向系统结构拆装与调整

（1）液压动力转向机构的分解

液压动力转向机构的分解如图 6-25 所示，分解步骤如下所述。

① 松开阀门罩盖螺栓，拆下补偿器。

② 取出转向控制阀体密封圈。

③ 取下主动齿轮轴上各种 O 形密封圈。

④ 用专用工具卸下齿条壳右端密封罩。

⑤ 拆下齿条左端的固定环、防尘软管、软管平箍。

⑥ 取下孔用挡圈、齿形环。

转向系统故障-转向有异响

⑦ 抽出齿条密封圈。

⑧ 取出主动齿轮。松开齿条端盖帽，抽出齿条，并做行程记号。

（2）转向盘与转向管柱的分解

转向盘与转向管柱的分解如图 6-26 所示，拆装和分解转向盘与转向管柱时可参照此图进行。

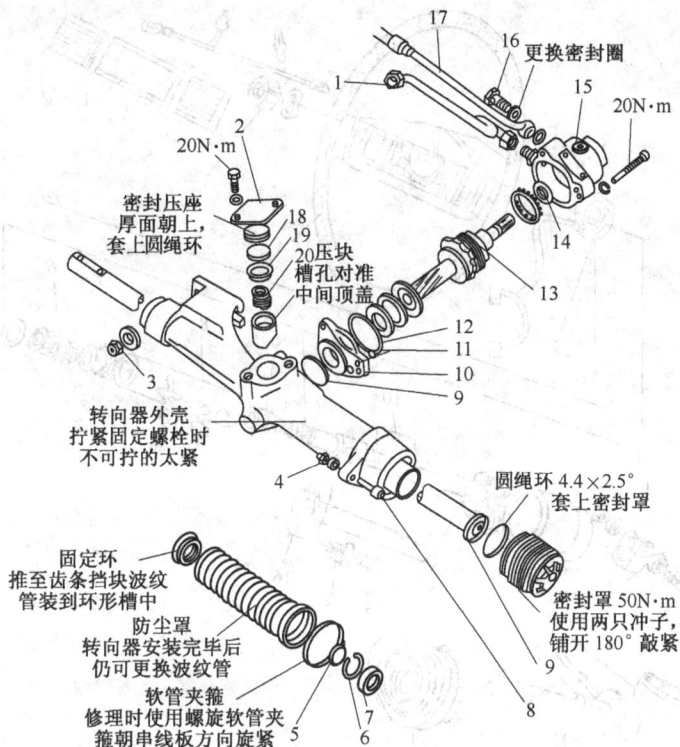

图 6-25 液压动力转向机构的分解与检修

1—油管（40N·m）　2—压盖　3—自锁螺母（35N·m）　4—自锁螺母（20N·m）　5—更换齿形环　6—挡圈
7—齿条密封罩　8—圆柱内六角螺栓　9—圆绳环42×2　10—中间盖　11、12、18—圆绳环　13—转向机构主动齿轮
14—密封圈　15—阀门罩壳　16—管接头螺栓（30N·m）　17—回油管　19—补偿垫片　20—压簧

（3）液压助力转向器的组装

组装应按与解体相反的顺序进行，并注意以下几点。

① 不可使用流出的 ATF 润滑油，应加注新的 ATF 润滑油。

② 转向器更换润滑油时，应同时更换滤清器。

③ 加注润滑油到 Max 处，起动发动机若有下降，应不断加注，直到液面停留在 max 处，并左、右转动转向盘排出油缸的空气，直到液罐中不再出现液泡为止。

④ 修理转向机构前，应检查泵送压力和系统压力。

⑤ 转向器壳的固定螺栓，不可拧得太紧，应按规定力矩拧紧。

⑥ 齿轮轴与转向柱下段连接时，夹箍应推至转向柱下段，密封环应嵌入转向器壳体上的环形槽中。

⑦ 波纹管可在转向器安装后进行调整，这时在齿条上涂 AUF063000 04 转向器黄油，将波管一端用夹箍夹紧在环槽中。

⑧ 条波纹管挡圈应推至齿条限位处。

⑨ 转向器装配后，应检查调整齿轮与此齿条间隙。调整时，松开锁止螺母，拧紧调整螺栓至止推垫圈挡块为止，再拧紧锁止螺母，组装正确的转向器，用手可直接转动主动齿轮轴。

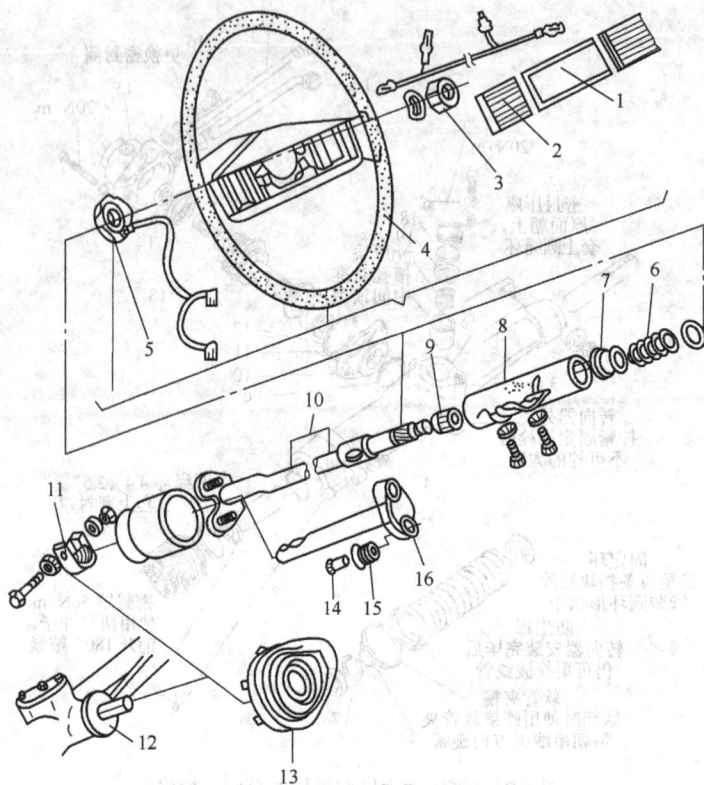

图 6-26 转向盘与转向管柱分解图

1—转向盘盖板　2—喇叭按钮盖板　3—转向盘与转向柱紧固螺母 M16（45N·m）　4—转向盘　5—接触环
6—压缩弹簧　7—连接圈　8—转向柱套管　9—轴承　10—转向柱上段　11—夹箍　12—动力转向器
13—转向柱防尘橡胶圈　14—转向减震尼龙销　15—转向减震橡胶圈　16—转向柱下段

（4）液压助力转向器的检修

① 系统密封性的检查。

系统密封性的检查，应在热车时进行。将转向盘朝左、右两侧转至极限位置固定，以使油管内产生最大压力，检查转向控制阀、叶轮泵、油管接头及齿条的密封是否良好，如有渗漏，应更换密封件。

a. 如转向机构主动齿轮不密封，应更换阀体中的密封环和中间盖板上的圆形绳环。

b. 如转向器罩壳中的齿轮齿条密封件不密封，应拆开转向机构，更换所有标有"*"号的密封件。

c. 如油管接头漏油，应检查原因，重新接好。

② 叶片泵泵送压力的检查。

a. 在系统中装入油压测试器，如图 6-27 所示。油压测试器由油压表和截止阀并联而成。

b. 起动发动机，使其怠速运转。

c. 急速关闭截止阀（不要超过 5s），并读出压力表读数。

d. 泵送压力的额定值为 6.8 ~ 8.2MPa。

e. 如压力达不到额定值，应检查限压阀和溢流阀工作是否正常，如不正常，应更换限压阀和溢流阀，或更换叶片泵。

③ 系统压力的检查。

a. 油压测试器的连接同叶片泵泵送压力的检查。

b. 起动发动机，使其怠速运转。

c. 打开截止阀，使转向盘左右转至极限位置，读出压力表读数。其额定值应为 6.8 ~ 8.2MPa。

图 6-27　油压测试器与系统的连接

1—转向油泵　2—储油罐　3—油压表　4—截止阀
5—油压测试器　6—动力转向器

d. 如向左、右达不到额定值，应修理转向机构或更换总成。

④ 油量的检查与液压油的加注。

a. 油量的检查。使发动机怠速运转，反复将转向盘从一侧极限位置转到另一侧极限位置，以提高液压油温度，使油温达到 40℃ ~ 80℃。检查储油缸内油量，油面应在储油缸的 max 处，油量不足时，在检查各部位无泄漏后，按规定牌号加到 max 处。

b. 液压油的更换。顶起汽车前轴，发动机怠速运转，从储油缸及回流管排出陈油，一边排油，一边将转向盘转到底，直至液压油排净。添加液压油，排净动力转向液压系统的空气。

c. 动力转向液压系统的排气。检查液面高度，必要时添加液压油，发动机怠速运转，反复使转向盘从左极限位置转至右极限位置，直至储油缸内无气泡和泡沫为止。如液面有下降，应继续添加液压油直至规定液面高度为止。

⑤ 转向器机械部分的检修。

a. 检查主动齿轮端头及衬套的磨损情况，是否上下滚珠轴承同心，如磨损严重或不同心，则应更换。

b. 检查齿条各部的磨损程度，有无缺齿，如有，则应更换齿轮。

c. 检查转向器外壳有无磨损及破裂，如破裂或磨损严重，应更换。

d. 检查波纹管是否破裂，如有损坏，应更换。

e. 检查各密封圈及密封环，如有溢满，必须更换。

f. 自锁螺母和螺栓一经拆卸，必须更换。

g. 不准将转向器零件进行焊接和整形。

（5）转向系统的检查

① 检查系统密封性。转向系统密封性的检查，应在热车时进行。

将转向盘快速朝左、右两侧转至极限位置，并保持不动，此时可产生最大管内压力。目测检查转向控制阀、齿条密封（松开波纹管软管夹箍，再将波纹管推至一旁）、叶轮泵、油管接头是否有漏油现象，如有渗漏应更换密封件。

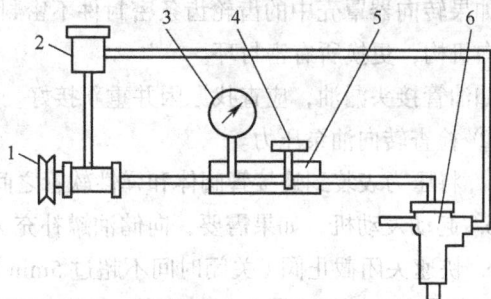

如果发现储油罐中缺少 ATF 油时，应检查转向系统的密封性是否完好。

当转向器主动齿轮不密封时，必须更换阀体中的密封环和中间盖板上的圆形绳环。

如果转向器罩壳中的齿轮齿条密封件不密封，ATF 油液可能流入波纹管套里，此时，应拆开转向机构，更换所有密封环。

如油管接头漏油，应查找原因并重新接好。

② 检查转向油泵压力。

a. 将压力表装到连接管阀体和弹性软管之间的压力管中。

b. 起动发动机，如果需要，向储油罐补充 ATF 油。

c. 快速关闭截止阀（关闭时间不超过 5min），并读出压力数，表压额定值为 6.8 ~ 8.2MPa。

如果没有达到额定数值，就应检查压力和流量限制阀是否完好。如不正常应更换压力和流量限制阀，或更换叶轮泵。

③ 检查系统压力。当发动机怠速工作时，打开压力表节流阀，使转向盘向左或右旋转极限位置，同时读出压力表上的压力。额定值表压为 6.8 ~ 8.2MPa。

如果向左或右边的额定值达不到要求，就要修理转向器或更换总成。

（6）转向系统技术参数

桑塔纳 2000 型轿车转向系统主要技术参数如表 6-1 所示。

表 6-1　　　　　　　　　　桑塔纳 2000 型轿车转向系统主要技术参数

项　　目	技 术 参 数
转向盘直径	400mm
转向柱与转向盘连接三角花键齿数	40 个
模数	0.425mm
防松螺母	M16
拧紧力矩	45N·m
动力转向器齿条工作行程	168mm
齿条可移动总行程	195mm
转向盘转动总周数	3.11 周
最小转弯半径	5.5m
空载时内轮最大转角	40° 18'
空载时外轮最大转角	35° 36'

拓展知识

转向系统常见故障与排除方法

转向系统常见故障与排除方法如表 6-2 所示。

表 6-2 　　　　　　　　　　　　　转向系统常见故障与排除

故障现象	故障原因	故障排除方法
转向沉重	1. 转向器故障	
	齿轮轴上无单列向心轴承或滚针轴承调整、安装过紧或已损坏	检查调整或更换
	补偿弹簧力过大或齿条变形量过大	调整或更换
	转向器润滑不良	添加润滑油
	转向柱弯曲或转向柱管凹陷	校正或更换
	2. 转向传动机构故障	
	转向传动横拉杆球铰配合过紧，润滑不良	调整，加注润滑油
	横拉杆弯曲	校正或更换
	悬架支柱变形过大或转向臂变形过大	更换
	3. 其他原因	
	前轮定位失准	检查调整前轮定位
	轮胎气压偏低	充足气压
	前轮轴承过紧	检查调整润滑
转向盘自由行程过大	齿轮与齿条啮合间隙过大	调整
	球铰磨损严重配合松旷	检查调整
	横拉杆与支架配合松旷	检查调整
转向不灵敏操纵不稳定	转向器松动	检查紧固
	齿轮与齿条啮合间隙变大	检查调整补偿弹簧
	球铰磨损松旷	检查调整
	轮毂轴承松旷	检查调整
	悬架系统变形或松旷	检查调整
	前轮定位失准	检查调整
高速摆震（转向盘抖动）	前轮不平衡	平衡前轮
	前轮轮辋发生拱曲变形	更换轮辋
	传动机构松旷	检查调整
	减震器损坏	更换减震器
	悬架弹簧弹性不足或断裂	更换弹簧
	前轮定位失准	检查调整
	传动轴弯曲动不平衡过大	更换
	转向器松动	检查紧固

续表

故 障 现 象	故 障 原 因	故 障 排 除 方 法
动力转向沉重 或助力不足	油泵 V 形带松弛	调整 V 形带张紧度
	储油罐油面过低	补充液压油至规定高度
	油泵压力不足	检修油泵
	压力控制阀黏结	检修压力控制阀，必要时更换
	外泄漏过大	找出泄漏处修理
	内泄漏过大	找出泄漏处，修理或更换零件
	转向轴衬套太紧	检修或更换
	前悬架变形	修理
	液压系统内有空气	排除
动力转向装置 噪声	油泵 V 形带松弛	按规定调整 V 形带张力
	油泵轴承损坏	更换轴承
	压力板或转子损伤	更换损坏零件，并冲洗
	油泵环过度磨损	更换油泵环
	储油罐不足	按规定补充液压油
	液压系统有空气或压力软管连接不牢	按规定力矩拧紧压力管，并排出液压系统中空气
	油泵装配不当	正确装配
	溢流阀故障	更换
动力转向装置 压力不足	油泵 V 形带打滑	调整 V 形带张紧度
	油面过低	按规定加注液压油
	内部泄漏	找出泄漏处，更换不合格零件
	液压系统有空气	排出液压系统空气

小 结

1. 汽车转向系统的功用是改变和保持汽车的行驶方向
2. 汽车转向系统包括转向操纵机构、转向器和转向传动机构 3 个基本组成部分。
（1）转向操纵机构
驾驶员操纵转向器的工作机构，主要由转向盘、转向轴、转向管柱等组成。
（2）转向器
将转向盘的转动变为转向摇臂的摆动或齿条轴的直线往复运动，并对转向操纵力进行放大的机构。转向器一般固定在汽车车架或车身上，转向操纵力通过转向器后一般还会改变传动力方向。

（3）转向传动机构

将转向器输出的力和运动传给车轮（转向节），并使左右车轮按一定关系进行偏转的机构。

学习任务单

转向系统检修学习任务单

姓名：	班级：	日期：

一、填空题

1. 汽车按_____所需要的方向行驶，必须有一整套用来控制汽车行驶方向的机构是_____。

2. 转向系统的作用是_____汽车的行驶方向和保持汽车稳定的_____行驶。

3. 循环球式转向器中一般有_____传动副。

4. 转向传动机构的作用是将_____传递的力传给转向车轮，以实现_____。

5. 按转向助力装置的助力源可分为_____和_____两种。

6. 转向传动机构可分为两大类，即与_____配用的和与_____配用的转向机构两大类。

7. 转向器包括转向盘_____、_____等部分组成。

8. 写出图 6-28 所示转向桥主要构件名称。

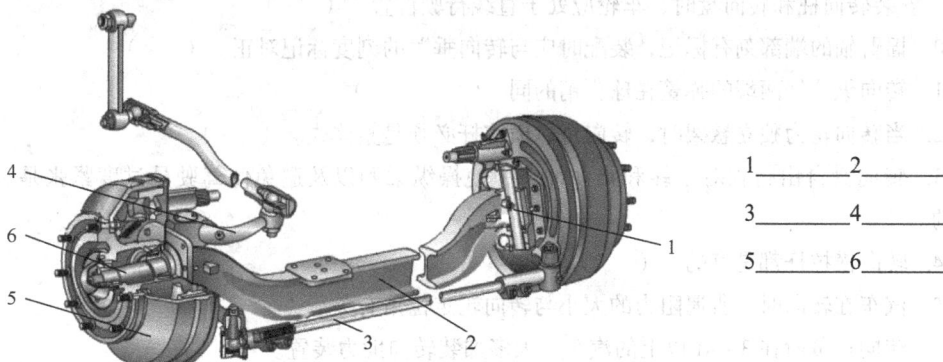

1____	2____
3____	4____
5____	6____

图 6-28 转向桥

9. 汽车转向系统由_____、_____、_____组成。

10. 转向桥由_____、_____、_____和_____等主要部分组成。

11. 转向系统是由_____和_____两大部分构成。

12. 要满足汽车在转向时，两侧车轮不发生滑动，各个车轮的轴线在转向应_____。

13. 转向轮偏转角度的大小，可通过____或____转向节凸缘盘上的止动螺钉调整。

14. 转向系统的传动比，对转向系统的_____影响很大。

15. 转向器包括转向盘_____、_____等部分组成。

16. 通常按其传动副形式和作用力的传递情况可分为球面蜗杆滚轮式、蜗杆曲柄指销式_____、蜗杆蜗轮式、齿轮齿条式等几种。

17. 我国的交通规则规定，右侧通行，故转向盘都安置在驾驶室的____。

18. 转向横拉杆是连接左、右梯形节臂的杆件，它与左右梯形节臂及前轴构成_____。

19. 转向盘自由行程是指_____未发生偏转而转向盘所转过的角度。

20. 为了保证汽车转向操纵轻便和灵敏，目前最有效的办法就是在汽车转向系统中加装_____。

21. 按转向助力装置的助力源可分为_____和_____两种。

22. 转向助力装置按动力缸、分配阀、转向器的相互位置又可分为_____和_____。

23. 动力缸、控制阀转向器合为一体的称为_____。

24. 反作用柱塞的作用是能将路面_____反映到转向盘。

二、判断题

1. 转向轮偏转时，主销随之转动。（ ）

2. 越野汽车的前桥通常是转向兼驱动。（ ）

3. 主销后倾角度变大，转向操纵力增加。（ ）

4. 汽车在转弯时，内转向轮和外转向轮滚过的距离是不相等的。（ ）

5. 当作用力从转向盘传到转向垂臂时称为逆向传动。（ ）

6. 可逆式转向器有利于转向轮和转向盘自动回正，但汽车在坏路面上行驶时易发生转向盘打手现象。（ ）

7. 解放 CA1092 型汽车采用齿轮齿条式转向器。（ ）

8. 汽车转向盘转向传动比增大，转向操纵力不变。（ ）

9. 安装转向柱和转向盘时，车轮应处于直线行驶位置。（ ）

10. 摇臂轴的端部刻有标记，装配时应与转向垂臂的刻度标记对正。（ ）

11. 转向纵拉杆两端的弹簧在球头销的同一侧。（ ）

12. 当转向轮为独立悬架时，转向桥、横拉杆必须是整体式。（ ）

13. 转向盘自由行程对于缓和路面冲击，使操纵柔和以及避免使驾驶员过度紧张是有利的。（ ）

14. 转向横拉杆都是直的。（ ）

15. 汽车在转向时，所遇阻力的大小与转向轮定位角有关。（ ）

16. 转向桥负荷在 3～4t 以上的汽车，大多加装转向助力装置。（ ）

17. 常流式是指汽车不能转向时，分配阀总是关闭的。（ ）

18. 动力缸和转向器分开布置的称为分置式。（ ）

19. 整体式转向器多用于前桥负荷在 15t 以下的重型汽车。（ ）

20. 转向轴在车架上位置和倾斜角度是与汽车总体布置、悬架和转向桥结构有关。（ ）

三、选择题

1. 转向轮绕着（ ）摆动。

    A. 转向节   B. 主销   C. 前梁   D. 车架

2. 前轮定位中，转向操纵轻便主要是靠（ ）。

    A. 主销后倾   B. 主销内倾   C. 前轮外倾   D. 前轮前束

3. 为了适应总布置的要求，有些汽车在转向盘和转向器之间由（　　）连接。

A. 轴　　　　　　B. 万向传动装置

4. 转向盘自由行程一般不超过（　　）。

A. 10° ~ 15°　　B. 25° ~ 30°

5. 连接轮盘和半轴凸缘的零件是（　　）。

A. 轮毂　　　　B. 轮辋　　　　C. 轮辐　　　　D. 轮胎

四、简答题

1. 目前在轻型轿车和货车上为何多采用齿轮齿条式转向器？

2. 简述正传动效率。

3. 简述转向盘自由行程。

4. 目前在轻型轿车和货车上为何多采用齿轮齿条式转向器？

5. 转向桥的作用是什么？

6. 对转向系统有什么要求。

7. 转向系统常见故障有哪些？试分析故障产生的原因？

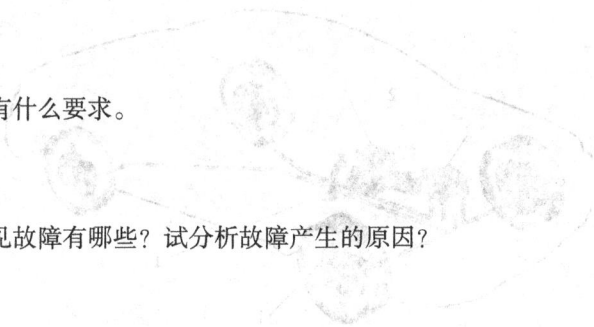

项目七

制动系统检修

汽车安全和可靠的使用，需要驾驶员根据交通状况和自我意识不断地调整汽车速度和汽车距离，不断地调整汽车的行驶状态。这种功能就需要由制动系统来完成，由此可见制动系统的重要作用。作为关乎汽车正常、安全行驶的重要的组成部分，制动系统的性能检测和故障诊断与排除是每一个相关专业的学生必须要了解和掌握的。

本项目由制动系统常见故障作为任务导向，介绍汽车制动系统相关知识，由汽车制动系统的结构组成（见图 7-1）到工作原理，再到制动系统的检测和常见故障的诊断与排除。通过本项目的学习，掌握制动系统构造、工作原理等方面的理论知识，具备对制动系统常见故障进行分析与排除的职业能力。

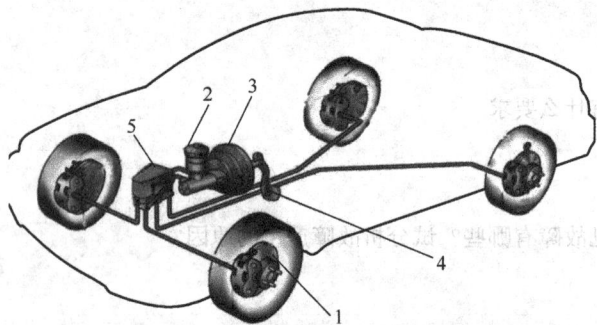

图 7-1　制动系统组成示意图

1—盘式制动器　2—制动主缸　3—真空助力器　4—制动踏板机构　5—制动组合阀

【案例导入】

根据威驰 1.5GL-iMT 型汽车车主反映，车辆在正常行驶过程中，感觉偶尔有制动系统"踩空"现象，还会出现刹车比较"疲软"，制动力不足车子刹不住的情况出现。根据案例现象，判断故障原因很可能出现在制动系统传动装置或者制动器的问题上。

问题：（1）制动系统功能、结构、原理是什么？

（2）制动系统常见故障现象与故障产生原因是什么？

（3）制动系统制动力不足故障的排除方法是什么？

【知识要求】

1. 能正确描述汽车制动系统的分类、功用、结构组成以及常见液压制动系统的基本结构与原理。
2. 能正确描述鼓式车轮制动器、盘式车轮制动器及驻车制动器的典型结构与工作原理。
3. 能正确描述液压制动传动装置及气压制动传动装置的组成及工作原理。
4. 能正确描述辅助制动装置主要零部件的结构与工作原理。

重点内容：制动系统的功用、组成和原理；制动系统的结构特点；制动系统制动力不足故障原因。

【能力要求】

1. 会制动系统的调整与检测。
2. 会拆卸、安装制动系统。
3. 会描述制动系统常见故障现象，分析故障原因。
4. 会诊断与排除制动系统制动力不足的故障。
5. 会查阅维修手册文献资料，获取信息，完成制动系统的检修及更换作业。
6. 会制订工作计划，能与人协作沟通。

【安全提示】

1. 液压制动系统拆装时，制动液不能溅到眼睛及身上。
2. 在拆装过程中不能损坏皮碗等易损件。
3. 安装时，制动管路不能弯曲变形或损坏。

【操作技巧】

1. 严格按照作业规程作业，装配时按相反顺序进行。
2. 拆装前应注意各部件的相互关系，需要做标记的一定要做好。
3. 安装车轮前，应先补足制动液，对制动系统进行放气。

相关知识

一、概述

（一）制动系统的功用

汽车上，用以使路面在汽车车轮上施加一定的力，从而对其进行一定程度的强制制动的一系列专门装置统称为制动系统。

制动系统的组成

作用：使行驶中的汽车按照驾驶员的要求进行强制减速甚至停车；使已停驶的汽车在各种道路条件下（尤其在坡道上）稳定驻车；使下坡行驶的汽车速度保持稳定。

对汽车起制动作用的只能是作用在汽车上且方向与汽车行驶方向相反的外力，而这些外力的大小都是随机的、不可控制的，因此汽车上必须装设一系列专门装置以实现上述功能。

汽车制动系统是用于强制汽车减速直至停车，并可使汽车在坡道或平地停放而不滑动的装置。为了保证汽车的技术性能得到充分发挥，保证汽车高速安全行车，汽车的制动系统应具有良好的制动性能。良好的制动性能有制动距离短、制动方向稳定性好、抗衰退性能好、轮胎磨损少等优点。

传统的制动系统只提供足够大的制动器制动力。行车时，若猛地踩下制动踏板，较大的制动器制动力就会使车轮抱死拖滑。一旦车轮抱死拖滑，汽车制动力就会减少，将导致制动距离增加；同时轮胎与路面产生剧烈的相对运动使轮胎温度升高，磨损加剧；更为严重的是若后轮抱死拖滑，汽车将会出现严重的甩尾、侧滑，高速制动时甚至出现急转掉头现象；若前轮抱死拖滑，则汽车将丧失转向能力，对汽车的安全行车造成极大的危害。

形成该结果的原因是轮胎与路面附着系数的变化，导致地面制动力的减少和抗侧滑能力的丧失。一般当汽车其他条件一定时，附着系数越大，附着力就越大，地面产生的最大制动力就越大；侧向附着系数大，则汽车抵抗侧滑的能力就越强。而附着系数的大小在路面等其他条件一定的情况下，取决于车轮的滑动率。

为使汽车制动时，保证车轮不抱死获得最佳的制动效果，靠传统的制动系统是无法做到的，而采用防抱死制动装置的制动系统却能够实现这个要求。现代汽车采用的ABS（防抱死制动系统）可根据制动时车轮的转速和车速来计算车轮的滑动率，并进而控制液压力来精确地控制车轮的滑动率，以保证汽车获得最大的地面制动力、最短的制动距离和良好的制动方向稳定性。

目前市面上大部分轿车的制动系统均采用了防抱死制动系统，从而保证汽车制动时产生最佳制动效果。

（二）制动系统的基本要求

为保证汽车能在安全的条件下发挥高速行驶的能力，制动系统必须满足以下条件。

（1）具有良好的制动效能——评价指标有制动距离、制动减速度、制动力和制动时间。制动效能可以用制动试验台来检验，常用制动力来衡量制动效能，在实际使用过程中，往往用制动距离来衡量整车的制动效能。制动距离是驾驶员踩上制动踏板以某一速度开始紧急制动，直至停车为止汽车所走过的距离。

（2）操纵轻便——即操纵制动系统所需的力不应过大。对于人力液压制动系统最大踏板力不大于500N（轿车）和700N（货车）。踏板行程货车不大于150mm，轿车不大于120mm。

（3）制动稳定性好——即制动时，前后车轮制动力分配合理，左右车轮上的制动力矩基本相等，汽车不跑偏、不甩尾；磨损后间隙应能调整。

（4）制动平顺性好——制动力矩能迅速而平稳的增加，也能迅速而彻底的解除。

（5）散热性好——由于制动器摩擦片的热衰退性质（指摩擦片抵抗因高温分解变质引起的摩擦系数降低），在制动器温度高时会造成其制动效能的降低。而汽车连续制动时，制动鼓的温度高达400℃，因此制动器良好的散热，能降低本身的温度，保持制动器高的制动效能。

（6）挂车的制动系统还要求挂车的制动作用略早于主车；挂车自行脱钩时能自动进行应急制动。

（三）制动系统的分类

1．按制动系统的作用分类

按制动系统的作用分类，可将其分为行车制动系统、驻车制动系统、应急制动系统及辅助制动系统等。

行车制动系统：使行驶中的汽车降低速度甚至停车的制动系统。

驻车制动系统：使已停驶的汽车驻留原地不动的制动系统。

应急制动系统：在行车制动系统失效的情况下，保证汽车仍能实现减速或停车的制动系统。

辅助制动系统：在行车过程中，辅助行车制动系统降低车速或保持车速稳定，但不能将车辆紧急制停的制动系统。

上述各制动系统中，行车制动系统和驻车制动系统是每一辆汽车都必须具备的，是汽车的基本制动装置。

2．按制动系统操纵的能源分类

制动系统可分为人力制动系统、动力制动系统和伺服制动系统等。

人力制动系统：以人力作为唯一制动动力源的制动系统。

动力制动系统：由发动机的动力转化而成的气压或液压形式的势能进行制动的制动系统。

伺服制动系统或助力制动系统：兼用人力和发动机动力进行制动的制动系统。

3．按制动能量的传输方式分类

制动系统可分为机械式、液压式、气压式、电磁式等。同时采用两种以上传能方式的制动系统称为组合式制动系统。

（四）普通制动系统的组成及工作原理

普通制动系统通常由以下四部分组成。

（1）供能装置：包括供给、调节制动所需能量以及改善传动介质状态的各种部件。

（2）控制装置：产生制动作和控制制动效果各种部件，如制动踏板。

（3）传动装置：包括将制动能量传输到制动器的各个部件，如制动主缸、轮缸。

（4）制动器：产生阻碍车辆运动或运动趋势的部件。

1．制动系统的组成

如图 7-2 所示，制动系统一般由制动操纵机构和制动器两个主要部分组成。

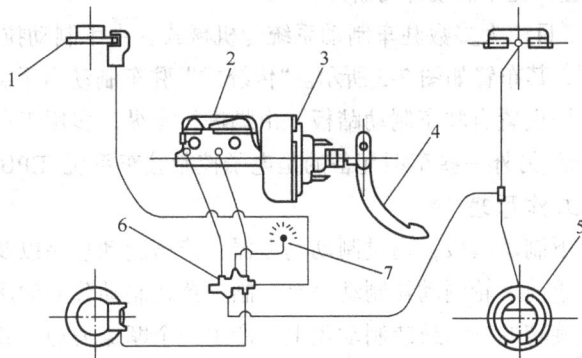

图 7-2　制动系统组成示意图

1—前轮盘式制动器　2—制动主缸　3—真空助力器　4—制动踏板机构

5—后轮鼓式制动器　6—制动组合阀　7—制动警告灯

（1）制动操纵机构

制动操纵机构是用来产生制动动作、控制制动效果，并将制动能量传输到制动器的各个部件，如图7-2中的制动踏板机构4、真空助力器3、制动主缸2、制动组合阀6，以及制动轮缸和制动管路等。

（2）制动器

制动器是用来产生阻碍车辆运动或运动趋势的制动力的部件。汽车上常用的制动器都是利用固定元件（如图7-4中的制动蹄10）与旋转元件（如图7-4中的制动鼓8）工作表面的摩擦而产生制动力矩，称为摩擦制动器。它有两种常见的结构形式，一种是鼓式制动器；另一种为盘式制动器，如图7-1中的盘式制动器1。

有些制动系统中还有制动警告装置，用以提醒驾驶员制动系统中某些元件已经出现故障，如制动管路漏油、摩擦片磨损达到极限值等。

制动系统包括行车制动和驻车制动。

行车制动装置可使汽车在行驶过程中逐渐或迅速减速直至停车，主要由制动总泵、制动油管、前轮制动器和后轮制动器组成。制动时，驾驶员作用于制动踏板上的力传递到制动总泵，制动总泵通过活塞将踏板机构传来的机械能转换成液压能。液压能通过制动管路输入前后制动器的制动分泵。制动分泵的活塞又将液压能转变成机械能，使制动器进行制动。松开制动踏板，便解除行车制动。

驻车制动装置在汽车停驶和驾驶员离开汽车时使汽车保持在原地，常见机械式驻车制动系统主要由制动手柄、制动拉线和后轮制动器等组成。驻车制动时，驾驶员将驻车制动手柄向上扳起，将驻车制动拉索拉紧，并以相等的力作用于左、右后

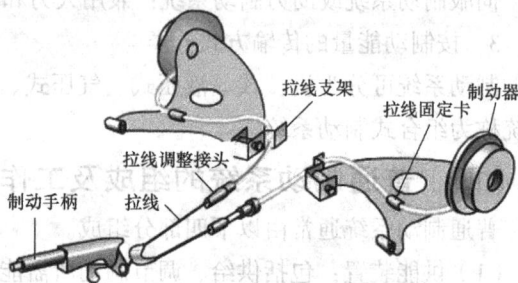

图 7-3 机械式驻车制动系布置

轮制动器。此时，制动手柄内的棘爪与棘齿板啮合，制动手柄不能翻转，整个驻车制动装置被可靠地锁止在制动位置。需要解除制动时，按下制动手柄上的按钮，稍向上拉动驻车制动手柄，再向下压驻车制动手柄至最低位置，驻车制动即可解除。

汽车制动系统的组成及工作原理

目前大多数驻车制动系统为机械式，由手制动拉杆操纵钢丝拉索，通过后轮制动器而起作用，其布置如图7-3所示。"传统式"驻车制动由手刹操纵，有少部分车型采用脚控式驻车装置，即设置有驻车制动踏板，由脚进行操纵，多用于自动挡车型中，如丰田皇冠系列、奔驰E系列等。另外一些车型配备的是电子控制驻车系统（EPB），如纳智捷大7SUV。

2. 普通制动系统的工作原理

制动时，驾驶员踩下制动踏板，通过制动助力器、液压制动总泵以及制动压力调节装置，获得一个放大的油压分给前后轮制动器制动分泵。制动器在制动分泵油压作用下，使固定的不旋转制动摩擦片紧压在旋转的制动鼓或制动盘上，产生一个摩擦力矩，其方向与车轮旋转方向相反。此力矩传给车轮后，由于车轮与路面的附着作用施加给路面一个向前的切向力，同时路面也会给车轮一个大小相等、方向相反的向后的反作用力。该作用力就是阻碍汽车前进的制动力。该制动力由车轮通过悬架系统传给车身，迫使汽车减速以至停车。

图 7-4 所示为一种简单的液压制动系统示意图。制动鼓 8 固定在车轮轮毂上，随车轮一同旋转。在固定不动的制动底板 11 上，有两个支承销 12，支撑着两个弧形制动蹄 10 的下端，制动蹄的外圆面上装有摩擦片 9。制动底板上装有液压制动轮缸 6，用油管 5 与装在车架上的液压制动主缸 4 相连通。主缸活塞 3 由驾驶员通过制动踏板机构来操纵。

当制动系统不工作时，制动鼓的内圆表面与制动蹄摩擦片的外圆表面之间保持一定的间隙，使车轮与制动鼓可以自由转动。

要实现行驶中的汽车减速或停车，驾驶员应踩下制动踏板 1，通过推杆 2 和主缸活塞 3，使主缸内的油液在一定压力下流入轮缸，并通过两个轮缸活塞 7 推动两制动蹄绕支承销转动，上端向两边分开而以其摩擦片压紧在制动鼓的内圆面上。这样，不旋转的制动蹄就对旋

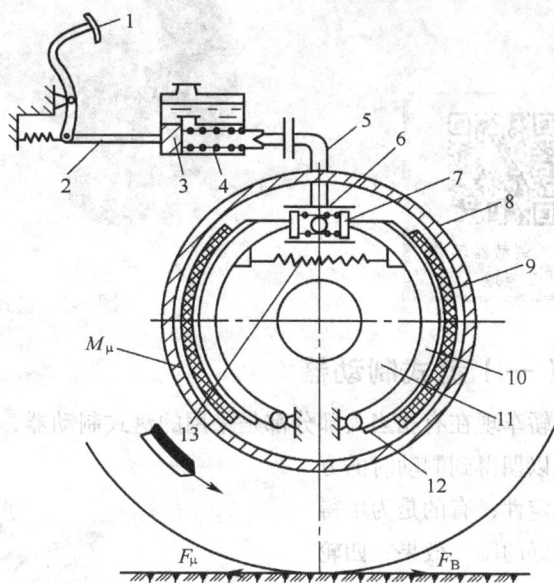

图 7-4 制动系统基本构造与工作原理图

1—制动踏板 2—推杆 3—主缸活塞 4—制动主缸 5—油管
6—制动轮缸 7—轮缸活塞 8—制动鼓 9—摩擦片 10—制动蹄
11—制动底板 12—支承销 13—制动蹄回位弹簧

转着的制动鼓作用一个摩擦力矩 M_μ，其方向与车轮旋转方向相反。制动鼓将该力矩 M_μ 传到车轮后，由于车轮与路面间有附着作用，车轮对路面作用一个向前的周缘力 F_μ，同时路面也对车轮作用着一个向后的反作用力，即制动力 F_B。制动力 F_B 由车轮经车桥和悬架传给车架及车身，迫使整个汽车产生一定的减速度。制动力越大，则汽车减速度也越大。当放开制动踏板时，回位弹簧 13 即将制动蹄拉回原位，摩擦力矩 M_μ 和制动力 F_B 消失，制动作用即行终止。

显然，阻碍汽车运动的制动力 F_B 不仅取决于摩擦力矩 M_μ，还取决于轮胎与路面间的附着条件，即产生阻碍汽车行驶的阻力是由制动器制动力和地面制动力共同决定。如果完全丧失附着，即地面制动力，则这种制动系统事实上不可能产生制动汽车的效果。在讨论制动系统的结构问题时，一般都假定具备良好的附着条件。

二、车轮制动器

车轮制动器是指旋转元件固装在车轮或半轴上，制动力矩直接作用于两侧车轮上的制动器。目前，汽车上使用的车轮制动器可分为鼓式和盘式两种，如图 7-5 所示。它们的区别在于前者的摩擦副中的旋转元件为制动鼓，其工作表面为圆柱面；后者的旋转元件则为圆盘状的制动盘，以端面为工作表面。与鼓式制动器相比，盘式制动器散热快、重量轻、构造简单、调整方便，而且耐高温性能好，制动效果稳定，目前已经得到广泛使用。

车轮制动器一般用于行车制动，有的也兼用于应急制动和驻车制动。旋转元件固装在传动系的传动轴上，其制动力矩经过驱动桥再分配到两侧车轮上的制动器称为中央制动器。中央制

动器一般只用于驻车制动。

盘式制动器工作
原理

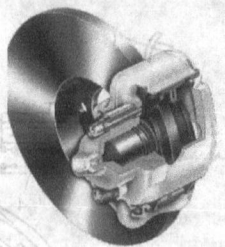

（a）

（b）

图 7-5　盘式制动器与鼓式制动器

（一）盘式制动器

轿车现在有相当大部分都是采用的盘式制动器，有的只应用于前轮，而后轮采用鼓式制动器，以期得到制动时的方向稳定性；有的是为了得到更好的制动效果，四轮均采用了盘式制动器。盘式制动器结构如图 7-6 所示，主要由制动盘、制动钳及制动块等组成。制动盘用螺栓固定在轮毂上，随车轮旋转。制动钳支架固定在转向节上，制动钳体用紧固螺栓与制动钳导向销连接，导向销插入制动钳支架的孔中作动配合，使制动钳体可沿导向销轴线做轴向滑动。在制

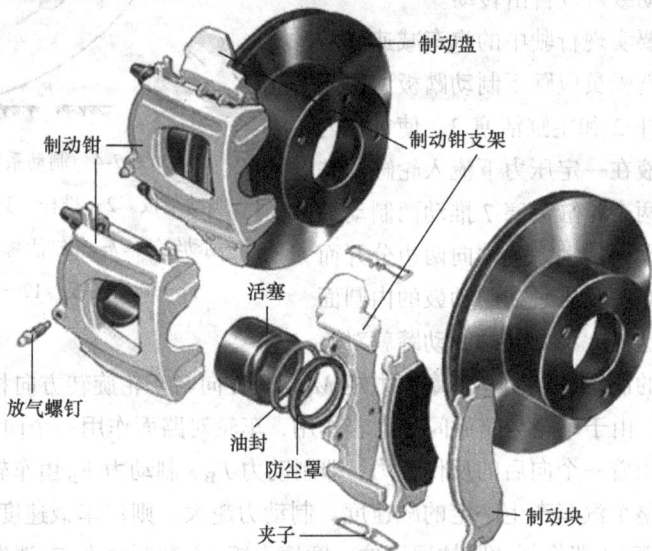

制动盘
制动钳支架
活塞
油封
防尘罩
夹子
制动块
制动钳
放气螺钉

图 7-6　盘式制动器

动钳上设有一直径较大的制动分泵，以增加活塞和制动块的工作压力。制动块通过导向件悬装在制动钳上，可做轴向移动。制动块的外表面黏结有摩擦材料，能承受大于 13.7kPa 的剪切力。制动钳上还设有排气塞，用以排除制动管路和分泵中的气体。

制动器的分解与复装

盘式制动器摩擦副中的旋转元件是以端面工作的金属圆盘，被称为制动盘。其固定元件则有着多种结构形式，大体上可分为两类。一类是工作面积不大的摩擦块与其金属背板组成的制动块，每个制动器中有 2~4 个。这些制动块及其促动装置都横跨制动盘两侧的夹钳形支架中，总称为制动钳。这种由制动盘和制动钳组成的制动器称为钳盘式制动器。另一类固定元件的金属背板和摩擦片也呈圆盘形，制动盘的全部工作面可同时与摩擦片接触，这种制动器称为全盘式制动器。钳盘式制动器过去只用作中央制动器，但目前则越来越多地被各级轿车和货车用作车轮制动器。全盘式制动器只有少数汽车（主要是重型汽车）将其作为车轮制动器。本书只介绍钳盘式制动器。

富康轿车前轮采用浮动卡钳盘式制动器，如图 7-7 所示。它主要由制动盘 2、制动卡钳 1、制动块 3、制动分泵组件 8 组成。

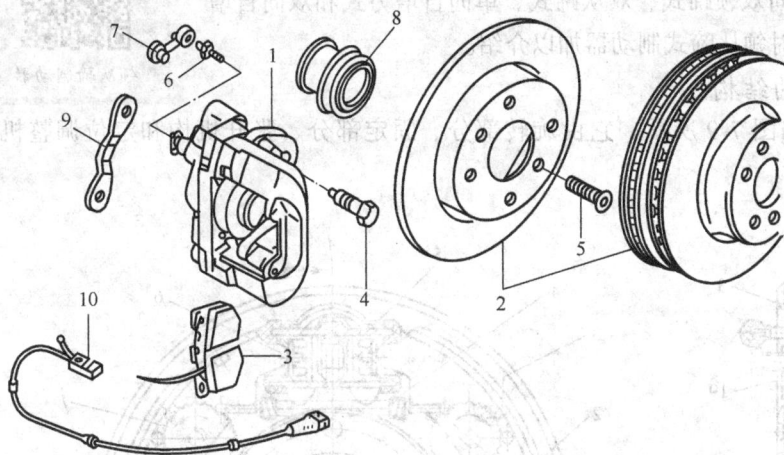

图 7-7　前制动器组成

1—制动卡钳　2—制动盘（通风制动盘）　3—制动块　4—卡钳紧固螺栓　5—沉头螺栓
6—放气螺栓　7—放气螺栓罩　8—制动分泵组件　9—止动板　10—制动块磨损检测电线束

浮动卡钳盘式制动器工作原理如图 7-8 所示。制动时，来自制动总泵的制动液推动分泵活塞向右运动，并推动制动块 4 压到制动盘 3 上，由于浮动卡钳体 1 与分泵 6 固定在一起，且可在浮动卡钳支架 5（它与转向节成一体）上做相对于制动盘的轴向滑动，因此，分泵活塞的制动液压反作用力将使分泵与卡钳体一起向左移动，使制动块 2 也同时压向制动盘 3，此时，制动块 2 和 4 在制动分泵液压力的作用下，夹住与车轮同步转动的制动盘，从而起制动作用。

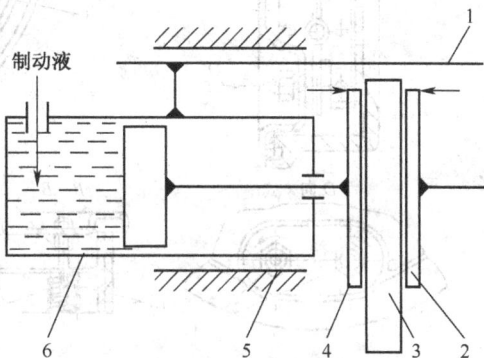

图 7-8　浮动卡钳盘式制动器制动原理

1—卡钳体　2、4—制动块（浮动卡钳）　3—制动盘
5—卡钳体支承架　6—前制动分泵

相对浮动卡钳盘式制动器，还有一种固定卡钳盘式制动器。固定卡钳盘式制动器有两个制动分泵，分别位于制动盘两侧，泵体本身固定于卡钳体上，而卡钳体本身也是固定的。这也就是固定卡钳盘式制动器名称的由来。

（二）鼓式制动器

一般鼓式制动器都采用带摩擦片的制动蹄作为固定元件。位于制动鼓内部的制动蹄在一端承受促动力时，可绕其另一端的支点向外旋转，压靠到制动鼓（旋转元件）内圆面上，产生摩擦力矩（制动力矩）进行制动。

对制动蹄加力使蹄转动的装置统称为制动蹄促动装置。常用的促动装置有制动轮缸、凸轮促动装置及楔形促动装置，相应的鼓式制动器称

为轮缸式制动器、凸轮式制动器和楔式制动器。

　　根据制动过程中两制动蹄产生制动力矩的不同，鼓式制动器可分为领从蹄式、双领蹄式、双向双领蹄式、双从蹄式、单向自增力式和双向自增力式等几种形式。下面对领从蹄式制动器加以介绍。

领从蹄制动器

1. 领从蹄式制动器的结构

　　领从蹄式制动器如图 7-9 所示，它由旋转部分、固定部分、张开机构和定位调整机构组成。

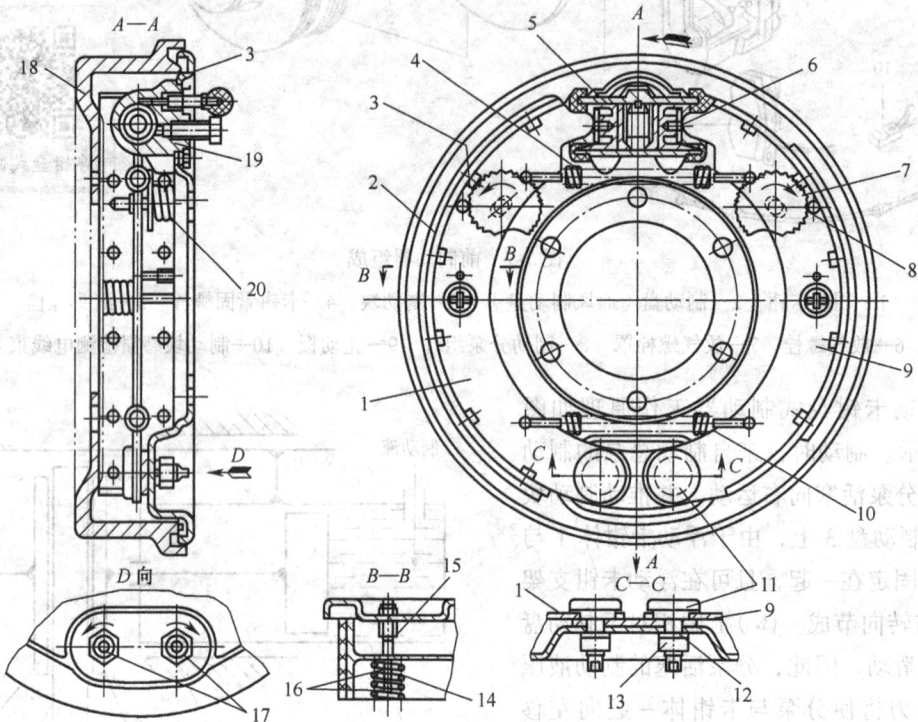

图 7-9　领从蹄式制动器

1—前制动蹄　2—摩擦片　3—制动底板　4、10—回位弹簧　5—轮缸活塞　6—活塞顶块　7—调整凸轮
8—锁销　9—后制动蹄　11—支承销　12—弹簧垫圈　13—螺母　14—限位弹簧　15—制动蹄限位杆
16—弹簧盘　17—标记　18—制动鼓　19—制动轮缸　20—压紧弹簧

　　旋转部分的制动鼓 18 多用灰铸铁制成。它以鼓盘中部的制口和端面定位，并用螺栓固装在轮毂的凸缘上，随同车轮旋转。制动鼓的边缘有一个用于检查蹄与鼓间隙的检查孔。

　　固定部分是制动底板 3 和制动蹄 1、9。冲压的制动底板固装在车桥的凸缘盘上，通过其支承销 11 与制动蹄相连。制动蹄多用钢板焊接，其截面呈 T 形，有的制动蹄用铸铁或铝合金压铸，以增大其刚度。蹄的下端孔与支承销 11 上的偏心轴颈作动配合，上端顶靠在轮缸 19 的活塞顶块上。摩擦片 2 多用塑料石棉压制，用埋头铝铆钉铆接于制动蹄上，以增大蹄鼓间的摩擦系数。为了提高摩擦片的利用率，有些轻型车采用了树脂胶黏结剂将其与蹄黏结。

　　张开机构是轮缸 19 用螺钉与制动底板固接，顶块 6 压入活塞的外端，制动蹄即嵌入顶块的切槽中。制动蹄利用活塞的位移来促动，活塞直径相同时，促动两个蹄片的推力始终相等。

定位调整机构用来保持和调整制动蹄和制动鼓正确的相对位置。调整凸轮 7 装在制动底板上，用压紧弹簧 20 来定位，凸轮的工作表面为凹弧槽，与腹板上的锁销 8 靠接，在回位弹簧 4、10 的作用下，能保持凸轮的正确位置和蹄鼓间隙。限位杆 15 固装在制动底板上，是制动蹄的横向顶销。弹簧 14 的拉杆在其相应位置穿过制动底板和制动蹄腹板上的大孔将弹簧压缩，使制动蹄的腹板紧靠在限位杆 15 的端部，以防止制动蹄横向的偏摆和震动。

制动蹄通常有两处调整部位：转动凸轮 7 可使蹄内外摆动，蹄鼓间隙按上大下小的规律变化，使间隙合理恢复。转动偏心的支承销 11，可使蹄上下、内外运动，不仅改变了蹄鼓间隙，而且还可使摩擦副的实际工作区域发生变化，有利于蹄鼓间全面贴合。在支承销尾部端面上打有标记（见图 7-9 中 D 向视图），用以指明偏心轴颈轴线的偏移方向。协调地使用上述两处调整部位，便可得到规定的蹄鼓间隙值，间隙一般为 0.25 ~ 0.5mm，使蹄片张开时的外圆与鼓的内圆同心，即全面贴合的理想位置。为此，修理制动鼓内圆柱工作表面时，应以轮毂轴承定位，才能保证蹄、鼓、毂三者同心而全面贴合。

2. 领从蹄式制动器的工作原理

如图 7-10 所示，该制动器的特点是：两制动蹄的支撑点都位于蹄的下端，而张开力作用在蹄的上端，并用一个轮缸张开，且轮缸活塞直径相等。

制动时，制动蹄 1 和 2 在相等的张力 F_S 的作用下，分别绕各自的支承销 3 和 4 向外偏转，直至其摩擦片压紧于制动鼓内圆工作面。与此同时，制动鼓对两制动蹄分别作用有法向反力 N_1 和 N_2，以及相应的切向反力，即摩擦力 T_1、T_2。

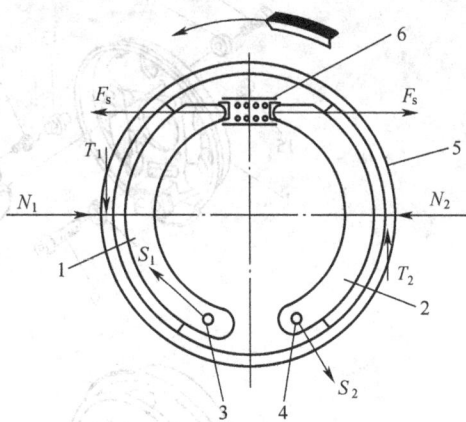

图 7-10　领从蹄式制动器示意图
1—前制动蹄　2—后制动蹄　3、4—支撑销
5—制动鼓　6—液压制动轮缸

为简化起见，假设这些反力都集中作用于摩擦片的中央，则前制动蹄 1 所受的摩擦力 T_1 的方向向下；而后制动蹄 2 所受的摩擦力 T_2 的方向向上。摩擦力 T_1 产生的绕支承销 3 的力矩与蹄 1 张开力 F_S 产生的绕支撑销 3 的力矩是同向，使前蹄对制动鼓的压紧力增大，从而使该蹄所产生的制动力矩（摩擦力矩）自动增大，称这一作用为"助势"作用。制动蹄 1 可称为助势蹄或转紧蹄。摩擦力 T_2 则有使制动蹄 2 离开制动鼓的倾向，它与该蹄张开力 F_S 所产生的绕支承销 4 的力矩是反向，使蹄对鼓的压紧力减小，从而使该蹄的制动力矩自动减小，即起了"减势"作用，制动蹄 2 称为减势蹄或转松蹄。

综上所述，虽然前后两蹄所受张开力 F_S 相等，但因摩擦力 T_1 和 T_2 所起的作用是正负值关系，且两轮缸活塞又是浮动的，结果使两蹄所受到制动鼓的法向力却不等，且 $N_1 > N_2$。相应的摩擦力 $T_1 > T_2$，因而两制动蹄对制动鼓作用的制动力矩是不相等的。助势蹄的制动力矩为减势蹄的 2 ~ 2.5 倍。

汽车倒车制动时，由于制动鼓旋转方向（即摩擦力方向）的改变，原为转紧蹄变为转松蹄；原为转松蹄变为转紧蹄，但制动效能仍与汽车前进制动时相同。这个特点称为制动器的制动效能"对称"，因而普遍使用。

该制动器结构简单，制动蹄张开力的大小，决定于轮缸的液体压力，多用于轻型汽车的后轮制动。因两制动蹄与制动鼓之间的法向力不等而不能平衡，力差将使车轮的轮毂轴承受附加载荷，故称为简单非平衡式制动器。为了使前后蹄摩擦片所受的单位面积压力一致，前蹄摩擦片长于后蹄，使两片的寿命尽量接近，便于维修。

富康轿车、桑塔纳轿车后轮均采用鼓式制动器，其组成如图7-11所示。两制动蹄上端靠在制动分泵5的活塞支撑座上，两制动蹄下端支撑在位于制动底板1的支撑座上，两端由制动蹄回位弹簧6共同拉紧贴在间隙自动调整杠杆4上。两制动蹄通过限位销钉及其弹簧3，使其压靠在制动底板的六个定位支撑点上。为了保证制动蹄片和制动鼓的良好接触，制动底板上的6个定位支撑点必须保持在同一平面内。

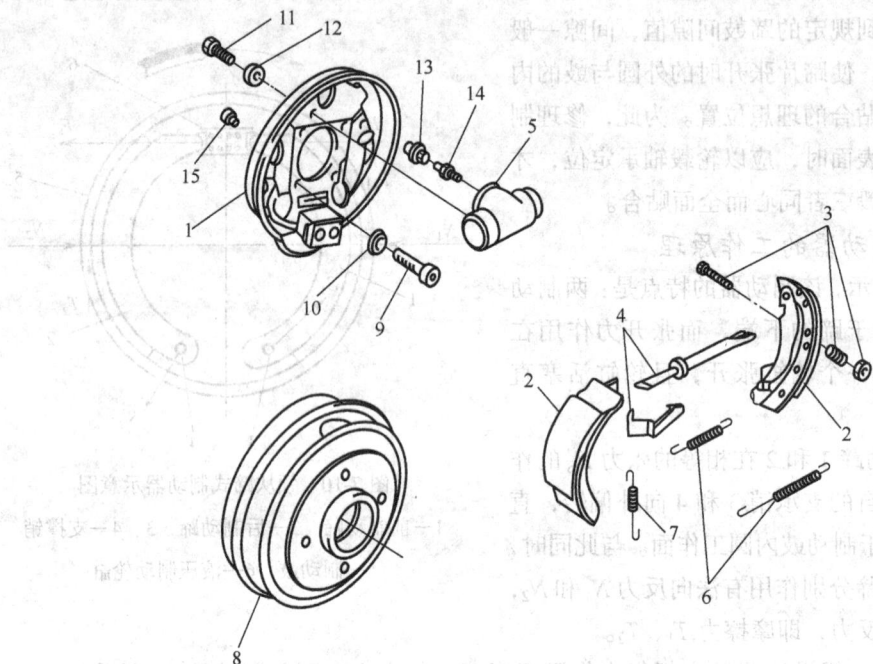

图7-11 后轮鼓式制动器结构

1—制动底板 2—制动蹄 3—限位销钉及其弹簧组件 4—间隙调整杠杆组件 5—制动分泵
6—制动蹄回位弹簧 7—间隙拨动杠杆弹簧 8—制动鼓 9—底板紧固螺栓 10—垫圈
11—六角头螺栓 12—齿形垫圈 13—放气螺钉罩 14—放气螺钉 15—塞子

制动时，驾驶员踩下制动踏板，制动液进入后制动分泵内，在液压力作用下，分泵内活塞向外移动，克服制动蹄片回位弹簧的作用力，使制动蹄片向外张开，从而使蹄片紧紧地压在车轮同步转动的制动鼓内摩擦表面上，产生与运动方向相反的制动力矩，起到制动的作用。

以上鼓式制动器备有间隙自动调整位置，同时还兼驻车制动之用。

（三）驻车制动器

驻车制动器的功用是：在汽车停驶后，防止汽车滑溜；便于在坡道上起步；行车制动器失效后临时使用或配合行车制动器进行紧急制动。

根据驻车制动器的安装位置可将其分为中央制动器和车轮制动器两种。前者安装在变速器或分动器的后面，制动力矩作用在传动轴上；后者与车轮制动器共用一个制动器总成，只是传动机构是相互独立的。

根据制动器结构形式的特点可将其分为：鼓式、盘式、带式和弹簧式驻车制动器。

鼓式驻车制动器由于可采用高制动效能的自动增力式制动器，且其外廓尺寸小，易于调整、防泥沙性能好，停车后没有制动热负荷，因而得到广泛应用。盘式驻车制动器是在原盘式制动器基础上加装驻车制动传动装置，较鼓式驻车制动器复杂。

1. 中央制动器

（1）自增力式中央制动器

图 7-12 所示为自增力式中央制动器及其机械式传动机构。制动底板 1、驻车制动蹄支承销通过螺杆固定在变速器外壳上。螺杆 14 和螺钉 22 将制动鼓 12 与变速器的第二轴凸缘盘 13 连为一体，制动鼓 12 随第二轴转动。拉簧 3 将两制动蹄和调整棘轮 20 等浮挂在支承销 11 上，压簧 7 等做轴向定位；制动蹄的下端与调整棘轮 20 相互铰接，由拉簧 18 定位。驻车制动臂 6 上端经销轴 5 与右制动蹄铰接，并通过推板 4 和左制动蹄靠接在一起，制动臂 6 的下端与穿过底板的钢丝绳 16 连接。制动手柄 23 用支架装在驾驶室内，并通过钢丝绳 28 和摇臂 30 等与制动器连接传力。

单向自增力式制动器

双向自增力式制动器

进行驻车制动时，将制动手柄 23 拉出，驻车制动臂 6 绕销轴 5 顺时针转动，经推板 4 将左制动蹄压靠到制动鼓上；此时，推板 4 的右端不能进一步左移，制动臂 6 以此为新支点继续转动，并通过销轴 5 使右制动蹄以棘轮 20 为支点顺时针移动，压靠到制动鼓上，产生制动作用。当棘齿拉杆 27 被拉出到制动位置时，装在导管 24 上的棘爪 25 在扭簧的作用下与棘齿拉杆 27 上的齿条啮合，将棘齿拉杆锁止在制动位置。

解除制动时，将制动手柄顺时针转过一定角度，使棘齿条与棘爪脱离啮合，棘爪只压在棘齿拉杆的光滑圆柱面上，然后再将制动手柄推回到不制动位置，并转回一定角度，以便下次制动。

制动器间隙的调整可通过转动偏心调整棘轮 20 进行，反时针转动，棘轮将两蹄下端向外撑开，间隙减小；反之则增大。驻车制动传动机构中的调整螺母 29 和 31，用来调整钢丝绳的松紧度。一般要求棘齿拉杆拉出 5～11 个齿时，就能达到完全制动。

在制动手柄下方装有驻车制动灯开关 34。只要将手柄拉到制动位置，仪表板上的驻车制动指示灯 35 即亮，以提醒驾驶员驻车制动未解除，不能起步。

凸轮式车轮制动器

（2）凸轮张开鼓式中央制动器

图 7-13 所示为东风 EQ1090E 型汽车凸轮张开鼓式中央制动器，结构与凸轮张开的车轮制动器基本相同。制动底板通过底板支座用螺栓固定在变速器第二轴轴承盖上，制动鼓通过螺栓与变速器第二轴后端的凸缘盘紧固在一起，两制动蹄下端松套在固定于制动底板的偏心支承销上，制动蹄上端装有滚轮 10。制动凸轮轴 11 通过支座支撑在制动底板上部，其外端通过细花键与摆臂 14 的一端连接，摆臂的另一端与穿过压紧弹簧 15 的拉杆 13 相连。

调整制动器间隙时，须将驻车制动杆 3 置于不制动位置：旋进拉杆 13 上的调整螺母 12，通过改变凸轮的原始位置，使制动器间隙和自由行程减小；反之则增大。若仍不能调整到需要的间隙，则需拆下摆臂 14，错开一个或数个花键齿安装后再利用螺母 12 进行调整。此时，不应松动驻车制动蹄偏心支承销的锁紧螺母和改变支承销的位置，否则有可能破坏摩擦片和制动鼓的良好贴合状态。当需要进行全面调整时，方可改变偏心支承销的位置。

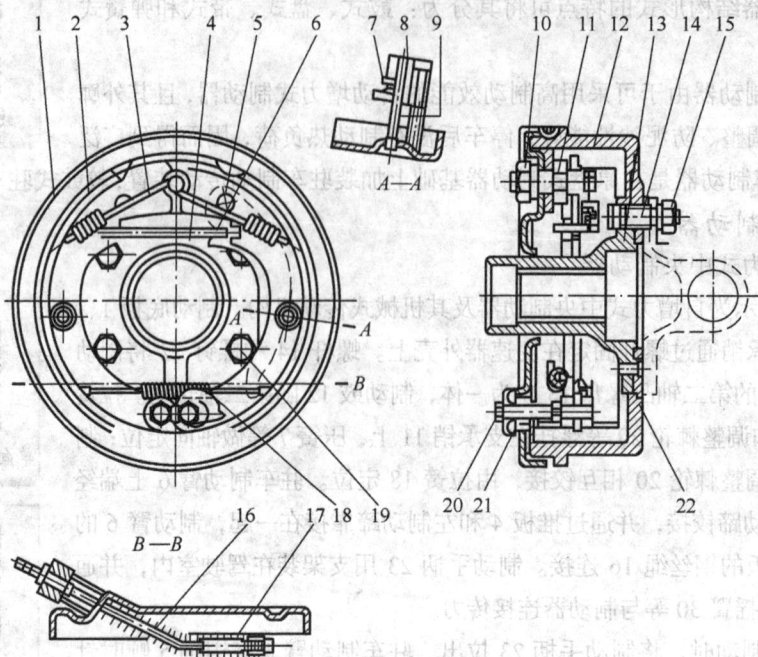

（a）制动器

（b）传动机构

图 7-12　自增力式中央制动器及其传动机构

1—制动底板　2—驻车制动蹄　3、18—拉簧　4—推板　5—销轴　6—驻车制动臂　7—压簧　8—压簧座
9—压簧拉杆　10、15—螺母　11—驻车制动蹄支承销　12—驻车制动鼓　13—变速器第二轴凸边缘盘
14—螺杆　16—钢丝绳　17—回位弹簧　19—螺栓　20—调整棘轮　21—防尘套　22—埋头螺钉
23—制动手柄　24、32—导管　25—棘爪　26—支座　27—棘齿拉杆　28—钢丝绳
29、31—调整螺母　30—摇臂　33—前桥　34—驻车制动灯开关　35—驻车制动指示灯

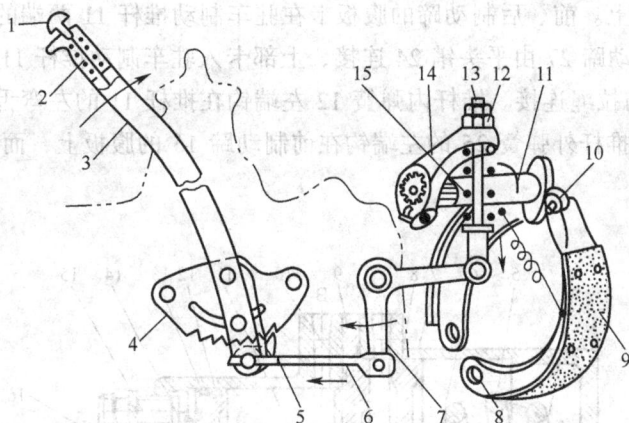

图 7-13　东风 EQ1090E 型汽车凸轮张开鼓式中央制动器

1—按钮　2—拉杆弹簧　3—制动杆　4—齿扇　5—锁止棘爪

6—传动杆　7—摇臂　8—偏心支承销孔　9—制动蹄

10—滚轮　11—凸轮轴　12—调整螺母

13—拉杆　14—摆臂　15—压紧弹簧

2.　车轮制动器

（1）强力弹簧驻车制动器

强力弹簧驻车制动器采用气压操纵，并将制动气室和后轮行车制动气室组合在一起，构成一个组合式制动气室。

图 7-14 所示为强力弹簧驻车制动器的制动气室和工作原理。驻车制动气室 25 由隔板 9 与后制动气室 22 隔开。制动器的制动臂与推杆 18 外端通过连接叉 17 相连。将驻车制动活塞 6 保持在驻车制动气室的右部，后制动气室活塞复位弹簧 14 被压缩，制动器产生制动作用。螺塞 4 和活塞 6 的导管用螺纹连接在一起，拧出传力螺杆 3 即可使推杆 11 和 18 回到左端位置而放松制动。空气经滤网 2 与活塞 6 的左腔相通，以保证毡圈 7 和密封圈 8 正常工作。后制动气室 22 由行车制动控制阀控制，驻车制动气室 25 则由驻车制动操纵阀控制。

不制动时，腰鼓形弹簧 5 被经 A 口充入驻车制动气室的压缩空气压缩，活塞 6 被推到左端不制动位置，后制动活塞 21 也在复位弹簧 14 作用下处于不制动位置，如图 7-14（b）所示。

进行行车制动时，驾驶员踏下行车制动踏板。压缩空气经行车制动阀自通气孔 B 充入后制动气室。此时，驻车制动活塞处于左端的不制动位置。

进行驻车制动时，驾驶员拉出驻车制动操纵杆，制动气室的压缩空气便被放出。这时孔 A 和孔 B 与大气相通，腰鼓形强力弹簧伸张，依次经活塞 6、螺塞 4、传力螺杆 3 和推杆 11 将后制动活塞 21 推到制动位置，完全压缩后制动活塞的锥形复位弹簧 14。

若汽车因气源或气路故障而不能对驻车制动气室充气时，腰鼓形弹簧始终处于伸张状态，驻车制动活塞 6 和推杆 11 处于最右端而保持汽车制动。故这种结构又称安全制动或自动紧急制动装置。

（2）带驻车制动机构的鼓式制动器

图 7-15 所示为带驻车制动的鼓式车轮制动器。制动蹄的上、下支撑面均加工成弧面，下

端支靠在支撑板 31 上。前、后制动蹄的腹板卡在驻车制动推杆 11 两端的切槽中。驻车制动杠杆 26 上端与后制动蹄 27 由平头销 24 连接，上部卡入驻车制动推杆 11 右端的切槽中、作为中间支点，下端与拉绳连接。推杆内弹簧 12 左端钩在推杆 11 的左弯舌上，右端钩在后制动蹄 27 的腹板上，推杆外弹簧 25 的左端钩在前制动蹄 15 的腹板上，而右端则钩在推杆 11 的右弯舌上。

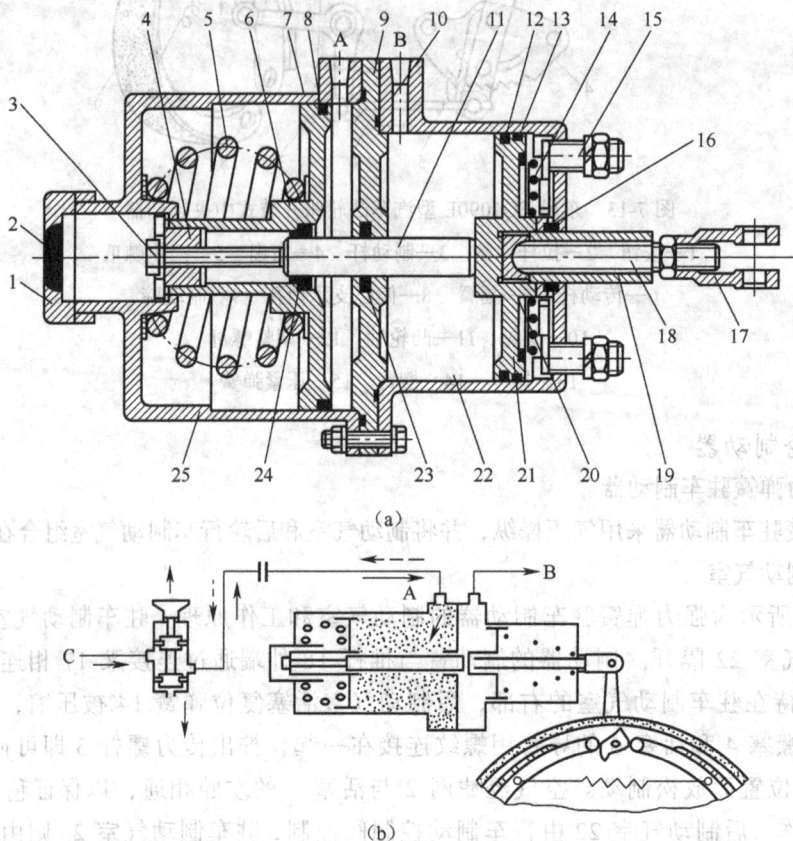

(a)

(b)

图 7-14　强力弹簧驻车制动器后轮行车制动气室总成（驻车制动时）

1—防尘罩　2—滤网　3—传力螺杆　4—螺塞　5—腰鼓形制动弹簧　6—驻车制动活塞　7—油浸毡圈

8—橡胶密封圈　9—隔板　10—密封圈　11、18—推杆　12—橡胶密封圈　13—毡圈　14—后制动活塞复位弹簧

15—安装螺栓　16—导管油封　17—连接叉　19—导管　20—推杆座　21—后制动活塞

22—后制动气室　23—密封圈　24—内外密封圈总成　25—驻车制动气室

　　进行驻车制动时，将手动驻车制动操纵杆拉到制动位置，将驻车制动杠杆 26 的下端向前拉，使之以平头销 24 为支点顺时针转动。在转动过程中，其中间支点推动制动推杆 11 左移，将前制动蹄 15 推向制动鼓，前制动蹄压靠到制动鼓上之后，推杆 11 停止运动，则制动杠杆 26 的中间支点成为其继续转动的新支点。于是制动杠杆 26 的上端右移，使后制动蹄 27 压靠到制动鼓上，进行驻车制动。

　　解除制动时，先将操纵杆扳动少许，再压下操纵杆端头的压杆按钮，将操纵杆向下推到解除制动位置，杠杆 26 在弹簧作用下回位，回位弹簧 28 将两蹄拉拢。推杆内、外弹簧 12 和

25 除可将两蹄拉回到原始位置之外，还可以防止制动推杆 11 在工作时窜动，碰撞制动蹄而发出噪声。

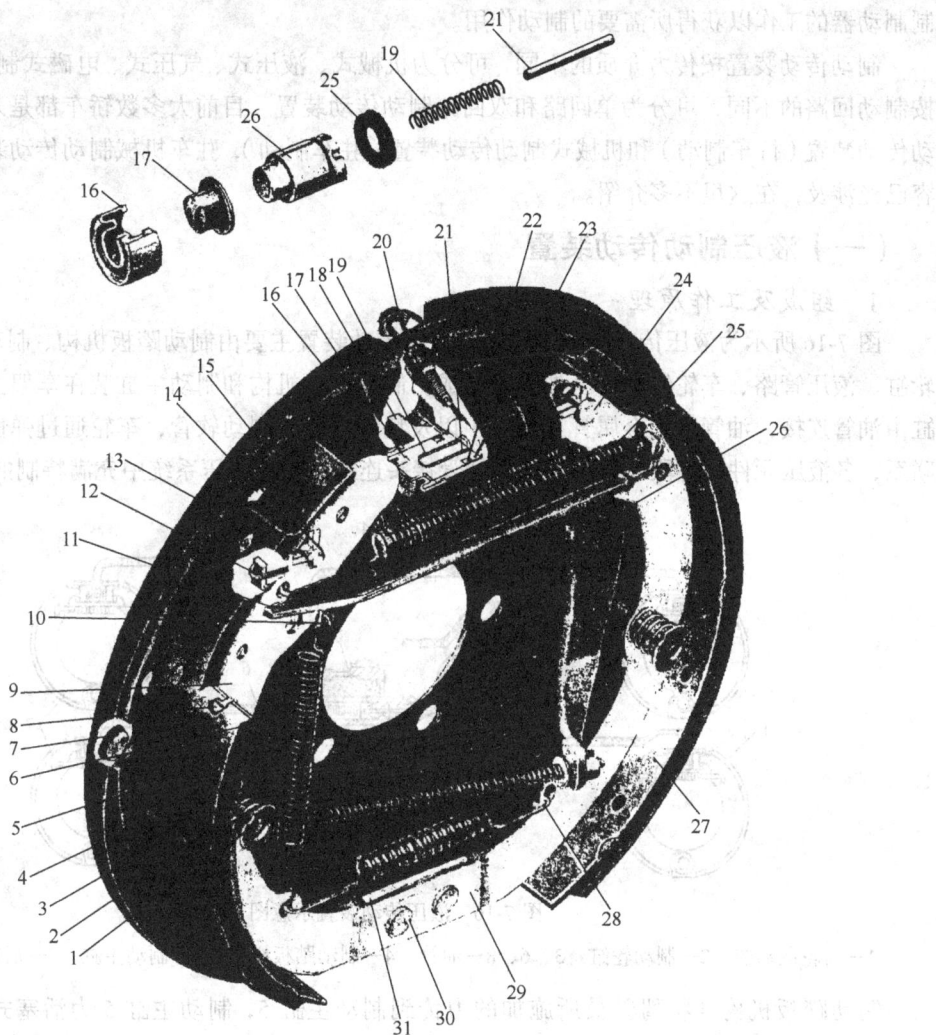

图 7-15　带驻车制动机构的鼓式制动器

1—限位弹簧座　2—制动蹄限位弹簧　3—限位销钉　4—制动底板　5—摩擦片　6—调节齿板拉簧
7—密封堵塞　8、14—铆钉　9—制动蹄腹板　10—调节齿板　11—驻车制动推杆　12—推杆内弹簧
13—调节支承板　15—前制动蹄　16—密封罩　17—支承座　18—轮缸壳体
19—活塞回位弹簧　20—放气螺钉　21—支承杆　22—皮碗　23—活塞　24—平头销
25—推杆外弹簧　26—驻车制动杠杆　27—后制动蹄　28—制动蹄回位弹簧
29—限位板　30—平头销　31—支承板

这种以车轮制动器为驻车制动器的驻车制动系可用于应急制动。上海桑塔纳轿车后轮制动器的结构与上述类似。

三、制动系统传动装置

汽车制动传动装置的功用是将驾驶员施加于踏板或者手柄上的力放大后传到制动器，并控制制动器的工作以获得所需要的制动作用。

制动传动装置按传力介质的不同，可分为机械式、液压式、气压式、电磁式制动传动装置；按制动回路的不同，可分为单回路和双回路制动传动装置。目前大多数轿车都是采用液压式制动传动装置（行车制动）和机械式制动传动装置（驻车制动），驻车机械制动传动装置在前面内容已经涉及，在这里不多介绍。

（一）液压制动传动装置

1．组成及工作原理

图 7-16 所示为液压传动装置示意图。液压传动装置主要由制动踏板机构、制动主缸、制动轮缸、液压管路、车轮制动器、油管等组成。制动踏板机构和制动主缸装在车架上，主缸与轮缸由油管连接，油管采用金属管（铜管）以及特制的橡胶制动软管，车轮通过弹性悬架与车架联系，各液压元件及各段油管之间由各种管接头连接，整个液压系统中充满特制的制动液。

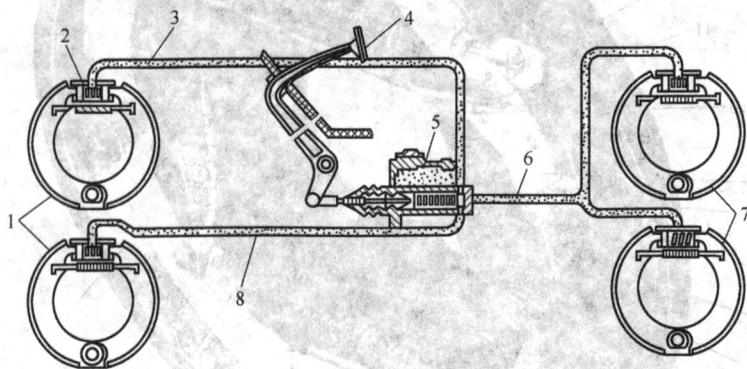

图 7-16　液压传动装置示意图

1—前轮制动器　2—制动轮缸　3、6、8—油管　4—制动踏板机构　5—制动主缸　7—后轮制动器

制动踏板机构 4 将驾驶员所施加的力传到制动主缸 5，制动主缸 5 为活塞式油泵，将来自制动踏板机构 4 的机械能转换成液压能，液压能通过油管 3、6、8 输入前、后轮制动器 1 和 7 中的制动轮缸 2，制动轮缸 2 将油管传来的液压能转换成机械能，使制动器产生制动效果。

液压传动装置工作原理：当制动踏板 4 被踩下，制动液由主缸 5 中的活塞推动到制动轮缸 2 中，将制动蹄或制动块推向制动鼓或制动盘。在消除制动器间隙的过程中，管路中的油压不很高，仅能克服制动蹄回位弹簧的张力以及油液在管路中的流动阻力；在制动器间隙消失并开始产生制动力矩时，液压与踏板力继续增长，直到完全制动。当松开制动踏板，制动蹄和轮缸活塞在回位弹簧作用下回位，将制动液压回主缸，制动作用随之解除。

制动管路的油压和制动器产生的制动力矩与踏板力成线性关系。如果附着力足够，则汽车所受到的制动力也与踏板力成线性关系。制动系的这项性能称为制动踏板感（或称路感），驾驶员可因此而直接感觉到汽车制动的强度，以便及时加以必要的控制和调节。

从制动踏板到轮缸活塞的制动系传动比，等于踏板机构杠杆比乘以轮缸与主缸的面积之比。

传动比越大，则为获得同样大的制动力矩所需的踏板力越小，但踏板行程却因此而越大，使得制动操作不便。故要求液压制动系的传动比要合适，保证制动踏板力较小，同时踏板行程又不太大。对于人力液压制动系，在制动器允许磨损量的范围内，踏板全行程不应超过150（轿车）~180mm（货车）。制动器间隙调整正常时，从踩下踏板到完全制动的踏板工作行程不应超过全行程的50%~60%，最大踏板力一般不应超过350（轿车）~550N（货车）。

2. 制动主缸

制动主缸的作用是将自外界输入的机械能转换成液压能，分为单腔和双腔两种，分别作用于单回路和双回路制动系统。按交通法规的要求，现代汽车的行车制动系都必须采用双回路制动系统，因此液压制动系都采用串列双腔制动主缸。

图 7-17 所示为串列双腔制动主缸。缸体 11 内有两个活塞 3 和 9，将主缸分成左右两个工作腔 12 和 17。每个工作腔内产生的液压经各自的管路分别传到前、后轮制动器。每个工作腔和管路又分别通过补偿孔 18 和回油孔 19 与储液室相通。第二活塞 9 由右弹簧保持在初始位置，使补偿孔 18 和回油孔 19 与缸内相通。第一活塞 3 在左弹簧的作用下压靠在套 1 上，使其处于补偿孔 18 和回油孔 19 之间。密封套 2 用来防止主缸漏油。每个活塞上的密封圈用来保证密封以建立两腔油压。

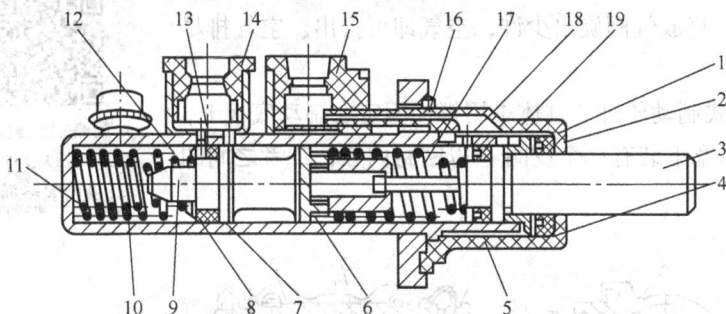

双腔制动主缸工作原理

双腔串联式制动主缸工作原理（迅速抬起踏板）

图 7-17　串列双腔制动主缸

1—套　2—密封套　3—第一活塞　4—盖　5—防动圈　6、13—密封圈　7—垫片　8—挡片
9—第二活塞　10—弹簧　11—缸体　12—第二工作腔　14、15—进油孔　16—定位圈
17—第一工作腔　18—补偿孔　19—回油孔

制动时，推杆推动第一活塞 3 左移，直到密封圈盖住补偿孔 18 后，第一工作腔 17 中油压升高，油液一方面通过腔内出油口进入右前和左后制动管路，一方面又推动第二活塞 9 左移。在此推力及第一活塞 3 左弹簧力的作用下，第二活塞 9 向左移动，第二工作腔 12 压力也随之提高，油液通过腔内出油口进入右后和左前制动管路，使前、后制动器产生制动。

解除制动时，活塞在弹簧作用下回位，油液从制动管路和轮缸流回制动主缸。如活塞回位迅速，工作腔容积迅速增大，油压迅速降低，由于管路阻力的影响，管路中的油液来不及充分流回工作腔以使工作腔中形成一定的真空度，储液室中的油液便经进油孔和活塞上面的小孔推开密封圈进入工作腔。当活塞完全回位时，补偿孔开放，工作腔多余油液经补偿孔流回储液室。若液压系统损坏或由于温度变化引起主缸工作腔、管路和轮缸中的油液膨胀或收缩漏油，都可通过补偿孔进行调节。

综上所述，双回路液压制动系统中任一回路失效时，主缸仍能工作，只不过所需踏板行程

加大，将导致汽车的制动距离增长，制动效能降低。

3. 制动轮缸

制动轮缸有单活塞式和双活塞式两类。

图 7-18 所示为单活塞式制动轮缸。由活塞端面凸台保持的间隙形成轮缸内腔。放气阀 1 的中部有螺纹，尾部有密封锥面，平时旋紧压靠在阀座上。与密封锥面相连的圆柱面两侧有径向孔，与网中心的轴向孔道相通。

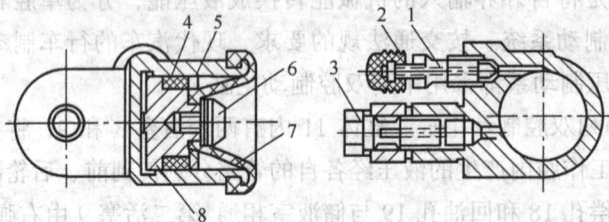

双腔串联式制动主缸工作原理（制动过程）

图 7-18　单活塞式制动轮缸

1—放气阀　2—护罩　3—进油管接头　4—皮圈　5—缸体　6—顶块　7—防护套　8—活塞

需要放气时，先取下橡胶护罩 2，再连踩几下制动踏板，对缸内空气加压，然后踩住踏板不放，将放气阀旋出少许，空气即可排出。空气排尽后再旋紧放气阀。

图 7-19 所示为双活塞式制动轮缸。缸体 1 用螺栓固定在制动底板上，缸内有两个活塞 2，每个活塞上装有一个皮圈 3 以密封内腔，二者之间的间隙形成轮缸内腔。

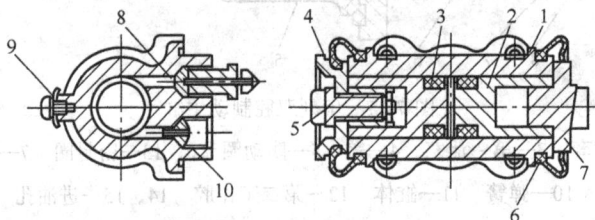

双腔串联式制动主缸工作原理(与后腔连接的管路漏油)

图 7-19　双活塞式制动轮缸

1—缸体　2—活塞　3—皮圈　4—调整轮　5—调整螺钉（顶块）　6—防护罩　7—支撑盖

8—放气螺钉　9—调整轮锁片　10—进油孔

制动时，制动液经油管接头和进油孔 10 进入内腔，活塞 2 在液压作用下外移，通过顶块 5 和支撑盖 7 推动制动蹄，使车轮制动。弹簧 4 保证皮碗、活塞、制动蹄的紧密接触，并保持两活塞之间的进油间隙。防护罩 6 可防止水分进入，以免活塞和轮缸生锈而卡住，还可防尘。

4. 制动液

制动液是保证液压系统工作可靠的重要组成部分。对制动液有如下要求。

（1）高温下不易汽化，否则将在管路中产生汽阻现象，使制动系失效。

（2）低温下有良好的流动性。

（3）不会使与之经常接触的金属件腐蚀，橡胶件发生膨胀、变硬和损坏。

（4）能对液压系统的运动件起良好的润滑作用。

（5）吸水性差而溶水性良好，能使渗入其中的水汽形成微粒而与之均匀混合，否则将在制动液中形成水泡而大大降低汽化温度。

以前，国内使用的汽车制动液大部分是植物制动液，用 50%左右的蓖麻油和 50%左右的溶剂（乙醇、酒精或甘油等）配成。用酒精做溶剂的制动液黏度小，但汽化温度只有 70℃左右；用丁醇做溶剂时，汽化温度可达 100℃。但植物制动液的汽化温度都不够高，而且在 70℃的低温下都易凝结，蓖麻油又是贵重的化工原料。

现在，汽车制动液已逐步被合成制动液和矿物制动液所取代。我国生产的合成制动液的汽化温度已超过 190℃，在−35℃的低温下流动性良好，适用于高速汽车制动器，特别是盘式制动器。此外，合成制动液对金属件（铝件除外）和橡胶件都无伤害，溶水性也很好，但目前成本还较高。矿物制动液在高温和低温下性能都很好，对金属也无腐蚀作用，但溶水性较差，且易使普通橡胶膨胀，故用矿物制动液时，活塞皮碗及制动软管等都必须用耐油橡胶制成。

5. 真空助力器

真空制动助力系统也称作真空伺服制动系统，伺服制动系统是在人力液压制动的基础上加设一套由其他能源提供制动力的助力装置，使人力与动力可兼用，即兼用人力和发动机动力作为制动能源的制动系统。在正常情况下，其输出工作压力主要由动力伺服系统产生，因而在动力伺服系统失效时，仍可全由人力驱动液压系统产生一定程度的制动力。真空助力器是其主要部件，安装在制动踏板操纵杆和制动总泵之间，其作用是为汽车制动提供助力，如图 7-20 所示。

真空助力器工作原理

图 7-20　真空助力器与制动主缸实物

典型真空助力器的结构如图 7-21 所示，它主要由活塞、膜片、回位弹簧、推杆与操纵杆、止回阀、空气阀及柱塞真空阀等组成，为单膜片真空悬浮式。不制动时，助力器中的膜片悬浮的真空中，依靠 A、B 腔的真空及回位弹簧 3 保持平衡。当驾驶员踩制动踏板时，制动踏板操纵杆将推动柱塞 10 向左移动，同时空气阀 12 在弹簧推力下也向左移动，使膜片 A、B 腔通道关闭，空气阀 12 打开。此时，膜片左侧的 A 腔仍为真空，而膜片右侧的 B 腔通大气，膜片两侧产生压力差，迫使膜片活塞左移，并通过推杆4将加大的力作用在制动总泵活塞上，这对于驾驶员来说，起到了助力作用。维持制动时，踏板踩下停在某一位置，开始由于膜片两边压力差还在增加而继续左移，但此时阀芯停止向左移动，这时在推盘11的反力作用下，空气/真空阀向右位移，结果关闭大气通道，使空气/真空阀处于平衡位置，从而使膜片A、B腔压差保持不变，且与总泵已建立的油压平衡，起到制动助力作用。而解除制动时，制动踏板力消失，回位弹簧将膜片压回平衡位置，操纵杆向右运动，此时空气阀关闭，真空阀开启，A、B腔通道连通，膜片的两侧再次具有相同的真空度。若真空助力器失效或真空管路无真空制动，则制动踏板带动助力器操纵杆9通过空气阀座直接推动膜片座及推盘，从而直接推动输出推杆4使总泵产生制动压力，此时无助力作用。

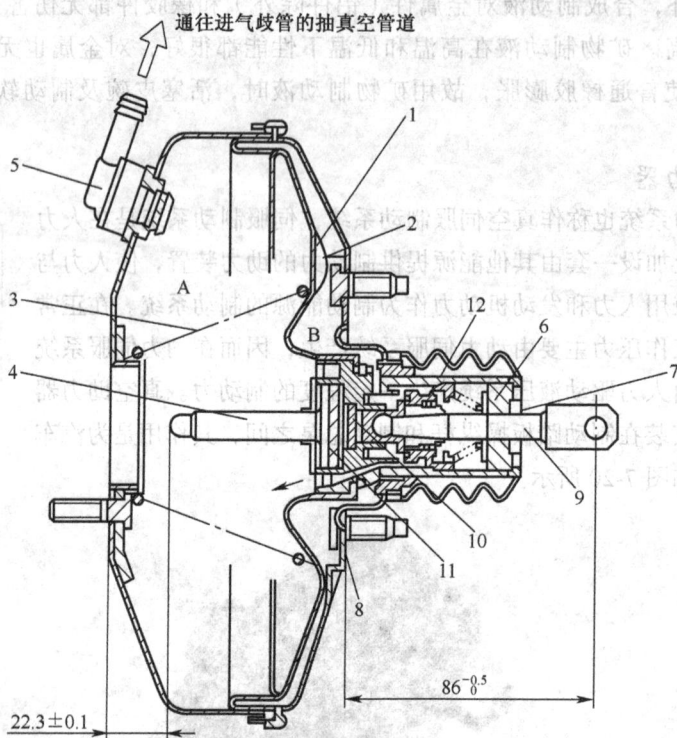

图 7-21　真空助力器结构

1—活塞　2—膜片　3—回位弹簧　4—推杆　5—止回阀　6—空气滤清器　7—通大气孔
8—B腔抽真空孔道　9—操纵杆　10—柱塞真空阀　11—推盘　12—空气阀

（二）气压制动传动装置

气压式制动传动装置是以驾驶员的体力作为控制能源，以空气压缩机的压缩空气作为动力源，使制动器产生制动。

气压制动传动装置按制动回路的布置形式可分为单回路和双回路，目前，汽车上多采用双回路气压制动传动装置。

1. 气压制动传动装置的组成与工作原理

图 7-22 所示为气压制动装置的组成。气压制动装置由两大部分组成：控制部分，包括制动踏板9，制动控制阀10，控制管路，制动气室11、12及制动灯开关13等部件；气源部分，包

括空气压缩机 1、储气筒 5、调压机构（卸荷阀 2 和调压阀 3）、气压表 8 和安全阀 6 等部件。双回路控制系统还包括泵类、阀类装置。

工作原理：空气压缩机由发动机通过皮带轮或齿轮驱动，将高压空气压入储气筒，筒内气压利用调压机构保持在 0.7～1MPa 范围内，用气压表指示气压。储气筒通过制动控制阀和管路与前、后制动气室连通。通过制动踏板来操纵制动控制阀，使制动气室在制动时与储气筒相通，而在解除制动时与大气相通。

不制动时，前、后制动气室分别经制动阀和快放阀与大气相通，而与来自储气罐的压缩空气隔绝，因此所有车轮制动器均不制动。

制动时，驾驶员踩下制动踏板，制动阀

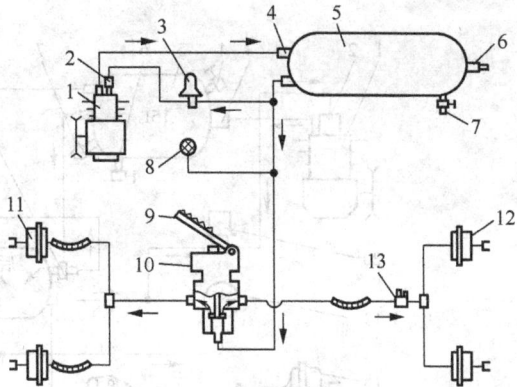

图 7-22　气压制动装置的组成

1—空气压缩机　2—卸荷阀　3—调压器　4—单向阀
5—储气筒　6—安全阀　7—油水放出阀　8—气压表
9—制动踏板　10—制动控制阀　11—前制动气室
12—后制动气室　13—制动灯开关

首先切断各制动气室与大气的通道，并接通与压缩空气的通道，于是储气筒经制动阀向前、后制动气室供气，促动前、后制动器产生制动。此时，制动气室内的气压与踏板行程成正比。踏板踩到底时，通过对制动控制阀的控制作用，使制动气室内最高气压保持在 0.5～0.8MPa，而储气筒内的气压在任何时候都始终高于或等于此值。

2. 双回路气压制动传动装置的组成和管路布置

双回路气压传动装置的基本组成包括空气压缩机、双腔制动控制阀、储气筒、制动气室、管路等。

图 7-23 所示为解放 CA1091 型汽车双回路气压制动传动装置示意图。空气压缩机将压缩空气经单向阀输入湿储气筒进行气水分离，之后分成两个回路：一个回路经过前桥储气筒、双腔制动控制阀的后腔而通向前制动气室；另一回路经后桥储气筒、双腔制动控制阀的前腔和快放阀而通向后制动气室。

液压对角线双回路
制动系统

当其中一个回路发生故障失效时，另一回路仍能继续工作，使汽车仍具有一定的制动能力，从而提高了汽车行驶的安全性。当松开制动踏板时，装在制动阀至后制动气室之间的快放阀可使后轮制动气室放气路线及时间缩短，保证后制动器迅速解除制动。

3. 气压式制动传动装置主要总成的构造及工作原理

（1）空气压缩机。空气压缩机多为空气冷却往复活塞式，固定在发动机气缸体的一侧，由发动机通过皮带或齿轮来驱动。具有与发动机相似的曲柄连杆机构。按其缸数可分为单缸和双缸两种。

图 7-24 所示为东风 EQ1090E 型汽车采用的单缸空气压缩机。铸铁制成的缸体下端用螺栓与曲轴箱连接，缸体外表面铸有散热片。铝制气缸盖 4 用螺栓紧固于气缸体上端面，其间装有密封缸垫。缸盖上装有进、排气阀，进气阀 9 经进气道与进气滤清器 13 相通。排气阀 3 经排气管接头与储气筒相通。进气阀上方设有卸荷阀 7，将储气筒气压调整保持在规定值。

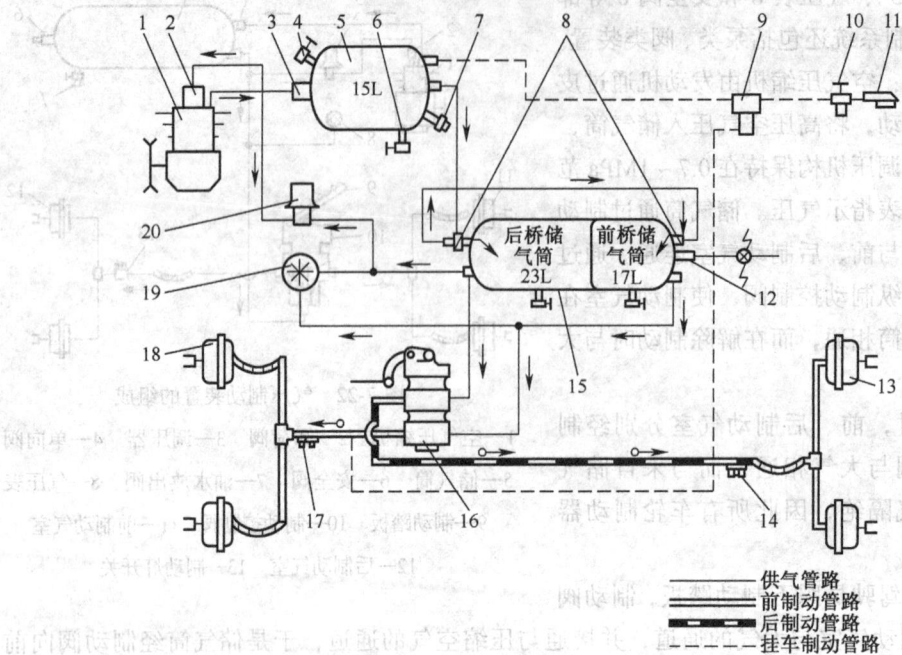

图 7-23　解放 CA1091 型汽车双回路气压制动传动装置示意图

1—空气压缩机　2—卸荷阀　3—单向阀　4—取气阀　5—湿储气罐　6—油水放出阀　7—安全阀　8—单向阀

9—挂车制动阀　10—分离开关　11—连接头　12—低压报警器　13—后制动气室　14、17—制动灯开关

15—储气筒　16—串联双腔式制动阀　18—前制动气室　19—双指针气压表　20—气压调节阀

当空气压缩机工作时，活塞由上往下行，吸开进气阀，外界的空气即经空气滤清器 13、进气道、进气阀 9 被吸入气缸。活塞由下往上行时，缸内空气即被压缩，压力升高，当压力升高到足以克服排气阀弹簧的张力与排气室内压缩空气的压力之和时，压缩空气即压开排气阀，经排气室和管路送至湿储气筒。当储气筒内的气压达到规定值（0.7～0.74MPa）后，调压机构使卸荷阀开启，使空气压缩机与大气相通，不再泵气，以减小发动机功率损失。

（2）调压器。调压器用来调节供气管路中压缩空气的压力，使之保持在规定的压力范围内。同时使空气压缩机能卸荷空转，减小发动机的功率损失。

图 7-25 所示为东风 EQ1090E 型汽车调压器。调压阀壳体 10 上装有两个带滤芯的管接头 7、9，分别与空气压缩机上的卸荷室和储气筒相通。膜片 5 弹簧夹持在盖 1 与壳体之间，将调压阀分成上、下两腔室。膜片中心用螺纹连接着空心管 6，空心管与壳体的中心导向孔滑动配合，其间有密封圈。上部的径向孔与轴向孔相通，壳体下端腔室内装有排气阀 8 与大气相通。调节阀调节气压值可通过旋转盖上的调压螺钉，改变调压弹簧的预紧力进行调整。

图 7-26 所示为 EQ1090E 型汽车调压器工作原理图。当储气筒内气压未达到规定值时，膜片 2 下腔气压较低，不足以克服调压弹簧 3 的预紧力，膜片连同空心管及排气阀被被调压弹簧压到下极限位置，此时，由储气筒至卸荷室的通路被隔断，卸荷室与大气相通，卸荷阀 7 杆在最高位置，进气阀 6 处于封闭状态，空气压缩机对储气筒正常充气。

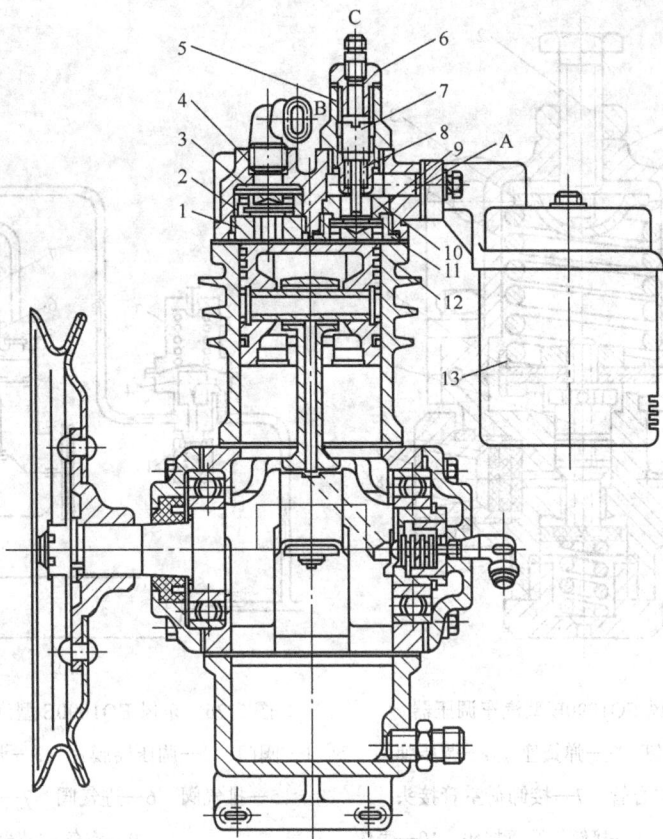

图 7-24　东风 EQ1090E 型汽车空气压缩机结构

1—排气阀座　2—排气阀门向导座　3—排气阀　4—气缸盖　5—卸荷装置壳体　6—定位塞　7—卸荷柱塞
8—柱塞弹簧　9—进气阀　10—进气阀座　11—进气阀弹簧　12—进气阀门向导座　13—空气滤清器
A—进气口　B—排气口　C—调压阀控制压力输入口

当储气筒气压升高到规定值 0.7～0.74MPa 时，膜片下方气压作用力克服调压弹簧 3 的预紧力而推动膜片 2 向上拱，空心管 4 和排气阀随之上移，到排气阀压靠阀座而关闭，切断卸荷室与大气通路，并且空心管下端面也离开排气阀，出现相应的间隙。这使得压缩空气经气管充入卸荷室，迫使进气阀门开启。这时气缸与大气相通，空气压缩机卸荷空转。

随着储气筒内的压缩空气不断消耗，调压膜片 2 下面气压降低，膜片和空心管在调压弹簧的作用下相应下移，当气压为 0.56～0.6MPa 时，空心管下端将排气阀打开。卸荷室与储气筒的通路被切断与大气相通，卸荷室内的压缩空气即排入大气，卸荷阀在其弹簧的作用下复位，进气阀又恢复正常，空气压缩机恢复对储气筒正常供气。

（3）制动控制阀。制动控制阀是汽车气压制动的主要控制装置，是用来控制从储气筒进入制动气室和挂车制动控制阀的压缩空气量，并有渐进变化的随动作用，保证制动器上的力与施加于制动踏板上的力成正比例关系。

制动控制阀的结构形式有单管路单腔式、双管路双腔式等，其结构随汽车的所用管路不同而异，但工作原理基本类同。双管路双腔式制动控制阀有两种形式：双腔串联式和双腔并联式。在实践中，双腔串联工作的协调性和稳定性都比双腔并联式可靠，因而得到广泛应用。下面以双腔串联活塞式制动控制阀为例介绍制动控制阀。

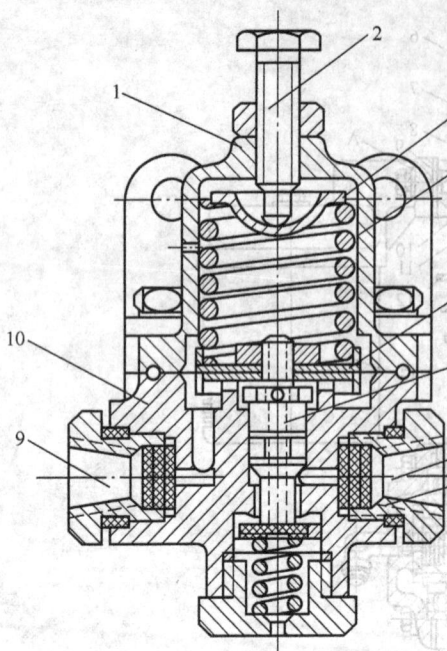

图 7-25　东风 EQ1090E 型汽车调压器

1—盖　2—调压螺钉　3—弹簧座　4—调压弹簧

5—膜片　6—空心管　7—接卸荷室管接头

8—排气阀　9—接储气筒管接头　10—壳体

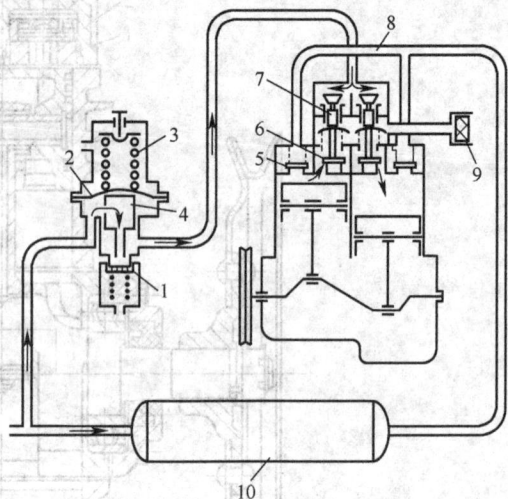

图 7-26　东风 EQ1090E 型汽车调压器工作原理

1—阀门　2—调压器膜片　3—调压弹簧　4—空心管

5—排气阀　6—进气阀　7—卸荷阀　8—出气管

9—空气滤清器　10—储气筒

图 7-27 所示为解放 CA1092 型汽车串联双腔活塞式制动控制阀。制动阀以螺栓固定于车架上，由上盖、上壳体、中壳体、下壳体、上活塞总成、小活塞总成等组成。上盖与上、中、下壳体通过螺钉连接，其间设有密封垫，构成两个独立的阀腔。中壳体上的通气口 D 和 A 分别接后桥储气筒和后桥制动气室，下壳体上的通气口 E 和 B 分别接前桥储气筒和前桥制动气室。

图 7-28 所示为串联双腔活塞式制动控制阀制动时的工作情况示意图。制动时，驾驶员踩下制动踏板一定距离，使拉臂绕销轴转动，其上端通过滚轮、推杆使平衡弹簧、上活塞芯管下移，消除上阀门的排气间隙后，排气阀（上两用阀门）关闭，进而推开进气阀（上两用阀门）。此时，从储气筒前腔传来的压缩空气从通气口 D 进入通气口 A，充入后桥制动气室。同时进入通气口 A 的空气从气孔进入下腔大活塞及小活塞上方，使其下移推开下两用阀门，此时从储气筒后腔传来的压缩空气经下两用阀门和下壳体阀座间的进气间隙进入 B，并输入到前桥制动气室。

当驾驶员踩下制动踏板保持在某一位置（即维持制动状态）时，压缩空气在进入上阀腔的同时由通气孔进入上腔活塞的下方，并推动上腔活塞上移，使上腔中的气压作用力与上活塞复位弹簧的弹力之和与平衡弹簧的压紧力相平衡。此时，下腔中的气压作用力与小活塞复位弹的弹力之和与大活塞上方的气压作用力相平衡，此时上下两用阀门均关闭，制动阀处于平衡位置。

当放松制动踏板时，上活塞及芯管受上活塞回位弹簧的压力而上升，上两用阀门随之上移与中壳体的阀座接触，即所谓进气阀关闭，芯管继续上移，上阀门端面出现排气间隙，即所谓排气阀打开，后制动气室的压缩空气经A及排气阀、通气口C排入大气。此时，下腔大活塞及下腔小活塞受小活塞回位弹簧的压力上升，下两用阀门关闭进气阀后打开排气阀，前制动气室的压缩空气经B及排气阀、通气口D排入大气，制动解除。

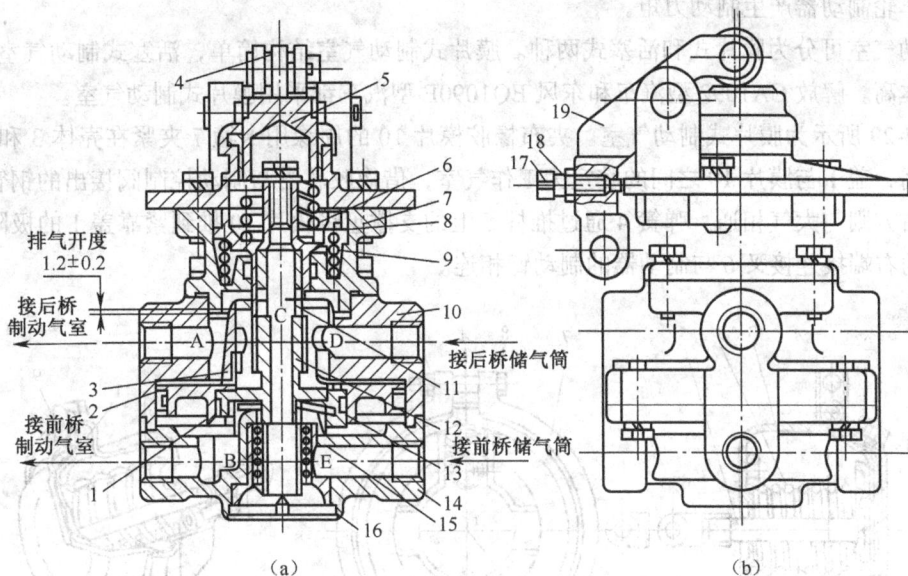

图 7-27　解放 CA1092 型汽车串联双腔活塞式制动控制阀

1—小活塞回位弹簧　2—大活塞　3—通气孔　4—滚轮　5—推杆　6—上盖　7—上壳体　8—上活塞总成
9—上活塞回位弹簧　10—中壳体　11—上阀门　12—卡环　13—小活塞总成　14—下壳体　15—下阀门
16—排气阀　17—调整螺钉　18—锁紧螺母　19—拉臂　A、B、C、D、E—通气口

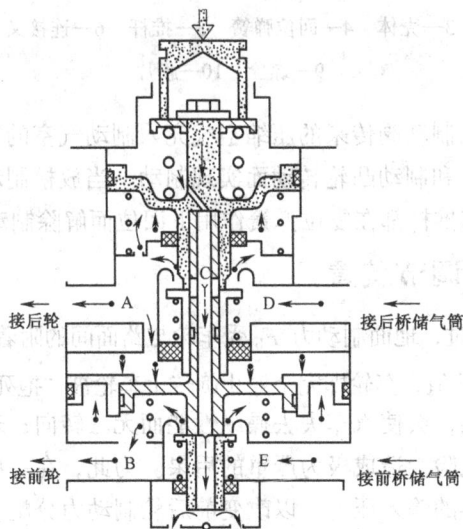

图 7-28　串联双腔活塞式制动控制阀制动时的工作情况

当前制动管路断裂时，制动阀上腔仍能按上述方式工作，因此后制动器仍能起作用。当后制动管路断裂时，通过制动阀上腔平衡弹簧，上活塞及芯管可直接推动下腔小活塞，使前轮制动器起作用。

为了消除上活塞与上阀门间的排气间隙（如图7-27（a）所示的（1.2±0.2）mm）所踩下的踏板行程，称为制动踏板自由行程。排气间隙可通过操纵臂上的调整螺钉进行调整。

（4）制动气室。制动气室的功用是把送来的压缩空气的压力转变为制动凸轮的机械力而输出，使车轮制动器产生制动力矩。

制动气室可分为膜片式和活塞式两种。膜片式制动气室结构简单，活塞式制动气室结构复杂，成本高。解放CA1092型汽车和东风EQ1090E型汽车都采用膜片式制动气室。

图7-29所示为膜片式制动气室。夹布橡胶膜片10的周缘用卡箍7夹紧在壳体3和盖1的凸缘之间，盖1与膜片10之间的腔室为工作气室，借橡胶软管与制动控制阀接出的钢管连通，膜片的右方则与大气相通。弹簧4通过推杆5上的支撑盘将膜片10推到紧靠盖1的极限位置。推杆5的右端接连接叉6与制动器的制动臂相连。

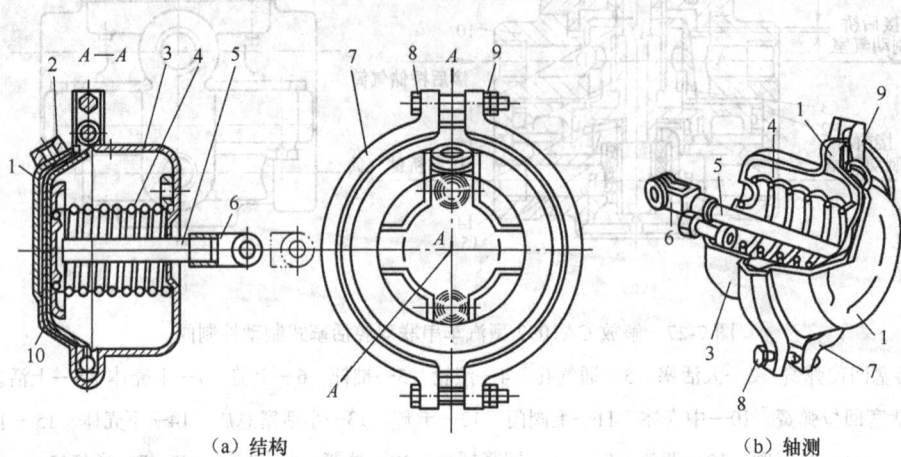

（a）结构　　　　　　　　　　（b）轴测

图7-29　膜片式制动气室

1—盖　2—通气口　3—壳体　4—回位弹簧　5—推杆　6—连接叉　7—卡箍　8—螺栓
9—螺栓　10—膜片

当踩下制动踏板时，从制动阀传来的压缩空气充入制动气室的工作腔，使膜片向右拱曲，将推杆推出，使制动调整臂和制动凸轮转动而实现制动。当放松制动踏板时，工作腔则经制动阀的排气口通大气，膜片与推杆都在复位弹簧作用下回位而解除制动。

（三）制动力分配调节装置

在本项目开始已经阐述过，地面制动力 F_b 受车轮与路面间的附着条件限制，一旦车轮上的制动力 F_B 达到了附着力 F_ϕ 的数值，车轮即完全停止旋转（车轮被"抱死"），只是沿路面做纯滑移。

若前轮抱死而后轮滚动，会使汽车失去操纵性能而无法转向；若后轮抱死而前轮滚动，会使汽车侧滑而发生甩尾的危险而造成极为严重的后果。为此，在一些汽车上采用各种压力调节装置，来调节前后轮制动器的输入压力，以改变前后轮制动力分配，使之接近理想分配以获得尽可能高的制动性能。

目前制动力调节装置有限压阀、比例阀、感载阀和惯性阀等。

1. 限压阀与比例阀

（1）限压阀。限压阀是一种最简单的压力调节阀。串联于液压或气压制动系统的后制动管路中。其功用是当前、后制动管路压力由零同步增长到一定值后，即自动将后制动管路压力限制在该值不变，防止后轮抱死。

图 7-30 所示为限压阀结构原理图。阀体上的 A 口与制动主缸连通，B 口分别与两个后轮制动器制动轮缸相连。阀体 1 内部有滑阀 3 和弹簧 2，弹簧将滑阀顶靠在阀体内左端位置。轻踩制动踏板时，制动主缸产生一定的油压 p_1，滑阀左端面推力为 p_1S（S 为滑阀左端有效面积），滑阀右端面受弹簧力 F。此时由于 $F>p_1S$，因而滑阀不动，所以 $p_2=p_1$，限压阀还不起限压作用。当踏板压力增加，p_2 与 p_1 同步增长到一定值 p_S（开始限压的油压）后，活塞左端压力超过右端弹簧的预紧力，即 $p_SS>F$，于是滑阀向右移动，关闭 A 腔与 B 腔的通路。此后，即使 p_1 再增高，p_2 也不会再增高。

（2）比例阀。比例阀与限压阀的区别在于油压达到 p_S 以后，输出与输入的油压按一定比例增加，使后制动管路压力 p_2 的增量小于前制动管路压力 p_1 的增量。

图 7-31 所示为比例阀的结构原理图。不工作时，弹簧 3 将活塞 2 推压到上极限位置，使阀门 1 开启。轻微制动时，输入控制压力 p_1 与输出压力 p_2 从零同步增长的初始阶段，$p_2=p_1$。但是压力 p_1 的作用面积为 $A_1=\frac{\pi}{4}(D^2-d^2)$，压力 p_2 的作用面积为 $A_2=\frac{\pi}{4}D^2$，由于 $A_2>A_1$，故活塞上方液压作用力大于活塞下方液压作用力。随 p_1、p_2 同步增长，当活塞上、下两端液压作用力之差超过弹簧 3 的预紧力时，活塞便开始下移、当 p_1 和 p_2 增长到一定值 p_S 时，阀门 1 关闭，进油腔与出油腔即被隔绝。此即比例阀的平衡状态。若踏板力增大时，p_1 进一步提高，活塞将回升，阀门重新开启，油液继续流入出油腔，使 p_2 也升高，但由于 $A_2>A_1$，p_2 尚未增加到新的 p_1 值时活塞又下降到平衡位置。

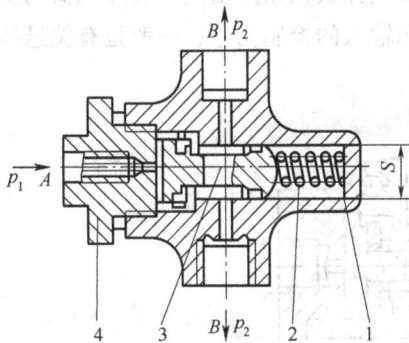

图 7-30　限压阀结构原理
1—阀盖　2—阀门　3—活塞　4—密封圈
5—弹簧　6—阀体

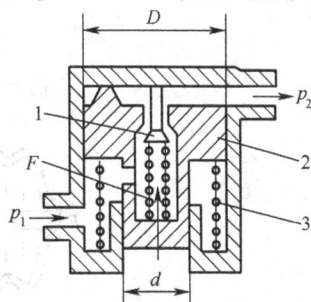

图 7-31　比例阀的结构原理
1—阀门　2—活塞　3—弹簧

2. 感载阀

有的汽车（特别是中、重型货车）在实际装载质量不同时，其总重力和重心位置的变化较大，因而满载和空载下的理想促动管路压力分配特性曲线差距也较大。若采用一般的特性曲线不变的制动力调节装置，则不能保证汽车制动性能符合法规的需要，有必要采用其特性能随汽车实际装载质量而改变的感载阀。

液压系统用的感载阀有感载比例阀和感载限压阀两类。

（1）感载比例阀。图 7-32 所示为液压感载比例阀。阀体 3 安装在车身上，活塞 4 右端的空腔内有阀门 2，杠杆 5 的一端由感载拉力弹簧 6 与后悬架连接，另一端压在活塞 4 上。

不制动时，活塞 4 在感载拉力弹簧 6 通过杠杆 5 施加的推力 F 的作用下处于右端极限位置，阀门 2 右端杆部顶触螺塞 1 而处于开启状态。

制动时，具有压力 p_1 的来自制动主缸的制动液由进油孔 A 进入，并通过阀门从出油口 B 输出到后制动管路。此时的输出压力 $p_2=p_1$。由于活塞右端承压面积大于左端承压面积，所以活塞将不断地向左移动，最后将阀门关闭达到平衡状态。此后 p_2 的增量将小于 p_1 的增量。

感载比例阀的特点是：作用于活塞上的轴向力 F 是可变的，调节作用起始点控制压力值 p_1 随汽车的实际装载质量的变化而变化。

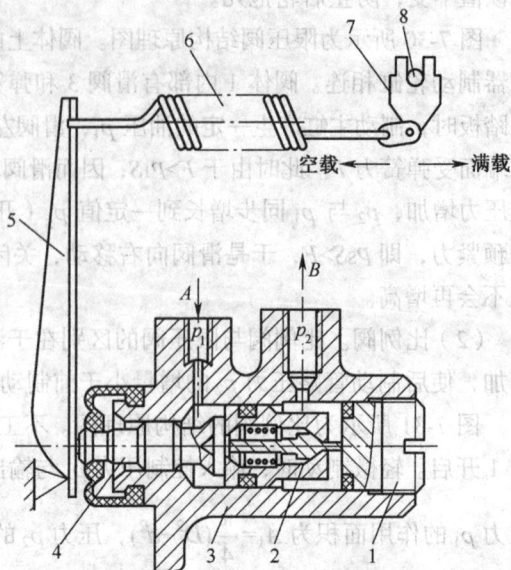

图 7-32 液压感载比例阀及其感载控制机构
1—螺塞 2—阀门 3—阀体 4—活塞 5—杠杆
6—感载拉力弹簧 7—摇臂 8—后悬架横向稳定杆

（2）感载限压阀。图 7-33 所示为液压感载限压阀。弹簧力 F 与弹簧压缩量有关，从而与推杆行程有关，并可由感载控制机构控制。压力值取决于感载比例阀的活塞弹簧预紧力。因此，只要使弹簧预紧力随汽车实际载荷的变化而变化，便能实现感载调节。通过感载控制机构向感载阀输入的控制信号，一般是有关悬架的变形量。

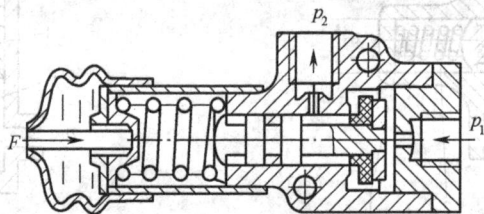

图 7-33 液压感载限压阀

3. 惯性阀

惯性阀是一种用于液压系统的制动力自动调节装置，其形状与感载阀相似，但其调节作用起始点的控制压力值 p_S 取决于汽车制动时作用在汽车重心上的惯性力，即 p_S 不仅与汽车总质量或实际装载质量有关，而且与汽车制动减速度有关。

惯性阀也分为惯性比例阀与惯性限压阀。

（1）惯性比例阀。图 7-34 所示为惯性比例阀。阀座 8 位于惯性球 7 的前方，惯性球兼充阀门。阀体上部有两个同心但直径不等的油腔 E 和 G，E 腔与出油口 B 连通，而 G 腔通过油道 H 与进油口 A 连通。E 腔中直径较大的第一活塞 2 与 G 腔中直径较小的第二活塞 4 组成异径活塞组。

在输入压力 p_1 和输出压力 p_2 同步增长的初始阶段，惯性球保持在后极限位置不动，进油口 A 与出油道 C、D 相通，因而 $p_2=p_1$。此时异径活塞组两端的液压作用力不等，其差值由弹簧 3 承受。当该力超过弹簧预紧力时，异径活塞组便进一步压缩弹簧 3 而右移。

当 p_1、p_2 同步增长到某一定值 p_s 时，惯性球沿倾斜角为 θ 的支撑面向上滚到压靠阀座 8，油腔 E 和 G 便互相隔绝，异径活塞组停止右移。此后，继续增长的输入压力 p_1 对第二活塞 4 的作用力 $N_1=\dfrac{\pi}{4}d'^2p_1$ 与弹簧

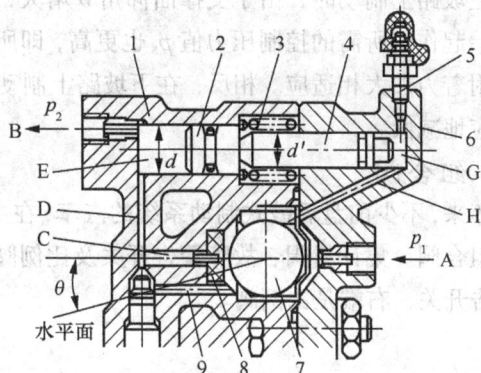

图 7-34　惯性比例阀

1—前阀体　2—第一活塞　3—弹簧　4—第二活塞　5—放气阀
6—阀体　7—惯性球　8—阀座　9—旁通锥阀
A—进油口　B—出油口　C、D、H、J—油道　E、G—油腔

力 F 之和作用于第一活塞 2 上，使 E 腔压力 p_2 也随之增长。

当汽车实际装载量不同时，其总质量也不同。在总制动力相同的情况下，满载汽车的减速度比空车的小。但是使同一惯性阀开始起作用的减速度值只与仰角 θ 有关，而与汽车装载量无关。因此，汽车满载时，相应于调节作用起始点的控制压力值 p_s 比空载时的高。

在某些情况下不需要惯性比例阀起作用时，可将旁通锥阀 9 旋出，使旁通油道 H 与出油道 D 连通。于是阀门被短路，异径活塞组也失效。

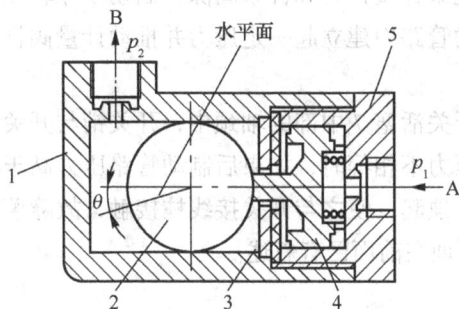

图 7-35　惯性限压阀

1—阀体　2—惯性球　3—阀座　4—阀门　5—阀盖
A—进油口　B—出油口

（2）惯性限压阀。图 7-35 所示为惯性限压阀。阀内有一个惯性球 2，惯性球的支撑面相对于水平面的仰角 θ 大于零，惯性阀才能起作用。汽车在水平路面上时，θ 应为 10°～13°。通常惯性球在其本身重力作用下处于下极限位置，并将阀门 4 推到与阀盖 5 接触，使得阀门与阀座 3 之间保持一定间隙。此时进油口 A 与出油口 B 连通。

在水平路面上制动时，来自主缸的压力油即由进油口 A 输入惯性阀，再从出油口 B 进入后促动管路，输出压力 p_2 即等于输入控制压力 p_1。当路面对车轮的制动力使汽车产生减速度时，惯性球也具有相同的减速度。当控制压力 p_1 较低、减速度较小时，惯性球向前的惯性力沿支撑面的分力不足以平衡球的重力沿支撑面的分力，阀门便仍然保持开启，p_2 也依然等于 p_1。当 p_1 增高到某一定值 p_s 时，制动力和减速度增大到足以实现上述二力平衡，阀门弹簧便通过阀门将球推向前上方，使阀门得以压靠阀座，切断液流通路。此后 p_1 继续增高，前轮制动力也即汽车总制动力继续增高时，球的惯性力使球滚到前上极限位置不动，阀门对阀座的压紧力也因 p_1 的增高而加大，故 p_2 就此保持 p_s 值不变。

在上坡路上制动时，由于支撑面仰角 θ 增大，惯性球重力沿支撑面的分力也增大，使得惯性阀开始起作用所需的控制压力值 p_s 也更高，即所限定的输出压力 p_2 值更高，这正与汽车上坡时后轮附着力加大相适应。相反，在下坡路上制动时，后轮附着力减小，惯性阀所限定的 p_2 也正好相应地减低。

4. 组合阀

近年来，不少前盘后鼓式制动系统的汽车，在主缸与轮缸之间装用了多功能组合阀。图 7-36 所示为组合阀。集计量阀、故障警告开关及比例阀于一体。组合阀左端是计量阀，中间是制动故障警告开关，右端是比例阀。

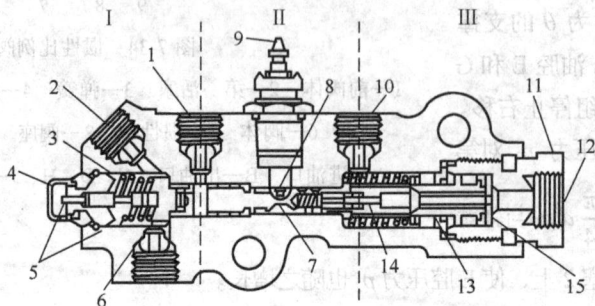

图 7-36 组合阀

Ⅰ—计量阀　Ⅱ—故障警告开关　Ⅲ—比例阀

1—前输入口　2—前输出口　3—膜片　4—橡胶套　5—计量阀杆　6—密封圈　7—开关活塞　8—开关销
9—开关接线柱　10—后输入口　11—螺塞　12—后输出口　13—比例阀活塞　14—比例阀活塞　15—密封圈

通常，盘式制动器动作快，而鼓式制动器需要克服弹簧拉力和杆系间隙，制动动作较慢。计量阀的作用是使后轮鼓式制动器开始工作后，制动管路中建立起一定压力并推动计量阀杆 5 左移，此时前盘式制动器才开始工作。

当前、后制动管路压力相等时，开关销 8 位于开关活塞 7 中部的轴颈中，开关销与开关接线柱 9 不接触，故障警告灯灭。当前、后制动管路压力不相等时，如果后制动管路压力高于前制动管路压力，则开关活塞 7 左移，从而将开关销 8 顶起，使之与开关接线柱接触，故障警告灯被点亮。右端的比例阀也是异径活塞结构，工作原理在前面已有叙述。

（四）双回路制动传动布置形式

双回路制动系也称双管路制动系，是指全车的所有行车制动器的液压或气压管路由两条相互独立的回路组成。双回路制动系的制动总泵有 2 个独立的工作腔，分别与各自回路的管路连接。若其中一个回路失效后仍能利用另一完好的回路起制动作用。

双回路制动系统布置形式有以下 5 种，如图 7-37 所示。Ⅱ式主要用于对后轮制动依赖性较大的发动机后置后轮驱动的汽车。当一套管路失效时，另一套管路仍能保持一定的制动效能，制动效能低于正常时的 50%。X 式主要用于对前轮制动力依赖性较大的发动机前置前轮驱动的汽车。当一套管路失效时，另一套管路使对角制动器保持一定的制动效能，为正常时的 50%。HH 布置形式用于一套管路失效时，另一套管路仍能使前、后制动器保持一定的制动效能，为正常时的 50%。

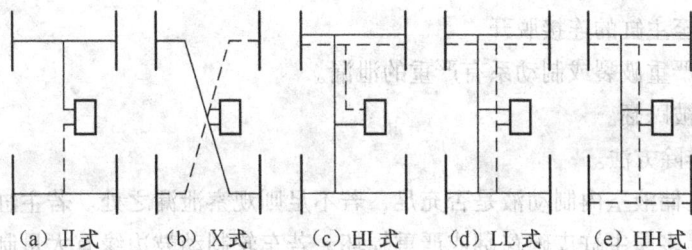

(a) II式　　　(b) X式　　(c) HI式　　(d) LL式　　(e) HH式

图 7-37　双回路制动系统布置形式

四、制动系统常见故障

汽车制动性能的好坏，将直接影响汽车的行车安全和动力性能的发挥，因此应及时地对制动系统的故障进行诊断的排除。制动系统的故障可分为普通制动系统故障和 ABS 故障，诊断时应分别对待。

普通制动系统是汽车制动力的源泉，是制动系统的核心，它的故障往往能导致整个制动系统的失效，因而对普通制动系统故障的诊断及排除应十分重视。对于普通制动系统故障，应根据故障现象加以分析，进行故障诊断，采取有效方法排除故障。普通制动系统常见故障有制动不灵、制动失效、制动拖滞和制动跑偏等。

（一）制动失效

1. 气压制动系统

（1）现象。

踩下制动踏板，车辆不减速，即使连续几脚制动也无明显减速作用。

（2）原因。

① 储气筒无压缩空气。

② 制动踏板至制动控制阀的连接脱开。

③ 制动控制阀故障，如进气阀打不开或排气阀严重关闭不严、膜片破裂。

④ 制动气室膜片严重破裂。

⑤ 制动管路内结冰或油污严重而阻塞、制动软管断裂。

（3）诊断与排除方法。

① 气压制动失效，应先观看气压表有无气压。

② 若气压正常，可检查制动踏板与制动控制阀拉臂是否脱节，制动控制阀调整螺钉是否正常。若均正常，则需拆检进气阀。

③ 若无气压，应拆下空气压缩机出气管，起动发动机听察有无泵气声。如泵气声正常，应查明出气管经储气筒到气压表一段有无严重漏气。如无泵气声，则应检修空气压缩机。

2. 液压制动系统

（1）现象。

同气压制动系"制动失效"。

（2）原因。

① 储液室内无制动液。

② 制动软管或金属管断裂。

③ 制动踏板至主缸的连接脱开。

④ 主缸皮碗严重破裂或制动系有严重的泄漏。

⑤ 主缸皮碗被踩翻。

（3）诊断与排除方法。

首先检查主缸储液室内制动液是否充足，若不足则观察泄漏之处。若主缸推杆防尘套处的制动液泄漏严重，多属主缸皮碗踩翻或严重损坏，若车轮制动鼓边缘有大量制动液，则说明该车轮轮缸皮碗压翻或严重破损。

（二）制动不灵

1. 气压制动系统

（1）现象。

汽车制动时，驾驶员感到减速度不足；汽车紧急制动时，制动距离太长。

（2）原因。

① 储气筒内压缩空气达不到规定气压。

② 制动踏板自由行程过大。

③ 制动阀故障，如最大气压调整不当而导致制动气压太低、平衡弹簧预紧力太小使维持制动来得过早、膜片破裂或排气阀关闭不严。

④ 制动器故障，如制动蹄摩擦片与制动鼓（盘）接触不佳、制动鼓磨损过甚或制动时变形或制动凸轮轴在支承套内锈蚀或发卡。

⑤ 制动间隙调整不当。

⑥ 制动管路凹瘪、软管内孔不畅通或漏气。

⑦ 制动气室膜片漏气。

（3）诊断与排除方法

① 首先观察气压表。

若气压足够，则说明空气压缩机、储气筒正常；如气压不足，而且长时间行驶也不会上升，可能是下述原因所致。

a. 气压上升缓慢或长时间不上升，发动机熄火后，气压也不下降，多为压缩机故障，如皮带打滑、压缩机泵气不足、压缩机卸荷压力过低及储气筒安全阀放气压力过低等。

b. 气压上升缓慢，发动机熄火后，气压不断下降，说明存在漏气处，如储气筒安全阀漏气、制动踏板自由行程过小而导致进气阀关闭不严而漏气以及进气阀密封不严等。

② 踩下制动踏板。

观察气压表指针，若气压下降过少，说明制动阀不良，如进气阀开度过小或平衡弹簧过软等；若踩住踏板后气压不断下降，说明有漏气处，如排气阀关闭不严、制动气室漏气、制动软管漏气等。

③ 寻找漏气部位。

踩住制动踏板，靠听的方法找到漏气处。

④ 查看制动气室推杆外伸情况。

a. 外伸过短，说明气管有堵塞或者凸轮轴有锈蚀卡滞。

b. 若外伸过大，很可能是制动间隙过大。

⑤ 上述检查均正常，则故障原因在制动器。如制动蹄粘油、太薄、铆钉外露，制动鼓失圆、磨出沟槽等，应拆开制动器检查。

2．液压制动系统

（1）现象。

同气压制动系"制动不灵"。

（2）原因。

① 制动踏板自由行程太大。

② 储液室内存油不足或无油。

③ 制动管路内进入空气、水、其他液体或产生气阻。

④ 制动主缸、轮缸管路或管接头漏油。

⑤ 制动液变质（变稀或变稠）或管路内壁积垢太厚。

⑥ 主缸、轮缸皮碗老化，活塞或缸筒磨损过度，配合松旷密封不良。

⑦ 主缸进油孔、补偿孔或储液室通气孔堵塞。

⑧ 主缸出油阀、回油阀不密封；活塞复位弹簧预紧力太小；活塞前端贯通小孔堵塞。

⑨ 油管凹瘪或软管内孔不畅通。

⑩ 制动器方面的原因，基本同气压制动系一样。

（3）诊断与排除方法。

① 连续几次踩制动踏板，直至踩不动时，有下面几种情况。

a. 踏板高度正常，踩住踏板，踏板高度不下降，则多为制动间隙过大或者踏板自由行程过大。

b. 踏板高度正常，踩住踏板，踏板高度逐渐下降，则说明制动管路有泄漏处，如皮碗不密封、某处管路破裂或接口松动等。

② 连续几脚踩制动，制动踏板高度仍然过低，可能是制动主缸活塞回位弹簧过软，或者主缸皮碗破裂。

③ 连续几次踩制动踏板，每次都能将踏板踩到底，而且无反力，说明制动液严重亏损。

④ 连续几次踩制动踏板，踏板高度有增高，但始终有弹性感，说明制动管路内进空气或者产生气阻。

⑤ 若踏板行程及感觉正常，而制动力不足，很可能是制动蹄与制动鼓之间摩擦力过小所致，如蹄片粘油、制动器进水、制动鼓失圆及磨出沟槽等。

⑥ 若制动管路存在泄漏时，经仔细检查，总能找到漏油之处。短时间内大量制动液泄漏而且制动效能不良甚至失效，很可能是由于主缸和轮缸皮碗被踩翻所致。若连续发生皮碗踩翻现象，很可能是制动液对天然橡胶腐蚀所致，此时，应使用耐油橡胶皮碗。

（三）制动跑偏

1．现象

汽车制动时，车辆行驶方向向一边发生偏斜。

2．原因

汽车制动跑偏的根本原因是左右车轮制动力不相等，具体表现如下。

（1）左右车轮制动间隙不一。

（2）左右车轮轮胎气压、直径、花纹或花纹深度不一。

（3）左右车轮制动蹄摩擦片与制动鼓（盘）的接触面积、材料或新旧程度不一。

（4）左右车轮轮缸的技术状况、制动气室推杆外露长度、伸张长度不等，造成起作用时间或张开力大小不等。

（5）左右车轮制动蹄复位弹簧拉力不一。

（6）左右车轮制动鼓的厚度、直径、变形和磨损程度不一。

（7）单边制动管凹瘪，阻塞或漏油；单边制动管路或轮缸内有气阻；单边制动器进水或油污。

（8）单边制动蹄与支承销配合紧或锈蚀。

（9）两边钢板弹簧刚度不等、两边轴距不等、车架变形及前束不对。

3. 诊断与排除方法

汽车路试制动，根据轮胎印迹（非 ABS 车辆或 ABS 不工作时）情况查明制动效能不良的车轮，并作如下检查。

先检查该轮制动管路是否漏油、轮胎气压是否充足。若正常则检查制动蹄与制动鼓的间隙是否符合规定，否则予以调整。如仍无效，可检查轮缸内是否渗入空气，若没有渗入空气，则应拆下制动鼓，按照原因逐一检查制动器各部件。

若各轮胎印迹基本符合要求，但制动仍跑偏，说明故障不在制动系，而应检查车架和前轴的技术状况。

（四）制动卡滞

若气压制动系统发生制动卡滞现象，则检测如下。

1. 现象

抬起制动踏板后，全部或个别车轮的制动作用不能立即完全解除，以致影响了车辆重新起步、加速行使或滑行。

2. 原因

（1）制动踏板自由行程过小，导致制动控制阀的排气阀开启程度不够。

（2）制动踏板复位弹簧疲劳、拉断、脱落或拉力太小。

（3）制动间隙调整不当，放松制动后，摩擦片与制动鼓（盘）仍局部摩擦。

（4）制动控制阀故障，如排气阀弹簧疲劳、折断或弹力太小；排气阀橡胶阀面发胀、发黏或阀口上堆集的油污、胶质太多。

（5）制动气室膜片（活塞）复位弹簧疲劳、折断或弹力太小。

（6）制动凸轮轴在其套内缺油、锈蚀或卡滞。

（7）制动蹄与支承销锈蚀。

（8）轮毂轴承松旷。

3. 诊断与排除方法

（1）汽车行驶拖滞，多为制动踏板无自由行程所致。

（2）抬起制动踏板时制动控制阀排气缓慢或不排气，多属制动控制阀故障，表现为各轮制动鼓均发热。若排气声快或断续排气而制动拖滞，一般为个别轮制动拖滞，亦应用手摸试各轮制动鼓温度作进一步判断。

（3）观察车轮制动鼓发热情况，若全部车轮发热，则为制动阀故障；若部分车轮发热，则为制动器故障。

（4）单个车轮拖滞时，可进行下面的检查。

① 检查制动间隙是否过小。

② 检查制动踏板，观察制动气室推杆的回位情况。若回位缓慢或者不回位，可能是制动凸轮轴锈蚀或变形所致运动发卡；若回位正常，则可能是制动间隙过小或制动蹄回位弹簧过软所致。

若液压制动系统发生制动卡滞现象，则检测如下。

1．现象

同气压制动系"制动拖滞"。

2．原因

（1）制动踏板没有自由行程；或踏板复位弹簧脱落、拉断及拉力太小等使踏板回位困难。

（2）制动主缸、轮缸故障，如皮碗发胀、活塞变形甚至黏住、活塞复位弹簧折断或预紧力太小、主缸补偿孔被污物堵塞等。

（3）通往各轮缸的油管凹瘪或堵塞。

（4）不制动时增压器辅助缸活塞中心孔打不开。

（5）制动蹄复位弹簧脱落、折断或弹力下降。

（6）制动蹄与支承销锈污。

（7）制动蹄与制动鼓（盘）的间隙调整不当，制动放松后仍局部摩擦。

（8）轮毂轴承松旷。

制动器方面的原因，基本同气压制动系一样。

3．诊断与排除方法

（1）先判断故障是在主缸还是车轮制动器。

行车中出现拖滞。若所有制动鼓均过热，则表明主缸有故障。若个别制动鼓过热，则表明该车轮制动器工作不良。

维修作业后出现制动拖滞。可将汽车举升，变速器置于空挡并放松手制动，然后转动各车轮再踩下制动踏板。若抬起制动踏板后，各轮均难以立即扳转，则故障在主缸，如个别轮不能立即转动，说明该轮制动器有故障。

（2）若故障在主缸时，应先检查踏板自由行程。若自由行程正常，可拆下主缸储液盖，踩制动踏板，观察回油情况，如不回油，则为回油孔堵塞；如回油缓慢，可检查制动液是否太脏、黏度太大。如制动液清澈，则应拆检制动主缸。

（3）个别车轮制动器拖滞。可架起该车轮，旋松其轮缸放气螺钉，如制动液随之急速喷出且车轮即刻旋转自如，说明该轮制动管路堵塞，轮缸未能回油。如旋转车轮仍拖滞，则应检查制动间隙。

（4）如上述均正常，则检修轮缸。

制动系统常见故障诊断与排除见表 7-1。

表 7-1　　　　　　　　　　制动系统常见故障诊断与排除

故 障 现 象	故 障 原 因	故 障 排 除
制动力不足	制动管漏油	找出漏油部位并修理
	制动盘或摩擦块有油污	清洗或更换
	制动器过热	找出原因并修理

续表

故 障 现 象	故 障 原 因	故 障 排 除
制动力不足	制动蹄与制动鼓接触不良	修理改善接触
	制动蹄有油污或有水	更换
	制动蹄严重磨损	更换
	制动分泵损坏	修理或更换
	制动钳机构故障	修理或更换
	系统内有空气	排尽系统气体
	比例阀传感弹簧长度调整不正确	检查或调查
	比例阀传感弹簧损坏	更换
	比例阀的固定套不良	更换
制动不均匀（制动器工作不协调）	某些制动蹄有水或油污	更换
	某些制动器中制动鼓与制动蹄的间隙失调（自动调整机构故障）	检查自动调整机构是否工作
	某些制动器的制动鼓失圆	更换
	轮胎的气压不均匀	均匀充压
	制动分泵或制动钳活塞卡住	按规定调整
	前车轮定位不良	
	同轴轮胎不匹配	同一轴上用等量胎面花纹的轮胎
	制动管或制动软管堵塞	检查软管和制动管是否损坏,用新软管和新双层钢制动管
	制动钳机构故障	检查活塞是否卡住或迟缓,制动钳滑套是否正确润滑,制动钳应滑动
	悬架零件松动	检查所有的悬架安装
	制动钳松动	检查并按规定拧紧螺栓
噪声（未制动时异响）	前摩擦片磨损	更换摩擦衬片
后制动器过早抱死	感载比例阀传感弹簧长度调整不当	检查或调整
	感载比例阀总成不正常	更换总成
踏板行程太大	部分制动系统有故障	检查制动系统，需要时应修理
	总泵储液筒内制动液不足	加制动液,检查制动系统是否泄漏或有空气
	系统内有空气（踏板软/海绵状）	检查报警灯，需要时,可检查排气系统
	后制动系统未调好（自动调整机构有故障）	检查排气系统
	制动蹄弯曲变形	调整后制动器
	后制动蹄磨损	更换制动蹄
制动器未完全分离，松开踏板后在所有盘式制动器内马上产生很小摩擦	总泵活塞回程不对	修理总泵
	制动软管和制动管受阻	检查软管是否变软或制动管是否损坏,换用新软管或新的双层钢制管
	驻车制动器调整不对	检查并调整好

续表

故 障 现 象	故 障 原 因	故 障 排 除
制动器未完全分离，松开踏板后在所有盘式制动器内马上产生很小摩擦	制动器内的回位弹簧变弱或损坏	更换
	驻车制动器拉索不灵活或咬住	修理或更换
	车轮制动分泵或制动钳活塞卡住	需要时应修理
踏板连续跳动（踩下踏板制动时跳动）	车轮轴承损坏或松动	更换车轮轴承
	转向器或后轮心轴变形	更换转向器或后轮心轴
	制动盘端面圆跳动太大	按说明检查，如不在规定范围，应修理或加工制动盘
	平面度不在规定范围内	按说明检查，如不在规定范围，应修理或加工制动盘
	后制动鼓失圆	检查跳动
制动噪声	制动蹄磨亮或制动衬片粘有杂质	修理或更换摩擦衬片
	制动蹄摩擦片磨损或变形	更换摩擦衬片（或衬块）
	前轮轴承松动	更换车轮轴承
	底板变形或安装螺栓松动	更换或拧紧固定螺栓

项目实施

一、项目实施环境

　　完整的制动系统若干套，盘式制动器、制动主缸和制动轮缸若干。实训以桑塔纳、捷达、奥迪等国产常见车型制动系为对象，各学校可根据具体情况选择一种或两种车型进行实训。

二、项目实施步骤

　　本项目实施流程如下。
　　（1）感受制动系工作过程。
　　（2）了解制动系结构与组成。
　　（3）制动系的拆卸、分解与安装并对零部件认识。
　　（4）制动系主要零件的检修。
　　（5）制动系的调整。
　　（6）制动系常见故障的诊断与排除。

（一）桑塔纳 2000 型轿车制动系拆装与检修的操作步骤

　　1. 桑塔纳 2000 型轿车制动系统的解体
　　（1）前轮制动器的拆卸与解体。当需要更换前轮制动器摩擦片、制动盘或进行高等级维护时，应按下列步骤进行拆卸，如图 7-38 所示。
　　① 用千斤顶支起并拆下前轮。
　　② 拆下制动器摩擦片上、下定位弹簧。

③ 用内六角扳手拧松并拆下上、下固定螺栓，如图 7-39 所示。

④ 取下制动钳壳体，如图 7-40 所示。

⑤ 从支架上拆下制动摩擦片。

⑥ 把制动钳活塞压回到制动钳壳体内。在压回活塞之前，应先从制动液储液罐中抽出一部分制动液，以免活塞压回时引起制动液外溢而损坏车身漆膜。

> **注意**
>
> 制动液有毒性和较强的腐蚀性，排放时必须用专用容器收集、存放。

⑦ 当需要检修活塞时，继续按下列步骤分解。

a. 在活塞对面垫上木板，用压缩空气从放气螺钉孔中把活塞压出气缸。

b. 用旋具小心地从缸筒中取出密封圈。

（2）后轮制动器的拆卸与解体。当需要更换后轮制动器摩擦片或制动盘、或进行高等级维护时，应按下列步骤进行拆卸，如图 7-41 所示。

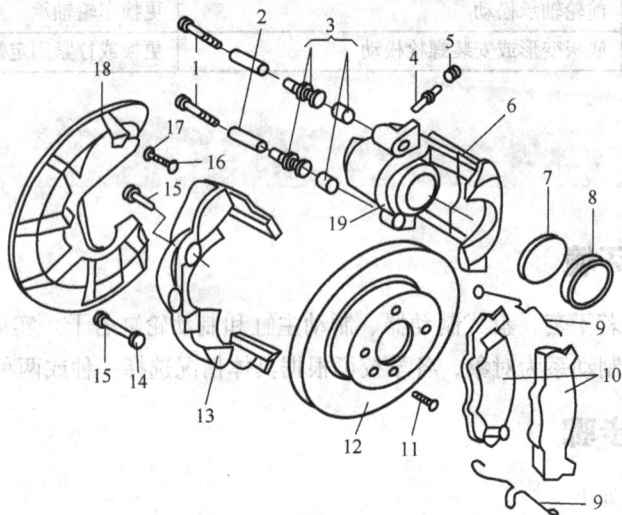

图 7-38 前轮制动器的结构

1、15—螺栓 2—导向销 3—塑料衬套 4—放气螺钉 5—防尘罩

6—制动钳体 7—活塞密封圈 8—防尘罩 9—防震弹簧 10—制动蹄 11—制动盘固定螺钉

12—制动盘 13—制动钳支架 14—垫圈 16—防溅盘固定螺栓 17—弹簧垫圈 18—防溅盘 19—活塞

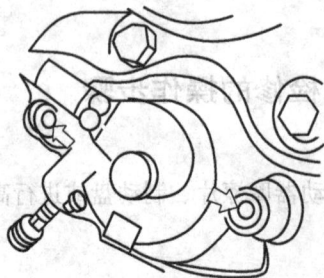

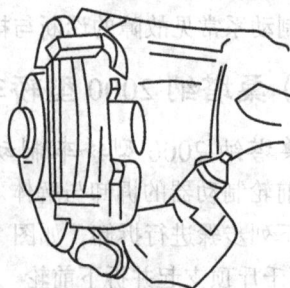

图 7-39 拆卸桑塔纳 2000 型轿车前轮制动器上、下固定螺栓　　图 7-40 拆卸桑塔纳 2000 型轿车前轮制动钳

① 用千斤顶支后轮。

② 拆下车轮螺母及车轮（也可与轮毂一起拆下）。

③ 用专用工具撬下，如图 7-42 所示。

④ 取下开口销，旋下六角螺母，取出止推垫圈。

⑤ 通过车轮螺栓孔向上拨动调整楔形块，使制动摩擦片与制动鼓放松，如图 7-43 所示。

⑥ 拉出制动鼓。

⑦ 用尖嘴钳拆下制动蹄保持弹簧及弹簧座圈。

⑧ 借助旋具、撬杠或用手从下面的支架上提起制动蹄，取出下复位弹簧。

⑨ 用钳子拆下制动杆上的驻车制动拉索。

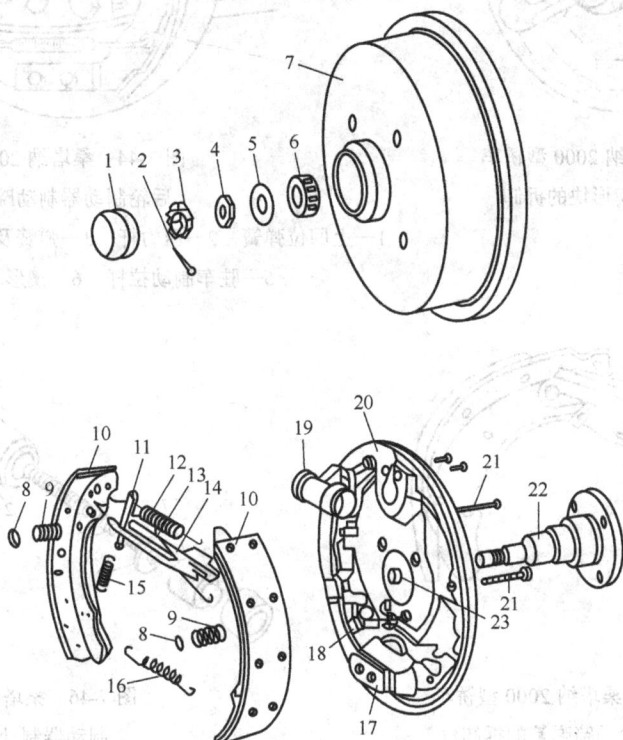

图 7-41　桑塔纳 2000 型轿车后轮制动器分解图

1—轮毂盖　2—开口销　3—开槽垫圈　4—调整螺母　5—止推垫圈　6—轴承　7—制动鼓　8—弹簧座
9—弹簧　10—制动蹄　11—楔形件　12—回位弹簧　13—上回位弹簧　14—压力杆　15—楔形件拉簧
16—下回位弹簧　17—固定板　18—螺栓　19—后制动轮缸　20—制动底板　21—定位销
22—后桥车轮支撑短轴　23—观察孔橡胶塞

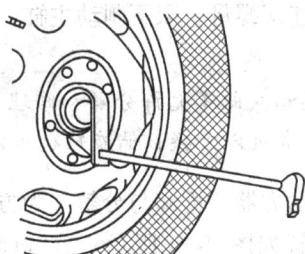

图 7-42　拆卸桑塔纳 2000 型轿车后轮制动器轮毂盖

⑩ 用钳子取下楔形调整块弹簧和上复位弹簧。

⑪ 拆下制动蹄，如图 7-44 所示。

⑫ 将带推杆的制动蹄夹紧在台钳上，拆下定位弹簧，取下制动蹄，如图 7-45 所示。

⑬ 如有必要，拆下制动轮缸并解体，如图 7-46 所示。

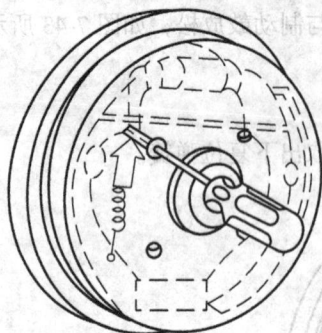

图 7-43　桑塔纳 2000 型轿车
后轮制动器楔形块的拆卸

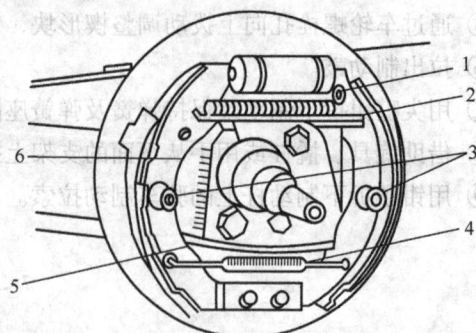

图 7-44　桑塔纳 2000 型轿车
后轮制动器制动蹄的拆卸

1—上回位弹簧　2—压力杆　3—弹簧及座圈　4—下回位弹簧
5—驻车制动拉杆　6—楔形块回位弹簧

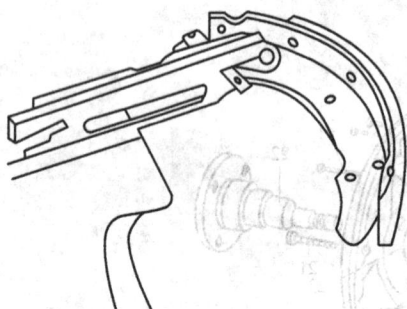

图 7-45　桑塔纳 2000 型轿车
后轮制动蹄弹簧的拆卸

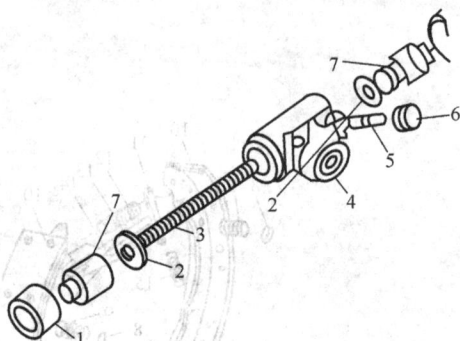

图 7-46　桑塔纳 2000 型轿车
制动器制动轮缸的分解

1—皮碗　2—密封圈　3—弹簧　4—制动轮缸外壳
5—放气阀　6—防尘罩　7—活塞

（3）制动主缸的拆卸。桑塔纳 2000 型轿车制动主缸的拆卸如图 7-47 所示。

① 拆卸四根连接油管（注意卸压和制动液的回收）。

② 拆下制动储液罐（也可以和制动主缸一起拆下）。

③ 旋松总泵与真空助力器的连接螺母，取下制动主缸。

> **注意**　上海桑塔纳轿车的制动主缸不允许分解和修理。若有损坏，应该更换新总成。不同生产厂的制动主缸总成可以互换，储液罐也可以单独互换。

（4）桑塔纳 2000 型轿车真空助力器的拆卸与分解。为方便拆卸，最好将主缸与助力器的环形支架一起从车上拆下。其分解如图 7-48 所示。分解前应做好装配记号，然后按照顺序依次拆下膜片弹簧、推杆、膜片总成及前壳体密封件等。

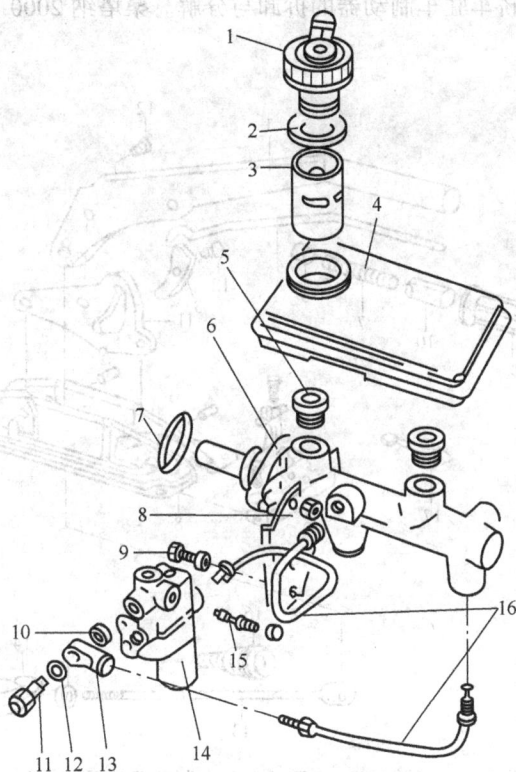

图 7-47　桑塔纳 2000 型轿车制动主缸的拆卸

1—缩紧盖　2、7—密封圈　3—滤网　4—储液罐　5—密封塞　6—制动主缸　8—支架
9—螺栓（拧紧力矩 25N·m）　10—薄型密封垫　11—空心螺钉　12—厚密封垫　13—油管接头
14—制动力调节器　15—放气螺栓　16—油管接头压紧螺母（拧紧力矩 25N·m）

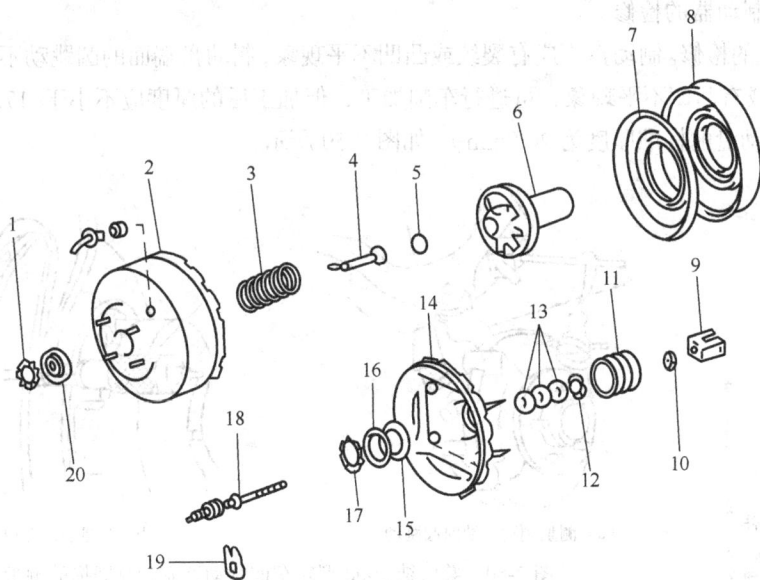

图 7-48　桑塔纳 2000 型轿车制动主缸真空助力器的分解

（5）桑塔纳 2000 型轿车驻车制动器的拆卸与分解。桑塔纳 2000 型轿车驻车制动器的分解如图 7-49 所示。

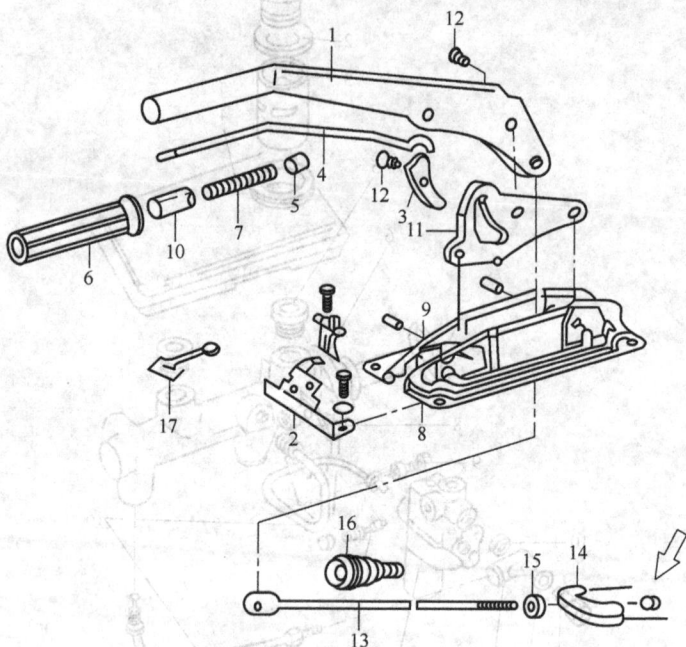

图 7-49　桑塔纳 2000 型轿车驻车制动器的拆卸与分解

1—制动杆　2—支架　3—棘轮　4—棘轮杆　5—弹簧套筒　6—手柄套　7—弹簧　8—驻车灯开关

9—右轴承支架　10—旋钮　11—扇形齿　12—螺栓　13—操作拉杆　10—拉索调整杠杆　15—限位板

16—防尘罩　17—凸轮　18—右轴承支架

2. 桑塔纳 2000 型轿车制动系统主要总成、零件的检测、检验与修理

（1）前轮制动器的检修。

① 制动盘的检修。制动盘不应有裂纹或凸凹不平现象，制动盘端面的圆跳动不大于 0.06mm；如果跳动超标或有凸凹不平现象，可进行车削加工，但加工后的厚度应不小于 17.8mm（桑塔纳 2000 型轿车制动盘的标准厚度为 20.0mm），如图 7-50 所示。

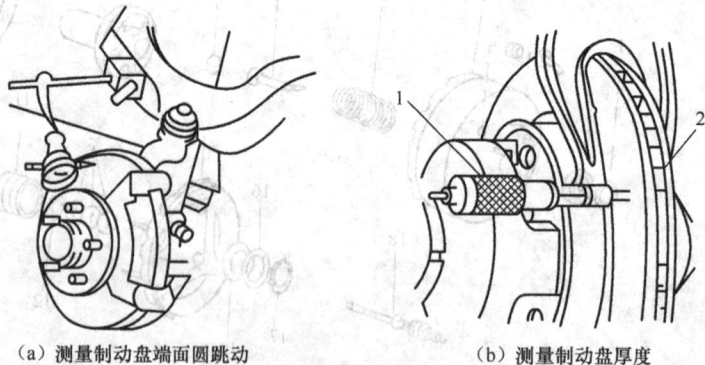

制动器主要零部件检测

（a）测量制动盘端面圆跳动　　　　（b）测量制动盘厚度

图 7-50　桑塔纳 2000 型轿车前制动器制动盘磨损的测量

1—千分尺　2—制动盘

如果磨损量超过标准，或端面圆跳动超过 0.06mm 时，应更换制动盘。更换制动盘时同一轴的两个制动盘必须同时更换，以确保左、右两轮的制动力相等。

② 摩擦片的检修。当汽车行驶 25 000km，或者摩擦片厚度（包括底板）小于 7mm 时（如图 7-51 所示测量），说明摩擦片已磨损到极限，必须更换新的摩擦片。

③ 制动钳的检修。重点是检查活塞与缸筒的间隙，如果间隙大于 0.15mm 或缸筒壁有较深的划痕时，应更换制动钳总成。

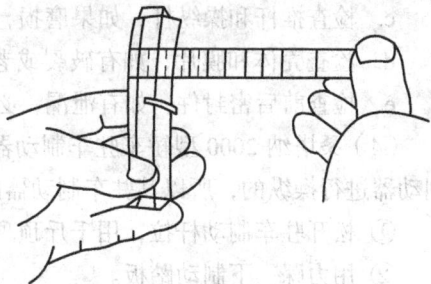

图 7-51　测量摩擦块的厚度

（2）后轮制动器检修。

① 摩擦片的检修。检查制动蹄的磨损是否超限（不包括底板标准为 5.00mm，极限为 2.5mm），有无被制动液或油脂污损，如果有，应该更换新件。

更换摩擦片时，可连制动蹄一起更换，也可以仅更换摩擦片。如只更换摩擦片，应先去掉旧蹄片上的铆钉和孔中的毛刺；铆接新摩擦片时（新摩擦片型号为 461FF），应从中间向两端逐渐铆合。

> 新摩擦片必须经过磨合，在初装行驶 200km 内，制动效果不会很好。在同一后轴上必须安装型号、质量等级相同的摩擦片，不可选用不符合上海大众汽车有限公司规定的制动摩擦片。

② 制动鼓的检修。更换新摩擦片时应检查制动鼓的尺寸（测量方法如图 7-52 所示），桑塔纳 2000 型轿车制动鼓的标准尺寸为 200.00mm，磨损极限为 201.00mm。摩擦表面的径向圆跳动不大于 0.05mm，车轮端面的跳动不大于 0.20mm。如果超标，必须更换新制动鼓。

③ 制动轮缸的检修。检查橡胶皮碗是否良好、制动轮缸有无泄漏。如果制动轮缸出现划痕或锈蚀，则应该更换整个制动轮缸。

（3）制动主缸的检修。

① 桑塔纳 2000 型轿车制动主缸的检修。

上海桑塔纳轿车的制动主缸不允许分解和修理，若有损坏，应该更换新总成。不同生产厂的制动主缸总成可以互换，储液罐也可以单独互换。

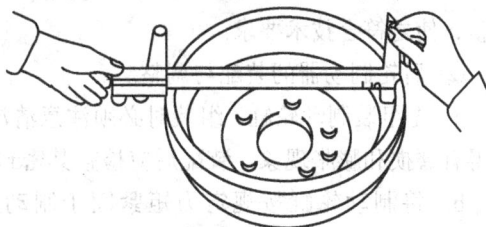

图 7-52　测量制动鼓的内径

② 桑塔纳 2000 型轿车真空助力器及制动主缸可按下列步骤检修。

a. 检查各阀体和阀座，如有破裂或沟槽，应更换新件。

b. 检查推杆和压杆，如有磨损，应予更换或涂镀修复。

c. 检查壳体和膜片，如有破裂或老化，应更换真空助力器总成。

d. 前后油封件如有泄漏，必须更换新件。

③ 真空助力器零部件的检修按下列步骤进行。

a. 助力器分解后，全部金属零件必须清洗干净；橡胶制品应用酒精或制动液清洗干净，橡胶制品禁止用汽油等有机溶液清洗。

b. 检查所有阀和阀座，如有破裂或沟槽，应更换阀体和阀座。

c. 检查推杆和操纵杆，如果磨损，应予更换或涂镀修复。

d. 检查壳体和膜片，如有破裂或老化，应更换助力器总成。

e. 检查前后密封件，如有泄漏，必须更换。

（4）桑塔纳2000型轿车驻车制动器检修。因为桑塔纳2000型轿车是通过传动机构对后轮制动器进行操纵的，所以其驻车制动器的检查与调整不单独进行，可按下述方法进行。

① 松开驻车制动杆拉，用千斤顶顶起后轮使之能自由转动。

② 用力踩一下制动踏板。

③ 把驻车制动杆拉紧两个齿，直到用手不能旋转两个被制动的后轮为止。

④ 松开驻车制动器拉杆，两个后车轮能够自如旋转即为调整合适。

（5）桑塔纳2000型轿车制动管路的检修。检查、清洁所有的制动管路，除了擦净管路表面的油污、泥污外，还应检查有无严重凹瘪，接头是否松动，橡胶软管有无老化、渗漏、破裂等，如有，必须更换。管路装复后，还应该用压缩空气吹通，并检查各接头不得有漏气现象。

3. 桑塔纳2000型轿车制动系的装配与调整

（1）车轮制动器的装配与调整。桑塔纳2000型轿车车轮制动器装配与调整与拆卸相反的顺序进行。

① 前轮制动器的装配与调整。

a. 安装密封圈和防尘套。安装时应注意：对于带外密封唇边的防尘套，应先用旋具将密封唇边掀入钳体的槽口内，然后再用专用工具将活塞压入缸筒内，接着将活塞装入钳体。

b. 换上新的摩擦片。

c. 装上制动钳，用40N·m的力矩拧紧紧固螺栓。

d. 安装上、下定位弹簧。

e. 安装完毕以后，应该按维护的技术要求和步骤进行放气，并使摩擦片能正确就位后进行调整，使之符合技术要求。

② 后轮制动器的装配与调整。

a. 先组装制动轮缸。组装时必须注意清洁，活塞和皮碗安装时应涂以制动泵润滑剂，皮碗不得有磨损和膨胀现象。装配后应检查其密封性。

b. 将制动轮缸按规定力矩紧固于制动底板上。装上复位弹簧，并将制动蹄与推杆连接好。

c. 装上楔型调整块，调整块凸出的一边朝向制动底板。将另一个带有传动臂的制动蹄片装到推杆上，然后装入复位弹簧。

d. 将驻车制动拉索在传动臂上装好。

e. 将制动蹄安装在制动底板上，抵住制动轮缸。装入下复位弹簧，提起制动蹄，装到下面的支架中。

f. 装上楔形件拉力弹簧、制动蹄保持弹簧和座圈。

g. 装入制动鼓、后轮轴承和调整锁紧螺母等，检查调整后轮轴承松紧度。

h. 用力踩踏制动踏板，使制动蹄正确就位。

i. 按照制动系维护方法和技术要求放气后检查调整好制动蹄与制动鼓间隙。

（2）桑塔纳2000型轿车制动主缸安装与调整。

① 桑塔纳2000型轿车制动主缸的安装只需按拆卸相反的顺序将其安装在加力器的前端，并按规定的力矩旋紧固定螺母，装上四根油管和油罐，加注原厂规定的制动液至"max"处，然后按技术要求进行制动系统的放气并补充制动液至规定值即可。

② 制动液的添加和更换方法：制动液储液罐位于制动主缸上方，其上有制动液面的最高（max）与最低（min）标记，如制动液过少，应及时添加。如液面在短时间内出现明显下降，应立刻检查渗漏处，待恢复正常后才能使用车辆。

> 制动液有毒性和腐蚀性，不可与油漆相接触。它还具有较强的吸湿性，能吸收周围空气中的水分，过多的水分会降低制动效能。所以，制动液应两年更换一次。不管是添加还是更换制动液，都应使用大众-奥迪汽车的专用制动液。不同厂家生产的制动液有不同的化学成分，混加的制动液有可能损坏制动系中的零件，特别是橡胶件，进而影响行驶安全。

③ 制动系统的放气。制动系统维修、换液后，或者踏下制动踏板软绵无力有弹性时，都必须对制动系统进行放气。制动系统的放气可借助于上海大众公司的VW1237-1型制动液充放机进行，也可以进行人工放气。其方法如图7-53所示。

a. 将一根软管的一头接在放气螺栓上，另一头插在一个容器中。

b. 一人用力迅速踩下并缓慢放松制动踏板，如此反复数次后，踩下制动踏板，并保持一定高度，使之不动。

c. 另一人拧松放气螺钉，管路中空气随着制动液顺着胶管排出制动系统，排出空气后，再将放气螺钉拧紧。

d. 重复上述步骤多次，直至容器中制动液里无气泡为止，但同时注意总泵上储液罐是否有制动液。

e. 取下胶管，套上防尘罩，将总泵储液罐内的制动液添加到规定的高度。

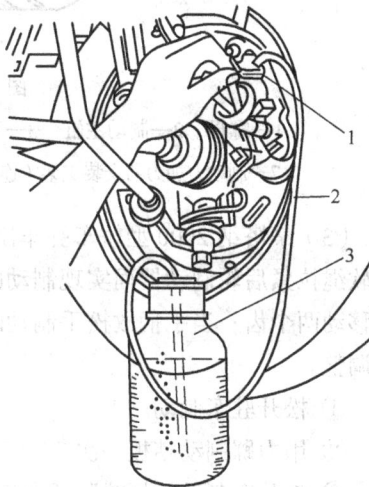

图7-53 液压制动系统的排气
1—放气管 2—放气螺钉
3—透明容器（装1/2制动液）

制动系统放气应先远后近，其顺序是：右后轮分泵、左后轮分泵、右前轮分泵、左前轮分泵。

④ 真空助力器的安装与检查。真空助力器的安装应按拆卸的相反顺序进行。安装前必须调整总泵压力杆上（助力器连接端面至叉头销轴线之距离）的叉头尺寸，如图7-54所示，使 $a=220mm$。如果更换新的真空助力器时，应注意真空助力器与踏板支架的连接有3个螺栓和4个螺栓两种形式。

装复后的真空助力器工作是否正常，可以从以下两方面进行检查。

a. 真空性能检查。

● 将发动机熄火后，用力踩下制动踏板若干次，以消除真空助力器中的真空。

● 踩下制动踏板，使其处在制动位置上。

● 起动发动机，如果脚下的踏板有明显下降的趋势，说明真空助力器工作正常。如果没有下降趋势或感觉不明显，说明真空助力器作用已丧失或减弱，应该立即修理。

b. 真空密封性检查。

● 起动发动机并加速到中速后熄火，同时迅速抬起油门，使进气歧管产生较高的真空度。

● 等待 90s 后，快速踏下制动踏板，此时能在真空助力器的进气口处听到"呼"的一声进气声。然后抬起制动踏板，再重复踏下制动踏板时仍能听到同第一次踏下时一样的进气声，则说明系统密封性良好；如果听不到进气声，则说明系统密封不良，应检查单向阀和真空管路有无堵塞或泄漏现象。如有，应及时进行修理。

如果未制动或制动时都能听到真空助力器处有进气声，则说明真空助力器已损坏，应立即更换真空助力器总成。

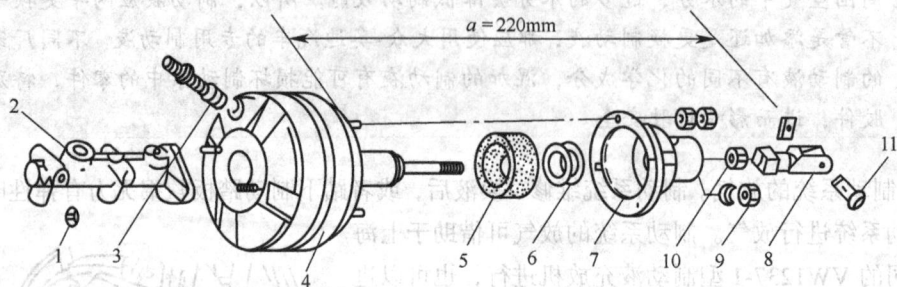

图 7-54 真空助力器与总泵的安装

1—螺母 2—制动主缸 3—真空单向阀 4—真空助力器 5—密封套 6—支架密封圈
7—制动力加力器安装支架（连接套总成） 8—连接叉 9—螺母 10—锁紧螺母 11—销钉

（3）桑塔纳 2000 型轿车驻车制动器检查与调整。桑塔纳 2000 型轿车驻车制动器是通过钢丝软绳拉紧后轮制动器而实现制动的，其检查与调整规范为：驻车制动自由行程为驻车制动手柄移动两个齿；当手柄放松手制动时，两后轮都能自由转动。如不符合要求，应按下述方法进行调整。

① 松开驻车制动。

② 用力踩制动踏板一次。

③ 将驻车制动拉杆拉紧两个齿。

④ 拧紧调整螺母，直到用手不能拨动后轮为止。

⑤ 放松手制动，两后轮应能运转自如，并在汽车行驶中制动鼓不发烫为合格。

（二）制动系统检查、调整与维护的操作步骤

1. 制动踏板自由行程的检查

检查制动踏板自由行程如图 7-55 所示，其值应为 1~8mm。若不满足要求，则检查制动灯开关安装情况。如有必要，进行相应调整。

检查踏板转轴螺栓及制动主缸定位销安装是否紧固，若失效应更换。

2. 制动踏板行程的检查

（1）起动发动机。

（2）反复踩制动踏板几次。

（3）用约 300N 的力踩下制动踏板，测量踏板臂至车前壁板之间的距离 B，如图 7-56 所示，

其值不得少于 60mm。

图 7-55　检查制动踏板自由行程

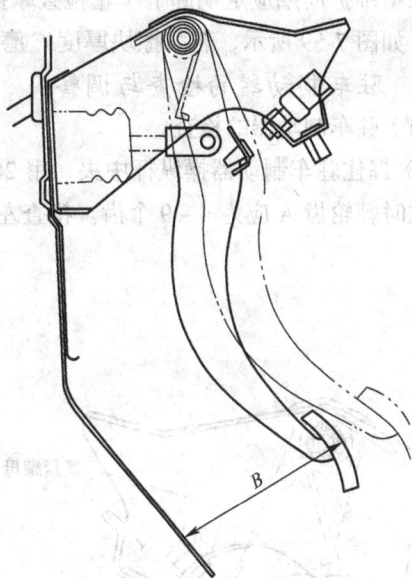

图 7-56　检查制动踏板行程

① 若 B 值小于 60mm，则后制动蹄磨损超限或制动管路中含有空气。更换制动蹄，进行制动系统放气。

② 若 B 值大于 60mm，则制动蹄调整装置或真空助力器的推杆长度没有调整。

3. 制动踏板自由高度的调整

（1）制动踏板须比离合器踏板低约 8mm。

（2）当再次定位辅助制动器推杆 U 形钳时，必须将制动器装配表面与 U 形钳销孔中心之间的距离调整为 114.5 ~ 115.5mm。

（3）当拆下制动开关时，应正确调整其安装位置。

4. 制动灯开关的调整

面向操作人员拉起制动踏板，调整制动灯开关位置，使螺栓末端至制动踏板缓冲垫之间的间隙 A 为 0.5 ~ 1.0mm，如图 7-57 所示。以 10 ~ 15N·m 的力矩拧紧锁紧螺母。

5. 后制动蹄的检查

若制动踏板行程超过 60mm，应检查制动蹄的磨损量。

（1）举升车辆，卸下车轮。

（2）从制动盘后部卸下橡胶塞。

（3）用放大镜及照明设备仔细检查制动蹄片厚度，如图 7-58 所示。若蹄片厚度 A 超过使用极限 0.1mm，应更换制动蹄片。

6. 后制动器蹄鼓间隙调整

更换制动器或拆卸制动鼓进行有关维护后，应调整制动器蹄鼓间隙。该制动器具有间隙自调整功能，装配好各零部件后，用约 300N 的力踩制动踏板 3 ~ 5 次，间隙自动调整完成。

7. 制动总泵的检查

检查总泵是否存在裂纹，泵外部是否有制动液。若有制动液，则说明存在泄漏。

8. 摩擦块厚度检查

根据维护周期应定期卸下车轮检查摩擦块，通过制动钳体的端口检查内侧和外侧摩擦块的厚度，如图 7-59 所示，若摩擦块厚度 C 磨损而小于 3mm，所有的摩擦块都必须同时更换。

9. 驻车制动器的检查与调整

（1）驻车制动器的检查。

① 握住驻车制动器操纵杆中央，用 200～250N 的力拉起驻车制动器操纵杆，如图 7-60 所示，此时棘轮齿 A 应为 4～9 个齿。检查左、右后轮是否被抱死。

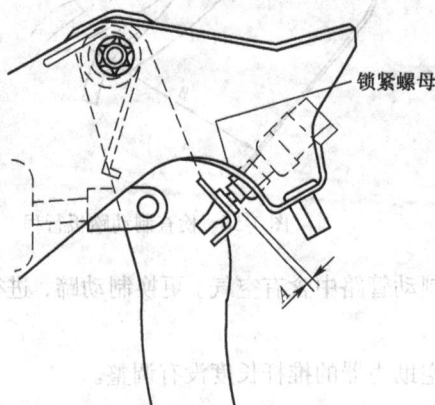

图 7-57　调整制动灯开关

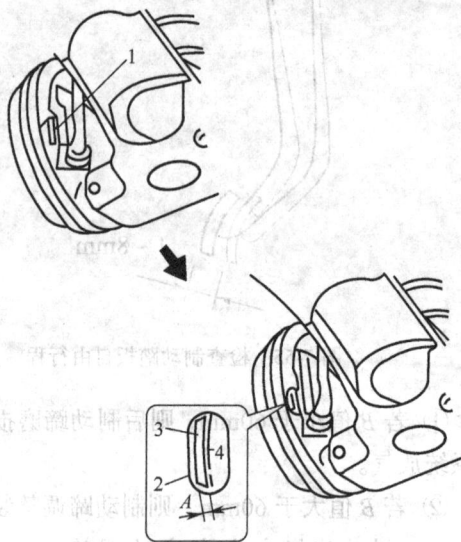

图 7-58　检查后制动蹄

1—橡胶塞　2—椭圆孔　3—制动蹄　4—制动蹄底部

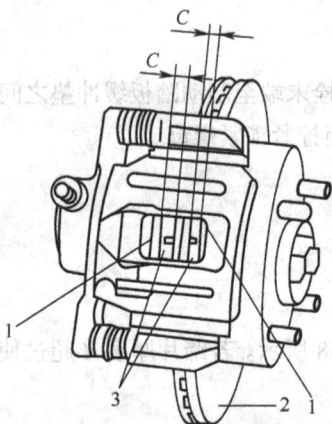

图 7-59　检查摩擦块厚度

1—摩擦块外沿　2—制动盘　3—摩擦块

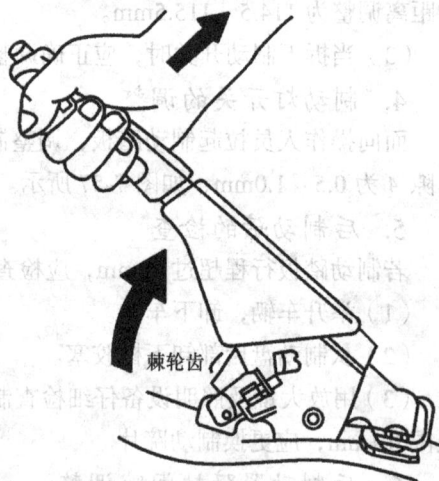

图 7-60　检查驻车制动

② 拉起驻车制动器操纵杆时，棘轮发出的"咔嗒"声对应齿数，若齿数不满足要求，应进行调整。

③ 检查棘轮齿轮的磨损情况，若有损坏或过度磨损，应更换驻车制动器操纵杆。

（2）驻车制动器的调整。

① 准备工作。

a. 制动系统液压管路中应没有空气。

b. 制动踏板行程应满足要求。

c. 用约 300N 的力踩几次制动踏板。

d. 用约 200N 的力拉几次驻车制动器操纵杆。

e. 后制动蹄磨损没有超过使用极限，自动调节装置功能正常。

② 调整驻车制动器。用 200N 的力拉起驻车制动器操纵杆，使驻车行程在 4～9 齿内，然后通过自锁螺母锁定，如图 7-61 所示。

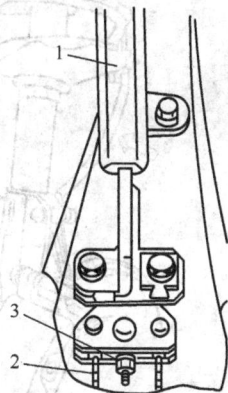

图 7-61　调整驻车制动器
1—驻车制动器操纵杆　2—制动拉索
3—自锁螺母

10. 制动系统放气

当制动管路或制动软管接头脱开时，都必须在管路或软管的端头进行放气操作。当与制动总泵相连的元件或制动总泵与车轮间的连接元件被拆卸时，必须对四个车轮进行放气操作。

（1）放气顺序：放气处理时，应先对最远离制动总泵的车轮进行，然后对同一管路上的前轮进行放气。在另一条制动管路进行操作时，原则相同。

（2）放气程序。

① 将总泵储液室加满制动液,在进行放气操作时至少应保证有一半的制动液。

② 卸下放气塞盖，将一塑料管接到分泵放气塞上，另一端插入储液罐，如图 7-62 所示。

③ 踩制动踏板几次后，将其踩到底，此时将放气塞松开 1/3～1/2 圈。

④ 当制动总泵内液压力基本消失后，紧固放气塞。

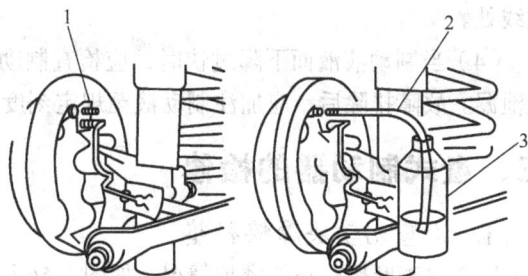

图 7-62　制动系统放气
1—塞盖　2—塑料管　3—制动液储液罐

⑤ 重复几次操作,直到制动管路中没有气泡为止。

⑥ 当气泡消失后，在踩下制动踏板的情况下紧固放气塞。

⑦ 完成制动系统放气后，必须施加一定压力，对管路进行泄漏检查。

⑧ 将制动液储液室中的制动液加注到规定水平。

⑨ 检查制动踏板的柔性。若发柔，则必须重新进行系统放气。

11. 制动器软管及油管的检查

（1）制动器软管的检查：检查制动器软管是否损坏、破裂，如图 7-63 所示。可用放大镜和照明设备进行检查。若有必要，应更换。

（2）制动器油管的检查：检查制动器油管是否损坏、破裂、变形及腐蚀，如图 7-64 所示。

若发现上述情况，应更换制动器油管。

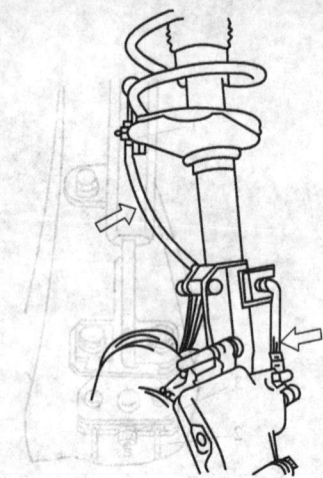

图 7-63　检查制动器软管

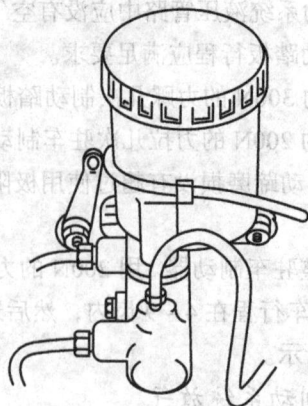

图 7-64　检查制动器油管

12.　制动液液面高度检查

（1）应使用壳牌动力施 YB D0T4 制动液或储液罐上标明的特殊制动液。严禁使用其他制动液。

（2）应确保储液罐中的制动液在 MAX 和 MIN 标记之间，如图 7-65 所示。

（3）行车时若制动液警告灯亮时，应补充制动液到 MAX 刻线处。

（4）当制动液液面下降过快时，应检查制动系统是否存在泄漏。故障排除后，应加注制动液至规定刻度。

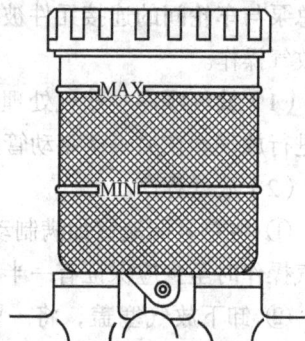

图 7-65　储液罐中制动液液面标记

三、盘式制动器的检修

1.　检查制动块摩擦衬垫

（1）检查摩擦衬垫的磨损情况，如图 7-66 所示。对于活动制动块（包括底板各摩擦衬垫），标准厚度为 15mm，极限厚度为 8mm；对于固定制动块（包括底板各摩擦衬垫），标准厚度为 14mm，极限厚度为 8mm。

（2）拆卸制动块时，应从外观检查制动钳体有无制动液泄漏。如有必要，应进行修正。

2.　检查制动钳内部零件

（1）制动分泵导向销的检查。检查导向销运动是否灵活，如图 7-67 所示。若有故障，应进行校正或更换。在导向销的外表面涂上润滑脂。

（2）防尘罩的检查。检查防尘罩是否破损，如有必要应更换。

（3）密封圈的检查。检查密封圈是否过度磨损或不均匀磨损，如有必要应更换。

3.　检查制动盘

（1）拆下制动盘。

（2）检查制动盘表面是否有刮痕，若有应更换。

（3）检查制动盘的磨损情况，如图 7-68 所示。对于活动制动盘，其标准厚度为 17mm，使用极限为 15mm；对于固定制动盘，其标准厚度为 12mm，使用极限为 10mm。

（4）检查制动盘的变形，其端面圆跳动极限为 0.1mm，如图 7-69 所示。

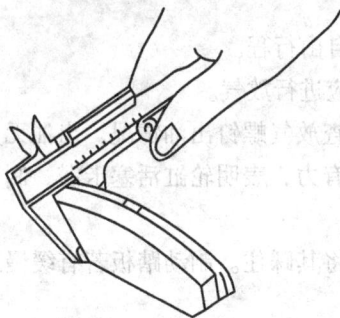

图 7-66　检查摩擦衬垫的磨损情况

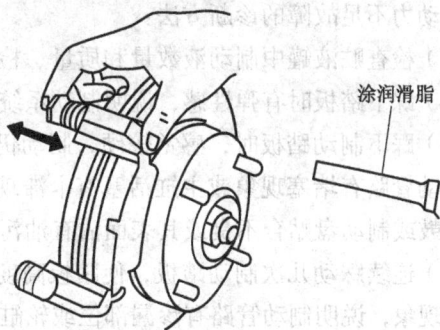

涂润滑脂

图 7-67　检查导向销运动情况

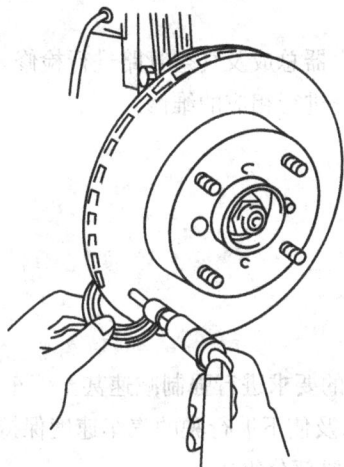

图 7-68　检查制动盘的磨损情况

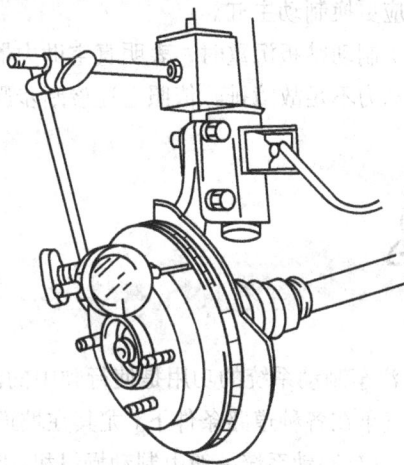

图 7-69　检查制动盘的变形情况

拓展知识

制动力不足

（一）主要故障原因

对于制动力不足的故障，其故障的主要原因主要有以下几项。

（1）制动踏板自由行程过大。

（2）制动管路系统堵塞、漏油或有空气。

（3）制动主缸与工作缸推杆松动，制动传动机构松动。

（4）制动蹄与制动鼓或制动盘贴合不良或者制动间隙过大。

（5）摩擦片沾有油污或浸水潮湿、磨损严重、铆钉外露等。

（6）制动液变质、真空助力器工作不良或失效。

（二）故障诊断与排除

制动力不足故障的诊断方法：

（1）检查贮液罐中制动液数量和质量、检查、调整踏板自由行程。

（2）踩下踏板时有弹性感，说明制动系统中混有空气，应进行放气。

（3）踩下制动踏板时，感觉较硬，制动仍然无力，可检查放气螺钉出油情况。出油无力，表明制动管路有堵塞现象或主缸活塞有卡滞现象；出油急促有力，表明轮缸活塞卡滞、制动蹄与制动鼓或制动盘贴合不良或其表面沾有油污、磨损严重等。

（4）连续踩动几次制动踏板，使踏板高度升高后，用力将其踩住。制动踏板若有缓慢或迅速下降现象，说明制动管路有渗漏部位或轮缸密封圈损坏。

（5）连续踩动几次制动踏板，仍感觉踏板低而软，应检查主缸进油孔及贮液罐空气孔有无堵塞。

（6）踩动制动踏板时出现金属撞击声，则为主缸密封圈损坏或主缸活塞回位弹簧过软及折断等，应更换制动主缸。

（7）制动踏板沉重时，表明真空助力器失效，应对助力器总成及真空管路进行检修。

制动力不足故障排除依照上述诊断步骤对出现诊断部分进行相应的维修。

小 结

1. 汽车制动系统的功用是使行驶中的汽车按照驾驶员的要求进行强制减速甚至停车、使已停驶的汽车在各种道路条件下（尤其在坡道上）稳定驻车以及使下坡行驶的汽车速度保持稳定。

2. 汽车制动系统一般由制动操纵机构和制动器两个主要部分组成。

制动器是用来产生阻碍车辆运动或运动趋势的制动力的部件，一种是鼓式制动器，另一种是盘式制动器，有些制动系统中还有制动警告装置，用以提醒驾驶员制动系统中某些元件已经出现故障，如制动管路漏油、摩擦片磨损达到极限值等。

制动系统包括行车制动和驻车制动。

3. 制动系统主要有制动失效、制动不灵、制动跑偏、制动卡滞等故障。

学习任务单

制动系统检修学习任务单

姓名：	班级：	日期：

一、判断题

1. 东风 EQ1092 型汽车蹄鼓间隙值支承端比凸轮端大。（　　）

2. 桑塔纳 2000 型轿车前轮采用的是浮动钳型盘式制动器。（　　）

3. 浮动钳型盘式制动器的制动间隙由轮缸活塞上的橡胶密封圈实现。（　　）

4. 气压制动传动装置的特点是制动踏板行程较长。（　　）

5. 解放 CA1092 型汽车采用串联双腔膜片式制动控制阀。（　　）

6. 前后独立方式的双回路液压传动装置，由双腔主缸通过两套独立回路分别控制车轮制动器。（　　）

7. 制动主缸的作用是将制动踏板输入的机械推力转变成制动力。（　　）

8. 北京 BJ2020N 型汽车前制动器配用的是单活塞制动轮缸。（　　）

9. 制动分泵的皮碗应用汽油清洗。（　　）

10. 汽车气压制动器的制动凸轮轴磨损严重时可用堆焊法修复。（　　）

11. 汽车气压制动系的空气压缩机组装后，可直接装车使用。（　　）

二、选择题

1. 桑塔纳 2000 型轿车的双回路液压制动装置采用的是_____。

　　A. 前独立式　　　B. 后独立式　　　C. 交叉式　　　D. 非交叉式

2. 桑塔纳 2000 型轿车采用的是_____伺服制动装置。

　　A. 真空增压式　　B. 气压助力式　　C. 真空助力式　　D. 涡流增压式

3. 汽车气压制动系统_____的作用是使储气筒保持在规定的气压范围内，以减小发动机的功率消耗。

　　A. 泄压阀　　　　B. 单向阀　　　　C. 限压阀

4. 双回路液压制动系统中任一回路失效，此时_____。

　　A. 主腔不能工作　　B. 踏板行程减小

　　C. 踏板行程不变　　D. 制动效能降低

5. 汽车气压制动系统中的气压调节器上的螺钉旋入时_____。

　　A. 气压降低　　　B. 气压升高　　　C. 气压不变

6. 汽车盘式制动器的优点有_____。

　　A. 散热能力强　　B. 抗衰退能力强　　C. 制动平顺性好

三、简答题

试分析制动系统常见故障以及产生的原因。